国家精品课程系列教材
GUOJIA JINGPIN KECHENG XILIE JIAOCAI

伦理学

王泽应◎编　著

北京师范大学出版集团
BEIJING NORMAL UNIVERSITY PUBLISHING GROUP
北京师范大学出版社

图书在版编目(CIP)数据

伦理学/王泽应编著. —北京：北京师范大学出版社，2024.1
（国家精品课程系列教材）
ISBN 978-7-303-14111-1

Ⅰ. 伦…　Ⅱ. ①王…　Ⅲ. ①伦理学－高等学校－教材
Ⅳ. ①B82

中国版本图书馆 CIP 数据核字（2012）第 018471 号

图 书 意 见 反 馈：gaozhifk@bnupg.com　010-58805079
营 销 中 心 电 话：010-58802181　58805532

出版发行：北京师范大学出版社　www.bnupg.com
　　　　　北京市西城区新街口外大街 12-3 号
　　　　　邮政编码：100088
印　　刷：北京虎彩文化传播有限公司
经　　销：全国新华书店
开　　本：730 mm×980 mm　1/16
印　　张：25.5
字　　数：432 千字
版 印 次：2024 年 1 月第 1 版第 9 次印刷
定　　价：49.80 元

策划编辑：曾忆梦　陈仕云　　责任编辑：曾忆梦
美术编辑：焦　丽　李向昕　　装帧设计：焦　丽　李向昕
责任校对：陈　民　　　　　　责任印制：陈　涛　赵　龙

目　录

第一章 伦理学概说

　　伦理学是人类知识园地中一门十分古老而又永远年轻的学问，同人类对自我的认识、价值的把握、生命意义的探寻以及良好社会秩序的建构有着最为密切的关系。自古以来，人类对善与正义的追求，对幸福与和谐的向往，对自身发展与完善的憧憬，对美好生活和良序社会的希冀，是那么自然而又强烈，那么真诚而又永不停息，不仅催化出一个人文化的价值世界，而且构成人类社会生活的独特奇观，赋予人类历史以特有的道德意义和内在目的性。故此，有人动情地感叹道：伦理学是一门使人类光荣的学科。德国著名哲学家康德在《实践理性批判》的结论部分指出："有两样东西，我们愈经常愈持久地加以思索，它们就愈使心灵充满日新月异、有加无已的景仰和敬畏：在我之上的星空和居我心中的道德法则。"① 居于人内心的道德法则展现了一种人"独立于动物性，甚至独立于整个感性世界的生命"②。那么，智慧的眼睛能不能洞察人们道德感受和价值追求的深处，发掘和认识人们内心的道德法则呢？善、正义、应该、良心、义务、荣誉这些价值的独特魅力究竟何在？人们能否更好地认识自己，真正建筑起可供安身立命的精神家园和意义大厦？伦理学即是对这些问题的深入思考、努力探索与理性回答，它以其自身研究对象的独特性获得了在人类学术和文化领域的特殊地位。

　　一般来说，伦理学是以伦理道德为研究对象的学科，属于哲学的一个分支学科，在哲学学科中占有重要的地位。古希腊的斯多亚学派和伊壁鸠鲁学派把哲学分为三个部分，即物理学、论理学和伦理学，认为论理学和物理学对于伦理学的关系，如同医药、卫生对于健康的关系一样，只有伦理学才是目的。斯多亚学派的芝诺认为，整个哲学就好比一个果树园，论理学是这个果树园的围墙，物理学是园中的果树，伦理学则是果树上的果子。他还以蛋来比喻整个哲学，认为论理学是蛋壳，物理学是蛋清，伦理学则是居于蛋中心的蛋黄。经过两千多年漫长发展的伦理学，今天已日臻完备，同时又体现出蓬勃旺盛的发展生机，伦理学的领域不断拓宽，作用更加突出，对人类社会生活的影响也越来越明显。

---

① ［德］康德：《实践理性批判》，韩水法译，177页，北京，商务印书馆，2000。
② 同上。

1

第一节 伦理学的研究对象与类型

伦理学是一门研究伦理道德现象及其发展规律的学问。由于对伦理道德的研究方式不同，产生了不同的伦理学类型，主要有描述伦理学、元伦理学和规范伦理学等。

一、伦理道德释义

在一般使用上，伦理与道德经常被视为同义词，有时更被连用为"伦理道德"一词。美国伦理学家艾伦·格沃斯认为"这种同义词具有十分清楚的词源根据：'伦理'源自希腊文的'ethos'一词，'道德'源自拉丁文的'mores'一词，两个词所表示的都是习惯或风俗的意思。"①

1. 伦理释义

注重人伦物理是中国文化的传统。"伦"，从人从仑，本义指人的血缘辈分关系。许慎《说文解字·人部》曰："伦，辈也"，《广雅释诂一》指出："伦，辈也。"后从"辈"中引申出群、类、序等含义。黄建中先生在《比较伦理学》一书中写道：伦，"曰类、曰比、曰序、曰等，皆由辈之一义直接引申而得；人群类而相比，等而相序，其相待相倚之生活关系已可概见"②。《孟子》《荀子》二书多处论及"人伦"，有所谓"教以人伦"，"察于人伦"，"明人伦"之说。所谓"人伦"，指人与人之间的不同辈分和职分的关系，主要指"五伦"，即君臣、父子、夫妇、长幼、朋友五种伦常关系。

"理"的本义为"治玉"。《广雅释诂三》指出："理，治也"，《说文解字》指出："理，治玉也。""理"原指玉石上的纹理，含有依据玉本身的纹路来雕琢锻打玉器的意思，后引申出有分、条理、精微、道理等含义。

"伦理"二字合用，最早见于秦汉之际成书的《礼记》："凡音者，生于人心者也；乐者，通伦理者也。"大约西汉初年，人们开始广泛使用"伦理"一词，以概括人与人之间的道德原则和规范。伦理合起来是指人伦之间相互对待的普遍性的道理或"应该"的状态，表征的是人类生活的秩序以及秩序之间的关系，含有人们在处理人伦关系时所应该遵循的准则、规范等意思。

---

① ［美］艾伦·格沃斯等：《伦理学要义》，戴杨毅等译，2页，北京，中国社会科学出版社，1991。

② 黄建中：《比较伦理学》，21～22页，济南，山东人民出版社，1998。

在西方，"伦理"（ethics）一词出于希腊文"ethos"，含有风俗、习惯、气质和性格等意义。《荷马史诗》中的"ethos"，其原意为"家""住所""场地"，家是供人居住的，是生活的场所，也是我们最习惯的地方，因此，"ethos"在希腊文的日常语义中就是风俗习惯的意思。① 赫拉克利特、恩培多克勒等人以此来指称人或物的某种特殊气质。据海德格尔考证，"ethos"一词，最早出现在赫拉克利特著作里，其本来的含义是"居留""住所"，即人居其中的敞开的"场所"。海德格尔解释道，这个"场所"，让人成为他所在的"是"，即让人来到"其中"，使人的"在"得到澄明，因而成了"在场的"。古希腊哲学家亚里士多德从气质、性格的意义上，首先使它成为一个形容词"ethical"，赋予其"伦理的""德行的"意义。他在《尼各马科伦理学》一书中写道："伦理德性则是由风俗习惯熏陶出来的，因此把'习惯'（ethos）一词的拼写方法略加改变，就形成了'伦理'（ethike）这个名称。"② 伦理原指住所、栖息地和家园，一般指风俗习惯，但在后来的发展中不断延展推广，包含了人的精神气质、德性、人格以及社会关系和为人之道诸方面的内容。

2. 道德释义

"道德"这个概念，在中国古代典籍中含义比较广泛，使用也较早。春秋战国时代，道德常常被当做两个概念来使用。道的原始含义指所行之路，从走从首，意谓眼望前方用脚去走的道路，亦即必由之路和人生大道，引申为规律、原则、必然性、价值目标等。在先秦时代，道的含义有宇宙论、本体论、人生论、方法论、历史论等多方面，所谓"天道"，泛指宇宙、天地、自然的起源和法则，而"人道"则是关于人类社会和人自身的道理。

德，最初指内心的情感或信念，后来引申为遵行和体认"道"有所得到和收获。"德"字在商代卜辞中就已经出现，写作从行从横目之形，其所表示的意思是张望路途，人们看清了路而有所得。后来的"德"字，从"彳"从"惪"，从"彳"谓行动之意，从"惪"，"十目一心"，又"十目"即古"相"字的写法。故，"德"其本义为：心中生相而得（德）之于心，外现于行。《释言·释言语》称"德、得也，得事宜也。"《说文解字》认为"德"可训为"外得于人，内得于己"，段玉裁注曰："内得于己，谓身心所自得也。外得于人，

　① 参见邓安庆：《导读：从尼各马可伦理学找回对德性力量的确认》，见《尼各马可伦理学注释导读本》，3页，北京，人民出版社，2010。

　② ［古希腊］亚里士多德：《尼各马科伦理学》，苗力田译，25页，北京，中国社会科学出版社，1990。

谓惠泽使人得之也。""德"从"彳",即"行"之意,是要实践才能体会,才能得到。从"悳",即"十目一心"之意,意为"德"就是要我们一心一意顺道而行,不偏不倚走人生该行的道路。又提示我们,凡起心动念、言语造作,皆在"十目所视、十手所指"的警示中,随时警策自己要谨慎地沿正道而行,方可朝向优质的人生境界。

朱熹在解释《论语》"志于道,据于德"一语时指出:"道则人伦日用所当行者是也","德者,得也,得其道于心而不失之谓也"①。明代学者焦竑在《老子翼》中指出:"无乎不在之谓道,自其所得之谓德。道者,人之所共由;德者,人之所自得。"意即人们对"道"这一无往而不在的法则和规律认识、修养之后,颇有所得,因而做起事来对人对己都非常适宜,于心无愧。

把"道"和"德"两字合在一起,作为一个概念使用,始于春秋时期的管子和荀子。《管子·君臣上》有"道也者,上之所以导民也,是故道德出于君","别交正分之谓理,顺理而不失之谓道,道德定而民有轨"等用法。荀子《劝学》篇有"故学至于礼而止矣,夫是之谓道德之极"的论断。汉代"道德"一词得到普遍使用。贾谊《新书》有专门的"道德说",其中有"性者,道德造物。物有形,而道德之神专而为一气,明其润益厚矣","命者,物皆得道德之施以生,则泽润性气神明及形体之位分数度,各有极量指奏矣,此皆所受其道德,非以奢欲取舍然也"等论述。贾谊所谈论的道德是指支配万事万物发生发展变化的规律和原则,同时也含有人类行为准则的意义。中国历史上的道德概念,诚如张岱年先生所言,"虽已成为一个名词,但仍包含两层含义,一层意义是行为的准则;一层意义是这准则在实际行为上的体现"。"道德具有'知'(认识)与'行'(实践)两个方面。道德不仅是言谈议论的事情,必须体现于生活、行动之中,然后才可称为道德。"②

在西方,"道德"一词源于拉丁文"moralis",这个词的复数"mores"指风俗习惯,单数指个人性格、品性等意思。古希腊文"ethos"的拉丁文同义词为"mos"。古罗马哲学家西塞罗根据希腊经验,从"mos"一词创造了一个形容词"moralis"(属于风尚之列),后来从"moralis"一词又产生出"mo-ralitas"(道德)一词。③"道德"一词源出于风俗习惯,并在后来的发展中扩

①(南宋)朱熹:《四书章句集注》,94页,北京,中华书局,1983。
②张岱年:《中国伦理思想研究》,27、29页,上海,上海人民出版社,1984。
③参见[苏联]季塔连科主编:《马克思主义伦理学》,思生、重耳译,6~7页,上海,上海译文出版社,1981。

展为原则规范、行为品质和善恶评价等含义。

比较系统、科学性的道德定义，人们对道德含义的理解要更为晚出。当代美国著名伦理学家 J. P. 蒂洛（Jacques P. Thirous，1928—2006）在《伦理学与生活》一书中认为，道德的一般含义就是"好"，"如果我们说某人有道德，通常就是说他是好人；如果我们说某人不道德，意思就是说他是坏人。我们说某个行为是道德的或不道德的，意思是指这个行为是对的或错的。这些解释说起来很简单，但究竟什么样的行为是对的或错的、什么样的人是好人或坏人呢？人们借以做出此判断的标准是什么呢？这些就是更为困难的问题了，它们构成道德研究的主要内容"①。他在比较了道德与非道德、超道德以及道德与礼貌、道德与法律、道德与宗教等的关系后对"道德"下了一个工作定义（working definition），认为"道德基本上是讨论人的问题的，讨论人同其他存在物（包括人和非人）的关系如何。道德讨论人如何对待其他存在物，以促进共同体的福利、发展和创造性和价值，力求扬善抑恶、扶正祛邪"②。蒂洛教授的定义，从范围和功能方面彰显了道德的意义，不失为一家之言。

我国当代许多伦理学教科书对道德也作出过多种界说，比较有代表性的有几种。罗国杰在主编的《马克思主义伦理学》一书中认为："道德，就是人类现实生活中所特有的，由经济关系决定的，依靠人们的内心信念和特殊社会手段维系的，并对善恶进行评价的原则规范、心理意识和行为活动的总和。"③这一定义凸显了经济关系对道德的决定作用，并指出了道德不同于法律、宗教等其他社会意识形态的独特性，同时揭示了道德既是一种心理和意识现象，又是一种行为与活动现象。魏英敏主编的《新伦理学教程》指出："道德，是人们在社会生活中形成的关于善与恶、公正与偏私、诚实与虚伪等的观念、情感和行为习惯，以及依靠社会舆论和良心指导的人格完善或品德修养和调节人与人、人与自然关系的规范体系。"④这一定义突出了善与恶、诚实与虚伪等观念、情感和行为习惯在道德中的地位，并将人与自然的关系纳入其中，拓宽了道德的领域和范围。

---

① ［美］雅克·蒂洛、基思·克拉斯曼：《伦理学与生活》，程立显、刘建等译，5页，北京，世界图书出版公司，2008。

② 同上书，28页。

③ 罗国杰主编：《马克思主义伦理学》，4页，北京，人民出版社，1982。

④ 魏英敏主编：《新伦理学教程》第二版，99页，北京，北京大学出版社，2003。

总结上述关于道德定义的理性成果，结合现实生活中道德建设的实际需要，我们认为，道德是人类社会生活中所特有的，由经济关系所决定的并反作用社会经济关系的价值和精神现象，是以善恶正邪荣辱为评价标准，依靠社会舆论、传统习俗和内心信念来维系的调整人与人、人与社会集体以及人与自然之间关系的一种特殊的心理意识、原则规范和行为实践的总和。道德整体上是一种价值和精神现象，涉及行为的应该和人们应当履行的责任义务，并朝向一种对个人私利的超越和对整个社会秩序和精神家园的构筑与守望。道德是以善恶正邪荣辱等范畴为评价标准，激励人们扬善抑恶、扶正祛邪、明荣知耻。道德起作用的方式主要依靠社会舆论、传统习俗和人们的内心信念，因此，它是非权力规范和非强制力量，具有劝勉性、激励性和精神的谴责性等特点。道德调整的关系主要有人与人、人与社会的关系，同时，人与自身、人与自然的关系也是道德调整的重要方面。道德作为一种独特的社会意识和精神价值现象，是心理意识、原则规范和行为活动的有机统一。道德不仅仅只是一种意识和心理，更是一种行为与实践，作为道德上的好，其实是"好心""好言""好行"甚至还有"好的结果"等的有机统一。故此我们可以说，道德是事实与正当、现实与理想、知识与行为、理性与情感、个人与社会等的辩证结合，是一个既扎根历史又正视现在且面向未来的价值系统。

3. 伦理与道德的关系

"伦理"与"道德"二词的英文对等字分别是"ethics"和"morality"。"ethics"除了指某种规范系统之外，亦指对于这类规范的研究；就前一意义而言，可译为"伦理"，就后一意义来说，则应译为"伦理学"。"morality"仅指某种规范系统；相关的研究即称为"道德哲学"（"philosophy of morality"或"moral philosophy"）。严格说来，伦理学包含的范围要比道德哲学更为宽广。"伦理"与"道德"皆指涉某种规范系统。若是严格加以区分，则伦理偏重于社会的层面，道德偏重于个人的层面。

德国哲学家黑格尔在《法哲学原理》一书中将伦理与道德区别开来使用，认为道德是主观意志的法，"道德的概念是意志对它本身的内部关系"[1]，而伦理则是主观意志与客观规律的有机统一，"善和主观意志的这一具体同一以及两者的真理就是伦理"[2]。"主观的善和客观的、自在自为地存在着的善的统一

---

[1] ［德］黑格尔：《法哲学原理》，范扬、张企泰译，115页，北京，商务印书馆，2009。

[2] 同上书，161页。

就是伦理。"① 在黑格尔看来，法与道德都不能自为地实存并获得自己的现实性，因为"法欠缺主观性的环节，而道德仅仅具有主观性的环节"，所以它们"必须以伦理的东西为其承担者和基础"②。黑格尔区分道德与伦理的观点对后世有一定影响。列维纳斯认为，道德是指一系列与社会行为和公民义务相关的规则，伦理是一种超然于行为规则之上、指向他人的绝对责任。如果说，道德是秩序的要求，或者说是人情世故，那么伦理就是价值的祈望，或者说是对他人的无条件回答。列维纳斯强调，伦理超然而不冷漠，是主体之间极端的敞开状态和主体之间高度的敏感能力。伦理是道德的基础，而不可简化和僵化为道德。③ 成中英比较了伦理与道德的差异后指出："伦理是就人类社会中人际关系的内在秩序而言，道德则就个人体现伦理规范的主体与精神意义而言；伦理侧重社会秩序的规范，而道德则侧重个人意志的选择。"论及二者的联系，成中英说："伦理与道德可视为代表社会化与个体化两个不同的过程：道德可视为社会伦理的个体化与人格化，而伦理则可视为个体道德的社会化与共识化。透过社会实践，个体道德才能成为社会伦理；透过个人修养，社会伦理才能成为个体道德。伦理与道德的相互影响决定了社会与个人品质的提升与下落。若要推行一个社会向真善美的高品质发展，显然社会伦理与个体道德的双向发展必须推行。因而一个社会中的伦理规范教育与道德修养教育是维护一个社会中的内在秩序及其健全发展的枢纽。"④

从某种意义上说，道德构成伦理之网的网上纽结，伦理建构的秩序和关系成为道德的基础，伦理生成的道理是以道德的形式表现出来的，伦理比之于道德更侧重于强调人伦秩序和关系，而道德则侧重于个人品德即内德于己的一面，也即要将伦理客观化的道理、原则内化为内在的精神和德性。⑤

二、伦理学的研究对象

伦理学是以伦理道德为研究对象的学问，属于哲学人文学科的领域。伦理学早在古希腊亚里士多德时代就已经发展成为一门独立的学科。亚里士多德把

---

① ［德］黑格尔：《法哲学原理》，范扬、张企泰译，162 页，北京，商务印书馆，2009。

② 同上。

③ 转引自胡继华：《后现代语境中伦理文化转向——论列维纳斯、德里达和南希》，8 页，北京，京华出版社，2005。

④ 参见樊浩：《中国伦理精神的历史建构》"序"，南京，江苏人民出版社，1992。

⑤ 参见倪愫襄：《伦理学导论》，7～9 页，武汉，武汉大学出版社，2002。

伦理学从无所不包的哲学中划分出来，并且撰写了专门的伦理学著作《尼各马科伦理学》（*Ethica Nicomachea*）、《欧台谟伦理学》（*Ethica Eudemia*）和《大伦理学》（*Magna Moralia*），其中《尼各马科伦理学》以结构严谨、深刻系统著称，被认为是伦理学的创世之作，同时也奠定了亚里士多德在西方伦理学史上的创始地位。① 亚里士多德之后，伦理学在西方获得了长足的发展，斯宾诺莎的《伦理学》，亨利·摩尔的《伦理学提要》，费希特的《伦理学体系》，亚当·斯密的《道德情操论》，休谟的《道德原则研究》，边沁的《功利主义》，乔治·摩尔的《伦理学原理》，包尔生的《伦理学体系》，梯利的《伦理学概论》，直至当代美国伦理学家蒂洛的《伦理学：理论与实践》，弗兰克纳的《伦理学》等，伦理学的发展取得了骄人的成就，学科领域不断拓宽，理论研究不断精进，对社会生活的影响也日趋扩大。

在我国，伦理学作为一门学问也具有悠久的历史。早在公元前 5 世纪到公元前 2 世纪，我国就已经出现了"人伦""伦理""道德"的概念，诸子百家在论战中讨论的主要问题亦是伦理道德问题，以孔孟为代表的儒家和以老庄为代表的道家对伦理道德的许多重要问题以及道德生活的主要范畴和德性均作了颇富创发性的研究。秦汉以后，儒家伦理日趋政治化，并同社会生活的经济、教育、思想、文化等有机地结合起来，形成了以伦理道德为轴心和核心的中国传统文化。秦汉时期问世的《孝经》《忠经》以及宋明时期产生的《厚德录》《忍经》《传家宝》《菜根谭》《围炉夜话》《了凡四训》等均可称为伦理道德的经典之作。但是作为一门独立学科的伦理学却是近代社会的产物，是随着创办新式学堂、分门别类地教学等需要而出现的。刘师培编著的《伦理教科书》（1905 年）融合近代西方伦理学说，整理中国传统的伦理学资料，较为全面地论述了伦理的意义、起源、演变及伦理学研究的基本问题，论述了个人伦理、家庭伦理、社会伦理的一系列规范和观念，初步建构了一个伦理学的理论体系。此后，蔡元培写出了《中学修身教科书》和《中国伦理学史》，谢蒙撰写出了《伦理学精义》，张东荪写出了《现代伦理学》和《道德哲学》，江恒源出版了《伦理学概说》，汪少伦推出了《伦理学体系》，直至罗国杰教授主编的《马克思主义伦理学》，中国伦理学在一个世纪所取得的研究成就可谓精深厚重，展现出后发赶超的气魄和自己独特的风格。

---

① 参见宋希仁主编：《西方伦理思想史》，46～47 页，北京，中国人民大学出版社，2004。

　　伦理学的研究对象与伦理学的发展一样也经历了自己的发展历程。

　　在古希腊时期，苏格拉底和柏拉图都把"至善"作为伦理学研究的主要内容，并强调四大品德之一的"智慧"。亚里士多德认为，伦理学是研究人们的实践的善即行为及品性的科学，或者说是研究人的道德品性之科学，涉及善与德性的内涵、标准及追求等问题，它不是纯粹思辨的，也不是完全技艺性的，而是实践理性的学问。伊壁鸠鲁认为，伦理学所研究的主要问题，是人生目的和生活方式，强调伦理学是研究幸福的科学。与伊壁鸠鲁学派对立的斯多亚学派，从强调义务出发，认为伦理学是研究义务和道德规律的科学。公元前1世纪的罗马思想家M. T. 西塞罗，把他的伦理学著作称为《义务论》，并将古希腊的伦理学称为道德哲学，赋予伦理学以新的意义。

　　在近代，人们对伦理学的对象的理解不断精进而丰富。弗朗西斯·培根认为，伦理学就是关于善的本质范式和心灵培育的学说。他说："道德学科的主要基本分类似乎为（1）善行的模范或楷式，和（2）心灵的调训或培育：一则描写善行的本质；一则定出调服人类意志，使之契合那个楷范的规则。"[1] 霍布斯在《利维坦》中将道德哲学界定为"研究人类相互谈论与交往中的善与恶的科学"。并认为"由于研究美德与恶行的科学是道德哲学，所以有关自然法的真正学说便是真正的道德哲学"[2]。基于此种认识，他建立了一个以人性论为基础，以自然法理论为中介，以主权至上为最高原则的伦理思想体系。剑桥柏拉图学派的代表人物亨利·莫尔在《伦理学提要》一书中将伦理学界定为"良好而幸福的生活之艺术"[3]，认为伦理学就是关于幸福及获得幸福的知识的学问，它包括两个组成部分，一是关于幸福的知识；二是如何使生活幸福的技艺。因此，如何认识幸福及如何达到幸福就构成伦理学的研究对象或视阈。昆布兰认为，道德哲学就是研究仁爱的学问，道德哲学指导的一切行为皆可"归纳在仁爱这个概括名称之下"，"除了仁爱……一个概括观念以外，对于那些行为就不能形成更为概括的观念了。因为仁爱观念包含着对于一切种类善事的欲望，因而也包含着对于一切种类的祸患的避免。"[4] 18世纪法国唯物主义哲学家爱尔维修、霍尔巴赫坚持认为，伦理学是关于人特别是人的本性及人与人之

---

　　① 参见周辅成编：《西方伦理学名著选辑》上卷，550页，北京，商务印书馆，1964。

　　② ［英］霍布斯：《利维坦》，黎思复、黎廷弼译，121～122页，北京，商务印书馆，1985。

　　③ 参见周辅成编：《西方伦理学名著选辑》上卷，685～686页，北京，商务印书馆，1964。

　　④ 同上书，700页。

间关系的学问，"道德学如果不建立在必然要影响人类的意志、决定他们的行动的种种动因的认识上，那么它就会是一种幻影，就会丝毫没有确定可靠的原则"①。他们从人的肉体感受性出发，把趋乐避苦和自爱视为人的本性，并在伦理学中强调自爱和利己主义的重要性。康德在伦理学上哥白尼式的革命则在于批判了感觉主义和经验主义的伦理学理论，认为以往的伦理学都是他律论的伦理学，都没有找到道德价值的真正根据，他强调伦理学是关于实践理性的学问，是关于善良意志和道德义务的学问。费希特的《伦理学体系》致力于研究伦理原则的演绎，伦理原则实在性与适用性的推论以及伦理原则的系统应用，并认为"伦理原则是一种关于理智力量的必然的思想，即理智力量应该毫无例外地按照独立性概念规定自己的自由"②。真正的伦理原则应该兼顾精神冲动和自然冲动，或者说以自然冲动为基础，以精神冲动为指导。他把自然冲动称为低级欲求能力，把精神冲动称为高级欲求能力，主张将高级欲求能力与低级欲求能力结合起来，指出："只着眼于高级欲求能力，就会单纯得到道德形而上学，它是形式的和空洞的。只有把高级欲求能力与低级欲求能力综合统一起来，才得到一门伦理学，它必须是实在的。"③ 费希特的伦理学既继承了康德又超越了康德，具有综合感性欲望和理性追求的特点。

进入到 20 世纪以来，伦理学研究对象的认识不断深化，并有了元伦理学和规范伦理学的分化。元伦理学家石里克指出："伦理学问题涉及道德或道德上有价值的东西，涉及作为人类行为的标准或规范的东西，涉及要求于我们的东西。或者用最古老、最简单的字眼来称呼它，伦理学问题是关于善的问题。"④ 艾伦·格沃斯认为，伦理学是哲学的一个分支学科，"它探讨什么是道德上的善与恶，正当与错误，因此又被称为道德哲学"⑤。当代美国哲学家布鲁克·诺埃尔·穆尔和肯尼斯·布鲁德认为"伦理学，或道德哲学，就是关于道德判断的哲学研究。道德判断涉及价值：何为美德，何为根本，什么是正义

---

① ［法］霍尔巴赫：《自然的体系》上卷，175 页，北京，商务印书馆，1999。
② ［德］费希特：《伦理学体系》，梁志学、李理译，65 页，北京，商务印书馆，2007。
③ 同上书，142 页。
④ ［德］石里克：《伦理学问题》，张国珍、赵又春译，12 页，北京，商务印书馆，1997。
⑤ ［美］艾伦·格沃斯等：《伦理学要义》，戴杨毅等译，1 页，北京，中国社会科学出版社，1991。

或非正义，还有什么是道德上的正确和错误，好和坏，恰当和不恰当"①。所有这些关于伦理学研究对象的看法，都是围绕着伦理道德问题提出的。除了把伦理学看做是纯理论抽象的道德哲学的观点外，大多数伦理学家都承认伦理学研究的对象是人的德性、幸福、道德原则规范和道德价值，总体上是围绕伦理道德问题展开的，涉及人的道德意识的培育和道德人格的追求，社会道德规范的制定和贯彻等问题。

我们认为，伦理学作为以伦理道德为研究对象的学科，其研究对象涵盖了伦理生活、道德问题和道德现象等方面。伦理生活是一种属人的或人类所特有的社会生活，是建立在物质生活基础之上的并渗透在物质生活之中，引导和规范物质生活的精神生活，是一种有意义和价值并能予以价值评价的生活，是一种主体自由意志自觉自为并能进行选择的生活。伦理生活包含了许多道德问题，诸如义利问题、理欲问题、善恶问题、德福问题、苦乐问题等，它们亦可作为道德现象来认识，但毕竟不同于道德现象。道德现象是道德所呈现或表现出来的诸种现象，包括道德意识现象、道德活动现象以及与这两方面有密切关系的道德规范现象。道德意识现象指个人的道德情感、道德意志、道德信念，以及各种道德理论和整个社会的道德意识；道德活动现象，主要指人们的道德行为、道德评价、道德教育、道德修养等个人和社会、民族、集体的道德活动；道德规范现象一般指人们在社会实践中形成的应当怎样或不应当怎样的行为原则和规范，是调整人和人之间关系的伦理要求或道德准则。真正的伦理学不能只研究道德现象的某一部分或某一方面，也不是只陈述某些"道德事实"和"行为表现"，更不是单纯分析某些道德语言的逻辑结构，它应该全面研究伦理生活、道德问题和道德现象，揭示伦理生活的本质、作用和发展规律，揭示道德问题的真谛并探索解决问题的途径，揭示道德现象的根由、类型以及发展变化的动因。伦理学既不是一种纯粹的理论科学，也不是一种单纯的应用科学，而是一种立根于伦理生活、关注于道德问题和道德现象并以引导人类朝向幸福美好新生活的人文价值学科。

三、伦理学的研究类型

伦理学依不同的研究进路可以分为三种：描述伦理学、元伦理学和规范伦理学。

描述伦理学（descriptive ethics），是一门对于某一社会或某一文化中实际

---

① ［美］布鲁克·诺埃尔·穆尔、肯尼斯·布鲁德：《思想的力量：哲学导论》，李宏昀、倪佳译，276页，上海，上海社会科学院出版社，2009。

存在的道德现象和实际运作的道德规范进行实然陈述和客观再现的伦理学。描述伦理学根据具体的历史和现实生活素材，描述和研究各种社会、民族、阶级和社会集团中实际存在的道德关系和道德现象，再现道德生活的具体情境，并进行综合性的分析。诸凡伦理史学、道德现象学、道德案例学以及致力于研究"道德是什么"的经验伦理学，都可归之于描述伦理学的门下。描述伦理学"与人类学、社会学以及心理学研究联系紧密，依赖程度很高"。它"提供了规范性伦理学研究所必须涉及的基础性资料，为规范性伦理学研究必须结合的人类或社会道德理想状态提供了可靠的经验标准"①。西方实证主义把描述伦理学作为伦理学的唯一内容和任务，认为伦理学应当以记述和说明道德事实为宗旨，并以此排斥理论分析和规范阐述。马克思主义伦理学认为描述伦理学与规范伦理学、理论伦理学都是伦理学的重要研究类型，各有自己独特的地位，同时又处于相互联系的整体之中。

元伦理学（metaethics），亦称分析伦理学或批判伦理学，是指关于伦理术语的意义和道德判断的确证的科学。自 1903 年摩尔发表《伦理学原理》以来，宣告了元伦理学（metaethics）的诞生，尔后半个多世纪，元伦理学在西方一直居于主导地位。元伦理学最初由新实证主义者提出，并为后来各派沿用，形成了直觉主义伦理学、情感主义伦理学、规定主义伦理学以及伦理自然主义等派别。元伦理学侧重于分析道德语言中的逻辑，解释道德术语及判断的意义，将道德语言与道德语言所表达的内容分开，主张对任何道德信念和原则体系都要保持"中立"，并在此基础上研究问题。它的代表人物，除了摩尔，还有普里查德、罗斯、罗素、维特根斯坦、石里克、卡尔纳普、艾耶尔、史蒂文森、图尔闵、黑尔等。元伦理学家在具体的研究中，有时机械地搬用自然科学的机械符号和公式，具有形式化和脱离实际的倾向，此后曾受到许多伦理学家的批评。

规范伦理学（normative ethics），是关于研究人们行为准则、探究道德原则和规范的本质、内容和评价标准，以其为人类提供生活和行动指南的学说，是伦理学的实质和主体部分。规范伦理学探讨的是"对道德中的正确与错误、善与恶的道德标准的证明和应用问题。规范伦理学的这些活动导致了规范道德规则及判断的产生，而这些规则和判断又直接具有人类的行为、品性、社会制度和生活方式应该成为什么样子的含义"②。直至元伦理学在 20 世纪出现以

---

① ［美］德·乔治：《经济伦理学》，李布译，28 页，北京，北京大学出版社，2002。
② ［美］艾伦·格沃斯：《伦理学要义》，戴杨毅等译，80 页，北京，中国社会科学出版社，1991。

前，规范伦理学一直都是西方伦理学的基本理论形式。规范伦理学的核心任务是"什么是决定行为道德上正确和错误的标准"①。这一问题与下面三个问题密切相关："第一个问题是关于美德和恶德的，即人们的什么品性在道德上是善的，什么品性在道德上是恶的？"第二个问题是关于社会制度和风俗惯例的，即"社会应该如何组织？其各种机构应力求实现什么样的具体政策？这个问题对于社会的伦理学来说是最基本的问题"。第三个问题是关于内在价值的，"即什么事物或经验因其本身的缘故就是值得具有或欲望的？这一问题构成了价值论伦理学的整个题材，并且是目的论伦理学的基本问题"②。规范伦理学的任务，在于说明我们人本身应遵从何种道德标准，才能使我们的行为做到道德上的善。

规范伦理学在长期的发展过程中形成了目的论、义务论和德性论三大理论流派或学说。

目的论（teleology）是一种以道德行为的目的性意义和可能产生的或已经产生的实质性价值（效果）作为道德评价标准的伦理学理论。利己主义、利他主义、功利主义即是目的论伦理学的典型形态或理论主张。

义务论或道义论（deontology）是一种认为人们的行为或行为准则的正当性并不由行为的功利后果或期望的功利后果决定，而由它自身固有特点和内在价值决定的伦理学理论。神学义务论、康德义务论、罗斯的多元义务论可谓义务论的表现形态。

德性论（virtue ethics）亦是规范伦理学的重要理论派别。如果说目的论和义务论的判断基于行为，那么德性论的判断则基于品质。所谓"德性论伦理学"是指以个人内在德性完成或完善为基本价值（善与恶、正当与不当）尺度或评价标准的道德观念体系。广义的"德性论"是在传统社会占据支配地位的、最有影响力的伦理学理论。中国的儒家学说和古希腊的主导伦理体系是人类文明史上两个最为成熟的美德伦理谱系。现代德性论的著名代表麦金太尔批判功利主义和义务论，提出现代伦理的任务在于告诉人们如何认识自己的生活目的，并为实现一种善的生活而培植良好德性。

基于对伦理学研究类型的考察，我们认为，真正的伦理学应该将描述伦理学、分析伦理学或理论伦理学与规范伦理学有机地整合起来，以描述伦理学为

---

① ［美］艾伦·格沃斯：《伦理学要义》，戴杨毅等译，80页，北京，中国社会科学出版社，1991。

② 同上书，80～81页。

前提，以分析伦理学或理论伦理学为基础，致力于规范伦理学的构建及其应用。它应当克服准则主义和科学主义的片面性，使准则性与科学性有机地统一起来。"它是准则性的，但它的准则性立足于客观的科学分析。它是科学的，但它的科学性导致对一定的道德理想进行论证。"① 停留在描述伦理学和元伦理学的层面上不去面对规范伦理学问题，不是真正意义上的伦理学；仅仅只关注规范伦理学问题而不去作现象的描述和理论的分析，也很难使规范伦理学发挥应有的作用。当代的规范伦理学应当超越传统规范伦理学的局限或层次，主动地吸纳描述伦理学的成就与运用元伦理学的方法，推动规范伦理学的转型和现代发展，使其更好地发挥自己的功能效用，成为新型伦理生活的引领者，现实道德问题的解答者与道德现象的思索者。这样才不愧为"第一哲学"（列维纳斯用语）的美誉。

第二节　伦理学的性质与基本问题

　　伦理学是人类知识园地中一门以对道德生活和道德现象的研究而彪炳于世的人文价值学科，它有自己独特的研究对象和领域，是有自己独特的研究问题和方法，伦理学具有自己不可替代的特质和基本问题。正是这些特质和基本问题决定伦理学是伦理学而不是其他的学问。了解伦理学的学科性质和基本问题，有助于整体把握伦理学的本质特征和韵味，推动和促进伦理学的繁荣和发展。

一、伦理学的学科性质

　　伦理学的学科性质表现在它既是一门哲学理论科学，又是一门特殊的价值科学，还是一门特殊的实践科学。

　　首先，伦理学是一门系统的哲学理论科学。伦理学是从哲学中分化出来的，是哲学的一个分支学科，是人类对伦理道德这个特定现象进行哲学思考的产物。它以探讨人类伦理生活的基本规律和总结其基本经验为己任，不仅要沉思道德生活的哲理，论述"人为什么要有道德"以及"人应该讲什么样的道德"等理论问题，还应当接橥道德生活的矛盾，予以理论的思考与批评，从而使伦理学之学理更加精神厚重。伦理学或道德哲学在哲学中有不可取代的地

---

① ［苏联］季塔连科主编：《马克思主义伦理学》，愚生、重耳译，11 页，上海，上海译文出版社，1981。

位，一直被人们视为哲学王冠上的明珠，有哲学的灵魂或第一哲学之称谓。一般来说，哲学遵循理论理性，伦理学遵循价值理性，是人们对善与正当的认识与把握，表征着人们认识自我和内心道德法则的智慧成果。伦理学是人们运用哲学思维对人如何才能生活得更好、更幸福的大智慧和大方法。这种生活的大智慧和大方法要求人们，在日常生活中要不断改善其对生活的理解力和思维力，不断提高对生活的理解力和思维力，借以创造幸福美好的人生。

其次，伦理学是一门特殊的价值科学。伦理学沉思生活有其特定的价值视角，是从应当与不应当的角度表达对生活的理想和期望，因此，它大量地涉及价值问题，它要区分何为美德，何为恶德，何为正义，何为不正义，何为荣誉，何为耻辱等，并在这种区分中去追寻美德，避免恶德，追求正义，抛弃不正义，崇尚荣誉，远离耻辱，进而使人成为不断发展和日趋完善的人，使社会成为一个良序的社会。

最后，伦理学是一门特殊的实践科学。伦理学所形成的理论知识应当致用于人们的道德生活和道德行为，推动道德生活的变迁和向更高水平迈进，使人们的道德行为更加坚定自觉，借以培养人们的道德情操，锻铸人们的道德品质，形成高尚的道德人格。正因为如此，古往今来许多伦理学家都十分强调伦理学的目的"不在知而在行；徒恃理论，未足以使人为善"。

当然，伦理学的上述三种性质，实质上是统一的，我们不能将其孤立地割裂开来予以思考。无论是哲学理论，还是价值规范，抑或是行为实践，三者都是密不可分地联系在一起的。美国著名伦理学家梯利在《伦理学概论》中指出：伦理学"既是推理的，又是实践的，既是门科学，又是门技术。就它分析、归类、解释它的现象，或寻求其原则、规律而言，它是推理的或理论的；就它采纳这些原则或规律，或把它们应用于实践而言，它是实践的"[①]。因此，伦理学既是理论科学，又是实践科学。"前者发现规律，后者应用规律；前者告诉我们已作的是什么，后者告诉我们应当作什么，实践伦理学是理论伦理学的应用。"[②] 黄建中先生亦有类似的认识，他说："求知一贯之道德原理，用以周行而不殆；是为伦理学'知而后行'之实践方面。更进而求知道德原理之所

---

① ［美］弗兰克·梯利：《伦理学概论》，何意译，4 页，北京，中国人民大学出版社，1987。

② 同上书，15 页。

以然，极深研几而不遽斤斤于致用：是为伦理学'知而后行'之理论方面。"①
这两个方面是不能断然分割的，就像理论源于实践，实践需要理论的指导一
样。伦理学既是一门独特的哲学理论科学，同时又是一门独特的价值规范科学
和行为实践科学。

二、伦理学的基本问题

一门学科之所以得以建立，不仅在于其有客观的研究对象，而且也有其基
本问题，如果没有其基本问题，那么这门学科的合法性和科学性就会受到怀
疑。伦理学基本问题，是伦理学诸理论中的核心问题，是人们的实际道德生活
要面临和选择的根本问题，是以往和当今伦理思想家们争论最集中的或不可回
避、不能不回答的重大问题。

1. 关于伦理学基本问题的不同看法

对伦理学基本问题的探讨，就其对基本问题的界说而言，主要有一个问题
说和多个问题说两大类。一个问题说认为伦理学基本问题就是一个问题，诸如道
德与利益的关系问题说，善与恶矛盾关系说，道德与社会物质生活条件的关系问
题说，现有与应有的关系问题说等。多个问题说认为伦理学基本问题不是一个而
是多个，而对多个是什么的认识也有不同的说法，如伦理学的基本问题就有两
个，即"作为人我们应当做什么"和"对于人什么是有价值的"问题；伦理学的
基本问题实际为三个即道与德、义与利、群与己的关系问题，等等。

将伦理学的基本问题概括为利益与道德的关系问题，是我国伦理学占主导
地位的一种观点。② 该观点认为，之所以把利益与道德的关系问题作为伦理学
的基本问题来理解，理由主要有两个：首先，物质利益是道德的基础。任何道
德都是一定经济关系的产物，是一定社会物质生活条件的反映，这是道德的本
质。对于物质利益与道德的关系的不同回答，形成了各种不同的伦理学说。其
次，如何调整个人利益与社会整体利益的关系，构成了阶级社会或有阶级斗争
存在的社会里的道德的基本内容。历史上的各派思想家，因为他们在生产体系
中的地位不同、阶级立场不同，在回答和解决个人利益与社会整体利益这一矛
盾时，他们所坚持的道德原则也是不同的。道德与利益这一伦理学基本问题包
含两方面的内容：一方面，经济利益与道德的关系问题，即经济关系决定道
德，还是道德决定经济关系，以及道德对经济关系有无反作用的问题。对这些

---

① 黄建中：《比较伦理学》，11页，济南，山东人民出版社，1998。
② 罗国杰主编：《马克思主义伦理学》，7页，北京，人民出版社，1982。

问题的回答，是区分唯物主义伦理学与其他伦理学流派的基础；另一方面，个人利益与社会整体利益的关系问题，即个人利益服从社会整体利益，还是社会整体利益从属于个人利益的问题。对这些问题的回答，决定着各种道德体系的价值取向和伦理原则。

第二种观点认为，伦理学的基本问题是道德与社会历史条件的关系问题。所谓"社会历史条件"，主要是指社会生产方式。道德与社会历史条件的关系有两个方面：一方面，社会历史条件是道德的根源并决定道德，一定的社会历史条件决定一定的道德；另一方面，道德对社会历史条件又具有反作用，这种反作用表现为或者起积极的促进作用或者起消极的破坏作用。把道德与社会历史条件的关系问题作为伦理学基本问题的主要理由是：其一，这一问题是哲学基本问题在伦理学中的集中表现。其二，对于这一问题的不同回答，是区分伦理学中唯物主义和唯心主义两种不同观点、两条不同路线的主要依据。其三，对这一问题的回答是解决伦理学其他一系列问题的基础和前提，决定着如何认识道德的形成、实质、社会作用和发展规律等一系列问题。其四，如何解决这一问题，制约着道德评价标准的制定。

第三种观点认为，善恶问题是伦理学的基本问题。伦理学就是善恶之学，是关于善与恶的性质、起源及其发展规律的科学。把善恶问题作为伦理学基本问题的主要理由是：第一，善与恶是道德中的特有矛盾，是道德之为道德的根本原因，而道德又是伦理学的研究对象。伦理学研究对象的这种根本特征，就决定了善与恶的问题是伦理学的基本问题。第二，善与恶的问题是古今中外一切伦理学家和伦理派别普遍关注和研究的重大课题。第三，善与恶的矛盾是道德发展的动力，人类社会的道德发展史就是善与恶的斗争史。第四，善与恶的矛盾贯穿于人类道德活动的一切领域，并且贯穿道德活动的始终。第五，善与恶是伦理学的核心范畴。[①]

第四种观点认为，伦理学的基本问题就是道德观的根本问题即道与德、义与利、群与己的关系问题，简单合在一起来说就是，伦理学的基本问题就是道德义利群己关系问题。伦理学的核心对象是道德，道德观的根本问题就是如何看待道与德、义与利、群与己的价值优先性问题，从而做出价值选择。这三个问题可以说第一方面是道德观的形式性问题，是道即规范优先还是德即品德优先，这会影响不同的伦理学家的思考方式，形成规范伦理学与美德伦理学的不同理论类型。而后两个问题则不仅是伦理学家要思考的道德观的实质价值问

---

① 魏英敏：《当代中国伦理与道德》，78～85页，北京，昆仑出版社，2001。

题，也是每一个道德主体在人生道德实践中必须要面临和选择的问题。当然这两个问题也有层次的不同。道德观的根本问题，首先是在利益与道德之间进行选择。或者说道德不是一种本体性存在（当然在历史上也有绝对主义的道德本体论），它的存在本身就是为了调节利益关系的。因此就使它与利益的关系问题成为第一层次的选择问题，在此基础上才会有整体利益与个人利益、整体价值与个体价值的选择问题。这三个问题从形式和内容的统一上回答了道德观的根本问题，因此成为伦理学的基本问题。①

第五种观点认为，伦理学的基本问题是"作为人我应当做什么"和"对于人什么是有价值的"两个问题的有机统一。伦理学首要的基本问题是"作为人我们应当做什么"，这是伦理实践具有真正创造性、创新性的深刻原因。"对于人什么是有价值的"是伦理学的第二个基本问题，这一问题有助于解决"作为人我们应当做什么"的问题，并最终解决"做人"的问题。

伦理学基本问题的讨论还在深入，21世纪以来，一些学者对伦理学基本问题又提出了自己的看法，这些都为伦理学的繁荣发展创造了条件。

2. 道义与功利的关系是伦理学的基本问题

从伦理思想史和现实道德生活的实际出发，正视道德生活的矛盾和问题，我们更倾向于把道德与利益的关系问题确定为伦理学的基本问题，并将这一观点调整为"功利与道义的关系问题"。这一矛盾和问题即传统伦理学所讨论的义利问题或义利之辨，它在现实生活中亦有大量的表现，也是任何伦理学家或伦理学流派不能不予以思考和回答的重大理论和现实问题。

义利之辨，是中国伦理学的重要范畴，也是伦理价值观的核心问题。中国历史上许多思想家不管学术立场有何差异，均强调和推崇义利之辨。南宋时期朱熹和陆九渊在为学之方上有严重分歧，但都认为"义利之说，乃儒者第一义"，"学无深浅，首在辨义利"。明清之际的王夫之更说，"尽人道以正人伦，其尤重者莫大于义利之分"②，并认为无论是夷夏之辨抑或君子小人之辨其根本都可以归结为"义利之辨"。

从内容上考察义利关系，大体有四种实质性的关系指称或关系范式。

（1）物质利益与伦理道德的关系。这是一种比较一般或宏大意义上的关系范式或类型，涉及对二者关系何者为本、何者为末、何者当先、何者当后等价值次第和价值认定等问题。如果把物质利益看得比伦理道德更为根本，坚持物

---

① 肖群忠：《伦理学基本问题新论》，载《道德与文明》，2007（1）。
② 王夫之：《宋论》卷十四，240页，北京，中华书局，1964。

质利益决定伦理道德的立场而不是相反,大体可以归到功利论的名下。如果把伦理道德看得更为根本,认为伦理道德决定或支配物质利益,那就是主张一种道义论。中外伦理思想史上的功利论伦理学和道义论伦理学即是围绕物质利益与伦理道德这一关系问题的不同认识而形成的。马克思主义坚持以唯物史观来认识这一关系,指出这是一种既唯物又辩证的关系。一方面认为道德是由经济关系决定的,经济关系集中表现的物质利益决定道德的性质、主要内容及其发展变化,人们总是从社会的利益关系中吸取自己的道德观念;另一方面又强调伦理道德对经济关系的反作用和能动作用。认为道德以实践精神的方式把握世界,推动人们创造物质财富,并不断创造幸福美好的新生活。

(2) 个人利益与社会公共利益的关系。这是一种比较实际或具体的利益关系,道义常常通过此一关系的认识和对待表现出来。这一关系涉及人我己群之间利益的对待与处理,是检测有无道德和道德高低的试金石。凡是主张个人利益优先于社会公共利益的大多是持利己主义的立场,而凡是主张社会公共利益优先于个人利益的大多是持利群主义的立场。利己主义有不同的类型,如极端的利己主义、温和的利己主义和合理的利己主义等。利群主义亦有不同的类型,如整体主义、国家主义、民族主义、集体主义和世界主义等。此外,还有调和此一关系的己群两利主义。个人利益与他人利益的关系,也可在这一关系的视阈中来关照,马克思主义在个人利益与社会公共利益的关系上持集体主义的立场,这是一种既反对资产阶级的利己主义又超越封建的整体主义和资本主义的国家主义之上的无产阶级个人利益与无产阶级集体利益有机结合的集体主义,是一种既肯定集体利益的优先性和重要性,又重视个人利益的正当性与合理性且主张二者辩证结合的集体主义,本质上是对个人利益与社会公共利益辩证思考与理性认识的产物。

(3) 物质生活需要与精神生活需要之间的关系。这一关系在中国古代常常以理欲关系或天理人欲关系表现出来。天理与人欲涉及人的物质生活需要与精神生活需要的关系,它可以归结为人与自己关系的范畴,即人如何认识自己肉体与灵魂需要借此来挺立人自己的道德。凡是主张物质生活需要更为根本更为重要的大体可以归结为物质主义者,凡是主张精神生活需要更为重要、更为根本的则可以归结为精神主义者。伦理学史上的自然主义与超越主义从某种意义上说则可以看做是物质主义和精神主义的具体表现。马克思主义是物质生活需要与精神生活需要的统一论者,坚持认为人是人的形体与灵魂、物质与精神的有机统一体,人既有物质生活的需求,又有精神生活的需求,认为物质生活决定精神生活并构成精神生活的基础,精神生活是物质生活的提升和发展并对物质生活具有能动的反作用。物质生活需要是精神生活需要的基础和前提，并渗透于精神生活需要之中。精神生活需要是物质生活需要的补充和发展，它集中体现了人的需要与动物需要的区别。

（4）志向动机与功利效果的关系。这一关系涉及道德评价和道德判断的依据和方法，在中国历史上是以志功之辨表现出来，它可以归结为内外关系的范畴。志，指人的志向或信念，也指人的行为的动机或目的。功，指行为的功效或效果，也指为达到目的所作出的努力。在中外伦理思想史上，义利之辨总是与志功之辨紧密地结合在一起，事实上志功之辨恰恰是义利之辨的展开和升华，或者说义利之辨必须通过并借助于志功之辨来表现。我国南宋时期朱熹与陈亮的义利之争，其中一个十分重要的内容就是志功之争。朱熹从"不论利害，惟看义当为与不当为"的思想认识出发，持动机论的道德评价观。而陈亮则持效果论的立场，认为"功到成处，便是有德；事到济处，便是有理"。他拒绝了朱熹要他做"醇儒"的要求，向往做一个"有救时之志，除乱之功"的英雄。西方近代伦理思想史上，康德与英法唯物主义的义利之争也莫不紧紧围绕动机与效果问题而展开。康德是纯动机论的代表，而边沁、密尔等人则是纯效果论的倡导者和拥护者。墨子崇尚义利合一，提出了"志功合一"的命题。《墨子·鲁问》载"鲁君谓子墨子曰：'我有二子，一人者好学，一人者好分人财，孰以为太子而可？'子墨子曰：'未可知也。或所为赏誉是也。钓者之恭，非为鱼赐也，饵鼠以虫，非爱之也。吾愿主君之合其志功而观焉。'"① 马克思主义伦理学坚持动机与效果的辩证统一论，它既反对动机论，又反对效果论，主张把动机和效果结合起来，通过效果去查动机，通过动机去看效果。

上述四个方面或四大关系范式彰显了道义与功利关系的深刻内涵，从不同层面支撑起义利关系的精神架构并拓展出义利关系的生长空间，集人与人、人与社会、人与自身诸关系于一体，展现出既相对稳定又动态发展的矛盾特质，不断地作用、制约并引领着人类的道德生活。

3. 为什么说道义与功利的关系问题是伦理学的基本问题

道义与功利的关系问题之所以是伦理学的基本问题，是由人的存在的两重性所决定的。一方面，人是一种肉体感性存在，这决定了人必然有物质需要和物质利益，否则，人就不能生存；另一方面，人又是一个理性的社会性存在，人的存在与生活都是社会性的，人的利益谋求和获得必须遵循一定的原则，否

---

① 《墨子·鲁问》，见（清）孙诒让：《墨子闲诂》下，471～472 页，北京，中华书局，2001。

则就会导致弱肉强食的自然状态。因此，不仅需要契约、法律等规范原则来调节人的利益关系，而且要用道德、道义这种软规范来调节人的利益关系。汉代董仲舒说："天之生人也，使人生义与利。利以养其体，义以养其心。心不得义不能乐，体不得利不能安。义者心之养也，利者体之养也。"[①] 物质利益是维系身体健康所必需的，道义精神是维系心灵健康所需要的，两者不可缺一，同为人类生活所必需。在论及二者何为优先和重要的问题上，董仲舒受儒家道德观的影响，提出了"体莫贵于心，故养莫重于义。义之养生人大于利……夫人有义者，虽贫能自乐也；而大无义者，虽富莫能自存。吾以此实义之养生人大于利而厚于财也"[②]。据此走向了道义论。而法国唯物主义者和英国功利主义者则强调利益对道德的优先性，成为功利论伦理学的代表。

道义与功利的关系问题之所以是伦理学的基本问题，是因为这一问题是伦理学家不能不回答的问题，是中外伦理思想史的焦点和各派分歧所在，同时也是划分伦理学不同流派的主要依据。如神学伦理学、理念论、天理论、善良意志说、义务论均是在二者关系中更加强调伦理的重要性，而快乐主义、幸福主义、功利主义、目的论都是强调利益的重要性。对这一问题的不同价值取向，使伦理学家们在历史上也形成了利己主义与利他主义、个人主义与集体主义等不同的伦理学说和伦理原则。利己主义、个人主义甚至自由主义都是强调个人或个体的利益与价值的优先性，而利他主义、社群主义、集体主义等都是强调他人、整体、社会的利益与价值的优先性。

道义与功利的关系问题之所以是伦理学的基本问题，关键还在于这一问题反映了人类道德生活领域中最普遍、最根本的事实，规定着伦理学的基本内容，制约着伦理学对一系列问题的解决。人与人之间的道德关系究竟是一种功利关系，还是一种道义关系？道德的目的仅仅是对各种利益关系的协调处理呢，还是为了追求一种符合人类价值理想的合理生活？道德是为了更好的生活，还是生活中要追求一种更为高尚的道德？道德是为了快乐和幸福呢，还是快乐和幸福离不开道德？这些问题都是人们的人生实践和道德不能不首先思考的重大问题，而对这些问题的回答从根本上都是对道义与功利关系问题的思考和回答。人与人的利益关系是一种客观存在的自然现象，人与人的利益关系不能像动物那样以生存竞争、弱肉强食的自然法则来处理，人作为有理性、有道

---

① 董仲舒：《春秋繁露·身之养莫重于义》，见苏舆：《春秋繁露义证》，263 页，北京，中华书局，1992。

② 同上书，264 页。

德的社会性动物，要以道德这种精神原则和规范力量对人的利益关系进行调节。那么，怎样调节？道德面临的前提问题是功利优先于道义还是道义优先于功利？对此的不同选择就形成了功利论与道义论两个基本的伦理学流派。道义与功利何者为先？哪个更根本？对这个问题的不同回答就决定了两条不同的伦理路线：道义论与功利论。凡认为道德义务与道德法则的价值高于利益，功效价值的就是道义论，其特点是维护了道德自身的至上性、自足性价值；凡认为道德行为的价值总是决定于一种非道德的目的与功效的就是功利论，其特点是：认为道德只是一种谋取主体幸福或功利的手段，一种行为之所以是道德的，就在于它是实现主体目的与功利的"善"和"好"。

第三节　伦理学的使命与任务

使命原指使者所接受的命令和承担的职责，后引申为神圣的责任与光荣的任务。伦理学的使命是人的使命的精神化、价值化的集中体现，是人希望伦理学能有所作为的精神担当和实现自身价值的内在品性，表达着人们对伦理学的信任、要求和希望，也是伦理学之为伦理学的内在确证和学术品格之所在。

一、关于伦理学使命与任务的认识

伦理学的使命与任务涉及伦理学的功能效用和伦理学的价值诸问题。不同的伦理学对伦理学使命和任务的认识也是不一样的。

元伦理学家或分析伦理学家大多强调伦理学的知识性和理论任务，他们以使伦理学成为一门严谨的科学为伦理学的重要使命和职能。石里克在《伦理学问题》一书中指出，伦理学是一个知识系统，"它唯一的目标是追求真理……伦理学本身除了追求真理之外，决没有任何其他目标"。伦理学在本质上是理论或知识，"它的任务就不能是产生道德，或者建立道德，或者用道德去指导生活"[1]。伦理学的任务是力求去理解善，"即获得关于它的知识，此外在任何情况下它都不会也不能做任何别的事情"[2]。石里克这种关于伦理学使命的界定，完全使伦理学从属于科学，把伦理学变成一种知识和学问，而忘却了伦理

---

[1] ［德］石里克：《伦理学问题》，张国珍、赵又春译，11～12页，北京，商务印书馆，1997。

[2] 同上书，12页。

学应当引导生活和改造人们生活的责任。

俄国伦理学家别尔加耶夫在《论人的使命》一书中强调指出：伦理学不能也不应该仅仅只是一门"有认识功能的哲学学科"，它还应该是"一种道德精神的行为"，"是关于创造价值和人的创造能力的学说"。别尔加耶夫认为，伦理学所研究的道德行为关联着人的完满的精神生命，因而伦理学是对精神特别是道德精神的认识，涉及善恶、价值的评估与创造诸问题。别尔加耶夫十分崇尚创造伦理学，认为创造伦理学是对法律伦理学和救赎伦理学的超越和升华，创造伦理学不是消灭意志和欲望的伦理学，而是使意志和欲望获得光明、走向崇高的伦理学。"创造伦理学不审判生命，而是赋予生命，获得生命，提高生命内容的质量和价值。"①

德国伦理学家包尔生在《伦理学体系》中认为伦理学的研究任务有二：一是决定人生的目的或至善；二是指出实现这一目的的方式或手段，即"通过什么样的内在品质和行为类型，我们可以达到或实现至善或完善的生活"。"确立最终目的或至善是善论的事情"。如何实现至善则"要在德性论和义务论中解决"②。

苏联的季塔连科在《马克思主义伦理学》一书中提出伦理学的任务主要体现在三个方面：（1）论述道德的重要界限，在统一的人类活动中区分出名副其实的道德方面。一般地说，道德并不是一种具有外部轮廓和具体可感的社会领域，它渗透和贯穿在人们形形色色的意识和行为之中。因此从现实繁复驳杂的意识和行为现象中划分出伦理道德来，是一项极为复杂的任务，在直观的层面上是无法完成这一任务的，必须借助于理性思维才能完成。（2）在思想上再现道德，科学地论证它的必然性、起源、本质、特点、社会作用、发展规律。伦理学要跟上社会向它提出的要求水平，就必须洞察道德的奥秘，直探其对象的深处和认识基础，才能对道德生活领域起指导作用。（3）论述风尚并对其进行批判性的评介和有党性的分析。"伦理学作为一门科学，同时也是认识社会存在的方法，它作为高级层面而包含在道德意识本身之中。甚至当伦理学理论自以为对各种激情采取不偏不倚的态度，自以为超然于善与恶之上的时候，它事实上也反映着一定的阶级利益，并有机地包含在社会意识之中。由此可见，伦理学的不可重复的特殊性就在于，它既是一门关于道德的科学，同时也是道德

---

① ［俄］别尔加耶夫：《论人的使命》，张百春译，183～190页，上海，学林出版社，2000。

② ［德］包尔生：《伦理学体系》，何怀宏、廖申白译，10页，北京，中国社会科学出版社，1988。

本身的财富。"① 伦理学承担着描述道德、解释道德和教导道德的使命，其宗旨在于帮助人们成为更善良、更纯洁和更优秀的人，促进社会更健康、更和谐的发展。

以上观点强调伦理学的任务在于对人们的行为本质及其规律的探求与指引，突出了伦理学作为一门行为科学或实践科学的性质。他们对伦理学的见解，涉及其理论任务和实践任务，有的还试图把二者结合起来，无疑具有合理因素，值得我们借鉴。

二、当代中国伦理学的使命与任务

伦理学既是一种哲学理论，更是一种道德的实践科学，它不仅要阐释和揭示道德，而且要批判和创造道德，提出关于人类生活的价值目标和道德理想。作为关于人和社会道德关系的学问，伦理学的使命在于创新伦理法则，并引领人们创新伦理生活。它虽然也研究伦理生活中"已出场的"一切和既往、现实正在展开的道德生活，但更把目光投向"未出场的"一切，研究人类应当要过的真正理想的道德生活，使人更好地成为他应该成为的自身，这种研究时时挑战着人性的弱点，拷问着人们的良知，这是真正的困难与挑战。伦理学的使命在于塑造人，对结果的关注、伦理制裁的目的是为了下一次行动。它主要不在乎我做了什么，而在乎我还准备做什么；不在乎我过去是什么，而在乎我还能成为什么。伦理学实质上是指向未来的，是自由的、宽容的、爱人的，它真正关心的是"作为人我应当做什么"。伦理学既是关于道德的规范科学，还是展示人的生命情感的学问形态。伦理学不只是要认识道德上的善与正当，更要展示爱与责任的普遍逻辑图式，提出关于人类追求和理想的价值目标。故此，培根说："伦理之学使人庄重。"② 使人庄重亦即使人有尊严，使人获得一种生命的荣光和精神的力量，使人成为不断超越自身的局限和走向伟大、崇高的社会动物和精神文化的动物。

具体来说，伦理学的使命和任务表现在：

（1）科学地揭示和论证道德的根源、本质及其发展的历程。阐释人类伦理文明发展的趋势和规律，回答"人为什么要讲道德"的问题，使人心仪道德并自觉地遵循道德和发展道德。"伦理学作为人学是要人通过自身的卓越活动实

---

① ［苏联］季塔连科主编：《马克思主义伦理学》，愚生、重耳译，9～11 页，上海，上海译文出版社，1981。

② ［英］培根：《论学问》，见《培根论说文集》，水天同译，180 页，北京，商务印书馆，1986。

现自身身上所体现的人之为人的固有使命，人具有'再造第二个自我'的使命，这种'再造'就是把生之于父母的自然天赋发展至完善，其途径是把自身之中的那些真正属人的禀赋作为主宰。"① 道德是人成为人和之所以为人的内在禀赋和基质。讲道德和遵循道德乃至创造道德是人的主体性和目的性的表征和确证。对人为什么要讲道德的思考与追问，是理论伦理学和道德哲学或道德形而上学的重要使命。理论伦理学和道德哲学关注人与道德的关系，注重对人们的道德思维能力即作道德判断和道德推理的能力，只有这样，人们才能获得了道德选择的能力，这是一个人道德成熟的标志，比如说，要人们能够形成一种依照道德原则而行动的欲望，那么就非要让人们认为这种原则是能够经得起其道德推理的追问的，这种原则能够在道德哲学的层面上得到合理辩护。

（2）概括和阐述与市场经济相适应的社会主义道德规范体系。既使道德服务于社会主义市场经济，又能提升和完善社会主义市场经济。社会主义道德规范体系应当既扎根于社会主义市场经济又引导社会主义市场经济，因此应当坚持功利性与超越性、广泛性与先进性的有机统一，在尊重差异、包容多样的基础上弘扬主旋律，建设社会主义核心价值体系。

（3）批判地继承人类历史上一切有价值的道德文明成果。积极汲取当代世界各国道德建设的有益经验，全面提高社会主义道德建设的水准。古为今用、洋为中用、博采众长、集思广益，是伦理学得以不断发展的重要源泉。

（4）探索和研究社会生活提出的新的道德课题。社会实践的发展，特别是当代世界经济和科技的飞速发展，对伦理学提出了一系列新的道德课题。当代中国伦理学不应停留在"书斋"中，而应积极回应时代的挑战，在回答时代挑战中开拓新的领域，提升新的境界，实现自身的繁荣和发展。

（5）总结社会主义新人的道德成长规律。伦理学研究的最高目的，是培养合乎时代需要，具有时代精神气质的社会主义新人。伦理学应当通过深入的学理论证和现实考察，来说明人们何以要从"实然"走向"应然"，培养高尚的道德品质和情操，以使人们成为有理想、有道德、有文化、有纪律的社会主义新人；需要深入探求当代社会主义新人成长的规律和修养路径，揭示社会道德教育和个体精神境界提升的相互作用和相互转化的关系，以及社会道德规范和个体道德内化等的关系，为新人成长创造良好的成长环境，同时又不断砥砺新人理想道德品质的锻铸和道德人格的养成。

---

① 参见邓安庆：《导读：从尼各马可伦理学找回对德性力量的确认》，见《尼各马可伦理学注释导读本》，12页，北京，人民出版社，2010。

伦理学在着眼于整个社会道德风尚改善纯化的同时更注目于个人道德品质的锻铸与培育。它既关注一般道德的生成与实现,更关注伦理美德的养成与引导。激励人们从常德走向美德最后朝着圣德的方向迈进,是伦理学应有的关怀与担当。"不能帮助人们成为更善良、更纯洁的人的伦理学,正如不能治好病的医学一样,是毫无用处的。"① 伦理学不能一味地为人的自然属性或自私利己的行为辩护,它应当在对人的需求和欲望持某种善意对待和比较尊重的基础上矗起超越的灯塔,彰显高远的目标以使人有发展的动力、追求的价值,进而使人更好地成为人并使人性发扬光大,人格得以挺立,人品不断完善,使其真正成为人的精神家园。因此,在世俗生活中更好地扬善抑恶,肯定公道与正义,使人追求崇高、向往伟大,仰慕神圣,应当是伦理学不可推卸的使命。

三、推动我国伦理学大发展大繁荣

伦理学涉及一个民族和国家的价值追求和人生信念,凝聚着一个民族和国家对世界和生命的历史认知和现实感受,积淀着这个民族和国家最深层的精神追求和行为准则。几千年来,中华民族历经磨难而绵延不绝,一个重要原因就在于有深厚的文化传统和伟大的民族伦理精神。中华民族的伦理精神以自强不息和厚德载物为基本的精神枢纽,包含着勤劳勇敢、艰苦奋斗、热爱和平、尊道贵德、崇仁尚义、谦谨礼让、扶危济困、诚信友善等精神观念,支撑着中华民族上下求索,创造出卓尔不群的历史和文化,形成中华民族特有的精神家园和意义世界。"在齐太史简,在晋董狐笔,在秦张良椎,在汉苏武节。为严将军头,为嵇侍中血;为张睢阳齿,为颜常山舌。或为辽东帽,清操厉冰雪;或为出师表,鬼神泣壮烈;或为渡江楫,慷慨吞胡羯;或为击贼笏,逆竖头破裂。是气所磅礴,凛冽万古存;当其贯日月,生死安足论!地维赖以立,天柱赖以尊。三纲实系命,道义为之根……"② 文天祥在《正气歌》中对中华民族伦理精神及其所形成的正气从人物、事件、操守、价值诸方面予以开掘论述,展现了一幅民族道德生活威武雄壮、气势磅礴的生动画卷,震撼着千千万万华夏子孙的道德心灵和精神世界。

毛泽东在《伦理学原理批注》中写道:"道德哲学在开放之时代尤要。"社会越发展,人际关系越复杂,道德问题就越多,人们对道德哲学的需要就会越

---

① [苏联]季塔连科主编:《马克思主义伦理学》,愚生、重耳译,11页,上海,上海译文出版社,1981。

② 文天祥:《正气歌》,见刘柯选编:《古典文学大观》,170页,长沙,岳麓书社,1989。

发强烈，繁荣发展伦理学的意义就会越加重大。伦理学建构的是人们的精神家园、意义世界和行为准则，是社会的和谐秩序、文明向标和价值基座。

当今时代，文化包括道德文化越来越成为民族凝聚力和创造力的重要源泉，越来越成为综合国力竞争的重要因素，丰富精神文化生活、提升思想道德素质和科学文化素质越来越成为我国人民的热切愿望。道德作为一种民族、国家和企业的价值精神、规范力量是一种重要的文化力即软实力。实践证明，一个具有高度道德文明的国家和企业，必将对其发展起到重要的推动作用。不仅如此，民族和团体成员道德文明的提高，不仅使我们的社会会更加科学而和谐的发展，更是一个文明社会的终极目标。国民道德素质的提高本身就是和谐社会建设的需要，也是中国作为一个文明大国重新崛起的应有之义。20 世纪 40年代，贺麟先生就在许多文章中指出："民族复兴本质上应该是民族文化的复兴"，"为思想道德的努力所建设的经济实业，方是真正的经济实业。不然，未经过思想的计划、道德的努力而产生的物质文明，就是贵族的奢侈，贪污的赃品，剥夺的利润，经济生活的病态。""离开思想道德的现代化，而单谈物质工具的现代化，便是舍本逐末"[①]。经过近代史上 100 多年的不屈抗争和不懈奋斗，中华民族终于实现了"站起来"的伟大目标，经过中华人民共和国 60 多年的社会主义建设特别是改革开放以来 30 多年的开拓创新，中华民族实现了"富起来"的社会目标并开始了"迎接伟大复兴"的发展历程，"中国和平崛起"已经成为一个不容忽视的历史事实。作为一个古老东方大国的现代崛起，一定会有伦理精神等文化软实力的价值支撑和动力牵引，也一定会更加需要伦理文化的滋润和陶冶，需要德性的力量和人格的尊严，需要民族整体思想道德素质的全面提升。因此，与社会主义文化大发展大繁荣相映衬的是当代中国的伦理学和社会主义伦理文化的大发展大繁荣。

"一个正确的经济学同高尚的伦理学是不可分离的。""中国的现代化绝不仅仅指经济的发达，它还应该包括社会的公平、正义和道德的力量。"温家宝总理在答记者问时说的这些话表明了中国领导人对社会主义现代化建设的深刻认识，也向世人表明了中国政府致力于推进社会公平，促进人的全面发展和建设和谐社会的决心与信心，更昭示了伦理学在推进国家现代化建设中的崇高地位和神圣使命。中华民族的崛起和社会主义现代化建设事业不仅要搞好经济建设，发展先进的科技和物质文明，而且要发展具有中国特色的社会主义政治文明和精神文明，推进社会的公平正义，促进人的全面和自由的发展。对于一个

---

① 　贺麟：《文化与人生》，4、39、43 页，北京，商务印书馆，1988。

信奉"公平正义比太阳还要有光辉"① 的民族，它一定会正确处理经济学与伦理学的关系，在致力于物质文明建设的同时致力于精神文明建设，全面提升民族文化的软实力，打造具有民族意识和世界视野、未来关怀的伦理文明，为中华民族的伟大复兴提供永续发展的精神动能和价值支撑！

【思考与练习】

1. 什么是伦理学？如何理解伦理学的研究对象？

2. 试述伦理学的研究类型。

3. 伦理学的基本问题是什么？为什么说道德与利益的关系问题是伦理学的基本问题？

4. 当代中国马克思主义伦理学的任务与使命何在？

---

① 温家宝：《中国的现代化应包括社会公平、正义和道德的力量》，载《人民日报》，2010-03-14。

第二章　伦理学的思想传统

迄今为止的伦理学思想传统，大体上有三大源流，一为中国伦理思想传统；一为西方伦理思想传统；一为马克思主义伦理思想传统。三大伦理思想源流为人类伦理文明贡献了许多精湛而高明的道德智慧。古希腊时代，伦理学学科开始形成，亚里士多德在雅典学园专门讲授伦理学，留下了《大伦理学》《欧台谟伦理学》和《尼各马科伦理学》三部著作，对后世影响十分深远。在中国先秦时代，孔子、孟子、荀子等儒家学者致力于"明人伦教化"，提倡仁义道德，为中华礼仪文化的形成作出了开创性的贡献，《论语》《孟子》《荀子》可谓中国古代的伦理学经典著作。马克思主义伦理思想的形成开辟了一个新的传统，它既继承吸收了人类伦理文明的优秀成果，又用唯物史观来研究道德现象，将价值视角转到为劳动人民和无产阶级谋利益上来，从而实现了伟大的变革，使伦理学真正成为一门科学。

第一节　中国伦理思想传统

中国是世界上文明发达最早的国家之一，以"文明古国"和"礼仪之邦"著称于世，有着极为丰富的伦理思想遗产。萌生于远古、发端于殷周时期的中国伦理思想，历经数千年的发展，是人类历史上唯一流传至今，而没有发生严重断裂或湮灭的伦理思想传统。源远流长、博大深厚的中国伦理思想传统，是中华大地上各个民族在长期的生产生活实践中所形成的道德生活智慧的结晶，是历代的思想家们依据中华各民族道德生活的实际需要而不断总结其经验、思考其发展机理和进行理论创新的产物，凝结着中华各民族道德生活的智慧和伦理品质以及思想家自身对道德生活思考的精神成果。

一、先秦时期的伦理思想

先秦是中国伦理思想的奠基和发育时期。早在中华文明初曙之时，在远古神话、寓言乃至图腾、禁忌的图谱中，中华先民们在比较本能和朦胧的情境中即已开始了社会生活及精神的初步建构。中华民族的道德生活萌发于传说中的伏羲时代，炎黄时期曙光初露，唐虞时期进入到有意识的教化和早期成熟或早熟的阶段。而后经历夏商周三代，在其规模和典章文物制度方面初定基调，到春秋战国时期因为社会的转型发生重大的变革，精神的反思和理性的自觉愈发凸显，产生并形成了儒墨道法四大家伦理思想，奠定了被后世称为"轴心时代"的价值基础和伦理规模。

殷商时代已经出现了一些道德概念。西周初年，周公姬旦提出了以"敬德保民"为核心的伦理思想，同时有了"孝""悌""敬"等维护等级制度的道德规范或范畴，从而为中国伦理思想的发展奠定了基础。到春秋战国时，在伦理思想上出现了百家争鸣的局面。

儒家伦理思想以孔子（约公元前551年—前479年）为代表。儒家"祖述尧舜，宪章文武"，试图从总体上和长远方面来建构华夏民族的伦理价值观念，解答春秋以来中国社会提出的道德生活往何处发展以及怎样发展的问题。孔子继承以"周礼"为核心的旧的传统，又总结了以"仁"为代表的春秋以来的伦理思想，创立一个以"仁"为核心，"仁""礼"结合的"仁学"伦理思想体系。孔子把"仁"系统化，作为最高的道德原则和母德。在他的仁学中，"仁"成了"全德之称"，包含孝悌、忠信、智勇等诸多德目。他把爱亲之仁扩充为"爱人"，视孝悌为为仁之本，同时要求以爱亲敬长之心对待他人，将忠恕之道视为实现仁的具体方法，尽己之谓忠，推己及人之谓恕，也就是"己欲立而立人，己欲达而达人"，"己所不欲，勿施于人"。爱人并不是无原则的爱一切人，不能违反"礼"的规定，爱人要有先后、远近、厚薄和亲疏的差别。他提出在上位的人应当行仁德于天下，这种仁德体现为恭、宽、信、敏、惠五个德目。同时孔子把仁看成是人的自觉的道德追求和自我完善的能力，人的价值不在于生命的存在，而在于实现仁的伦理价值。"志士仁人，无求生以害仁，有杀身以成仁"①。孟子继承了孔子以仁为核心的道德规范体系，将其发展为以仁义为主，内容涉及仁义礼智"四德"与"五伦"（"父子有亲、君臣有义，夫妇有别，长幼有叙，朋友有信"）的道德规范体系。荀子则在孔子和孟子道德规范体系的基础上，提出了一个以"礼"为核心的仁、义、礼三者统一的道德规范体系。

道家的伦理思想以老子和庄子为代表。道家伦理思想把道和德作为其伦理学说的最高范畴，提出道是万有的本原，德是事物的根据，并以尊道贵德作为其理论基点。老子认为真正的道德实质上是"为而不有，生而不恃，长而不宰，功成勿居"，主张道法自然，以无为、贵柔、清静寡欲、知足不争为尚。庄子认为，儒家的伦理道德是十分虚伪的，仁义道德都是窃国大盗的工具，应抛弃仁义。在道德修养上，庄子认为人之所以不自由，都是为物所累，而要实

---

① 《论语·卫灵公》，见《四书五经》，34页，北京，中华书局，2009。

现自由，必须超脱一切主客观条件的限制，消融一切矛盾和差别，通过"心斋""坐忘"以求精神上的超脱。

墨家的伦理思想以墨子（约公元前468年—前376年）为代表。墨家是先秦时期与儒家双峰对峙的学派，同被称为"显学"。墨家伦理思想以"兼爱"为核心和基础，以"兴天下之利，除天下之害"为宗旨，重功利、讲力行是其重要特点，反映了从奴隶制向封建制度转变过程中小私有劳动者和平民的利益。"兼爱"是对等差之爱或别爱的一种纠正，含有不分贵贱贫富差别一视同仁地爱，墨子所说的"视人之国若视其国，视人之家若视其家，视人之身若视其身"即"兼爱"的最好证明。在道德评价上，墨子提出"志功"统一的主张。在义利关系上，墨家主张把义利结合起来，墨家认为义就是利，"重利"就是"贵义"。

法家伦理思想的主要代表是商鞅和韩非子（约公元前280年—前233年）。法家是春秋战国时期代表新兴地主阶级、主张法治的一个激进学派。法家思想先驱可追溯到春秋时的子产，实际创始人是战国前期的李悝（约公元前455年—前395年）、商鞅、慎到、申不害等。韩非子之前，法家分三派。一派以慎到为代表，主张在政治与治国方术之中，"势"，即权力与威势最为重要；一派以申不害为代表，强调"术"，推崇政治权术；一派以商鞅为代表，强调"法"，把法律与规章制度看成治国的根本。韩非集前期法家之大成，将法、术、势有机结合起来，提出"不别亲疏、不殊贵贱，一断于法"的"法治"主张，创立了一个比较完备的法家思想体系。法家伦理思想从人的趋利避害、趋乐避苦出发，强调统治阶级功利的价值，主张"务法不务德"，并提出了"去仁义，不道无用"的观点。

诸子百家的伦理思想，在产生和发展过程中形成了特有的研究对象和问题，这些问题包括了义利之辨、王霸之辨、志功之辨、人性善恶之辨、德法之辨、有为无为之辨、文野之辨、君子小人之辨等，并围绕着这些问题的研究而形成了一系列的思想观点、道德和伦理范畴，这些思想不仅对当时的道德生活实践产生了较大的影响和贡献，而且也极大地影响了中国社会发展进程，并铸造了中华民族的性格。先秦诸子伦理思想是中华民族伦理思想的"源头活水"，奠定了中华民族伦理思想的基本格调，并对其后的发展方向多有预制性的规约引导作用。后来出现的各种伦理学说，几乎都可以从这一时期的伦理思想中找到理论原型或思想渊源。

二、秦汉至清中叶时期的伦理思想

从秦汉、魏晋、隋唐和宋元明清，到1840年鸦片战争，长达2000余年，是中国封建伦理思想发展成熟和逐步衰朽的时期。

秦汉时期，是伦理思想试图改造社会和社会不断挑选伦理思想的双向选择时期，就其主流伦理思想的选择及其进入社会政治生活的先后顺序而言，经历了由法家、黄老道家最后是儒家的递嬗演变过程。汉武帝时期，儒家伦理思想成为封建时代占统治地位的正统思想。董仲舒将儒家伦理思想系统化、理论化、神圣化，确立了以"三纲五常"为核心的封建道德规范体系。东汉章帝时的白虎观会议系统确认了三纲五常和三纲六纪的伦理规范。三纲是"纲"，六纪是"目"。具体名目是：诸父、兄弟、族人、诸舅、师长、朋友。"三纲六纪"涉及君臣、家族、家庭等社会生活中的各种人伦关系，涵盖了家庭生活、职业生活和社会公共生活的各个方面。陈寅恪先生指出："吾中国文化之定义，具有《白虎通》三纲六纪之说，其意义为抽象最高之境，犹希腊柏拉图所谓Idea。"①"三纲六纪"等观念的确立，标志着封建时代核心价值体系的形成，对中国伦理文化产生了十分深远的影响。

魏晋南北朝至隋唐时期的伦理思想经历了一个从多种道德观念长期斗争、冲突到融合、统一的发展过程。汉代被定于一尊的儒家伦理道德受到玄学、道教和佛教的伦理道德的攻击，伦理思想领域出现了名教与自然、出世与入世、正统与异端之争，儒佛道三教在长期的斗争磨合中趋于统一，儒家道统观念重新得以恢复。以王弼、郭象为代表的正始玄学援道入儒，试图借助玄学比较精致的思辨形式，调和名教与自然的矛盾；以嵇康、阮籍为代表的竹林玄学则主张"越名教任自然"，视"六经"为粪土，抨击名教是压抑人性的罪恶工具，主张崇尚"自然"。魏晋时期，佛教也依附玄学得到迅速传播。佛教注重"出世"，主张沙门不敬王者，与传统的道德观念相背离，并因此受到儒家的责难与抵制。但佛教为了争得存在和发展的条件，却极力调和儒、佛关系。它通过灵魂不死，业报轮回的宣传和持戒、忍辱等行善修道方法，使佛教教义成为忠、孝说教的有力辅助。隋唐时期，中国封建社会再次统一。在伦理思想上，表现为儒佛道三家互争短长、相互吸收和逐渐融合。伦理思想家们一方面极力排斥佛教思想；另一方面则或明或暗地"窃取"了佛教有关自我修养等方面的内容，进一步补充和丰富儒家的伦理思想，巩固它在封建社会中的正宗地位。

宋元明清时期是中国封建社会由繁荣至衰朽的历史时期，伦理思想出现了理学与反理学的斗争，中华民族的伦理文化一方面在理学的精神统治和统治阶

---

① 陈寅恪：《王观堂先生挽词序》，见《王国维学术经典集》"附录"，南昌，江西人民出版社，1997。

级对理学的表彰下呈现出某种过分绝对化和极端化的发展色彩；另一方面由于对理学伦理思想的批判出现了为市民和下层人民欲望和生存辩护的功利主义风习，呈现出某种"由圣入凡"和向近代过渡的特色。宋代是我国伦理思想发展史上的一个极其重要的阶段，"华夏民族之文化，历数千年之演进，造极于两宋之世"①。宋代理学的形成和发展不仅是儒家对佛教和魏晋玄学的挑战的一种回应和消化，而且直接面对的是魏晋以降中国文化价值遭到很大破坏的现实，并把重建价值体系和儒家道统视为济世安民的良方。理学家把伦理道德赋予永恒的"天理"意义，将"尊德性"作为人们成圣成贤的根本，十分注重道德精神的培养，强调以理统情，自我节制，以立足个人成圣立贤的道德追求，来促进个体自觉意识的觉醒和实现道德意识上的自我完善，并视此为纯化社会道德风气、提升社会精神动能的关键。宋明理学在发展过程中曾有"关学""洛学"及"理学"与"心学"之分，但在宏观上其基本的伦理道德观是一致的：都将"理"置于至高无上的地位；在道德修养上都奉行"格物""致知""诚意""正心"及"主静"至"主敬"等修养模式；在理欲之辩上都主张"存理灭欲"等。

明代中叶以后，随着资本主义萌芽的出现，封建地主阶级的"三纲五常""忠孝节义"以及"存天理，灭人欲"的道德教条和伦理原则，受到一部分具有启蒙意识的思想家的揭露和批判。代表市民阶层利益的思想家们，会同地主阶级改革派，发动了一场反对程朱理学伦理思想的启蒙运动，何心隐、李贽、唐甄、顾炎武、黄宗羲、王夫之、颜元等将矛头指向以程朱理学为代表的伦理思想，抨击"存天理，灭人欲"的反动说教，阐发了"天理寓于人欲之中"，"人欲之各得，即天理之大同"等道理，理直气壮地鼓吹"正其谊以谋其利，明其道以计其功"的社会功利主义思想。他们的哲学基础虽不尽一致，思想内容也各有侧重，但在人性论、理欲观、道德修养论等方面，都与理学伦理思想相对立，把矛头指向封建礼教，展现了中国伦理思想别开生面的一页。

三、鸦片战争至五四运动前的伦理思想

鸦片战争后，帝国主义列强的入侵和西学东进，造成了冲击中国传统文化特别是传统伦理文化的态势。在中国近代独特的社会历史条件下，一些先进的知识分子开始深入思考，他们发动了对封建道德的批判，掀起了道德革

---

① 陈寅恪：《邓广铭宋史职官志考证序》，见《金明馆丛稿二编》，277 页，北京，生活·读书·新知三联书店，2001。

命的运动，并把道德革命视为道德上救国的重要组成部分。近代一批忧国忧民的先进思想家们在深痛民困邦危的强烈情感驱使下，在拯救民生、振兴祖国的历史情结缠绕下，强调在道德领域开展道德革命，肯定主体道德的选择自由，变传统道德的自觉原则为自愿原则，批判道德宿命论，提倡道德能动论，促使旧道德向新道德转化。以康有为、谭嗣同、严复为代表的资产阶级改良派面对中华民族的深重危机，在政治上提出君主立宪，在思想文化上，主张废科举，兴学堂，宣传西方资产阶级社会政治学说和自由平等博爱的伦理观念。20世纪初，随着中国民族资本主义初步形成，以孙中山、章太炎为代表的资产阶级革命派走上历史舞台，使资产阶级伦理思想得到进一步发展，并趋于成熟。革命派先后提出"道德革命""三纲革命"的口号，强调自由、平等和博爱乃是"根于心理"的真道德，论述了"自利利人"的"合理利己主义"思想。章太炎从总结近代革命的历史教训中得出了"是故庚子之变，庚子党人之不道德致之也"，"吾于是知道德衰亡，诚亡国灭种之根极也"① 的结论，强调道德革命的极端重要性，指出"无道德者不能革命"，革命要想取得成功，必须以革命的道德作为精神的基础和价值的支撑。资产阶级所倡导的道德革命，在一定意义上促进了中国近代道德生活的形成和整个社会道德风习的转化，自由、平等和个性解放的思想观念得到较大范围的传播。但是，由于中国资产阶级先天的缺陷和后天的软弱，他们想革命又怕革命的性格也渗透在其伦理思想和道德品质中，进而导致了他们所提出的道德革命只能是西方资产阶级伦理思想的简单移植和对中国传统伦理思想的简单批判，缺乏对中国革命深入的思考和科学的总结。他们所倡导的道德革命很难得以成功，历史注定了他们无法完成中国民族民主革命包括在中国进行道德革命的目标和任务。

正当中国的农民阶级、地主阶级和资产阶级领导的革命或改革相继陷入困局的时候，中国的工人阶级也开始成长壮大起来，使山重水复的中国独立富强之路出现了新的转机。十月革命一声炮响，给中国人民送来了马克思列宁主义，给正在苦思焦虑地探索救亡图存道路的中国知识分子以深刻影响。诚如李大钊所说，"东洋文明既衰颓于静止之中，而西洋文明又疲命于物质之下，为救世界之危机，非有第三新文明之崛起，不足以渡此危崖"②。李大钊所向往

---

① 章太炎：《革命之道德》，见《章太炎政论选集》上册，321～322页，北京，中华书局，1977。

② 李大钊：《东西文明根本之异点》，载《言治（季刊）》第3册，1918（7）。

的第三种文明即为按照马克思列宁主义理论所建构起来的俄罗斯文明。中国先进的知识分子以马克思主义的唯物史观和辩证法来观察中国伦理文化发展的前途和命运，使得一部分先进的知识分子加速了对马克思主义伦理思想的认同和接纳过程，并开始了在中国传播马克思主义伦理思想的历程。自从中国人学会了马列主义以后，中国人在精神上就由被动转入主动。五四运动以后，随着马克思主义传入中国和民族民主革命的深入推进，中国伦理文化进入一个新的历史时期。

中国伦理思想传统具有多元一体与和而不同、推崇仁义道德、主张义以为上、注重道德修养和道德教育等特征。中华民族的伦理思想传统在形成和发展过程中始终充满着多样性和丰富性，并在多样性和丰富性的基础上崇尚和追求和谐统一的价值目标并因之成为一个有机统一的整体，它以一多关系的辩证理解和把握创造了整体性的中华道德文化。这一道德文化崇尚"和而不同"，强调"万物并育而不相害，道并行而不相悖"①，显示出"博厚""高明""悠久"而又包容大度的精神特质。在中华民族多元一体的伦理思想格局中，各种思想或学派都有着强烈的自我意识，发展和保持着鲜明的伦理个性，同时又相互学习、取长补短，在先秦是儒墨道法百家争鸣，在秦汉以后是儒佛道三教并存，创造出了一种长期共生共存、荣辱与共的伦理文化局面。当然，鸦片战争以前的伦理思想整体上是与农耕自然经济和大一统的中央集权专制社会相适应的，有其历史的局限性。近代以来，传统伦理思想在西学的冲击下日渐失去发展的活力。五四运动以后，以毛泽东为代表的中国共产党人跳出近代古今中心之争的困局，毅然决然地选择马克思主义并将其同中国革命的具体实际相结合，同中国伦理文化的优秀传统相结合，发展起了中国马克思主义伦理思想，开辟了中国伦理文化发展的新纪元。

第二节　西方伦理思想传统

发源于古代希腊罗马中经中世纪后在西欧、北美演变和发展的西方文化也有注重伦理道德研究的传统，它们以自己独特的方式展开着功利与道义、现有与应有、德性与幸福以及善与正当的辩难论争，形成了西方民族所特有的伦理思想。源远流长、内容丰富的西方伦理思想，从古希腊罗马直到近现

---

① 《中庸》第三十章，见《四书五经》，57页，北京，中华书局，2009。

代，几经演变，出现过众多庞杂的学说、理论，形成了完全不同于东方伦理思想的传统。

一、古希腊罗马时期的伦理思想

古希腊是西方文明的摇篮。西方伦理思想发源于古代希腊。古希腊伦理思想最初萌生于神话、史诗和自然哲学的思考之中。希腊神话中关于众神之神宙斯的描述涉及正义、秩序和最高主宰问题，大地之神盖娅被视为所有神灵中德高望重的显赫之神，盖娅之子普罗米修斯是一位极具道德意义的英雄之神，他从天国盗火种给人类的传说被视为"伟大的殉道者"，其他如智慧女神雅典娜、太阳神阿波罗、酒神狄奥尼索斯、爱神阿芙洛狄忒，等等，都和某种道德德性有着一定的联系。古希腊的神话孕育了自然主义的忒弥斯正义和人为约定的狄刻正义两种话语体系，宗教信仰催生了德行伦理的最初萌芽。英雄史诗和醒世史诗被视为西方伦理思想的源头。荷马作为希腊人思想和性格的最初塑造者，借助《奥德赛记》和《伊利亚特记》两部史诗，突出地歌颂了希腊民族荣誉高于生命的英雄主义精神，特别赞美了英勇、正义、忠诚、大公无私和热爱集体的英雄人物，斥责了怯懦、偏私、背信弃义和虚伪欺诈的卑劣行为。稍后于荷马的赫西阿德在自己的长篇叙事诗《工作与时日》中抨击当时社会财富分配不公的弊端，谴责贵族们骄奢淫逸、巧取豪夺和贪得无厌的行为，公开提出公道、正义的伦理要求。后来的自然哲学在对自然的本体和宇宙起源的思考中也涉及道德的起源和人类应该追求什么样的生活方式等问题。

希腊文明经历了三个明显的阶段即古希腊时代、希腊化时代及希腊—罗马时代。古希腊时代开始于公元前 800 年，在公元前 5 世纪时达到了它的顶峰（即伯里克利时代）并且一直延续到公元前 323 年亚历山大大帝的死亡。公元前 7 世纪至公元前 6 世纪，随着古希腊奴隶制城邦的形成和发展，奴隶主阶级中开始出现了自觉探求普遍的生活法则和行为方式的"希腊七贤"，他们所提出的"具有一般伦理内容的伦理训条和道德箴言"，特别是梭伦的幸福论思想，标志着古希腊伦理思想的正式形成。公元前 6 世纪以后，随着古代科学的兴起和希腊社会各阶级之间的斗争，尤其是奴隶主阶级内部民主派和贵族派之间斗争的深化，不少思想家的眼光逐渐从自然界转向人自身。智者普罗泰戈拉的名言"人是万物的尺度"，反映了当时人们对自身的地位和价值的认识。苏格拉底可谓西方伦理思想的奠基人，建立了一个以知识即美德的理性主义伦理思想体系。柏拉图从唯心主义的理念论出发，探讨了"至善"问题，建立了理念论的道德理论体系。柏拉图的道德哲学往往被看成是完整伦理学的一个例证。[①]
亚里士多德综合了前人的伦理思想成果，正式使用了"伦理学"这一名称，并
把它作为一门学科。亚里士多德对自荷马以来的希腊伦理思想作出了全面的总
结，对德谟克利特和柏拉图的道德学说从理论上予以调和融通，建立了一个力
图把至善和幸福、知德和行德、道义和功利统一起来的中道伦理思想体系。
《尼各马科伦理学》是西方伦理史上第一部系统的伦理学著作。亚里士多德的
伦理思想被称为自然主义伦理学的典范。"从亚里士多德的时代以来，伦理学
体系往往跳不开以下两个范畴中的一个：要么认为道德上至高无上的善是超越
自然的，这就是继承了柏拉图的传统；要么认为道德的基础在人的本性之中，
他们就是亚里士多德的信徒。"[②]

自亚历山大大帝逝世直到公元前 30 年，是希腊化时代。"在希腊化时代，
哲学的着眼点则是孤独的个人同人类社会的关系，以及他在一个更广大、更复
杂的世界中的个人命运。""为了争取心灵上的平衡以及从冲突中解脱出来，希
腊化时代的思想家将当时弥漫整个社会的普遍的焦虑反映出来。"[③] 在希腊化
时期，出现了具有自然主义倾向的伊壁鸠鲁学派和带有理性主义倾向的斯多亚
学派的伦理思想，前者把快乐和幸福作为人生追求的目的，后者要求人们遵循
自然法则而过一种合乎理性的禁欲主义的生活。如果说伊壁鸠鲁学派建立起来
的伦理观是快乐主义的、利己主义或功利主义的，那么斯多亚学派所建立起
来的伦理观则是严肃主义的、普世主义的或德性主义的。斯多亚学派主张顺从
自然而生活，所谓"顺从自然而生活"就是顺从宇宙的普遍法则，也就是依照
道德而生活。他们从人是宇宙自然的一部分或者说人是一个小宇宙的认识出
发，强调顺从自然服从整体，认为善即是合乎宇宙必然性的普遍法则，即"为
履行一切应尽的义务而生活"，直接把义务同国家和公民的利益联系起来，同
善和至善联系起来，并主张为义务而尽义务。

公元前 30 年至公元 5 世纪西罗马帝国灭亡，此一时期称为希腊—罗马时

---

① 它指出了一切价值的终极源头（至善之理念）；构建了一套形而上学体系，以确证
这个源头的终极性（理念论）；规定了一条基本的道德原则（服从理性的支配）；提供了理
论基础，让人们能够据此把以上原则作为普遍有效的原则来接受（至善之理念是一切真实
性的源泉）；说明了关于至高无上的、本真的善的知识是如何被获取的（仅仅通过理性）。
参见［美］布鲁克·诺埃尔·穆尔、肯尼斯·布鲁德：《思想的力量：哲学导论》，李宏昀、
倪佳译，259 页，上海，上海社会科学院出版社，2009。

② 同上书，290 页。

③ ［美］马文·佩里主编：《西方文明史》上卷，142 页，北京，商务印书馆，1993。

期，也称为古罗马时期。罗马征服了希腊，但对希腊文明却持尊重和摹仿的态度。古罗马时期，伊壁鸠鲁学派和斯多亚学派继续得到发展，卢克莱修、塞涅卡、西塞罗、马可·奥勒留分别使伊壁鸠鲁学派和斯多亚学派不断传播和壮大。公元 2 世纪期间，希腊—罗马文明丧失了它富有创造性的活力，古典人文主义的道德价值受到神话—宗教运动的挑战。人们发现尘世间的事不再是有目的有意义的，他们将希望寄托于来世，许多人成了东方宗教信仰的皈依者。罗马世界正在经历着一场深刻的观念变迁，"在百无聊赖的消沉颓丧中，基督教的救赎福音由远而近地在罗马世界上空响起，成为激励麻木不仁的肉体自我超越的兴奋剂"①。

古希腊罗马时期伦理思想涉及的主要问题是如何使人成为一个肉体和灵魂和谐统一的整体，探讨了道德与理性、知识与行为、幸福等问题，提出了古希腊"四主德"即智慧、公正、勇敢、节制四德目，并发展起了快乐主义与德性主义或感性主义与理性主义两大流派，希腊化时期还产生了怀疑主义。正如在古希腊哲学中可以找到以后各种世界观的胚胎和发展过程一样，在古希腊的伦理思想中，也几乎可以找到以后西方各种伦理思想的胚胎和发展过程。

二、中世纪神学伦理思想

基督教的胜利和日耳曼诸王国在曾经属于罗马帝国的版图上的建立，构成了西方历史发展的一个新阶段即古希腊罗马时代的结束和长达一千年之久的中世纪的开始。所谓"中世纪"是指介于古代奴隶制与近代资本主义之间的封建时代，一般以公元 476 年西罗马帝国灭亡至 1640 年英国资产阶级革命，为欧洲中世纪之时限。欧洲封建社会是罗马帝国内部新的生产方式的萌芽与日耳曼民族入侵相结合的产物。贯穿于欧洲中世纪的占统治地位的意识形态是基督教神学，哲学伦理学均成了神学的婢女。

中世纪伦理思想传统的发展大体上可以区分为三个阶段，第一个阶段是封建制度形成时期即公元 5 世纪至 11 世纪，以奥古斯丁为代表的教父伦理思想成为这一时期占统治地位的宗教神学伦理思想。A. 奥古斯丁（354—430）把新柏拉图主义、后斯多亚主义与基督教教义结合起来，提出了上帝之城与尘世之城的世界二分法理论，并由此鄙视尘世之城，崇尚上帝之城，认为上帝是道德的泉源和标准，尘世一切都是罪恶的，人生就是否定尘世转向上帝的过程，幸福就是对上帝的爱。人只有信仰、热爱、服从上帝，才能从原罪中拯救自己。

---

① 赵林：《西方宗教文化》，5 页，武汉，长江文艺出版社，1997。

第二个阶段是封建制度发达时期即公元 11 世纪至 15 世纪。由于城市市民阶层的兴起，为维护本阶层的利益，市民阶层和封建统治阶级发生了尖锐的冲突和斗争，这种冲突和斗争反映在伦理价值思想领域中，表现为阿伯拉尔的自由意志论和安瑟伦的救赎论的争论，表现为邓司·司各脱和托马斯·阿奎那伦理观的斗争。托马斯·阿奎那（1225—1274）是经院神学的代表，其伦理思想的最大特点是把基督教教义与古希腊思想家亚里士多德的思想调和起来，创建起庞大的天主教思想体系。他提出"两种幸福"和"两性德性"的学说，即尘世幸福与天国幸福、尘世德性与神性德性。尘世幸福是感性或世俗的幸福，天国幸福是精神的或神性的幸福。尘世德性主要是亚里士多德概括的智慧、勇敢、节制、公正，神性德性则是博爱、信仰、希望。托马斯·阿奎那改造了古希腊亚里士多德的伦理思想，使中世纪神学伦理思想系统化、理论化。邓司·司各脱（1270—1308）以人的意志自由为基础提出了爱的两种类型的理论，认为人的意志有双重的向善趋向，一种是为自己的利益而产生的爱，即为己的爱，它促使人们在一切行为中寻求自己的完善和幸福；另一种是为了高尚的目标而产生的爱，即公共的爱。这种爱不是为了个人幸福和某种欲望的满足，它激励人们为客观的善或事物的内在价值而勇敢地伸张正义，引导人们去爱某个事物的绝对价值，而不管这个事物对自己是否有益处，只有这种爱才能使人们真正爱上帝本身，视上帝为最完善最值得崇拜的对象。

第三个阶段是封建制度衰亡时期即公元 15 世纪至 17 世纪中叶。这一时期是封建伦理思想趋于没落并向资本主义伦理思想过渡的时期。欧洲封建社会后期，资本主义生产关系在封建社会内部孕育、发展和壮大，经济上的变化引起了思想文化领域包括伦理思想的巨大变化，出现了文艺复兴和宗教改革运动。文艺复兴时期的人文主义者以享乐主义反对封建的禁欲主义，公开为个人利益、个人幸福辩护，主张把目光从天堂转向尘世，从社会整体转向个人，阐发了功利即道义、幸福即道德的思想，为资本主义道德的发展提供理论根据，也为后来资产阶级系统的伦理学说奠定了基础。

三、西方近代伦理思想

在文艺复兴和宗教改革运动的推动下，西欧各主要国家的资产阶级在思想文化领域里掀起了一场规模空前的启蒙运动，为资产阶级革命和资本主义制度的建立鸣锣开道，由此诞生了近代意义上的伦理学。活跃于英法德诸国的资产阶级伦理思想家们一开始就明显地表现出对资产阶级利益要求的自觉，把从理论上认识论证利益与道德的关系视为自己的基本任务，并展开了积极的思想论争，创立了利己主义、利他主义、义务论、情感主义、功利主义等伦理价值理论，由此形成西方伦理思想史上学派林立、百家争鸣的奇观。

随着欧洲资本主义的兴起，伦理思想逐渐从神学的禁锢下解放出来。资产阶级的思想家们，从发展资本主义的要求出发，在伦理思想上，强调满足个人的需要和利益，深入地探讨了人的价值、人的尊严和自由、善的本质、道德评价的根据等问题，并以不同的方式提出了调解个人和他人，个人和社会利益关系的道德原则和各种反映资产阶级利益和要求的伦理学说。霍布斯（1588—1679）根据唯物主义感觉论，提出了人性恶的观点，并阐述了利己主义人性理论。他认为，"人对人是狼"，充满着弱肉强食和生存竞争，每个人都为自己的利益而奋斗。但他又认为，人类在互相争夺、摧毁中仍是有理性的，并可运用理性来保护自己，追求幸福。为了避免相互毁灭，人类理性提出了人类和平的条约，即"自然法"。由于自然法的作用，使人们订立契约，由自然状态进入社会状态，并产生法律，产生调节人与人关系的道德规范，所以，道德归根到底取决于自然法。18 世纪法国唯物主义者爱尔维修（1715—1771）认为，人的本性是利己的，是追求肉体感官的快乐。自爱心是道德的基础，人的所有欲望、感情和精神都来自自爱之心。人们的利益决定人的道德观念和道德评价。在动机和效果问题上，他从功利主义出发，突出强调效果。在教育与道德的关系上，他认为，性善或性恶都是教育的产物，提出了"人是环境的产物"的著名论断。19 世纪英国的 J. 边沁（1748—1832）是功利主义的主要代表。边沁认为，趋乐避苦是人的本性，能够满足人们需要的行为和原则就是善的，具有道德价值的，反之则是恶的，不具有道德价值的，而所谓需要就是利益。于是，他得出功利主义的公式：能够增进利益，就是道德原则，反之则不能成为道德原则。在幸福问题上，边沁提出了"最大幸福"原则，他认为最大幸福或社会利益不是别的，而是个人利益的总和。

德国古典伦理学的创始人康德（1724—1804）总结批判了以往各家的伦理学说，既把道德从宗教神学外在的、精神的、空洞的权威中拯救出来，又使道德超越于英法功利主义的动物性、自然性、个别性之上，从而把道德从虚无缥缈的天国和人欲横流的泥污中解放出来，建立了一个以善良意志为核心，以绝对命令为表现形式，强调动机的纯洁性和至善性的义务论伦理学说体系，实现了伦理学领域里的"哥白尼式革命"。费希特（1762—1814）接过康德的理性自律、人类主体性的思想，认为道德的本质是自由行为者实践理性的自我决定。人类全体共有的力量的意向可以有充分理由称为"道德律"，这种力量的作用就是合于道德的意志，由此产生的行为就是德行。个人和民族，应当为共同的目标联合为一个整体，达到一个大我的境地。鉴于困难深重、世风日下的社会情势，费希特深感伦理精神之重要，并认为自己有义务使德意志民族觉醒，建立一种理想的"伦理世界秩序"。他特别强调义务、良心和道德理想，把净化社会道德风尚和人心，提高国民的道德觉悟和道德品质，视作伦理学的最高使命。黑格尔（1770—1831）是德国古典哲学的集大成者，他总结了当时资产阶级伦理思想所达到的成就，特别是继承和发展康德的伦理思想，建立起一个完整的理性主义伦理思想体系。黑格尔从客观唯心主义出发，把伦理道德看做绝对精神自我发展的一个阶段。在《法哲学原理》中，黑格尔将整个伦理体系分为抽象法阶段、道德阶段和伦理阶段三个阶段。其中抽象法阶段是客观阶段，讲人格的实现和尊严；道德阶段是主观阶段，讲内心的信念和规定；伦理阶段是主观和客观阶段的统一，是客观精神的真实体现。黑格尔批判了个人主义的伦理理论，倡导一种国家主义和整体主义的伦理价值观。费尔巴哈反对康德、黑格尔等人的整体主义伦理观。他依据其感性主义人性论，建立起了合理利己主义的幸福论伦理思想体系。费尔巴哈认为，人的自爱利己的本性和追求感官的享乐就是道德的来源和基础。道德的基本原则就是对己以合理的节制，对人以爱。爱是一切道德的化身，它能够消除社会生活中的各种利益矛盾，使人类真正过上幸福美好的生活。

四、西方现代伦理思想

19 世纪中后期，特别是 20 世纪以来，西方进入垄断资本主义和帝国主义时期，随着科学技术革命和两次世界大战的爆发，社会生活发生了空前的变化，各种矛盾和问题接踵而至，伦理思想也在告别近代的理性主义、乐观主义而步入现代，从对现代资本主义社会日益深重的精神危机和道德困境进行理论探讨，力图从伦理学上提出新的理论或应对之策来解救西方社会深重的道德危机。现代西方伦理学流派繁多，观点多变，主要有三大思潮：第一种是受实证科学影响较大的元伦理学或分析伦理学流派，包括摩尔、普里查德、罗斯的直觉主义伦理学，艾耶尔、史蒂文森、罗素的情感主义伦理学，黑尔、图尔明的规定主义伦理学等，主要流行于英美国家。元伦理学撇开现实的道德问题，侧重研究道德语言的意义、功能及有关道德判断和规范理论的证明问题，具有形式主义的特征。第二种是人本主义和非理性主义伦理学流派，包括叔本华、尼采的生命意志主义，柏格森的生命哲学，海德格尔、萨特的存在主义，弗洛伊德、弗洛姆的精神分析主义等。这一思潮以人为主体，着重讨论人的境况、命运和出路，强调个体存在的实存性和绝对性，排斥人的理性，而诉诸本能、自我和自由，其主要特征表现为非理性主义，并常常堕入悲观主义。第三种是现代西方宗教伦理学流派，包括新托马斯主义伦理学、人格主义伦理学、新正统派伦理学等。它们有的虽然也打着"尊重科学"和"关心人"的旗帜，但实际上仍然是把善的本质、道德的起源以及道德评价的最高标准最终归之于上帝，鼓吹人只有通过信仰上帝，才能得到彻底的拯救。20世纪60年代以后，出现了各种自然主义和功利主义的伦理学流派，传统规范伦理学开始复兴，应用伦理学兴起等趋向。

西方伦理思想传统，在漫长的历史时期产生了诸多思想流派，但是从整体上看，各个时代所普遍尊奉的基本价值理念以及普通西方人在实践中所奉行的根本伦理原则，有着共通之处。这些共通之处构成了西方伦理文化的基本精神特质。其中二元对立的思想格局，个体本位与个人主义的价值追求，伦理与宗教的有机结合及敬畏上帝的观念，此外还有注重思辨和理性精神，均对西方社会道德文化和历史发展产生了深远的影响。

第三节　马克思主义伦理思想传统

马克思主义伦理思想是指以辩证唯物主义和历史唯物主义为理论基础的关于道德及其发展规律，特别是关于社会主义、共产主义道德形成和发展规律的思想和学说，是马克思主义哲学的重要组成部分。马克思主义伦理思想是时代道德精神的精华，是无产阶级和广大劳动人民争取自身解放和追求进步、光明的社会与人生的道德观和价值观的总汇，是科学性与革命性、功利性与道义性、理论性与实践性、理想性与现实性的有机统一。马克思主义伦理思想产生于19世纪40年代，而后经过40年的传播与发展，于19世纪80年代在俄国获得了新的理论形态即列宁主义。而后又经过40年的传播与发展，于20世纪20年代在中国获得了新的发展。

一、马克思主义伦理思想的形成与发展

马克思主义伦理思想是马克思主义经典作家马克思、恩格斯在总结无产阶级运动及其道德品质过程中所创立的，体现了马克思、恩格斯世界观的自觉转变和以无产阶级利益为社会理想目标的价值追求。

马克思主义伦理思想在《青年在选择职业时的考虑》《1844年经济学哲学手稿》《道德化的批判和批判化的道德》《德意志意识形态》《神圣家族》《共产党宣言》《反杜林论》《家庭、私有制和国家的起源》等著作中得到了充分而集中的表现。

1. 马克思主义伦理思想的形成

马克思主义伦理思想的形成，与马克思、恩格斯科学世界观的形成是一个

统一的整体。马克思主义伦理思想的形成是一个过程。在这一过程中，马克思、恩格斯经历了从革命民主主义到共产主义、从唯心主义到唯物主义的转变，经历了从不成熟到逐步成熟的新世界观人生观和道德观体系的探索。马克思主义伦理思想同整个马克思主义一样，它既不是工人运动自发的产物，也不是马克思、恩格斯主观臆想出来的东西，而是马克思主义的创始人根据工人阶级的利益和社会发展的需要，批判地改造了人类伦理思想史上一切有价值的成果而建立起来的崭新的伦理思想体系。

马克思主义伦理思想萌生于《青年在选择职业时的考虑》，形成于《德意志意识形态》。在《青年在选择职业时的考虑》中，马克思表达了为全人类献身的崇高志向，提出了自己的幸福观和价值观。《德法年鉴》创办后，马克思先后发表了《论犹太人问题》和《〈黑格尔法哲学批判〉导言》等文章，批判了鲍威尔等人把犹太人和其他人的解放归结为纯宗教问题的错误观点，论证了无产阶级的历史使命和历史地位，认为无产阶级是随着封建社会的解体和近代大工业的发展而产生和发展起来的，无产阶级的阶级地位决定了它只有解放全人类才能最后解放自己。因为"它表明人的完全丧失，并因而只有通过人的完全回复才能回复自己本身"①。《论犹太人问题》和《〈黑格尔法哲学批判〉导言》标志着马克思已经实现了向唯物主义和共产主义的转变。

与此同时，恩格斯在英国通过对英国社会现实的观察和研究特别是深入了解工人的生活，参加工人运动，也推动了世界观和人生观向唯物主义和共产主义的转变。发表在《德法年鉴》上的《政治经济学批判大纲》一文，深入分析了资本主义社会的经济矛盾，指出要解决资本主义社会的经济危机和道德沦落现象，必须来一次深刻的社会革命，用消灭私有制的革命手段来结束人类道德堕落的现象。《政治经济学批判大纲》标志着恩格斯已经实现了向唯物主义和共产主义的转变。1845 年 5 月发表的《英国工人阶级状况》一书，第一次从经济上论述了工人阶级的历史地位、生活状况和道德面貌以及社会主义革命的必然性。恩格斯肯定并赞扬了逐渐形成的英国工人阶级的团结互助、勤劳诚实、大公无私、富于反抗和斗争精神等高尚道德品质，认为这是人类道德的希望，提出了"个人利益和全人类利益相一致"的道德理想和原则，认为只有工人阶级才有这种道德理想和原则，号召工人阶级为自己的最终解放而斗争。

《1844 年经济学哲学手稿》（以下简称《手稿》）是马克思未完成的一部独

---

① ［德］马克思：《黑格尔法哲学批判导言》，见《马克思恩格斯文集》第 1 卷，17页，北京，人民出版社，2009。

立著作的手稿汇编（1932年在阿多拉茨基主编的《马克思恩格斯全集》德文版第3卷全文发表）。《手稿》较系统地阐述了马克思主义的三个组成部分，深刻论述了伦理学的一系列重大理论问题，指出私有制使劳动和人的本质发生异化，异化劳动使资本主义私有制造成人的异化达到顶点，主张扬弃异化劳动，即吸收资本主义大工业和自然科学为人的解放所提供的物质准备，通过无产阶级的政治革命，实行工人阶级一个阶级先解放的战略途径来实现人的本质和人的解放。共产主义是人的异化的克服和人的本质的真正实现。《手稿》初步阐发了马克思新世界观的基本特征，为马克思主义及其伦理思想的形成奠定了基础，但仍残留有青年黑格尔派哲学和费尔巴哈人本主义伦理思想的痕迹。

马克思与恩格斯合著的《神圣家族》批判了以布鲁诺·鲍威尔为代表的青年黑格尔派的哲学伦理思想，用接近完整科学的历史唯物主义原理阐释了一系列重大的伦理道德问题，第一次深刻地论述了个人利益与整体利益、阶级利益与全人类利益的辩证关系，指出利益决定思想，群众的实际利益决定思想的实际进程。工人的道德品质离不开工人争取实际利益的运动，是工人的实际利益决定工人的思想感情和伦理道德，初步表述了工人阶级的实际利益决定其道德观念的思想。在这部著作中，马克思、恩格斯深刻评价了爱尔维修、曼德威尔、边沁等功利主义伦理学家的思想，揭示了道德的阶级性问题。这部著作把无产阶级的道德问题与无产阶级的历史使命联系起来，全面发展了《1844年经济学哲学手稿》中的哲学伦理思想，已经开始用历史唯物主义的基本观点分析伦理道德问题，是马克思主义伦理思想形成阶段的一部重要著作。

《德意志意识形态》是马克思、恩格斯合著的一部十分重要的著作，标志着唯物史观的正式确立和马克思主义伦理思想的正式形成。在这部著作中，马克思、恩格斯通过对费尔巴哈唯物主义的批判，以及对鲍威尔、施蒂纳为代表的青年黑格尔派历史唯心主义的批判，全面系统地阐述了唯物主义的历史观，为马克思主义伦理学解释人类道德现象和揭示社会道德关系的本质提供了理论前提。在这部著作中，马克思、恩格斯阐述了道德作为社会意识形态是由社会存在所决定的思想，只有从经济基础出发才能科学地说明道德的本质及其变化，第一次科学地说明了个人利益与整体利益的辩证关系，把人的个性和人的全面发展看做社会和个人彻底从私有制的压抑中真正解放出来的必要条件，深刻阐述了社会解放和个性发展的关系，论述了集体主义的道德原则和基本内容。唯物史观的创立为马克思主义伦理思想的创立奠定了科学的理论基础，它第一次明确地、科学地说明了人类道德产生、发展和消亡的规律，使马克思主义伦理思想真正成为一门科学，实现了人类伦理思想的伟大革命变革。

马克思主义伦理思想在创立和形成过程中，不仅是对马克思主义以前的伦理思想进行革命改造和批判继承的结果，而且也是和同时代的资产阶级和小资产阶级伦理思想进行斗争的产物。马克思、恩格斯在批判布鲁诺·鲍威尔、施密特、魏特林、克利盖等人超阶级的永恒道德论的同时，阐明了道德与经济基础的关系、道德的阶级性和历史性、道德的功能与社会作用等一系列伦理道德的理论问题。

2. 马克思主义伦理思想的发展

马克思主义伦理思想形成后，马克思、恩格斯站在时代道德生活的最前列，通过深入批判各种资产阶级和小资产阶级的伦理道德观，全面总结无产阶级的道德观念和品质，科学揭示了人类道德生活发展的规律，推动着马克思主义伦理思想的发展。

1846年，马克思写了《道德化的批判和批判化的道德》一文，批判了德国小资产阶级思想家卡尔·海因岑的唯心主义人性论和道德观及对共产主义道德的反对立场，认为超阶级的抽象人性是没有的，不能把历史运动看成是人的感情的运动，道德上的正义之类词句改变不了资本主义经济规律所造成的必然的巨大的贫富差别，因此，不能把社会的政治问题、经济问题归结为道德问题，道德是社会生活的产物，是受社会存在和社会的经济关系、政治关系所制约的，进一步论证了道德是由社会经济关系所决定的唯物主义思想。1847年马克思写了《哲学的贫困》一文，着重批判了蒲鲁东的唯心主义人性论和把一切社会经济关系归结为道德善恶关系的小资产阶级的伦理思想，指出现实的人性和道德是社会生活的产物，是由社会的经济关系所决定的。蒲鲁东歪曲、背叛了黑格尔的辩证法，把现实生活中的一切矛盾归结为道德上的善恶，这是典型的小资产阶级的道德观。他不懂得，在资本主义条件下，所谓"善"与"恶"、"富足"与"贫穷"是对立统一的关系，财富是由贫穷创造的，富足是由不足产生的；反过来说，资本主义形态下的富足必然产生贫困，两者是不可分割地联系在一起的。企图在资本主义制度下消除"恶"、消除"贫穷"是根本不可能的。唯一的办法是进行社会革命，推翻资本主义制度。

马克思、恩格斯于1847年12月至1848年1月合写并于1842年2月以单行本在伦敦出版的《共产党宣言》（以下简称《宣言》），是科学共产主义的第一个纲领性文件。《宣言》在伦理思想方面，以唯物史观为理论依据，论证了马克思主义的伦理道德观，进一步批判了反动的社会主义、资产阶级的社会主义和空想社会主义的道德观，将伦理道德观与阶级斗争学说，与无产阶级的历史使命结合起来，分析了无产阶级的道德观念和品质，认为无产阶级具有团结战斗、大公无私的高尚品德，具有为全人类谋幸福、求解放的崇高胸怀，敢于为绝大多数人的利益和全人类的解放事业而斗争。《宣言》提出："代替那存在着阶级和阶级对立的资产阶级旧社会的，将是这样一个联合体，在那里，每个人的自由发展是一切人的自由发展的条件。"①《共产党宣言》完整、系统而严密地阐述了马克思主义伦理思想的基本理论，对马克思主义伦理思想的传播和无产阶级伦理道德观的形成和发展有着深远的影响。

在历时 40 多年写成的政治经济学名著《资本论》中，马克思的伦理思想得到了进一步的发展。他不仅深刻揭示了资产阶级道德的阶级实质和发展规律，把资本主义社会中各个阶级、阶层的政治状况和道德面貌真实地呈现出来，而且科学地预见了未来共产主义社会的道德特征。马克思分析了资本主义社会的生产方式，一方面认为它取代封建主义的生产方式具有历史的必然性和进步性；另一方面又指出："资本来到世间，从头到脚，每个毛孔都滴着血和肮脏的东西。"② 资本以贪得无厌地追逐剩余价值为目的和内容，造成了竞争的残酷和经济危机，给无产阶级带来了巨大的苦难。资产阶级建立在雇佣劳动关系基础上的道德更是充满了矛盾性。资产阶级一方面提倡所谓的天赋人权，鼓吹自由平等博爱，即对抽象人的崇拜；另一方面实际信奉的却是最粗俗的金钱拜物教和最卑劣的个人主义和利己主义。他们鼓吹的"勤劳""节欲"的美德，只是针对无产阶级和劳动人民的，这充分暴露了资产阶级道德的伪善。《资本论》在马克思主义伦理思想发展史上具有重要的地位，它成功地运用唯物史观，分析资本主义道德及其发展趋势，使马克思主义伦理思想不是一般地作为一种观点和公式，不是一般地说明道德的理论，而是说明以往社会形态的道德现象尤其是资本主义社会的道德现象并且被验证了的科学理论。

1871 年法国巴黎无产阶级爆发了武装起义并成立了巴黎公社。马克思撰写了总结巴黎公社经验教训的《法兰西内战》，对巴黎无产阶级的道德精神和品质给予了系统的总结。马克思为巴黎工人不屈不挠的斗争精神，崇尚平等和富于正义的精神所感奋，尊称为"我们英勇的巴黎同志"，指出巴黎公社简直是奇迹般地改变了巴黎的面貌！巴黎的新世界和凡尔赛的旧世界形成了鲜明的对比。"努力劳动、有心思索、战斗不息、流血牺牲的巴黎……正放射着它的

---

① ［德］马克思、恩格斯：《共产党宣言》，见《马克思恩格斯文集》第 2 卷，53 页，北京，人民出版社，2009。

② ［德］马克思：《资本论》第 1 卷，见《马克思恩格斯文集》第 5 卷，871 页，北京，人民出版社，2009。

历史首创精神的炽烈的光芒。"① 巴黎公社以公仆制度代替官僚制度，破除了国家管理的神秘性，把军事、政治和行政职务变成了真正工人的职务，公社真正体现了为人民服务的功能，彰显了它的道德进步性。

1878 年恩格斯出版了《反杜林论》一书，对杜林的资产阶级人生观和道德观进行了深刻而全面的批判，阐明了马克思主义关于道德的本质、道德的历史类型、道德的阶级性和全人类性的关系、平等观的历史性和阶级性、道德评价中的自由和必然等问题。恩格斯深刻论述了道德的经济基础和阶级基础，指出道德的本质就是利益关系的反映。他具体分析了代表封建贵族利益的道德、资产阶级的道德和无产阶级的未来道德这三种道德，指出在阶级社会中，每个阶级都有自己的道德观。直到现在，社会总是在阶级对立中运动的，所以道德始终是阶级的道德道德。恩格斯还论述了平等观的历史变化，认为平等观念是一种历史的产物，杜林所说的抽象的超阶级的平等观是不存在的，在阶级社会中侈谈抽象的人的平等只能导致荒谬的结论，无产阶级的平等就是要消灭阶级。在《反杜林论》中，恩格斯提出并论述了自由不在于幻想摆脱自然规律，而只是对这些规律的认识和使这些规律为一定的目的服务。这一观点大大发展了马克思主义伦理学的道德评价理论。

《家庭、私有制和国家的起源（就路易·亨·摩尔根的研究成果而作）》一书，系统地阐述了马克思主义关于爱情婚姻家庭道德方面的思想，驳斥了资产阶级历史学家和民族学家在这些问题上的种种错误观点。恩格斯回顾了人类两性关系的历史发展，考察了人类的婚姻家庭形式及其历史演变，认为家庭的演变大体可分为四个阶段或四种形式，即血缘家庭、普拉路亚家庭、对偶家庭、专偶制家庭，并对专偶制家庭的历史学意义和词源学意义作出了深刻的分析，指出在以私有制为基础的阶级社会里，专偶制并未得到真正的实现，它是一种历史意义上的专偶制，是仅仅针对妇女而言和仅仅存在于劳动群众中的专偶制。只有到了消灭了私有制的社会主义社会和共产主义社会里，"词源意义上的专偶制"才能真正成为现实。《家庭私有制和国家的起源》是第一部科学阐述马克思主义关于爱情婚姻家庭道德观点的经典著作，在马克思主义伦理思想发展史上占有重要的地位。

1886 年恩格斯为适应德国工人运动的迫切需要，撰写了《路德维希·费尔巴哈和德国古典哲学的终结》一书，科学地分析和批判了费尔巴哈的唯心主义道

---

① ［德］马克思：《法兰西内战》，见《马克思恩格斯文集》第 3 卷，165 页，北京，人民出版社，2009。

德观,从而进一步阐明了马克思主义关于道德的本质、道德的阶级性、道德同物质生活条件的关系及什么是真正的幸福等思想观点。在道德的历史作用的问题上,恩格斯批判了费尔巴哈对道德上善恶对立现象的肤浅的看法,指出他没有看到道德上的恶在阶级社会所起的真正作用,肯定了黑格尔在对道德上的恶的作用方面的认识的合理性。在幸福问题上,恩格斯批判了费尔巴哈超阶级、超时代的幸福观,阐述了幸福需要物质手段和精神手段、幸福的时代性和阶级性,指明了无产阶级获得幸福的途径,认为无产阶级的幸福是与无产阶级的革命事业、人类的解放事业联系在一起的,是在人类解放事业中逐步实现的。

马克思、恩格斯逝世后,他们的战友和学生如拉法格、狄慈根、梅林、考茨基对马克思主义伦理思想作出过一些阐释和发展,其中拉法格的《思想起源论》、考茨基的《伦理学与唯物史观》在捍卫马克思主义的唯物史观方面作出了积极贡献。为了彻底驳斥饶勒斯博爱和正义的道德观念是推动人类历史发展和社会更替的决定性因素的错误观点,拉法格根据事实材料证明了善、平等的道德观念同现实的社会经济的和阶级的关系之间的不可分割的联系,认为善、善良的词语本身起源于人们对财富的用语。考茨基运用唯物史观说明了伦理学说产生的历史原因及其发展的历史规律,指出伦理学说是在一定的社会历史条件下产生的,是与社会发展需要特别是经济关系的发展需要相适应的,是由社会的经济状况和经济关系所决定的。历史上的各种伦理学说都代表了一定阶级的利益和愿望,都有其阶级基础。伦理学说的性质是由其所代表的阶级的性质决定的。

二、俄国、苏联马克思主义伦理思想的形成与发展

19世纪末20世纪初,世界历史进入帝国主义和无产阶级革命的时代。列宁把马克思主义同俄国的革命实践相结合,彻底批判了第二国际修正主义和各种机会主义,阐明了共产主义道德与无产阶级利益的科学关系,将马克思主义伦理思想推进到一个新的阶段,即列宁主义阶段。列宁逝世后,以斯大林为代表的苏联共产党人,总结苏联社会主义建设的道德实践,系统明确地提出了集体主义的道德原则,发展了马克思、列宁主义的伦理思想。在捍卫和宣传马克思主义伦理思想方面,俄国早期马克思主义者普列汉诺夫也作出了重要贡献。

普列汉诺夫(1856—1918)是马克思主义的先驱,他运用唯物史观来研究道德问题,对道德的起源、本质和作用,道德与其他意识形态的关系,马克思主义功利论的来源和内容等伦理学中的一系列基本问题,作出了科学的解释,揭示了利益关系对人们道德观念的决定作用,指出利益是道德的基础,人类的道德是循着人们的经济需要而发展的。他系统考察了从康德到黑格尔、从爱尔

维修到近代功利主义者对道德和利益的关系、个人利益和社会利益的关系进行探索的历史，从而梳理了伦理学基本问题发生发展的线索，证明了利益决定道德、集体利益高于个人利益的观点的正确性。普列汉诺夫认为，道德的基础不是对个人利益或个人幸福的追求，而是以或多或少的自我牺牲为前提的。他主张无产阶级在革命和斗争中要有自我牺牲的精神，应当为无产阶级的集体利益牺牲自己的个人利益。在道德进步问题上，普列汉诺夫坚持人类道德总体上呈现出前进性和上升性的原则，同时强调应当具体地看待道德进步的问题，认为道德的进步是一个前进性和曲折性相统一的过程。

列宁（1870—1924）是伟大的马克思主义理论家和政治家，是马克思主义伦理思想在帝国主义和无产阶级革命时代的杰出代表，对马克思主义伦理思想的继承和发展作出了卓越的贡献。他批判了民粹派从抽象的人类天性出发，鼓吹道德自由和否定唯物主义决定论的观点，指出决定论思想确定人类行为的必然性，推翻所谓意志自由的荒唐的神话，但丝毫不消灭人的理性、良心和对人的行为的道德评价。他批判了"无产阶级文化派"否定一切文化遗产的谬论，论证了继承优秀文化传统与克服落后习惯势力的辩证关系，既主张同资产阶级和一切剥削阶级及小私有者道德恶习划清界限，又主张批判继承人类在封建社会、资本主义社会所创造的一切优秀的文化和道德财富。在马克思主义伦理思想发展史上，列宁首次提出了共产主义道德的科学概念并对之作出了马克思主义的阐释，认为共产主义道德是从无产阶级阶级斗争的利益中引申出来的，是为无产阶级阶级斗争服务的。共产主义道德的基本原则是"人人为我，我为人人"。共产主义劳动态度是共产主义道德的重要内容。此外，列宁还对无产阶级的爱情婚姻家庭道德作出了科学的解释。

斯大林（1879—1953）继列宁之后对发展马克思主义伦理思想也作出了突出的贡献。他在马克思主义伦理思想发展史上第一次系统地提出了集体主义道德原则，并对其主要内容作出了科学的界说和论述，认为"个人和集体之间、个人利益和集体利益之间没有而且也不应当有不可调和的对立。不应当有这种对立，是因为集体主义、社会主义并不否认个人利益，而是把个人利益和集体利益结合起来。社会主义是不能撇开个人利益的。只有社会主义社会才能给这种个人利益以最充分的满足。此外，社会主义社会是保护个人利益的唯一可靠的保证"[1]。斯大林还论述了爱惜国家财产、诚实劳动、维护职业荣誉等道德

---

① ［苏联］斯大林：《和英国作家赫·乔·威尔斯的谈话》，见《斯大林选集》下卷，354～355页，北京，人民出版社，1979。

问题，并就道德实践和道德评价问题发表了自己的看法。

克鲁普斯卡雅、加里宁等苏联马克思主义者也在共产主义道德的传播与研究方面作出了自己的贡献。

三、中国马克思主义伦理思想的形成与发展

马克思主义伦理思想在中国的传播以及中国马克思主义伦理思想的形成，是在中国封建道德已经解体、资本主义道德无力解救中国近代以来所发生的深刻的道德危机，而中国人民又迫切需要一种既能反帝又能反封建的伦理思想武器的历史文化条件下开始的。

十月革命一声炮响，给中国送来了马克思列宁主义。十月革命的成功以及第一次世界大战所暴露出来的西方近代文明的一系列弊端，加速了中国人民对马克思主义的选择过程，李大钊、陈独秀、瞿秋白、邓中夏、恽代英等一大批革命民主主义者开始向社会主义、共产主义转变。他们认为，中国传统的伦理道德不切于现实的生活需要，西方近代资本主义的伦理道德也未必尽是，"几多之部分亦应与东方思想同时改造也"。基于此种认识，他们一方面同东方文化派和现代新儒家的伦理保守主义和儒学复兴说展开斗争；另一方面也开始清算过去对西方近代资本主义伦理文明的盲目崇拜，拿起批判的武器，运用马克思主义的唯物史观揭露资本主义伦理文明的缺陷和弊端。李大钊运用马克思主义观点来揭示伦理道德的基础和根源，认为"孔子的学说之所以能支配中国人心有二千余年的缘故……因他是适应中国二千余年来未曾变动的农业经济组织反映出来的产物……因为经济上有他的基础"[1]。瞿秋白认为，中国的封建主义伦理文化和西方的资本主义伦理文化都已经过时了，"现时两种文化，代表过去时代的，都有危害的病态，一病资产阶级的市侩主义，一病东方式的死寂"，只有新时代才能克服旧文化的病状。他向往俄国式的马克思主义的新的伦理文明，认为这是一种心物统一、身心并重的高度发达的伦理文明。

如果说五四运动和第一次国内革命战争时期的马克思主义伦理思想从总体上说还处在一种草创时期或初级阶段，那么第二次国内革命战争和抗日战争时期毛泽东伦理思想的形成则标志着中国马克思主义伦理思想的正式形成。毛泽东伦理思想是中国化的马克思主义伦理思想，又是马克思主义化的中国伦理思想，它既是对马克思主义伦理学说的创造性发展，又是对中国传统伦理文化的批判性超越。这种创造和超越既在马克思主义伦理思想的发展史上赢得了独特

---

[1]　李大钊：《由经济上解释中国近代思想变动的原因》，载《新青年》第7卷，1920（2）。

的地位，使马克思主义伦理学说实现了从西方经由俄国到中国的转变，又在中国伦理文化的发展史上赢得了特殊地位，揭示出中国伦理文化从传统到现代转变的一条光明路径。毛泽东伦理思想是中国马克思主义者在长期的革命斗争实践中，把马克思主义的历史唯物主义和道德基本理论，运用于考察中国的道德生活及人们的道德实践活动的结果，是马克思主义伦理思想的基本原理与中国革命的道德实际、与中国传统伦理文化的优秀因素相结合的产物。刘少奇、周恩来、朱德、董必武等老一辈无产阶级革命家对毛泽东伦理思想的形成与发展均作出了重要的贡献。

新中国的成立，标志着以毛泽东为代表的中国马克思主义的伦理思想获得了支配性和主导性的地位，共产主义道德由革命根据地的道德而走向全国，被广大人民群众所接受，从而开创了中国伦理文化发展的新纪元，中国伦理文化由此揭开了新的一页，进入了一个崭新的历史时期。新中国成立以后，毛泽东伦理思想有了一定程度的发展，不仅对集体主义原则作过深入的探讨，而且对共产主义人生观、艰苦奋斗以及谦虚谨慎等道德品质作过比较全面的论述。

进入改革开放新时期后，邓小平以一个马克思主义者的大无畏勇气，在领导中国人民开始有中国特色社会主义现代化建设事业的过程中，将马克思主义的基本原理与改革开放时代的道德实践和社会主义精神文明建设相结合，创立了邓小平伦理思想。邓小平伦理思想是对毛泽东伦理思想的继承和发展，代表着中国马克思主义伦理思想发展的新阶段和新水平。

以江泽民为代表的第三代领导集体在社会主义市场经济和全球化的新形势下，高举邓小平理论的伟大旗帜，把坚持马克思主义伦理思想与发展马克思主义伦理思想有机地结合起来，与时俱进，开拓创新，形成了"三个代表"重要思想的伦理思想。"三个代表"重要思想的伦理思想，是对毛泽东伦理思想和邓小平伦理思想的全面继承和新发展，代表了中国马克思主义伦理思想发展的新境界和新发展。

21世纪以来，以胡锦涛为总书记的党中央面临新形势和新任务，高举邓小平理论和"三个代表"重要思想伟大旗帜，在全面推进社会主义经济建设、政治建设、文化建设、社会建设和党的建设的同时，逐步形成了建立在科学发展观基础上的一系列伦理思想理论，其中坚持以人为本，树立社会主义荣辱观，建设社会主义和谐社会，促进中国社会全面、协调、可持续发展等观点已经并将继续成为社会主义新伦理文化建设的价值指南。以科学发展观为基础的社会主义新伦理文化建设理论，已经成为当代中国马克思主义伦理学说的标志性成果，是继毛泽东伦理思想、邓小平伦理思想和"三个代表"重要思想的伦理思想之后又一重要的理论成果，它与毛泽东伦理思想、邓小平伦理思想和"三个代表"重要思想的伦理思想是一脉相承的科学体系，是对毛泽东伦理思想、邓小平伦理思想和"三个代表"重要思想的伦理思想的继承和发展，显示了中国马克思主义伦理学说蓬勃发展的旺盛生机和无尽魅力。

四、马克思主义伦理思想的变革

马克思主义伦理思想的产生是人类伦理思想史上的伟大变革。这种变革集中体现在以下几个方面：

第一，将人类道德奠基于唯物史观的基础之上，从社会存在决定社会意识、社会意识反作用社会存在的既唯物又辩证的角度，肯定利益对道德的决定性和道德对利益的能动性，并自始至终将道德视为利益协调和促进个人利益与社会集体利益和谐发展的方式和力量，理性而科学地确立了道德在个人生活和社会发展中的地位，使研究道德的伦理学真正成为一门科学。马克思认为作为实践理性的自由意志的内容绝非不可捉摸的神秘存在物，它就是人的感性欲望，是现实的经济利益和现实的社会关系。思想一旦离开利益，就一定是毫无价值的玄想。马克思主义伦理思想不仅结束了关于道德具有超自然的根源和关于道德规范道德评价具有纯主观性质的、仿佛是从自由意志而来的一切神话，而且结束了想靠自由、平等、博爱的符咒来推翻世界，以所谓"爱的力量"来战胜一切的幻想和神话，为真正科学意义上的伦理学的创立奠定了理论基础，指明了发展方向。

第二，全面系统地阐述了无产阶级道德和共产主义道德的本质和内容，揭示了人类道德发展的规律和大方向，以人的自由的全面的发展作为共产主义道德的核心价值，强调超越人对人的依赖和人对物的依赖而走向人的全面发展、建立新型人际关系的历史合理性和价值合理性。马克思主义伦理思想直接来源于无产阶级的革命实践，是对无产阶级在反对封建地主阶级和资产阶级的伟大历史运动中所表现出来的崇高道德精神和崭新道德品质的理论概括。马克思主义伦理思想形成之后又成为指导无产阶级和广大劳动人民消灭私有制、解放全人类的思想武器，促使无产阶级道德不断进步和完善。无产阶级道德与马克思主义伦理思想存在一种水乳交融的关系，或者可以说，无产阶级道德是马克思主义伦理思想得以形成和发展的物质武器和现实形态，马克思主义伦理思想是无产阶级道德得以发展和完善的思想武器和精神灵魂。

第三，将道德实践和现实的道德生活作为伦理学研究的出发点，强调道德必须立根于实践的基础之上并为现实的道德生活服务。马克思主义伦理学的全部理论和全部规范，归根到底是为了指导人们的道德实践活动，特别是指导人们进行共产主义道德的实践活动。因此，它还必须研究和阐述人类历史上进行道德实践活动的经验和理论，特别要总结无产阶级在革命斗争中进行道德实践活动的经验，从而提出进行共产主义道德评价、道德教育和道德修养的标准、依据、途径和方法。马克思、恩格斯对前人道德思想的批判与解构，首要的一步是把道德建立在现实社会生活的基础之上，把它从一个抽象的理性存在物还原为一种人们以精神——实践方式对世界的特殊把握方式。马克思主义正是从现实而不是从经验之外的意识、逻辑出发，开启了伦理学研究的新视界，这样，一切现成的结论，先天的绝对命令都消失了，包括道德在内的各种意识形态，其外观、形式上的独立性被彻底解构，摆脱了超验的面目。被重新置于现实生活之上的道德也和其他所有意识形态一样，只不过是由社会存在所决定的、人们现实生活的抽象反映罢了。道德观念、道德意识这样才在整个伦理学逻辑链条中找到自己的合适位置，从先验的理性预设，从人们进行社会批判的出发点，变成了现实生活的反映。马克思主义因此为自己的全新的道德观和伦理思想找到了新的科学的起点与依据。

马克思主义伦理思想是一种奠定在唯物史观和科学社会主义基础之上的具有严密的科学性、高度的革命性和强烈的实践性的崭新的伦理思想，它的问世是人类伦理思想发展史上划时代的伟大的革命变革。它的发展尤其是中国化发展，为人类伦理文化的发展贡献了许多精湛深幽的智慧，成为时代伦理精华的集中体现与反映。

【思考与练习】

1. 试述先秦诸子伦理思想的主要内容。

2. 试述古希腊伦理思想的发展阶段、主要问题及基本特点。

3. 试述马克思主义经典作家的伦理思想。

4. 试述中国马克思主义伦理思想的发展线索。

5. 试述马克思主义伦理思想的革命变革。

第三章　道德的本质、结构与功能

　　人为什么需要道德？人需要道德的理由是什么？人与道德的关系究竟如何？道德的本质是什么？道德具有何种功能，又有哪些作用？这是伦理学必须首先应当正视、思考和力求作出回答的本原性和基础性问题。理论伦理学和道德哲学致力于探寻道德的根蒂和本质，试图从多方面解答"人为什么要有道德"的问题。马克思主义伦理学也有自己的理论伦理学和道德哲学，并且以自己对人与道德关系的深刻思考科学地论述了道德的本质、结构与功能及其社会作用问题，贡献给了人类伦理学宝库许多精湛深幽而又高明广远的理论认识成果。

第一节　人存在的二重性与人的道德需要

　　人类刚刚脱离动物界的时候，就已经开始了有关自身的奥秘与意义的思考。古希腊德尔斐神庙石柱上镌刻着一行大字："认识你自己。"古希腊传说中，有一头怪物名叫斯芬克斯，她拥有狮身双翼和美女的头部，伏于路边悬石上。她向来往的人询问智慧女神缪斯所授的隐谜，假使过路人猜不中她的谜底，那么等待他的将是被撕成碎片。她问道：什么东西早上用四条腿走路，中午用两条腿走路，晚上用三条腿走路——在一切生物中唯此物用不同数目的腿走路，而且腿最多时，正是速度力量最小时。斯芬克斯认为这是一个人类永难回答的谜。然而远道而来的俄狄浦斯毫不迟疑地道出了谜底：看一看人自身，答案昭然若揭。人在生命的早晨时力量最弱，他不得不用两手辅助两腿爬行，因而速度最慢；在生命的中午，正值人生的壮年，力量最大速度最快，用两条腿走路；到了生命的黄昏，他进入人生的迟暮之年，又需要扶持，这就有了拐杖这第三条腿。斯芬克斯之谜，吞噬了许许多多人的生命，答案却是人自身。斯芬克斯之谜，是对人类的一种警示：认识你自己，否则你就会被毁掉。

一、人存在的二重性

　　人存在的二重性是伦理学史上一个十分古老而又不断翻新的问题，一般而言，它指的是人的自然性与社会性、个体性与群体性，同时包含了人的肉体性与灵魂性或生理性与心理性。

　　早在古希腊时代，亚里士多德就认识到，人既是个体的动物，又是城邦的动物。人既具有与一般动物相似的自然本能和感性欲望，又具有区别于动物的思辨理性和社会功能。中世纪的基督教神学直言"人一半是天使，一半是魔鬼"，并认为讲道德即天使降服魔鬼的过程。在康德看来，人始终生活在两重世界中：作为感性的存在物，人受制于并服从于外在的因果必然性，与动物没什么区别；作为理性的存在物，人可以凭借自由意志而成为自己命运的主人，从而使人达到自由的境地，与动物区别开来。费希特对人存在的二重性描述与康德类似。在费希特看来，人既是理性的生物，又是有限的生物，既是感性的生物，又是自由的生物。理性与感性、必然与自由成为人存在的二重性。人的这种二重性决定了人存在的状况和人的独特命运。人既不是上帝，也不是一般动物，人有自然生活，又有精神生活。使一切非理性的东西服从于自己，自由地按照自己固有的规律去驾驭一切非理性的东西，这就是人的最终目的。"在人的概念里包含着这样一个意思：人的最终目标必定是不能达到的，达到最终目标的道路必定是无限的。因此，人的使命并不是要达到这个目标。但是，人能够而且应该日益接近这个目标；因此，无限地接近这个目标，就是他作为人的真正使命，而如果把完全的自相一致称为最高意义上的完善，就象人们能够理所当然地称呼的那样，那么完善就是人不能达到的最高目标；但无限完善是人的使命。"① 人的生存目的，就在于道德的日益自我完善，就在于把自己周围的一切弄得合乎感性；如果从社会方面来看人，人的生存目的还在于把人周围的一切弄得更合乎道德，从而使人本身日益幸福。俄国克鲁泡特金在《伦理学的起源和发展》中得出结论："人们从自然及人类自身的历史二者之研究中所得来的教训乃是一个二重的倾向之恒久的存在——一方面是趋向着社会性之更大的发展；另一方面，则是由此而产生的对于生活的强度之增进的愿望，因此也就是对于个人的幸福之增进以及他的物质的，智慧的，道德的急速进步的愿望。"② 克鲁泡特金坦言，人存在的这种二重性"是生命之显著的特征。不管生命在地球上或在其他地方取如何面目，此种倾向总是常在的，属于生命的，而且构成生命的诸属性之一"③。

在马克思主义产生以前的中外古代先哲，还是近代资产阶级的思想家，抑或是现当代西方哲学家，他们对人的本质的研究，尽管有许多可取之处，但都

① ［德］费希特：《论学者的使命》，梁志学等译，见《论学者的使命 人的使命》，11页，北京，商务印书馆，1984。
② 周辅成编：《西方伦理学名著选辑》下卷，562页，北京，商务印书馆，1987。
③ 同上。

未能达到真正科学的水平。他们离开人的实践，抽象地考察人的所谓不变本质，因此，难以克服人的自然属性和精神属性、社会性和个性、能动性和受动性之间的矛盾，从古代中国人性善恶论到古希腊人性三分法，从近代巴斯噶对"人这个自相矛盾的神秘物"的困惑，到现代哲学人类学的代表舍勒认为人既有作为酒神狄奥尼索斯（生命冲动）的一面，又有作为日神阿波罗（精神）的一面，二者相互补充、不可分离的观点，实际上唱的都是同一"主题歌"："人是什么？""一半是野兽，一半是天使。"人的自然属性和精神属性、社会性和个性、能动性和受动性的辩证统一，植根于社会历史实践之中。从理论上解决这一二律背反的，是马克思主义关于人的学说；从实践上扬弃这一现实矛盾的，是在马克思主义指引下的人类解放运动。

马克思主义认为，人是自然属性和社会属性兼具的高等动物。人的自然属性表达的是人作为动物而存在的自然本性，人的社会属性表达的是人作为社会的存在的内在本质。人性是具有二重性的，如果人性中不包含人的自然本性，那么人就丧失了其存在的生物基础；但是如果人性中不包含人存在的社会本质，那么人就成了与动物没有实质性区别的存在，因而也就不再成其为"人"的存在。人作为自然存在物，包含着内在地联系在一起的两重含义：一方面，人本身直接地是有生命、有肉体组织的感性的自然的存在物；另一方面，人在自身之外有自己所需要的自然界的存在（没有外部的自然界的存在，人也不可能是自然存在物）。这就决定了人本身对存在于自身之外的自然界有一种必然的对象性关系。人和动物一样靠自然界生活。人的自然属性的最基本表现，就是以人的生理结构为物质前提的食欲、性欲和自我保存这三种基本机能。如果没有这些机能，人类就不能维持生命存在和繁衍后代。因此，自然属性是全部人性存在和发展的物质前提。但是，食欲、性欲和自我保存这些自然属性对于人来说并非是本质的属性。人的社会性存在和人类社会，虽然在原始起源上有其自然史前提，但在其现实性上并不是生物学意义上的物种自然规定性或自然本能的体现，而是由人自己有意识的活动所生产和创造的。人类社会是人的世界，是正常状态的人即"作为人的人"的生存条件。正是这种生存条件使人能够摆脱纯粹的自然动物状态而获得"作为人的人"的存在的正常状态。人类社会由于是由人自己有意识的活动所生产和创造的，因而具有扬弃自然状态的文化的性质和内涵。在社会中，人既要使外部自然界的自然存在"人化"，又要使自己的自然存在成为人的，即成为具有文化的性质和内涵的人的存在。人是在社会中作为社会的文化存在物按人的方式同外部自然界发生关系的，而这种关系的展开又具有扬弃纯自然状态、创造文化的意义。人的社会属性是人区别于动物的本质属性。"动物不把自己同自己的生命活动区别开来。它就是自己的生命活动。人则使自己的生命活动本身变成自己意志的和自己意识的对象。""有意识的生命活动把人同动物的生命活动直接区别开来。"① 在马克思看来，人是最名副其实的社会动物，是一种只有在社会中才能独立的动物。"人的本质不是单个人所固有的抽象物，在其现实性上，它是一切社会关系的总和。"② 人的本质不存在于孤立的个人之中，而是存在于人与人的社会关系中。因此，人是什么样的，他们具有什么样的本质，既和他们生产什么相一致，又和他们怎样生产相一致，人的本质不应到人的天性中去寻找，而应当从他们在生产活动中结成的一切社会关系中去寻找。"个人是什么样的，这取决于他们进行生产的物质条件。"③

总之，人性是人的自然属性与社会属性的辩证统一，社会属性是人的本质属性，对自然属性有改造、超越和提升的一面，但是不可能完全取代或根治自然属性。恩格斯认定人之本质属性既包含人性，自然也包含兽性："人来源于动物界这一事实已经决定人永远不能完全摆脱兽性，所以问题永远只能在于摆脱得多些或少些，在于兽性或人性的程度上的差异。"④ 强调这一点，其意义在于为人性的产生和发展找到了其进化的源头，而不至于把人类说成是某种可以脱离自然而存在的超自然的东西，或说成是上帝或神的创造物。

二、人的道德需要

个人与社会的关系是伦理学的逻辑起点。人性的二重性告诉我们，人是动物，又不是动物。人的自然属性反映的就是所有动物所具有的生物本能。但人又毕竟是"人"而不是动物，其原因就在于人除了具有其自然属性所反映出来的"动物本性"以外，还具有其社会属性所体现出来的人的"本质"。人的本质的形成取决于后天的教化，是人们在社会生活中通过自我认知和环境教化而赋予自己的作为"人"的存在的内在规定性。这种规定性使得人们懂得了"人伦之理"和"为人之道"，拥有了作为人的存在的"为人之德"。而正是这种"德性"的赋予

---

① ［德］马克思：《1844年经济学哲学手稿》，见《马克思恩格斯文集》第1卷，162页，北京，人民出版社，2009。

② ［德］马克思：《关于费尔巴哈的提纲》，见《马克思恩格斯文集》第1卷，501页，北京，人民出版社，2009。

③ ［德］马克思、恩格斯：《德意志意识形态》，见《马克思恩格斯文集》第1卷，520页，北京，人民出版社，2009。

④ ［德］恩格斯：《反杜林论》，见《马克思恩格斯文集》第9卷，106页，北京，人民出版社，2009。

最终帮助人类超越了动物，使人的存在不再完全受制于动物本性的支配。

人性的二重性告诉我们：人性的弱点就在于人性中的自然属性使得人性中天然地包含了人作为动物性存在的某些"兽性"。这一点深刻地说明了我们每个人的"人性"都是不完善的，所以，我们必须对我们的自我人性进行改造和提升，只有这样我们才能够不断地克服因人的自然属性所赋予人的人性的弱点，使自己更加富有做"人"的本质。从哲学人类学的角度看，人是未完成的或者说待发展的一种灵性动物，人是其所不是，不是其所是。人与其他动物最根本的区别在于人在生物学上的"非专门化"及"匮乏性"的特点。动物的生理结构和功能是"专门化的"，其生理上的机能要比人类专门化或特定化得多，它们的每一种器官只适应于每一种特定的生理需要。正如古希腊哲学家赫拉克利特所说"驴子宁愿需要草料而不要黄金"。而人的生理结构和功能是非专门化的，他并没有因为要适应某种特定的环境而形成某种特定的生理结构和功能，其天生的适应能力更差。由此而言，人之降生是有种种缺陷的，显示出生物学上的诸多匮乏性。也正是由于这一点，人对人的需要包括道德需要不仅是可能的，又是十分必要的。不借助道德，作为一个自然的人，是不能在环境中生存下去的。道德的使命首先是立足于人的先天的生物自然属性的基础上，去弥补人的生物上的匮乏性的缺陷，使人适应环境得以生存。

人之所以有对道德的需要，是因为人类既要满足自然性的需求，又要满足社会性的需要，并且要协调这两种需要。作为自然性的存在，人需要有维持自己生存和发展的行为，表现为个人利益，故人类有了对道德权利的要求，这个要求在本质上体现的是人性的自然化；作为社会性的存在，人需要有维护社会稳定和发展的行为，表现为社会共同利益，故人类社会有了对道德秩序和道德需要的要求。人的需要或者利益总是呈现为个体性与整体性的二重特点。正是这种特点决定了任何人都有一个如何处理他的需要或者利益的个体性与整体性的相互关系问题，这就决定了道德需要是人的最本质的需要之一。因为道德是适应合理地处理个人利益与社会共同利益之间关系的必然要求而产生的。个人利益的实现，必然需要在有着道义规范的社会共同体中进行，这样人的自然性使人的道义具有现实可能性，人的社会性使道义具有存在的必要性。在历史的发展中，人类意识到了以"道义"为主导内容的道德规范不仅是保障他人行为实现的社会意识存在，而且是保障自我权利实现的道德范导体现。正是出于这些，人类在不同的时期从事不同的社会实践的时候，总是要寻求符合当时社会总体价值导向的"道义"。

人的存在是自然的，但人又不是绝对的自然物，因为人时时刻刻都想摆脱这种其实摆脱不掉的固有的自然性。对觉醒了的人来讲，肉体是他的卑微和低贱的明证。人的存在是精神的，但人又不是具有绝对的精神，因为他不能彻底地拒绝物质世界的诱惑。狄德罗指出："说人是一种力量与软弱、光明与盲目、渺小与伟大的复合物，这并不是责难人，而是为人下定义。"① "人是其所不是，不是其所是"的不确定性带给人很多麻烦，但也带给人开放的未来和前景，带给人无限的创造可能和自由空间。

正因为人存在着二重性，既是动物又不是动物，既有自然性又有社会性，既有感性又有理性，所以人才既需要道德，又可能拥有道德。如果人仅仅是动物，那么道德就是多余的，他只能按照动物的自然状态生活，完全可以不讲道德也没有必要讲道德；如果人完全是神，那么道德也是多余的。因为他已经达到了道德上登峰造极的目标，已经尽善尽美，讲道德的必要性就不复存在。人只有处在这二者之间的一个自由空间状态，道德才显得必要。显然，人不可能完全是动物，也不可能完全是神。绝对的动物习惯和绝对的神性都是外在于人的。人的生存离不开物质世界和自然人性，但更离不开精神世界和自由本性。人不是孤立地生活于这个社会，而是处于各种社会关系之中，社会的协调发展要求每个人必须有一定的自我约束，道德就是自我约束的一种体现，或者说道德是人与人关系的体现。如果没有道德的维系，社会中人与人之间相互伤害就是不可避免的，就会在相互之间产生愤恨和敌意，这时，社会纽带就被扯断。

如果每个人都绝对自由地行动，最后的结果是整个社会处于混乱之中。当人完全与他人隔绝时，道德自然也就失去了意义，一个生活在孤岛上的鲁滨孙就无须道德。生活的意义不能离开主体的生存和创造，也不能离开与他人、群体和类进行交往的社会活动。"意义只能产生于自我与他人、自我与人类的关系之中，而对他人和人类的同情或者说爱又是意义得以产生的对话共同体存在的前提。"② 勒维纳斯认为，道德产生于与他人、群体和类的交往性关系活动之中，这种关系要求我们认识到这种关系并以维护和发展这种关系为责任，因此从某种意义上说"道德先于本体"。"道德先于本体"表达的意义实质是"道德（关系性的）优于自我"。道德的开端是对他人的关怀，他人成为我"萦绕在心、难以摆脱的责任心"③。对他人的责任心直接决定我之为我的规定性，

① ［法］狄德罗：《狄德罗哲学选集》，江天骥等译，44页，北京，商务印书馆，1983。
② 孙利天：《死亡意识》，153页，长春，吉林教育出版社，2001。
③ ［法］勒维纳斯：《上帝、死亡和时间》，余中先译，159页，北京，生活·读书·新知三联书店，1997。

没有对他人的关怀和责任，我的自在和自为都成了问题。有意义的生活和道德均不能脱离社会关系，正是在与他人、群体和类的关系中，人们发现了意义的联系，也认识到人的道德性的独特之处。

三、道德生活及其特征

道德生活是一种属人的或人类所特有的社会生活，是建立在物质生活基础之上并渗透在物质生活之中引导和规范物质生活的精神生活，是物质生活和精神生活的统一与中介并渗透在物质生活和精神生活之中的既现实又可能的生活，是一种有意义和价值并能予以价值评价的生活，是一种主体自由意志自觉自为并能进行道德选择的生活。道德生活是人的生活的重要体现和拓展与提升，是人的生活区别于动物的生存的本质和内在方面。

道德生活是一种立足于物质生活基础上的精神生活。人性中有生物性和精神性或自然性与社会性的二重性，人的生活亦可二分为物质生活和精神生活。物质生活是人类起码的、必然的一本原性的生活，是道德生活的基础。但人的生活的本质并不在于物质生活，人的物质生活永远服从于一定的生活目的或意义，生活的本质并非人的肉体的存活，而在于活着的肉体实现自身认可的价值目标。因而人的生活是从物质生活走向精神生活的。人性中自然性是基础但只是人的工具性，生活中物质生活层面是前提但也只是生活的出发点。而精神性则是人性的目的性，精神生活是生活的归宿。精神性依赖于生物性而存活，而存活了的精神性又绝对走向对这一基础的无限超越。修养德性实质上是这一超越性的实现过程。人为活着而生活，同时人更为有质量或更有价值的生存而活着，这一点正反映了人类及其生活的本质。物质生活和精神生活在不同人的生活中含量不同地实存着，彼此内在地对立统一，形成一定的张力并表现为统一的个体生活，即"道德生活"。道德生活是从道德维度对生活的观照，并不等于人的生活只有道德属性。

道德生活既要求我们反对一味地为人的自然欲望辩护，把人"当成机器"的自然主义立场，又要求我们反对一味地强调人与动物的区别，进而将人的自然欲望赶出道德生活领域的超验主义立场。自然主义的立场每每以低于现实道德生活的立场来谈论道德生活，或者把自然生活等同于现实道德生活，完全否认了现实道德生活所包括的超越性和理想性，否认了应有与价值以及道德精神对现实道德生活的引领与规范，从而消解了道德生活进步与发展的机制和动因。很显然，以此种立场来理解道德生活，必然导致对道德生活静态化的处理，也必然使道德生活成为无追求和无目的的自然生活，使人沉溺于自然功利生活而难以实现生存境界的提升与跃迁。超验主义的立场每每以高于现实道德生活的立场来谈论道德生活，一味地强调超越人的局限性和惰性，取消了"历史性"和"自然性"的维度，甚至把人的自然性当作非道德乃至反道德的东西来对待，往往把人拖入自我难堪的境地，要求人同自己的自然欲望进行不调和的斗争，以牺牲自我的现实利益来成全超越性的追求。自然主义把人当成"非人"，否定了人之所以为人的内在规定性，因而是一种"拖住生命""拒绝崇高"的立场，很难真正进入道德生活的堂奥。超验主义把人"看成罪人"，否定了人来源于动物这一事实，要求人对自己的欲望作不调和的斗争，因而是一种"压迫生活"的立场①或超越了道德生活的属神的立场。超验主义所理解的道德生活固然是崇高的、神圣的、伟大的，但由于它割断了其与现实生活的联系，以致否定人的自然属性及其在生活上的表现，每每走上了消解道德生活乃至使道德生活成为令人嫌憎的悲剧性道路。就此而论，无论是自然主义的伦理学立场还是超验主义的伦理学立场，都没有也不可能达致对道德生活规律性的了解和把握。它们的立场，只能导致对道德生活本质的割裂和真实形象的肢解。

从对道德生活的辩证觉解出发，自觉的伦理学立场既不是像自然主义立场那样把现实道德生活贬低为自然生活，也不是如超验主义立场那样把现实道德生活抽象为虚幻的神圣生活，而是体现为经验立场与超验立场的辩证统一。它要求在经验与超验、历史性与超越性、自然性与超自然的理想性等之间实现辩证的和解与良性的互动，从而使道德生活处于各种矛盾关系的巨大张力之间，"但同时又能够把二者和谐有序地融合成一种存在方式与行动"②。只有这样理解的道德生活，才是真正的人的道德生活，才有可能展示它矛盾而又丰富、深刻而又高远的内在涵蕴。

如果说动物产生于自然、顺应于自然因而也"生活"于自然的话，那么人则以自然生活为条件，同时又超越自然生活去创造自己"属人"的生活。自然生活构成人的道德生活的基础或前提性环节，超自然生活体现着人的道德生活的目的和方向。对理想生活的追求，表明了人虽然来源于自然，但又具有超越自然限制的性质，"超自然性"是道德生活的根本规定之一。人的"道德生活"既是自然的，又是属人的，既富有感性的内容，又具有理性的筹划和选择，既是因果性的又是目的性的。在"道德生活"中，那些彼此矛盾的维度与力量都集结在一起，从而使道德生活形成一个丰富、复杂的辩证统一体。

---

① 赵汀阳：《论可能生活》，7 页，北京，生活·读书·新知三联书店，1994。

② ［德］豪克：《绝望与信心》，李永平译，212 页，北京，中国社会科学出版社，1992。

第二节　道德的本质

道德的本质是道德之谓道德的根本性质或内在规定性问题，涉及道德究竟是什么的理解。历史上关于道德的本质曾有长期的论争，并形成了道德目的论与道德工具论、道德规范论与道德主体论等观点。我们认为，道德的本质应该是在规范性和主体性的矛盾统一中，非强制性地反映和调节社会性利益关系的具有伦理价值的一种实践精神活动。道德不是人的自然本质固有的"善良意志"，而是建立在一定社会经济基础上的思想关系，是一种特殊的社会意识形态或上层建筑。它作为思想关系，就其一般本质而言，是对社会物质关系的反映，是由社会物质条件特别是经济关系所决定并为其服务的社会意识形态；而作为一种特殊的社会意识形态，道德又具有区别于其他意识形式的特殊本质和规定性，从而使道德成为凭借善与恶、正义与非正义、公正与偏私、诚实与虚伪等观念来把握现实世界的"实践精神"。道德既是协调利益关系的独特的社会规范，更是一种价值的"应当"和人们精神的自律，是具有实践精神的价值选择和价值追求活动。

一、关于道德本质的诸种理论

在马克思主义产生以前，人们对道德的本质问题有很多探讨，并形成了道德目的论和道德工具论等多种理论。道德目的论是一种以道德为目的，认为道德本身即具有内在价值和目的善的道德理论；道德工具论是一种以道德为某种更高目的的手段，认为道德只具有外在价值和手段善的道德理论。中国传统的道德目的论主要表现为道德本体论。道德本体论把道德视为一种原初性的本体和母体，将人视为道德的载体和工具，赋予道德原则和规范极高的绝对价值和目的价值。道德本体论有外倾性道德本体论和内源性道德本体论两种理论类型。外倾性道德本体论由早期宗教观念演变而来，至汉代董仲舒得以正式确立，此即"道之大原出于天"，"天不变道亦不变"。内源性道德本体论发端于孟子，至陆王心学得以确立。西方的宗教神学认为，道德是上帝、神的意志的表现。道德工具论将人视为主体和中心，视道德为实现人之目的和价值的工具或手段。

道德目的论和道德工具论作为两种不同的道德观和伦理学说，各有自己的理论特质和价值取向。第一，道德目的论肯定道德自身即具有无上的价值和至高的价值，是人必须孜孜不倦地追求、信守并躬行践履的，人是道德的动物，道德是人之所以为人的内在规定性，人的价值和人生的意义就在于遵循并讲求道德。

道德工具论并不认为道德自身具有最高或终极的价值，它认为人生最高或终极的价值在道德之外或道德之上，道德是人达到某种更高或至高目的的工具或手段，人生并不是为道德而活着的，道德只具有工具或手段的价值；第二，道德目的论肯定道德的内在价值和目的价值，往往主张为道德而道德，要求纯化道德动机，端正道德意向，托展出一种绝对主义和严肃主义的伦理精神。道德工具论只承认道德的外在价值和手段价值，主张"为某个更高或至高的目的而讲道德"，蕴涵有"实现某个更高或至高目的不需要讲道德时，则可以不讲道德"的因素，彰显出的是一种实用主义和相对主义的伦理精神；第三，道德目的论主张从人的内在道德理性去寻找判断道德行为的价值标准，看重人对道德本身的态度和意向，在道德评价上往往与动机论合一或持动机论的立场。道德工具论主张以外在的非道德价值作为判断道德行为的价值，是故特别看重行为的效果或功用，在道德评价上持效果论的立场；第四，道德目的论只承认道德自身的内在价值和至上价值，而其他一切价值相对道德价值来说都是从属的、派生的，本质上是道德价值的产物和表现，因此，道德目的论可以说是一种价值一元论。道德工具论眼中的价值无疑是多元的，道德在多元的价值结构体系中不仅不具有至高或终极的意义，相反还是从属于其他目的价值的。

20世纪80年代以来，我国学术界开展了对道德本质的讨论，形成了几种有代表性的观点。第一种观点认为道德是人探索、认识、肯定和发展自身的一种重要方式，从本质上说是人的需要和人的生命活动的特殊表现形式，集中体现了作为道德主体的人的主体性。第二种观点认为道德的真正本质是道德的规范性与约束性，而不在于抽象的个人的主体性，道德的本质也不在于人的需要，而在于它是一种社会意识形态。归根结底是人们社会关系的产物，决不是人自身的创造物。第三种观点认为前两种观点在方法论上均有偏颇，应该从内涵和外延两个方面来看，道德的本质是社会意识同实践精神把握世界方式的统一，是作为社会道德关系集中表现的协调人与人、人与社会的行为准则和个人道德意识、行为素质的统一。道德不仅产生于社会关系的客观要求和制约性，也产生于社会关系中个人自我肯定、自我发展、自我完善的主体需要。此外，还有将道德的本质视为道德的目的性等观点。

上述几种观点中，最有代表性的是第一种观点和第二种观点，我们可以将第一种观点称为"主体论"道德本质论，将第二种观点称为"规范论"或"约束论"道德本质论。主体论道德本质论认为道德从本质上说是人自我肯定、自我实现和自我发展的一种特殊方式。是人的需要孕育了道德，并且推动道德的不断进步和发展。道德起源于主体的需要，而不是社会经济关系或客观的社会物质生活条件；道德是人类社会进步过程中发展起来的一种把握世界的方式。人对世界的把握是人对世界的各种本质、力量和特征的实在的占有，是人的本质的丰富和发展。道德不是社会对付个人的工具，而是在个人和社会之间造成一种适当的关系，它使社会求得和谐和进步，保证个人获得肯定和发展自己的条件；人不是消极地被道德规范左右，而是主动地选择道德规范，理解和内化道德规范；人是道德的创造者和体现者。在社会生活中，人们接受道德规范的约束，但也要勇敢地突破陈腐的传统和规范，为新道德的确定开辟道路，用新的道德理想引导人的精神文明建设。规范论道德本质论认为，道德是特殊的规范调节方式。道德是一种非制度化规范，它与政治规范、法律规范这些国家或政治团体制定的制度化的规范不同；道德规范不使用强制性手段来贯彻，主要借助于传统习惯、社会舆论和内心信念来实现；道德规范是一种内化规范，道德必须内化为良心才能够真正发挥社会作用。

我们认为，道德的主体性和规范性的关系是道德自身手段和目的之间的关系。规范论和主体论只强调了道德自身固有的两个方面中的一个方面，即规范论强调了道德的社会性、约束性而忽略了道德的主体性，主体论强调了道德的主体性、个人性、理想性而忽略了道德的社会性、规范性。事实上，道德的真正本质应该是道德的规范性与主体性、道德的个人性与社会性的辩证统一。道德是人类为了寻求自我发展在个人欲望的满足与社会和谐之间确立的一种平衡机制。道德既肯定个人的自我发展，也肯定社会的和谐稳定，道德既肯定二者的一致，这是道德追求的总的方向、根本的目的和最终的理想，也正视二者之间的矛盾，这是道德必须面对、必须处理的现实，在现实社会中调和个人和社会的矛盾是道德的主要任务，这种调和大多是以限制个人的自由与解放，节制个人的欲望和要求来实现的。道德既是人自我实现的方式，也是调节社会关系的手段，协调社会关系的目的在于给人创造良好的自我实现的环境，可是这种调节又总是以约束个人为手段。

二、道德本质的科学探讨

道德的本质，是由一定的社会物质关系决定的人类特有的社会意识形态，是通过善恶规范、准则、义务、良心等非强制性形式，来反映和调节各种社会关系的具有伦理价值的人类实践精神活动。理解和把握道德的本质，既需要看到道德作为社会意识受制于经济关系的一面，又要看到道德区别于其他社会意识的不同之处，还要认识到道德起作用的独特方式。

1. 道德是一种由经济关系决定的特殊的社会意识

马克思主义批判了唯心主义道德论的理论根源——抽象人性论，认为任何一个确定的现实的个人，都是在一定的社会关系中生活，都是一定社会关系的产物，这是人的本质规定性。人们对社会和他人的责任与义务以及人们的道德观念都是这种客观的社会关系的反映。物质的经济关系最终决定其他社会关系，也最终决定道德关系和道德观念。社会经济关系对道德决定作用的理论是马克思主义伦理学和一切旧伦理学的一个根本区别。

第一，社会经济结构的性质直接决定各种道德体系的性质。道德体系是指各种道德现象所构成的有机整体，其中主要包括道德意识、道德规范、道德活动。而道德活动是在道德意识和道德规范的指导下进行的。从归根到底的意义上说，道德意识和道德规范是一定的经济关系在人们思想中的反映，是一定的经济关系对人们的道德行为的要求。因此，有什么样的经济结构、经济关系，就会有什么样的道德观念和道德要求。在历史上，与不同经济基础的社会形态相适应，道德具有不同的类型并反映着不同时代、不同范围内的人们的利益。恩格斯指出，每一种道德总是为特定的阶级利益辩护，"人们自觉地或不自觉地，归根到底总是从他们阶级地位所依据的实际关系中——从他们进行生产和交换的经济关系中，获得自己的伦理观念"[1]。道德是经济关系的反映和表现，经济关系及其集中表现的利益决定道德的本质、基础和基本内容。没有脱离经济关系及其利益的抽象道德。

第二，社会经济关系所表现出来的利益，直接决定着道德的基本原则和主要规范。一定社会的经济关系集中表现为人们之间的利益关系，而社会道德生活正是人们在处理这些利益关系中发生的，因此，利益问题成为全部道德生活的主题。人们奋斗所争取的一切都同他们的利益有关，道德一旦离开利益，就一定会使自己出丑。在马克思主义看来，道德作为独特的社会意识现象，本质上是由社会经济关系及利益关系所决定的，反映了在一定经济基础之上的人们的利益关系。"财产的任何一种社会形式都有各自的'道德'与之相适应。"[2] 如何对待个人利益和社会集体利益的关系问题？依据什么样的原则和规范解决个人利益和社会集体利益的关系问题？这是一切道德体系都必须解决的最为关键也是最为基本的问题。封建整体主义道德原则是与封建社会的利益关系相适应的，资产阶级之所以崇尚和奉行利己主义和个人

---

① ［德］恩格斯：《反杜林论》，见《马克思恩格斯文集》第9卷，99页，北京，人民出版社，2009。

② ［德］马克思：《法兰西内战》，见《马克思恩格斯文集》第3卷，214～215页，北京，人民出版社，2009。

主义道德原则是由资本主义的利益关系所决定的，社会主义社会之所以奉行集体主义道德原则也是与社会主义的利益关系相一致的。

第三，在阶级社会中，人们在同一经济结构中的不同地位和不同利益，也决定着各种道德体系的阶级属性、社会地位和彼此间的矛盾斗争。道德的阶级性和共同性受到经济关系或利益关系的制约。马克思主义认为，人类社会自分裂为阶级社会以来直到现在都是在阶级对立中运动的，所以道德始终是反映特定阶级利益的阶级道德，阶级性是阶级社会里道德的本质属性，永恒的、超阶级的道德是不存在的。善恶、义务、良心、荣誉、幸福等道德范畴在阶级社会中都有具体的规定性，各个阶级对其有不同的甚至是完全相反的理解。当然，这并不意味着不同阶级的道德毫无共同之处。在同样的或差不多同样的经济发展阶段，道德观也必然是或多或少地相互一致的。这是道德之所以具有继承性和共同性的重要理由。但是在阶级社会中，这种共同性不是道德的本质属性，普遍的全人类道德只有在消灭了私有制、消灭了阶级和一切人类不平等现象的社会主义社会和共产主义社会才能真正实现。

第四，经济关系及其利益决定着道德的发展变化。当旧的社会经济关系日益腐朽，新的社会经济关系日益形成的时候，旧的社会道德关系也必然随之日益衰败，新的社会道德关系便随之日益兴起。新的经济关系和利益关系的出现，必然反映到伦理道德上，并形成与新的经济关系和利益关系相一致的道德观，由此推动着道德的发展变化。一旦经济利益关系发生了变化，人们的道德观念和道德生活或迟或早总要产生相应的变化。随着封建土地分封制度被资本主义雇佣劳动制度所取代，占统治地位的封建宗法关系的道德也必然要让位于以现金交易和贸易自由为特征的资产阶级道德；而随着生产资料的社会主义公有制取代资本雇佣劳动的制度，社会主义道德也必然要取代资产阶级道德。恩格斯指出，切勿偷盗是私有制社会的道德戒律，一旦消灭了私有制，这一戒律就将退出历史舞台。"在偷盗动机已被消除的社会里，就是说在随着时间的推移顶多只有精神病患者才会偷盗的社会里，如果一个道德说教者想庄严地宣布一条永恒真理：切勿偷盗，那他将会遭到什么样的嘲笑啊！"① 由此可见，经济关系的变化必将导致道德关系的变化，没有什么永恒的抽象不变的道德。

道德作为社会上层建筑和意识形态，它的最一般本质在于是对社会经济关系的一种反映，是受经济关系制约的一种独特的意识形态和精神生活现象。

---

① ［德］恩格斯：《反杜林论》，见《马克思恩格斯文集》第9卷，99页，北京，人民出版社，2009。

2. 道德是一种特殊的规范调节体系

与其他意识形态相比较，道德又有着区别于其他意识形态的特殊的本质。这种特殊本质表现为它是一种对人们行为的调节规范体系。"道德就是人们的行为的规矩或准则，也就是人们对于家庭，对于本阶级以及其他阶级，对于本民族以及其他民族，所采取的行为的一定的标准。道德在本质上是为了某一范围内的人们的利益而提出的对于人们行为的约束或裁制。"① 总体上看，道德是利益关系的反映，是人们为了实现自己的最大利益服务的，没有什么超利益的道德。但道德作为一种行为规范，所要维护和实现的利益是共利和群体的利益。"道德即是好人我之共生，乐人我之同乐，以至于为他人之生与乐而忘自己之生与乐。善绝非与利害无关，如无生死苦乐，则亦无所谓善。善恶可以超越个人的利害，然而不可能超越大众的利害。"② 道德作为合理的行为或对合理行为的追求，其合理之处在于它是适应人类社会生活的需要而产生的，是保证群体生活的行为原则和规范。"道德即所以维持群体之存在，令其延续而不绝者也。"为群体之存在与发展，个人之行为必须遵守一定之规律，个人自觉遵守此规律，是即道德。人类社会生活各种利益矛盾需要有一调解矛盾的社会形式。道德的行为即是能够有利于他人和社会群体的行为。张岱年先生指出："求自己饮食男女之满足，此为生之必然；求众人饮食男女之满足，此乃德之基本。然而道德不仅在于求众人饮食男女之满足而已，乃更在于求众人之所以贵于禽兽者之扩充，亦即不惟求人人身体需要之满足，而更求人人精神需要之满足。"③ 因此，道德的真义在于利他利群。对社会他人之有利的行为即是道德的行为，对自己有利而对社会他人有害的行为即是不道德的行为。"道德之端，以己推人；道德之至，与群为一。以己之所欲推人之所欲，道德之始；兼善天下，而以人群为一体，道德之极。"④ 道德本质上是人类社会生活的产物和确证，道德的基本特点在于使个人融入社会群体之中，维护群体的生存与发展。

道德在人类历史上总是借助道德规范得以表现并发挥作用。道德规范在人类历史上的具体表现形式有图腾、禁忌、礼仪、风俗、箴言、准则、义务和责任等。在原始社会，道德是调节社会关系的主要手段，并以图腾崇拜、禁忌和

---

① 张岱年：《中国伦理思想发展规律的初步研究》，见《张岱年全集》第三卷，452页，石家庄，河北人民出版社。

② 张岱年：《真与善的探索》，361页，济南，齐鲁书社，1998。

③ 同上书，354页。

④ 同上书，217页。

礼仪等方式发挥作用。图腾是原始人认作祖先加以崇拜的某种神物，原始人把跟本氏族有血缘关系的某种动物或自然物视为图腾，并用作本氏族的标志。图腾是原始人最早的神灵、神力的表征，是道德规范的最初形式和人们赖以进行各种活动的基本行为准则。禁忌是指普通人必须避讳的人、物或事。比图腾具有更直接的道德规范的含义。礼仪即礼节和仪式，是原始社会和文明社会约束人们行为的一种重要方式。礼仪作为原始社会约束人们行为的一种方式，最经常地表现在人们要越过禁忌的约束，达到某种目的的活动中。风俗是社会上长期形成的风尚、礼节、习惯等的总和，亦即是由个别的习惯或一时性的礼仪，经过无数代人的相互承接而形成的具有社会意义的风气，并成为对某一社会群体中的所有成员发生影响的行为规范。礼仪在本质上是一种习俗，不过这种习俗由于人们经常重复，天长日久，就成为社会风俗。箴言是对人劝戒的富于哲理的格言警句。在人类道德文明的进程中，首先发达起来的是以箴言形式出现的道德规范。箴言用富于哲理的格言警句，向人们展示世界、社会和人生的图景，并以劝诱的方式，约制人们的行为。箴言是人类道德智慧的结晶，深刻表达着人类的生命感受和生活体验，因而它在规范人们的行为时，已不再是单纯外在的使人恐惧的祸福惩奖，而转向人们的心灵，转向人们的道德觉悟。准则是社会和个人双向认同的道德原则规范。准则作为道德规范，其对待行为善恶的倾向性更加明确。准则由于包含着道德理性的成分，从而同图腾、禁忌、礼仪、风俗等区别开来；准则又由于包含着道德命令的成分，从而又同箴言区别开来。在当代，准则已成为文明人最一般的道德规范形式。义务和责任是比较具体的道德规范和人们行为的要求，它从人们所处的地位、身份和扮演的角色等方面对人们提出更加具体的行为要求。箴言、准则、义务和责任是比较高级、比较成熟的道德规范，它们包含着更多的道德理性、道德智慧和道德信念的成分。道德规范具体表现形式的演进顺序表明，道德规范的形成和发展有一个从简单到复杂、从低级到高级、从外在约束或道德他律到内在约束或道德自律的过程。

道德规范不同于法律规范、政治规范和宗教规范的地方在于，它是一种非制度化的规范和非强制性的规范，同时也是一种内化的规范。康德认为，道德准则是人们道德精神的意志自律，是人们自己为自己订立出来又为自己所遵循的行为法则，因此，主体既是道德准则的制定者又是道德准则的执行者。"道德法则向我展现了一种独立于动物性，甚至独立于整个感性世界的生命"①，表征着人

---

① ［德］康德：《实践理性批判》，韩水法译，177页，北京，商务印书馆，1999。

性的崇高和伟大。道德规范对人们行为的调节是借助社会舆论、传统习俗和人们的内心信念来起作用的，是一种通过启迪心智、诉诸感情、敦劝规约、激励教育来使其发挥作用的软约束或柔性约束。"从单纯的嘉许上升到景仰，从景仰上升到惊异，最终上升到极大的崇敬，上升到一种甚至能够成为这样一个人的强烈愿望"①，是道德规范作用于人的心灵并体现其神圣性的绝好确证。

3. 道德是人类实践精神把握世界的一种特殊方式

道德不仅是一种特殊的意识形态，是特殊的规范调节体系，而且是人类把握世界的一种特殊的方式，马克思把它称为实践精神的方式。

在《1857—1858年经济学手稿》中，马克思提出人把握世界的四种方式即科学的、艺术的、宗教的和实践精神的把握方式。他说："整体，当它在头脑中作为思想整体而出现时，是思维着的头脑的产物，这个头脑用它所专有的方式掌握世界，而这种方式是不同于对于世界的艺术精神的，宗教精神的，实践精神的掌握的。"② 对世界的实践精神的把握就是道德的把握。科学对世界的把握是把世界作为一种完全客观的对象加以认识的，认识的对象是客体自己的矛盾、规律，而不是主客体之间的关系。这些矛盾、规律不以主体与认识对象之间的利害关系而发生变化。这种把握世界的方式是理论思维，所追求的是真实、真理。科学把握世界从客观事实出发，为人类提供真理性的认识以避免谬误。人们利用真理改造世界、控制世界，使人成为世界的主人。艺术把握世界的方式不是理论思维，而是主体借助于他所创造的形象把握世界，反映主体对美的追求。所以艺术的中心问题是形象问题；这种把握世界的方式的基本矛盾是美与丑的矛盾；艺术所追求的是形象的美并给人类带来美感，在审美过程中，人获得象征性的自我实现。宗教借助于信仰把握世界，在信仰中，人通过幻想领悟生命神圣的价值。宗教则是超越理性而诉诸信仰的把握，通过设置全知全能的上帝、佛祖等，构造一个虚幻世界来控制人心，以使人摆脱尘世心向天国。

道德把握世界的方式则是一种实践精神的把握。所谓"实践精神"，亦即亚里士多德所说的"实践智慧"和康德所说的"实践理性"，是一种以实践为主的精神或者说精神的实践，它不是一种纯粹的"为知识而知识"或"为求知而求知"，而是一种"为实践而求知"或者说必须表现在行为中的智慧，是一种考虑到主体自身的目的性需求和行为需要的精神，或者简单地说即一种知行

---

① ［德］康德：《实践理性批判》，韩水法译，177页，北京，商务印书馆，1999。

② ［德］马克思：《1857—1858年经济学手稿》，见《马克思恩格斯文集》第8卷，25页，北京，人民出版社，2009。

统一的智慧。道德的本质即这样一种实践精神。马克思主义认为，道德是一种由经济关系决定的社会意识，是一种由社会存在决定的思想关系，因此可以说它是一种精神。但道德作为精神又不同于科学、艺术等其他精神，而是一种以指导行为为目的的、以形成人们正确的行为方式为内容的精神，因此，它又是实践的，是一种实践的精神。道德对世界的把握包含精神活动与实践活动这两种要素。道德认识、道德情感、道德信念、道德意志、道德理想等都是人的精神现象，是精神活动，它们是道德发挥自身功能和作用的基础或重要方面。但是仅有这种道德精神活动，不把它付诸行动，不用它指导自己正确处理人际关系，也不能称之为有道德。所以，道德也是一种实践，是按照一定的准则处理主体与客体之间的利益关系、价值关系的实践活动。道德作为实践精神，以其理想性、目的性指引人们的行为，将理想转化为现实。道德的知识对人是很重要的，但如果不用于指导行为和实践，那么它还不是一种真正的道德。真正的道德是精神与实践的统一，亦即"化理论为实践"，"化理性为德性"，言行一致，知行合一。

道德作为实践精神对世界的把握是一种价值的把握，建立起来的是一种价值的关系。道德作为实践精神不仅是价值，而且是实现价值的行动，是有目的的活动。目的性是人类活动的最基本特征，也是人类精神能够进入实践的主要依据。道德主体的需要同满足需要的对象之间的关系是一种价值的关系，表征着人类发展自身和完善自身的努力及其所达到的水平。道德的把握不是通过主体的思维把握客体的内在规律，也不是通过主体创造的形象反映主体对美的向往，而是要认识与处理主客体之间的利益关系，把握主体在世界中的地位与价值。道德的基本问题就是个人和社会的关系问题特别是个人利益与社会整体利益的关系问题，协调个人利益和社会整体利益之间的相互关系，形成一些基本的道德理念、道德原则和规范，反映着人们的价值追求和价值观念。道德把握世界总是立足于人的目的性，从人的需要和行为实践出发，从特定的价值追求出发来认识和改造世界，并赋予认识和改造人自身为具有终极性的价值意义和价值目的。它对世界进行价值评价的目的是为了人自身的发展和完善。道德源于现实，又超越现实，道德是理想与现实的统一体。作为实践精神的把握世界，道德要唤起人的主体意识和自律意识，增强自我改造和自我提升、自我完善的能力，不能满足于一般的适应世界，更不允许盲目听从外界权威、屈从于现实中的邪恶势力，而是要在适应世界的基础上更好地改造世界，使世界变得更美好，使人自己不断有所发展、有所前进，并且向着不断完善的目标奋力攀登。因此，道德激励人们，要不断挑战人性的弱点和社会的腐蚀，不能因为人性有弱点、社会有问题，就停止对人性和社会的改造。人的伟大和荣光在于人能挑战自己的弱点，正视自己的种种丑陋和不足，然后向着改造自己和发展自己的方向前进。在这一趋向于"至善"的征途中，人尽管付出了极大的努力，甚至作出了很大的牺牲，但是它却推动了人自身的发展和完善，包括人的理性、意志和人格及精神境界。汤因比在《历史研究》中谈道，伟大的生命和伟大的力量往往总是在挑战人性的弱点中开始起步，"不付出代价便不可能有所发现"，"成功的代价是勤劳，天神的法则是你必须预先付出"①。事实上，人们一旦停止对自身和社会的改造，人的弱点就会弥漫开来，人就会走向腐化堕落。拯救人和社会的良方就是不断地激励人去改造社会和改造自己的热情和意志，不断增强人的主体意识和选择能力，使其动员全部身心力量去克服恶行、培养德行，在提高自身的道德境界的基础上实现社会的道德理想。

道德作为实践精神把握世界的方式，本质上是对世界的价值性把握，而非事实性把握，它的目的不在于客观地反映世界，而是为人们确定善恶之间的界限，探索个人完善和社会发展的途径。道德对世界的把握，一方面通过道德评价把世界分为善的与恶的、正义的与非正义的、应该的与不应该的；另一方面用这种评价来指导自己的行为，把"应该""不应该"变成一种道德命令去执行。道德作为社会价值形态，常常在立足于"是什么"的基础上作"应当是什么"的价值探讨与价值追求，促使人们实现从现有到应有的转换。休谟在《人性论》第三卷第一章第一节"道德的区别不是从理性得来的"的结尾附论说："在我所遇到的每一个道德学体系中……我所遇到的不再是命题中通常的'是'与'不是'等连系词，而是没有一个命题不是由一个'应该'或一个'不应该'联系起来的……这个应该或不应该既然表示一种新的关系或肯定，所以就必需加以论述和说明。"② 从"是什么"到"应当是什么"的转换过程，是道德由真理观到价值论的转换过程。客观反映社会和个体的利益需求的意识属于"道德是什么"的真理观范畴，依据"道德是什么"来维护和调整社会和个体的利益需要时道德就成为"应当是什么"的社会价值形态了。这一转换过程得益于人类的价值理性。道德"与其说是'存在'的法则，莫如说是'应当'的法则"。"应当"集聚着人的价值理念和道德追求，使人在日常生活的经验中，理解、把握自己与世界的关系，寻找社会发展和人类完善的理想境界。"应当"

---

① ［英］汤因比：《历史研究》，刘北成等译，82～83 页，上海，上海世纪出版集团，2005。

② ［英］休谟：《人性论》下册，关文运译，509 页，北京，商务印书馆，1997。

渗透在道德评价、道德教育和道德修养的系列活动中又整固强化和提升着道德评价、道德教育和道德修养，同时发展彰显为社会的道德原则规范和个体的品德精神体系，从形式和内容诸方面支撑起道德生活的大厦，不特为人们确立应当寻求的善的理想和价值目标，使人们趋善避恶，维护良好的社会秩序，而且为人们的自我肯定、自我实现和自我完善创造良好的社会条件，促使社会关系朝着德化的方向运演。

道德是人类把握世界、自我实现的特殊方式，道德对世界的把握是通过实践精神的方式来实现的。道德精神注目于人自身的改造与完善，道德实践彰显并挺立着人们内在的理想与精神。所以，道德既是人自我实现、自我完善的方式，也是调节社会关系、促进社会文明的手段。道德集认识人自身与改造人自身包括改造人类社会等于一体，这既昭示出道德生活的伟大与荣光，同时也标揭出道德生活的艰难与繁复。

第三节　道德的结构、功能与作用

道德的本质是同道德的结构与功能、作用紧密联系在一起的，道德的本质尤其是深层本质和独特本质确证着道德的价值和作用。了解道德的结构、功能和作用，也有助于全面回答"人为什么应当讲道德"的问题。因为"人为什么应当讲道德"的理由不仅存在于人存在的二重性和人的道德需要之中，存在于道德的本质之中，也存在于道德的功能和作用之中。

一、道德的结构

所谓"道德结构"，是指一种道德体系的各个部分、各个方面、各种活动之间的相对稳定的关系和道德作为系统，其内部各构成要素遵循某种关系结连成为相对稳定的整合形式。一般说来，道德结构是由道德价值导向、道德标准、道德规范、道德层次、道德教育、道德活动以及道德意识等所组成的有机整体。

道德是由其内部不同层次、不同因素组成的系统结构。但对这种结构是什么的分析，伦理学界有着不同的观点：第一种观点认为，道德是由道德关系、道德意识和道德行为组合起来的结构。道德关系是通过道德意识而形成的，并表现在人们的道德行为之中。第二种观点认为，道德总体上由两方面构成——道德意识和道德活动。道德意识是道德的主观形态，道德活动是道德的客观形态。第三种观点认为，道德意识、道德选择、道德实践的相互关系是一切道德体系的骨骼，其中道德意识居于统帅地位；道德实践是道德意识和道德选择的检验尺度；道德选择活动是两者之间的桥梁。第四种观点认为，道德结构由不同来源和不同职能的两大类道德构成的。第一类，我们可称之为进取性道德，包括勤奋、勇敢、顽强、智慧等道德规范。第二类，我们可称之为协调性道德，包括团结互助、大公无私、集体主义、爱国主义等道德规范。进取性道德和协调性道德表现了人类社会的两种不同需要。第五种观点认为，道德结构是一个由底线伦理、共同信仰和终极关怀所组合起来的系统。第六种观点认为，道德由道德规范和道德价值构成，道德规范是形式，道德价值是内容。道德价值亦即所谓行为应该如何，它是行为事实如何对于道德目的（亦即社会创造道德的目的、社会的道德需要、社会的道德要求）的效用，因而又由道德目的与行为事实两因素构成：行为事实是道德价值实体；道德目的是道德价值标准。当代开放、平等、多元社会的道德结构，应当包括底线伦理、共同信念和终极关怀三个基本要素。其中，得到普遍承认的底线伦理处于基础地位，经过民主商谈而达成的共同信念处于中心地位，源远流长、开放常新的各种终极关怀则处于反思地位。正是它们之间的积极互动，形成了当代社会的合理道德结构。① 为了确立这三种要素之间的合理关系，社会成员在普遍地遵守底线伦理的基础上，应该努力在社会的共同信念上形成尽可能广泛的一致，并同时积极地促使各自终极关怀之间的相互激荡，以实现终极关怀对底线伦理的深层支撑和对共同信念的超越反思。

所谓"底线伦理"，是指社会共同生活的最低要求和基本的个人规范体系，其功能在于从社会和个人两方面坚持维系社会生存的基础道德。"共同信念"则指公民在"基本价值"上的一致，是对生活于其中的社会秩序的同意，是对重大道德问题的共识。但这里的"基本价值"不是最终和最高的价值，而只是作为社会秩序基础的"次终极价值"。"终极关怀"一般指"对于伦理的最终论证"，也就是人们通常说的关于世界观、人生观和价值观的理论体系，各种宗教信仰以致各种政治意识形态等。终极关怀主要指个人的人生信念，其功能在于实现个人的"安身立命"及对现实的超越反思。

道德的结构大体可以区分为道德的社会结构和道德的个体结构。

所谓"道德的社会结构"，是指以社会为道德的主体或载体，其内部各要素依某种关系结连构架的模式。它由不同的层面或断面集合而成，包括社会道

---

① 陈泽环：《底线伦理·共同信念·终极关怀——论当代社会的道德结构》，载《学术月刊》，2005（3）。

德的关系结构（包含个人与个人、个人与整体以及整体与整体三种类型的道德关系）、社会道德的现象结构（包括道德意识现象、道德规范现象和道德活动现象三个方面）和社会道德的水准结构（包括过时道德、应世道德和趋前道德三种成分）三个结构层面。这些社会道德的结构层面不是孤立存在的，如果把道德视为一类特殊的社会关系，则每一类社会道德关系都包含有道德现象的三个方面，即道德意识现象、道德规范现象和道德活动现象，而道德现象的每个方面又都会同时内涵三种成分，即过时的道德成分、应世的道德成分和趋前的道德成分。社会道德的不同层面互相关联、相互包容，就形成了社会道德的不同结构模式。[1]

道德意识是对一定社会的道德必然性的认识，是人们在道德活动中具有善恶价值取向的各种心理过程和观念。道德意识大体可划分为道德规范意识和道德思想意识两个方面。道德关系是指由一定的道德意识，特别是一定社会或阶级的道德原则和规范的支配下形成的，并以某种特有的活动方式而存在的特殊的、相对稳定的社会关系体系。根据主体和客体的不同，可以把道德关系概括为三类：个人同社会群体之间的关系、个人同个人之间的关系、社会群体同社会群体之间的关系。道德活动是指人们依据一定的道德观念、道德原则和规范所进行的各种具有善恶意义的行动，它包括道德行为选择、道德评价、道德教育和道德修养等形式。

所谓"道德的个体结构"，即个人的道德素质结构模式，是指道德以个体的人作为主体或载体，其内部各要素依某种关系结连构架的整合形式。个体的道德素质，就其存在形态而言，包括两个层面或断面，即个体道德心理（包括道德认识、道德情感、道德意志、道德需要、道德理想和道德信念等）和个体道德行为（包括自我道德选择、自我道德行动、自我道德修养、自我道德评价等），其中个体道德心理是个体道德的主观方面，个体道德行为是个体道德的主观见之于客观的方面。每一个层面或方面又大致包括两个系统，即道德能力系统和道德指向系统。前者决定个人具备道德素质的可能性，后者决定个人道德素质的倾向性。相对于社会或阶级的道德素质要求，个体道德素质的境界又有两个标识系统，即程度标识系统（包括自发境界、自觉境界和自由境界）和性质标识系统（包括善的境界、可容境界和恶的境界）。如果说个体道德素质的程度标识系统标志实现某一社会或阶级的道德要求的程度，那么个体道德素质的性质标识系统则标志出具有哪一社会或阶级要求的道德素质。所有这些道

---

[1]　参见罗国杰主编：《伦理学》，62～68页，北京，人民出版社，1989。

德素质因素有机地体现在个体身上，就形成了道德的个体结构。

道德的社会结构和个体结构都是一个具有整体性、关联性、动态性、有序性和方向性的动态立体网络系统。基于其严整结构和相应机制，它们具有自身固有的生成、运行和功能规律。

二、道德的基本功能

道德的功能，又称"道德的职能"，指道德作为系统基于其内部结构而具有的对社会生活的功效和作用。道德作为社会上层建筑的一个组成部分，作为人把握现实世界的一种特殊方式，对社会生活有着多种功能和作用。

1. 道德的认识功能

道德的认识功能，是指道德运用善恶、荣辱、义务、良心等特有的道德概念和范畴，反映人类的道德现象、道德关系和道德实践活动，并为人们进行道德选择提供指南的能力。在社会生活中，作为道德活动的主体，一方面凭借社会普遍接受的道德准则和自身道德经验的直觉感知，来观察、分析、评价自己及周围所发生的一切道德现象；另一方面，又通过自身的道德实践和理论学习来深化对道德原则和规范的理解，并内化为内心的命令、信念与理想，从而使直觉的道德认识上升到自觉的道德认识，以提高人们道德实践的主体性和自觉性。

道德认识中除了反映现实外，还有对现实应当怎样的设想以及未来应该如何的认识，具有极强的预见性。这种预见性主要表现在：一个社会的变革往往是从对于这个社会某些现象进行道义上的谴责开始的，通过对社会道德现象的"实有"的善恶评价而表明"应有"的价值取向，道德往往以道德要求、道德理想的形式反映出社会变革的大致方向和未来社会的大致轮廓。道德的认识功能不仅向人们提供客体本身的知识，而且还要为人们指出在现实价值世界中的方向，从而成为历史发展趋向的敏锐的感受器。虽然道德预见就其准确性、严谨性、论据性而言无法同科学预见相比，但它能发挥积极的作用，调动人民大众的积极性和创造性，去能动地改造社会生活。

2. 道德的规约功能

道德的规约功能，是指道德所具有的规范和约束人们行为的能力，也就是指道德运用一定的原则和规范，来表现人们正确把握社会现象，积极参与人们内心世界的改造与完善，实现社会道德生活的价值准则由外在的他律向内在的自律转化的能力。道德的规约功能包含着他律与自律、外在与内在两个方面。道德的外在规约功能就是通过社会舆论和传统习惯等手段，强制性地要求人们遵循社会道德规范和生活准则，以实现自我控制和社会控制的理性目标。社会舆论和传统习惯作为控制社会生活的现实的伦理力量,具有无孔不入的渗透性,它形成特定的道德氛围,无形地控制和影响着每个社会成员的言行。道德的内在规约功能就是指人类在自身所特有的良心、义务、信念这种内在心理机制上,自觉地把社会道德规范和社会生活准则内化为个人行善疾恶的良心、诚实尽职的义务和内心崇高的信念。康德在强调意志自律、法由己出的同时,突出了道德内在规约功能的特质。在康德看来,道德的内在规约功能纯粹出自理性对规律的尊重,表现为一种至上的绝对命令,其实质在肯定道德法则的普遍性,以唤起人们对道德法则的敬畏和自觉遵从。

3. 道德的调节功能

道德是整个社会调节系统中的重要部分,因此,调节功能是道德的最主要功能。道德的调节功能,是指道德具有通过评价等方式来指导和纠正人们的行为和实际活动,以达到协调人际关系、维护社会秩序的能力。与政治、法律的调节范围不同,道德不仅要调节对立阶级或对立势力之间的关系,而且也要调节非对抗阶级或势力之间的关系;不仅要调节人与人之间的关系,而且还要调节人与自然的关系以及人与自身的关系。就道德调节的对象而言,道德是从现实利益关系的角度,去调节现实生活中与利益有关的一切关系和活动。道德是以"应当怎样"的道德准则为调节尺度,它既包括对每一个社会成员或当事人必须达到的最基准的道德,又包括一些更高层次的道德要求。从道德调节的强制程度上看,可分为自律调节和他律调节。所谓"自律调节",是指社会个体诉诸理性自觉,将外在道德规范内化为内心的道德准则,自觉按照社会道德要求行事。所谓"他律调节",是指一定社会通过指定严格的道德准则和规范,并依靠社会舆论和风俗习惯强迫社会成员履行道德义务。

4. 道德的教育功能

道德是社会教育和自我教育的重要手段,具有很强的教育功能。道德的教育功能,是指道德通过评价、命令、指导、示范等方式和途径,造成社会舆论、形成社会风气、树立道德榜样、塑造理想人格,来培养人们的道德观念、道德情感和道德品质。道德教育的特殊任务是把某种价值体系、行为和观念的准则灌输到个人意识之中,使其形成相应的道德信念和道德品质,从而使个人不仅在道德上能自我调节和监督,而且能参与社会的道德调节过程。道德教育强调把对人的严格要求和对人的个性、愿望的尊重结合起来,唤起受教育者完善自己,改造社会的热情,使其自觉将外在的道德知识变为内在的道德情感和道德观念,把社会的客观要求变为自己的内在欲求。

5. 道德的激励功能

道德的激励功能，是指道德具有激发人们向善的内在积极性和主动性，促进人们自我肯定、自我发展、自我完善，促使社会关系进一步符合人性化的功能。在社会生活中，道德不仅包含人们"实有"的行为规范，也包含人们"应有"的行为规范。如果"应有"的行为规范符合社会发展的趋势，那么，就能引导和激励人们的历史主动性和社会积极性，从而达到调节个人和社会整体关系的目标。道德激励功能的实现机制可分为两类：一是指道德激励功能的外在社会机制，主要由于道德理想、道德榜样和道德监督三个因素构成；二是指道德激励功能的内在心理机制，主要由成就感、认同感、荣誉感三个因素构成。道德激励功能的社会机制是实现道德激励功能的外在保障，道德激励功能的心理机制是实现道德激励功能的内在基础。

此外，道德还具有评价的功能、命令的功能、裁决的功能、批判的功能、反思的功能等。道德的功能集中表现为两个方面：一方面，道德是社会调控和社会实现自己良序发展的一种重要方式；另一方面，道德也是个人自我发展和自我完善的一种特殊的精神力量。道德功能是任何社会、任何阶级的道德所共同具有的属性。但是由于各社会和各阶级的道德所反映和维护的利益不同，其功能发挥社会效果也不同。在社会生活中，道德功能的发挥与政治、法律、文艺、宗教等其他社会因素功能的发挥是密切联系、相辅相成的。

三、道德的社会作用

作为一种社会意识形态和上层建筑的重要组成部分，道德是受一定的社会经济基础决定和制约的，同时，它又以自己特有的方式为一定的经济基础服务，对社会历史的发展具有巨大的能动作用。

1. 道德决定论与道德无用论

关于道德社会作用的认识，在马克思主义产生以前主要存在着两种倾向，一种是片面夸大道德作用的"道德决定论"；另一种是否定道德作用的"道德无用论"。

"道德决定论"又叫"道德万能论"，这种理论过分地夸大道德的能动作用，认为社会的道德状况甚至个别人物的道德品质和道德威望可以决定整个社会历史的发展和文明的进步。它从根本上否认社会生产力的发展对历史进步的决定作用，否认社会经济基础对道德的决定作用，把道德当作一种独立的、具有决定作用的力量，把整个社会的改造与社会理想的实现寄托于道德的改良，把道德说教尊奉为改造社会的唯一法宝和济世救人的万应药方。在道德决定论看来，通过道德教育和道德修养，富人可以对穷人仁慈，为人类利益作出牺牲，穷人则可以对富人忍让，在物质利益上节欲知足，这样就可以使社会得到有效的改造，成为一个人人安居乐业，大家和睦相处的人间乐园。

"道德无用论"又叫"非道德主义"，这种理论片面低估甚至从根本上否定道德的社会作用，认为道德只是人们主观上的某种"情绪"和"爱好"，并不具有任何客观依据，对社会发展和历史进步没有任何好处。人们在社会中完全可以不受道德观念的约束，道德对人类社会生活的稳定和进步也没有任何实质性的作用，因而它是一种可有可无的东西。中国古代的商鞅、韩非子，西方近代的马基雅弗利是道德无用论的代表。

"道德决定论"和"道德无用论"的根本错误在于，它们未能认识到社会经济基础和道德之间的辩证关系，从而否定或片面夸大了道德的能动作用。马克思主义伦理学既反对夸大道德作用的道德决定论，又反对根本否定道德作用的道德无用论，主张还道德作用一个应有的地位，并根据唯物主义的历史观，对社会经济基础和道德之间的关系进行了深入的考察，对道德的社会作用作出了深入的、具体的科学分析，从而在人类伦理思想史上第一次科学地阐明了这一问题。

2. 马克思主义的道德作用论

在马克思主义伦理学看来，道德作为一种特殊的社会意识，对社会的发展具有其他社会意识所起不到的作用，它是通过人们的内心信念、良心、义务、责任感等而形成一定的思想道德觉悟，从而指导人们按照个人或者阶级的善恶观念来选择自己的社会行为，为一定的社会经济基础和社会利益服务的。

具体地说，道德的社会作用主要表现在以下几个方面：

第一，道德对其赖以产生的经济基础的形成、巩固和发展具有促进作用。恩格斯在《致约·布洛赫》的信中写道："经济的前提和条件归根到底是决定性的。但是政治等等的前提和条件，甚至那些萦回于人们头脑中的传统，也起着一定的作用。"[①] 人们头脑中的传统无疑包含道德或同道德密切相关。道德具有加速或延缓经济关系的形成和发展的性质。马克斯·韦伯在《新教伦理与资本主义精神》一书中论证了以天职和入世禁欲主义为主要内容的新教伦理对资本主义经济关系形成和发展所起的重大作用，指出："在清教所影响的范围内，在任何情况下清教的世界观都有利于一种理性的资产阶级经济生活的发展（这点当然要比仅仅鼓励资本积累重要得多）。它在这种生活的发展中是最重要

---

① ［德］恩格斯：《致约·布洛赫》，见《马克思恩格斯文集》第 10 卷，592 页，北京，人民出版社，2009。

的，而且首先是唯一始终一致的影响。它哺育了近代经济人。"① 我国当代社会主义道德对社会主义经济关系亦有重大的作用与影响，它不仅能为市场经济提供必要的价值支撑和道义辩护，而且能够为其保驾护航，使其不断发展完善。

第二，道德是影响社会生产力发展的重要精神力量。人是生产力中最活跃、最积极的因素，人的生产能力和创富能力受到人的道德观念和精神状态的深刻影响。一个精神饱满、道德观念进步向上的人，一定会在生产劳动过程中提高效率，不断有所发现、有所发明和创造，进而推动生产力水平的不断向前发展。而且，从某种意义上说，道德力也是一种生产力。当代的人力资本主要由德力和智力组合而成，而时下流行的"大胜靠德，小胜靠智"也深刻地说明了道德力的巨大价值和作用。毛泽东在《讲堂录》中指出："王船山：有豪杰而不圣贤者，未有圣贤而不豪杰者也。圣贤，德业俱全者，豪杰，歉于品德，而有大功大名者。"② 圣贤是道德的典范与楷模，他们不仅立德、立言，而且立功，对整个人类文明都有极大的推动和促进作用。

第三，在阶级社会里，道德是进行阶级斗争的重要武器。马克思主义认为，道德是革命和阶级斗争的重要方式和力量。"象劳动人民团结一致这种道德原则，正是在革命中最充分地表现出来。这个原则是劳动人民的利益和目标共同性的基础，它确保劳动人民的信心和行为一致，养成对相互帮助、相互支持的需要，使战士们在为共同事业而斗争中产生兄弟情谊的感觉。对革命事业正义性的信念促使人们在为达到既定目标而斗争时发扬诸如勇敢、坚强、镇静、主动、坚忍不拔这些道德意志的品质。"③ 革命的道德不仅表达了阶级斗争的状况和革命的客观条件，而且会激励革命者更加英勇顽强和富于献身精神，去取得革命的胜利，由此推动人类社会不断发展与进步。

第四，道德通过对其他社会意识形态和上层建筑的其他部分发生影响，从而间接地为经济基础服务。如道德影响社会的政治、法律、文艺、宗教，造成特有的道德氛围，来反作用于社会的经济基础。斯大林在谈到杜绝盗窃国家财产的问题时说："单靠国家政治保卫局是不能把他们全部除尽的。这里必须采

---

① ［德］马克斯·韦伯：《新教伦理与资本主义精神》，于晓、陈维纲译，136页，北京，生活·读书·新知三联书店，1987。

② 毛泽东：《讲堂录》，见《毛泽东早期文稿》，589页，长沙，湖南出版社，1990。

③ ［苏联］季塔连科主编：《马克思主义伦理学》，愚生、重耳译，47页，上海，上海译文出版社，1981。

取另外的办法，采取更有效更认真的办法。这种办法就是在这些小偷周围造成公众普遍的道德抵制和憎恨的气氛。这种办法就是在工人和农民中间掀起一个运动，造成一种道德气氛，使盗窃行为绝无发生的可能，使盗窃和贪污人民财产的分子，不论'快乐的'或'不快乐的'，都不能生活并存在下去。"① 道德舆论、评价和气氛往往比法律的作用还要大，它能使那些丑恶的行为无处藏身，为经济秩序铺平道路。

第五，道德对社会稳定和人们日常生活及交往的正常进行具有重要的维护和保证作用。道德具有加速或者减缓社会发展进程的能力和功效。先进的道德总是能够最先感受到引导社会进步的社会力量的情绪和处世态度的变化，从而成为人们生活中即将来临的革命变革的报信者。"先进的道德往往早于科学而感觉到历史的地下轰鸣，虽然它不是以理论认识的形式来记录的，后者表达了新的内心的命令。"② 道德通过舆论评价、教育激励、自我修养等方式，唤起人们的良心和社会责任感，促使社会成员自觉自愿地践履各种社会规范，维护人们的日常生活和交往。道德既是个人社会化的重要内容，又是个人社会化的重要方式，是促进社会个体自我完善的力量。个人潜能的充分发挥，个性的成功和自我实现，都离不开道德的激励和引导。

马克思主义伦理学充分肯定道德在社会历史发展中的能动作用，但并不把它看做变革阶级社会经济关系的决定性力量。在马克思主义伦理学看来，推动一定社会经济关系产生、发展和变更的根本动力是生产力的发展，在阶级社会里，改造和变革社会经济关系的根本途径是阶级斗争和暴力革命，而道德只能对之起到一定程度的加速或延缓作用。

【思考与练习】

1. 如何认识人存在的二重性和人的道德需要？
2. 为什么说道德是经济关系的表现和集中反映？
3. 怎样理解道德是人类实践精神把握世界的方式？
4. 道德的社会作用表现何在？
5. 试评析道德无用论与道德万能论。

---

① [苏联] 斯大林：《关于苏联经济状况和党的政策》，见《斯大林选集》上卷，473页，北京，人民出版社，1979。

② [苏联] 季塔连科主编：《马克思主义伦理学》，愚生、重耳译，32页，上海，上海译文出版社，1981。

第四章 道德的起源、
历史演变与发展规律

如果说对道德的本质、结构、功能、作用问题的论述是着眼于从静态的理论层面对道德作内在实质的探究或道德哲学的研判，那么对道德的起源、演变和发展规律问题的探讨则是从动态的历史层面对道德作现象类型的关照或道德史学的透视。道德的起源、演变与发展规律问题，探究的是最初的社会道德现象是怎么产生的？又是怎么发展的？发展具有什么样的规律性？对这些问题的回答有助于我们获得对道德"是什么"和"怎么样"的深刻认识，从而形成历史主义的道德观，正确地对待历史上出现的各种道德类型，更好地坚持社会主义道德和建设社会主义道德。

第一节 道德的起源

道德起源是伦理学一个重大的理论问题，对道德起源的合理解决，不仅关系到道德本质问题的理性解答，也关系到道德历史演变及其发展的规律性的探讨，关系到人们对道德进步的认识及其评价。

一、关于道德起源的诸种理论

在人类伦理思想史上，关于道德的起源问题是一个引起相当关注并产生了激烈论战与争鸣的学术问题，各派伦理学都有对此一问题的见解，可谓众说纷纭。归纳起来主要有以下几种观点。

1. 神启天予说

这种理论把道德的起源归因于某种神秘的超自然存在物的启示，并认为"神""上帝"或者"天""绝对精神"是道德的母体、化身和终极来源。

古希腊柏拉图认为道德是神把"善的理念"放进人的灵魂中去的结果，由于人的灵魂不同，等级不同，道德也就分为智慧、勇敢、节制、正义等不同德性。中世纪基督教的《旧约》，把道德规范说成"上帝"（神）耶和华对摩西的指示，然后通过摩西向教民们宣讲教规和道德戒律，即有名的《摩西十诫》。这十诫就是上帝在西乃山顶通过摩西向世人训示的宗教道德和法律条文。教父哲学的代表人物奥古斯丁认为人间的善恶是一种按照"造物主的法则"和"神圣的天道"所承受的"天然的顺序",它们来源于上帝的启示或命令。经院哲学家托马斯·阿奎那也认为,"人一定得靠上帝的恩赐",才可以走上幸福之路。"一方面这德性以上帝为对象,惟它们才能无误地指示吾人接近于上帝;一方面也因为这德性之垂训于《圣经》中,都是由于圣灵的启示。"① 人之所以有超越人的本性的德性,是因为基督让人成为"神圣的本性的享有者"。

在中国,殷商时期已有"天生烝民,有物有则,民之秉彝,好是懿德"②,"天道福善祸淫,降灾于夏,以彰厥罪"③ 的说法。不仅视天为道德原则规范的制定者,而且视天为人们践履道德原则与规范的监督者。人们如果不修天所制定的道德,天就会用妖孽、灾异予以警告,以使人们遵循道德原则与规范。孔子说:"天生德于予,桓魋其如予何?"④ 在孔子看来,上天将道德赋予于我,那宋国的司马桓魋又能把我怎么样呢?汉代董仲舒把封建道德的"三纲五常"说成是"圣人"根据"天意"而制定的规矩。即所谓"王道之三纲,可求于天","道之大原出于天,天不变,道亦不变"。而对于天命道德说,蔡元培先生曾指出,吾国民族"沐雨露之惠,懔水旱之灾,则求其源于苍苍之天。而以为是即至高无上之神灵,监吾民而赏罚之者也……人类利用厚生之道,悉本于天,故不可不畏天命,而顺天道……以天道之秩序,而应用于人类之社会,则凡不合秩序者,皆不得为道德"⑤。不但远古时期人们把天视为道德价值的源头,即便到宋明时期的理学,也以"天理"为道德价值之源,强调人类一切道德原则规范都是由"天理"引申出来,所以,道德教育和道德修养的要义在于"存天理,灭人欲"。

这种观点凸显了道德的权威,但其错误在于把道德视为某种神秘的超自然之物的启示或授予,看不到道德是人类社会生活的产物,是适应人类社会生活的需要而产生和服务于人的方面,故我们可以将其视为一种客观唯心主义的道德起源论。

2. 先天理性说

这种起源说把道德说成是人与生俱来、内心固有的是非观念和行为规范,

① 周辅成编:《西方伦理学名著选辑》上卷,381 页,北京,商务印书馆,1964。
② 《诗经·大雅·烝民》,见《四书五经》,198 页,北京,中华书局,2009。
③ 《尚书·汤诰》,见《四书五经》,232 页,北京,中华书局,2009。
④ 《论语·述而》,见《四书五经》,18 页,北京,中华书局,2009。
⑤ 蔡元培:《中国伦理学史》,见《蔡元培全集》第 2 卷,9~11 页,北京,中华书局,1984。

认为道德根源于人的天性或先天的道德理性。

18世纪德国古典哲学家康德认为,道德观念不是来自上帝的声音,也不是来自人的自然本性和权威,而是来自人生下来就有的"理性"。他说:"第一,全部道德概念都先天地坐落在理性之中,并且导源于理性,不但在高度的思辨是这样,最普通的理性也是这样。第二,它们决不是经验的,决不是从偶然的经验知识中抽象出来的。第三,它们作为我们的最高实践原则,于是,在来源上具有了纯粹性,并且赢得尊严……"① 如果有人要离开这种理性去寻找道德,那么他只能得到一些"难寻难觅的杂拌儿"。康德断然地说,道德"只能在纯粹理性中找到,而半点也不能在其他地方找到"②。道德作为一种与现实无关的先验的东西,来源于先天的理性。

中国古代思想家孟子认为,人不同于动物在于人有"恻隐之心""羞恶之心""辞让之心""是非之心"这四种善端,仁、义、礼、智就是由这四种善端引申而来的,因此,道德"非由外铄我也,我固有之也"。仁、义、礼、智之道德是人与生俱来的良知良能,根源于心。宋明理学的代表人物王阳明发展了孟子的思想,认为自我的良知是"天理之昭明灵觉处。故良知即是天理"③。不仅是至善的道德主体,而且是社会伦理纲常之根本。良知"是心之本体,心自然会知。见父自然知孝,见兄自然知悌,见孺子入井,自然知恻隐。以便是良知,不假外求"④。良知是天赋的道德理性,具有"思"的功能,可以昭明心中之理。

这种起源说,强化了人类与生俱来的道德理性,把道德规范说成是出于人的"良知"、"良能"或先天理性的产物,较之那种直接从"神"那里引出道德的观念同样具有很大的欺骗性,可以谓之为主观唯心主义的道德起源论。

3.情感欲望说

这种起源说把道德的起源归结为人的生理和心理需要,认为道德是从人的情感欲望中引申出来的。

① [德]康德:《道德形而上学原理》,苗力田译,62页,上海,上海人民出版社,1986。

② 同上书,60页。

③ 王阳明:《传习录中·答欧阳崇一》,见《王阳明全集》上,72页,上海,上海古籍出版社,1992。

④ 王阳明:《传习录上》,见《王阳明全集》上,6页,上海,上海古籍出版社,1992。

　　这种观点在 17—18 世纪的西欧广泛流行。沙夫茨伯利既批判了霍布斯、洛克等人道德起源于苦乐感觉的观点，同时也指出柯德华斯认为道德源于人的"理智自性"的荒谬，明确主张道德起源于情感。沙氏认为，情感不是来自人的感觉，也不同于理性考察力，而是来自人的先天具有识别善恶能力的"内在感官"，情感上的善恶决定了道德上的善恶。善首先意味着无私的情感，它的直接目的是利他。赫起森以洛克的知识论为基础来论证道德来源于情感。他不同意沙夫茨伯利关于道德情感来源于"内在感官"（或"道德感官"）的观点，认为道德就是来源于洛克所说的"内省"，也就是我们知觉善恶的情感。道德情感就是人们通过对思想中道德特征的知觉而产生的快乐或不安的情感。这种情感是直接的，无需任何推论和思考都可以产生。教育、习惯、榜样等后天因素可以加强道德感，但不能创造道德感，这就具有直觉主义的性质。亚当·斯密认为，道德并不神秘，不是人生来固有的，也不是外部来的启示，它是人类社会生活中慢慢发展起来的一种社会感情，即对同胞的同情心的发展的必然结果。

　　法国唯物主义哲学家爱尔维修认为，趋利避害是人的本性，自爱是一切行动的基础，道德是人们这种自爱感情的产物和反映。"美德只不过是追求人类幸福的欲望。"[①] 德国哲学家费尔巴哈认为："没有快乐感和不快乐感的地方，也就不会有善与恶的区别。感觉的呼声是第一重要的绝对命令。"[②] 即人的一切善恶都来源于感观上的快乐和幸福。

4. 动物本能说

　　这种起源说把道德的起源归结为动物本能即合群感的简单进化和延续，认为道德来源于动物的合群本能。

　　英国的生物学家达尔文和俄国的无政府主义者克鲁泡特金是这种观点的代表。他们认为动物界存在的同种相互扶持的现象，就是动物合群性道德情感的表露。人们通常所说的善、道德这种社会现象，不外是动物的本能而已。达尔文在他的《人类的由来及性选择》一书中，用很多的篇幅论述在自然界动物中，与互相竞争心存的同种之间互相扶持的事实。达尔文说："道德观念原本发生于动物本能。"人所特有的、与其他动物区别开来的道德品行的自然根据存在于某些动物所具有的合群性本能即社会本能里（例如，在和同伙的交往中寻求快乐、彼此提示危险、用各种方式维护和帮助同伙等）。

---

　　① 周辅成编：《西方伦理学名著选辑》下卷，52 页，北京，商务印书馆，1987。
　　② 同上书，492 页。

在达尔文看来，人类的祖先类人猿也在自然进化中获得了这类"社会"属性，原始初民又继承了人类祖先的"社会"属性，而"种种社会性的本能——而这是人的道德组成的最初的原则——在一些活跃的理智能力和习惯影响的协助之下，自然而然地会引向'你们愿意人怎样待你们，你们也要怎样待人'这一条金科玉律，而这也就是道德的基础了"①。克鲁泡特金进一步发展了达尔文的观点，他认为，互助是自然规矩，是进化的主要因素，也是动物所具有的一种道德本能，因而整个社会道德也就是动物所"固有的"道德本性和道德情感的简单继续。"当我们在动物的各纲，从本纲的初等代表者研究到高等代表者……我们便会发现在其中个体与集团的利益之一视同仁，有时甚至为集团利益之自己牺牲，也是以纲目的高下为比例而发展的。这种事实不仅使我们得到伦理的萌芽的自然的起源之一个不可否认的凭证，而且也把更高的伦理感情的自然起源之凭证给了我们。"② 道德是在进化过程中，人对动物所"固有的"道德本能的继承。在动物各纲的进化历史，呈现出一种规律，越高等的物种，具有奉献和牺牲精神的比例越高。（兵蜂等的自我牺牲）人类道德无非是动物道德本性的简单延续。

此外，柏格森还提出了"爱的冲动"与"社会压力"的双重道德起源论，认为道德既起源于内在的生命自我所产生的"爱的冲动"，又起源于外在的生命自我所产生的"社会压力"。在柏格森看来，以往的伦理学家没有认识到道德双重起源，故不能正确地解释人类道德行为的动机和阐释道德义务。他说："如果我们恢复道德起源的双重性，这些困难就消失了。而且，道德双重性本身结合成一个统一体，因为社会压力和爱的冲动是生命独有的两种补充的表现形式。"③

以上诸种关于道德起源的学说尽管内容不同，性质有别，但都是离开人类的社会实践和历史发展去考察道德的起源，因而都是属于唯心史观的道德学说。马克思主义伦理学从唯物史观出发，从人类的社会实践和历史发展中寻求道德的起源，才真正科学地解决了道德的起源问题。

---

① ［英］达尔文：《人类的由来》（上），潘光旦、胡寿文译，190 页，北京，商务印书馆，1983。

② ［俄］克鲁泡特金：《伦理学的起源和发展》，巴金译，22～24 页，上海，上海平明书店，1941。

③ ［法］柏格森：《道德和宗教的两个来源》英文版，79 页，伦敦，麦克米伦公司，1935。

二、道德起源的科学探讨

马克思主义深入地探讨了道德的起源问题，对道德起源作出了科学的揭示与论证。马克思主义从社会存在决定社会意识出发，从人类现实的社会关系中去揭示道德的起源，认为人类最早的道德观念萌发于人类早期的劳动和简单交往，社会分工和自我意识的出现是人类道德起源的主要标志。

1. 劳动是人类道德起源的第一个历史前提

马克思主义认为，人不是神，也不是上帝创造的，而是由动物进化来的。在这个过程中，人是怎样将自己和动物区别开来的呢？不是像以往思想家们所说的那样，是什么理性或意识，而是生产自己生活资料的劳动。"一当人开始生产自己的生活资料，即迈出由他们的肉体组织所决定的这一步的时候，人本身就开始把自己和动物区别开来。"① 这是因为必须先有生活资料的生产，然后才能有人的存在，才有所谓人的理性和意识，由此不难看出：确定人之为人的真正的本质不是别的，正是劳动，马克思指出："劳动这种生命活动、这种生产生活本身对人来说不过是满足一种需要即维持肉体生存的需要的一种手段。而生产生活就是类生活。这是产生生命的生活。一个种的整体特性、种的类特性就在于生命活动的性质，而自由的有意识的活动恰恰就是人的类特性。"② 这里讲的"自由的有意识的活动"就是指劳动。人区别动物的根本标志在于人从事的是有意识、有目的、有计划的生产活动——劳动。劳动不仅创造了人本身，也创造了社会、创造了社会关系、创造了人的道德。

劳动在道德起源中的作用，集中表现在劳动不仅创造了道德主体和对道德的需要，而且创造了道德产生与发展的动力。其一，劳动活动创造了道德主体，使人作为道德主体，一方面获得了有力的推动；另一方面又获得了更加确定的方向。劳动创造了人本身。猿人为了生存而征服自然的"前劳动"和劳动使猿人的形体、结构发生了一系列根本的变化，形成了人的手、足、大脑和器官，为人类成为道德主体创造了社会躯体。其二，劳动活动创造了对道德的需要。劳动使猿人群居的生活本能不断得到改善和强化，环境的险恶，单个力量的薄弱，决定了人的劳动一开始就必须在群体中进行。劳动把本来孤立的个人联系起来，形成了相互依赖、相互协作的关系，为人作为道德主体创造了社会

---

① ［德］马克思、恩格斯：《德意志意识形态》，见《马克思恩格斯文集》第 1 卷，519 页，北京，人民出版社，2009。

② ［德］马克思：《1844 年经济学哲学手稿》，见《马克思恩格斯文集》第 1 卷，162页，北京，人民出版社，2009。

条件。劳动的进一步发展产生分工与协作，因而需要有一种新的东西来执行维持劳动过程职能的东西，这就是风俗习惯和后来的道德。其三，劳动活动创造了道德产生与发展的动力，劳动不仅产生了人们对利益的追求，引起人与人之间的差距和矛盾，推动着道德的产生，而且也产生了人们对自身的全面发展的要求。可见，正是以劳动为核心的人类活动，为道德的起源创造了第一个历史前提。

2. 社会关系的形成和发展为道德起源提供了直接的现实基础

道德是人类所特有的社会属性，它体现的是个人与整体、个人利益与整体利益的关系。只有在历史中出现了这种关系并在人们意识到这种关系时，才会出现道德。"动物不对什么东西发生'关系'，而且根本没有'关系'；对于动物来说，它对他物的关系不是作为关系存在的。"[①]　因此，动物不可能有道德。不仅如此，如果人只是作为孤立的个体而存在，而不与社会、他人发生关系，那么，他的行为也不具有任何道德意义。道德只有当人脱离了动物界并将其合群的本能上升为交往关系，发生了个人与整体、个人与利益的关系的时候和地方才可能产生，道德的发生必须以人的社会关系形成和发展到一定程度为直接的现实基础。正是由于劳动分工，产生了互为服务的劳动合作关系，形成了联结人与人的共同利益的纽带。道德就是维系这种共同利益纽带的自觉行为。

道德从萌芽到形成，是同社会关系从简单、临时到复杂、稳定的发展过程相一致的。在原始社会早期，人类的劳动不发达，劳动的节奏和秩序十分简单，劳动过程中人们之间发生的相互关系常常具有临时性和偶然性的简单协作特征。与这种简单狭隘的社会关系相适应的道德还处于萌芽状态。随着建立在两性基础上的劳动分工的出现，使人与人的关系在劳动过程中得到相对稳定。每一性别在劳动中获得了特殊的地位和劳动工具或手段，从而逐渐结成了较为广泛和稳定的生产关系和交往关系。人们在这种生产关系和交往关系中多次重复着同一活动，就养成了某种习惯或秩序。

3. 意识的形成是道德起源的主观条件

劳动使人的意识在猿人本能的基础上逐步发展起来。在劳动过程中由于协同作用的需要，"已经到了彼此间有些什么非说不可的地步了"，于是就产生了语言。语言的产生，使大脑能够用词语来概括感觉材料，进行抽象思维活动，并使得人类获得了交流思想的工具，从而推动了人类意识的发展。意识是伴随

---

①　[德] 马克思、恩格斯：《德意志意识形态》，见《马克思恩格斯文集》第1卷，533页，北京，人民出版社，2009。

着人类社会实践活动的深化而逐渐产生的。随着社会实践活动的扩展，社会关系的复杂化和交往的日益频繁，人们开始把自身与其活动的对象区别开来，并在此基础上形成自我意识。随着人类在实践中主体地位的不断增强和自身解放要求的不断发展，人类自我意识的欲望也越来越强烈。"蜜蜂建筑蜂房的本领使人间的许多建筑师感到惭愧。但是，最蹩脚的建筑师从一开始就比最灵巧的蜜蜂高明的地方，是他在用蜂蜡建筑蜂房以前，已经在自己的头脑中把它建成了。劳动过程结束时得到的结果，在这个过程开始时就已经在劳动者的表象中存在着，即已经观念地存在着。他不仅使自然物发生形式变化，同时他还在自然物中实现自己的目的，这个目的是他所知道的，是作为规律决定着他的活动方式和方法的，他必须使他的意志服从这个目的。"① 自我意识不仅使人意识到自己活动的环境与对象，而且给自己的活动注入了一种自主、自觉、自为的成分，形成人的道德主体性和独立人格。

意识是道德发生的前提，而意识本身又是在人类实践活动中逐渐形成的。意识的形成过程也就是道德起源的过程。道德就是人们对自身行为在社会关系中的"应当"与"不应当"的自觉意识，是人们调节相互关系的一种特殊规范体系。未经意识到的道德是不能称为真正的道德的，因为道德就是人们在劳动过程中，基于对社会关系的自觉意识而形成的一种特殊的社会意识和行为准则体系。

劳动、关系和意识，三者密不可分。我们所说的劳动，是指人类自觉地制造工具、把工具作用于对象、创造财富从而满足自己需要的活动。也就是说，劳动是在人的自觉意识支配下进行的。没有自觉意识，就没有人的劳动。我们所说的关系也是人自觉意识到的关系。人会有意识地去"建立"关系，去作用关系，去改变关系，从而使关系变成"为我的"关系。没有自觉意识到的社会关系和交往关系，也就没有道德。

三、人类道德的萌芽与形成

人类道德的形成和发展就是一个由原始群的禁忌到氏族的禁令再到共同制定道德规范的发展过程，是一个从他律到自律，从外在要求到内在需要，从无意识到有意识的发展过程。

人种志学的研究认为，道德的形成可以追溯到远古人的社会关系第一次复杂化，氏族一分为二，分成两个相互通婚而内部禁止通婚的胞族的时期，而善恶两极对立的评价则是对最初社会差别的产生和人们之间的矛盾形成的意识的

---

① ［德］马克思：《资本论》，见《马克思恩格斯文集》第5卷，208页，北京，人民出版社，2009。

产物。这种观点在远古的神话中可以得到说明。马克思指出，古代民族是在神话幻想中经历了自己的史前时期。在古代民族的神话幻想中，实际上包含着他们史前时期生活的心理表现、精神倾向和伦理品格。有这样一个古老的神话，叙说着两个孪生兄弟（或姐妹）的故事，后来，逐渐在两者的性格中出现了差别：一个显得聪明和机智，为民除害而享有善的美誉；一个显得愚蠢和笨拙，贪婪自私而被人们称为恶。我国古代的一些神话，总是讴歌和赞美那些造福于民的英雄天使，而对那些扰民害民的人则给予无情的谴责和贬斥。摩尔根在《古代社会》一书中指出："在野蛮期的低级阶段，人类的高级属性开始发展起来。个人的尊严、宗教的情感、正直、刚毅、勇敢，此时成为品格的一般特质。"如果说在蒙昧时代，原始人还处在以一种天然的习俗或禁忌来维系群体的存在和发展的阶段，那么到了野蛮时代，则产生和形成了人类的道德。当然，道德的形成和产生是一个极为漫长的过程，是一个由少数人的意识逐渐发展为多数人的意识，变成普遍的、共同的社会要求的漫长的历史过程。

道德与原始的禁忌、习惯在规范的性质上是一致的，从生物学的原理讲，禁忌、习惯是孕育道德的胚胎或种子，缺少了它，道德不可能突发产生。从唯物辩证法的发展眼光分析，禁忌、习惯是道德孕育的准备过程，禁忌、习惯作为道德的过渡桥梁和联系中介，在道德形成演化的漫长过程中起着巨大的推动作用，保证了社会从非准则性规范向准则性规范的递进。在习惯法从图腾崇拜混合体中分化和独立的同时，道德也逐渐地从混合体系中分化和独立出来，形成了独立的道德范畴。

第二节 道德的发展演变

道德源于人类社会关系及对社会关系的意识和调节。道德产生之后，随社会关系特别是社会经济关系的变化而变化，经历了自身的发展演变。迄今为止，人类经历了原始社会、奴隶社会、封建社会、资本主义社会和社会主义社会，与此相适应，道德亦可划分为五种历史类型：原始社会的道德、奴隶社会的道德、封建社会的道德、资本主义社会的道德、社会主义社会和共产主义社会的道德。

一、原始社会的道德

原始社会是人类历史上第一个独立的社会形态。原始社会的道德是人类的道德发展史上的第一个历史类型。根据考古发现的现有材料证明，原始社会大约延续了 200 万年，分为原始群、原始部落。原始社会道德的发展，经历了蒙昧时期、野蛮时期及由野蛮时期向文明时期过渡这样一个漫长的历史发展过程。

1. 由图腾、禁忌至习俗的道德演化

原始道德体现着图腾崇拜的内容和形式，原始道德规范需要依靠信念、传统和舆论来维持，而信念、传统和舆论则往往要靠原始的图腾崇拜来培植，甚至某些原始崇拜观念同时也就具有道德规范的作用。图腾崇拜强化着图腾群体社会中人们团结互助、人人平等的集体观念，影响着原始道德的演化和发展。亨利·柏格森在《道德与宗教的两个来源》中认为，对人的道德意志的"训练"有两种方式，一种是文明时代的诉诸人的理性——认知和反思——的训练；另一种则是原始社会中的"神秘的方式"，即通过图腾和信仰来形成个体心中的禁忌。

在原始社会，原始禁忌是一种最早、最特殊的规范形式。当原始先民对外界超自然力（mana）的恐怖、畏惧无法解脱，对日月星辰变化的疑虑和担心无法理解，特别是各种矛盾缠绕他们又无法解决时，在生存本能的驱使和"万物有灵"观念的支配下，原始人为了避免灾难、保护自己、控制自然，便由对超自然力神秘力量的笃信和敬畏而给它加上若干禁制。祈求通过自我的约束控制，鬼神的神秘力量转化为对自己有利的武器，从而避免可能招致的厄运和惩罚，这样就形成了最早的禁忌。禁忌一方面表现了原始先民对不可触犯的万物有灵的乞求和恐惧；另一方面则是原始民族消极地为自己规定的这也不准那也不行的规范准则。它被原始先民恪守不移，奉若神明，受到严格的遵守。

随着生产力的发展，人们认识水平的提高，原始禁忌在实践的传承中会发生分化和变异，一部分禁忌将被淘汰、废弃；另一部分禁忌将为习惯所吸收（或者其本身就是习惯的一部分），经过一番扬弃和改造，融入其后的法律、法规中。著名学者郑振铎指出：习惯"是从很古远很古远的时代遗留下来的原始的'禁忌'的一种。在古远的时代是一种'禁忌'。到了后来便变成了礼貌或道德或法律的问题了"①。在原始社会，习惯反映和受制于社会与人类自身发展的双重限制，尽管它在很大程度上带有盲目性、神秘性和受动性，与法律相比，在调整层次上低下，在调整范围上狭小，然而它却是人类对自身外部行为自觉调节的开端，是人对动物性超越历史进程中了不起的胜利，比禁忌更前进

———————
① 郑振铎：《原始崇拜纲要》，104 页，北京，中国民间文艺出版社，1989。

了一步。根据习惯来调节社会关系，解决各种纠纷，在我国民族史的有关资料中，也能得到证实。如我国的鄂温克族，在近现代仍保留着原始共产主义的习俗，他们由若干有血缘关系的小家庭组成叫做"尼莫尔"的游牧集团。他们一起游牧，互助互利，权利平等，共同选举"毛哄达"和"嘎申达"各一人，管理族内的一切事务。"毛哄达"的主要责任是通过劝说，教育本族的成员。对屡教不改的成员则在氏族会议上解决。原始社会的习惯是在一个特定的社会共同体内，由社会群体共同确定的社会行为规则，它是一代又一代通过模仿、权威和传统的力量而沿袭下来的。从时间上讲，它源远流长，经过了长期社会实践的检验；从内容上讲，它是在群体中统一而普遍适用的，人们彼此知晓，权利、义务清楚。习惯的这种规范性、统一性必将为道德所认可与吸收。习惯在经历了由偶然到必然，由经验到理性，由局部到全局的概括和上升，在经过自发到自觉的不断总结积累，特别是发展为习惯法之后，已成为调控原始社会人与自然，人与社会，人与人关系的普遍的一般的行为规定，历史地发挥着类似法律的功能作用。

2. 原始的群体主义及团结合作

原始人的生产劳动和社会生活，均以氏族为单位进行的。由于自然环境的险恶，他们有爪牙但不足以自我防卫，有肌肤但不足以抗暑御寒，"筋骨不足以从利辟害，勇敢不足以却猛禁悍，然且犹裁万物，制禽兽，服狡虫，寒暑燥湿弗能害，不唯先有其备，而以群聚邪？群之可聚也，相与利之也"[①]。个体离开了群体便无法生存，既无力抵抗猛兽，也不能抵抗自然灾害，更无法对付其他氏族的袭击，因此，必须依靠群体的力量。恩格斯说："部落始终是人们的界限，无论对其他部落的人来说或者对他们自己来说都是如此：部落、氏族及其制度，都是神圣而不可侵犯的，都是自然所赋予的最高权利，个人在感情、思想、行动上始终是无条件服从的。"[②] 甚至可以说原始人的思维特征就是集体性的。列维-布留尔在《原始思维》一书中指出，原始人的意识已经预先充满了大量的集体表象，依靠这些集体表象，一切客体、存在物或者人制作的物品总是被想象成拥有大量神秘属性的。在原始人看来，没有什么比维护氏族的生存和发展更重要的了。他们的行动受着"集体暗示力"的支配，他们本能地将自己与所属的集体融为一体，形成了原始的群体主义或集体主义。维护

---

① 《吕氏春秋·恃君览》，见《诸子集成》（六），500 页，北京，团结出版社，1996。

② [德]恩格斯：《家庭、私有制和国家的起源》，见《马克思恩格斯文集》第 4 卷，112 页，北京，人民出版社，2009。

氏族和部落的共同利益，个人服从原始共同体这一集体，成为原始人的最高行为准则。

在生产力极低的条件下从事劳动的原始人逐渐认识到，必须结成集体，共同劳动，团结互助才能获取物质生活资料，维持个人、氏族和部落的生存。因而共同劳动，平等互助成为氏族成员自觉遵守的道德规范。《礼记·礼运篇》中孔子对弟子言偃构画了大同社会的情形："夫大道之行也，天下为公，选贤举能，讲信修睦，故人不独亲其亲，不独子其子，使老有所终，壮有所用，幼有所长，鳏寡孤独废疾者皆有养，男有份，女有归。货恶其弃于地也，不必藏于己，力恶其不出于身也，不必为己，是故谋闭而不兴，盗窃乱贼而不作，故外户而不闭。是谓大同。"在原始社会中，无论男女，只要有劳动能力，都自觉地参加劳动，并与氏族、部落的其他成员团结一致，共同与大自然抗争和抵御外族侵略。氏族成员之间的团结友爱还特别体现在氏族、部落之间的复仇中。在他们看来，一个成员流血就是每个成员流血，因此常常以血还血、以牙还牙。相互帮助、氏族复仇不仅是一种义务，更是一种权利。原始人之间没有贫富、贵贱之分，人与人之间是一种平等的氏族成员的关系。平等在原始人的社会生活中表现得非常明显，分配物质也是平等的。

由于原始社会大部分时间处于母系社会时代，所以尊重妇女是普遍的道德风气。妇女不仅与男子处于平等地位，而且往往还处于更高的地位。摩尔根说，易洛魁人氏族中的妇女，在必要的时候会毫不迟疑地使酋长们遭到"折角"的命运，即把他们降为普通的士兵。而酋长选举的提名也往往操纵在妇女的手中。

3. 原始道德的两重性

原始社会的道德风尚调整着原始人的行为，规范着他们活动的方式和领域，呈现出一幅所谓"美德"之图景。但原始社会并非道德的黄金时代。原始社会的道德是在当时极其低下的经济条件下形成和发展起来的。其道德固然有其素朴、美好、高尚的一面。然而，由于人们"刚刚脱离动物界"，文明尚未发展，自我意识与自我评价刚刚形成，在道德上还存在着许多消极方面。道德观念的直观、含混和道德调节的狭隘性是原始社会道德的一个重要特征。原始道德毕竟是人类道德的孩提时代，其社会的规则和观念形式主要是对天命和鬼神的迷信与敬畏，对氏族和部落的风俗习惯的依赖和遵从。原始社会里，道德调节只是局限于自己部落的范围之内，对于其他部落及其成员是不起作用的，同其他部落及其成员的冲突，往往用战争和杀害来解决。原始社会的道德调节对于部落内的人们来说，往往被视为外在的。他们把部落氏族的各种行为戒律，完全看做纯粹是外界赋予的确定不移的法则，根本不需要有任何的论证和理解。对于行为的判断，往往不区别行为者的动机和行为本身，以至在血族复仇中，不分是蓄意伤害还是偶然的过失，一律对造成事故的部落氏族和当事人使用暴力和进行杀害。这时，道德调节的方式和手段也是很简朴的，纪律以及劳动规则全靠习惯和传统的力量来维持，部落氏族的禁忌、宗教仪式和摹仿老人的行为等是道德调节的主要手段和方式。因此，我们既不能把原始社会的道德说成是粗暴的、野蛮的，也不能把它说成是理想的、美好的，而要做历史的、具体的分析。

二、奴隶社会的道德

奴隶社会是人类历史上第一个阶级社会，奴隶社会的基本矛盾是奴隶主阶级和奴隶阶级之间的矛盾。随着私有制的出现和阶级的产生，人类社会由原始社会进入到阶级社会，建立在氏族部落共同利益基础上的纯朴的原始社会道德，分裂为代表不同阶级利益的阶级道德。"奴隶与奴隶主之间、穷人与富人之间的阶级斗争成为社会发展的动力。剥削者、高等人的道德，被剥削者、低等人的道德，这两种道德互相对峙。奴隶主的道德与被压迫者的道德成为精神文化第一个大矛盾的两个方面。"[①] 在原始社会，平等是理所当然的。而在进入奴隶社会以后，奴隶主把社会的等级压迫看成是合乎道德的，把追求平等的要求则看成是不道德的。奴隶阶级则向往平等，他们在反抗奴隶主阶级的暴动和起义中提出了"从前是牛马，现在要做人"的主张。奴隶主与奴隶之间剥削与被剥削、压迫与被压迫、占有与依附的阶级对立关系，成为奴隶社会道德的基础，决定了奴隶社会道德的主要内容和基本特征。

1. 奴隶主道德的主要内容

奴隶社会是以道德生活的分裂及其统治阶级道德与被统治阶级道德的斗争为其根本特征的。"社会在价值观方面发生分裂，人际关系浸透着敌视和仇恨。私有制的阶级的社会组织对人的道德产生了深刻的腐蚀性的影响，使之变形，这是毋庸置疑的事实。"[②] 奴隶主与奴隶之间的分裂、对抗决定了奴隶主道德与奴隶道德的根本区别。

奴隶主阶级的道德是奴隶社会占统治地位的道德，其主要内容表现在以下

---

① ［苏联］季塔连科主编：《马克思主义伦理学》，愚生、重耳译，66～67页，上海，上海译文出版社，1981。

② ［苏联］古谢伊诺夫、伊尔利特茨：《西方伦理学简史》，刘献洲等译，1～2页，北京，中国人民大学出版社，1992。

几个方面：

第一，维护奴隶对奴隶主的绝对屈从和人身依附关系，是奴隶主阶级道德的基本内容和特征。把奴隶当作"会说话的工具"而不当人，买卖奴隶，处死奴隶，用奴隶殉葬等都被认为是合乎道德的。柏拉图在《理想国》中说：国王是神用金子造成的，具有理性的本性，职能是管理国家，品德是智慧；武士是神用银子造成的，具有意志的本性，职能是保卫国家，品德是勇敢；农夫和手工艺人则是神用铜铁造成的，只有情欲的本性，职责是服从管理和为统治者服务，品德是节制。三个等级互不干涉、各司其职，各尽其性，社会就会产生正义。

第二，鄙视劳动和劳动者是奴隶主阶级的重要道德规范。在奴隶社会，奴隶主占有生产资料，把繁重的体力劳动一股脑儿加到奴隶身上。他们鄙视劳动和体力劳动者。恩格斯指出："奴隶制的盛行已经开始使人认为用劳动获取生产资料是只有奴隶才配做的、比掠夺更可耻的活动"，而"掠夺在他们看来比劳动获取更容易甚至更光荣"[①]。甚至连一般自由民也把劳动看做不光彩的事情。《荷马史诗》赞颂了掠夺战争中的英雄。英雄价值观的中心内容是获取财富与荣誉。勇力和谋略是英雄的两种武器，"通过他们，壮士为自己和家族争得土地、财富和尊荣，维持、巩固和捍卫已有的社会地位、分配格局和既得利益"[②]。

第三，对奴隶主国家绝对忠诚，既是奴隶主阶级的政治要求，也是奴隶主阶级的道德规范。古希腊奴隶制极盛时期的统治者伯利克里在伯罗奔尼撒战争阵亡将士葬礼上的致辞中指出：我们的城邦这样伟大，我们的政治制度如此模范，将士们忠诚于自己的国家，他们用血肉之躯抵挡住了敌人的进攻，"他们尽可能把最好的东西贡献给国家。他们贡献了他们的生命给国家和我们全体，他们获得了永远常青的赞美，最光辉灿烂的坟墓——不是他们的遗体所安葬的地方，而是他们的光荣永远留在人心的地方"[③]。因此，忠诚于城邦，并为保卫国家而战，是最高的道德行为和最有价值的行为，应当受到表彰和鼓励。

第四，宣扬男尊女卑、男主女从的道德规范。男女不平等是阶级不平等的

---

① ［德］恩格斯：《家庭、私有制和国家的起源》，见《马克思恩格斯文集》第 4 卷，183～184 页，北京，人民出版社，2009。

② 陈忠梅：《荷马史诗译本序》，见《荷马史诗》（上），陈忠梅译，14 页，北京，国际文化出版公司、中国书籍出版社，2006。

③ 周辅成编：《西方伦理学名著选辑》上卷，44 页，北京，商务印书馆，1964。

反映。当母系氏族被父系氏族代替之后，妇女地位一落千丈，在整个社会逐渐形成了男尊女卑、男主女从的价值观念。恩格斯指出："随着畜群和其他新的财富的出现，便发生了对家庭的革命。谋取生活资料总是男子的事情，谋取生活资料的工具是由男子制造的，并且是他们的财产……从前保证妇女在家中占统治地位的同一原因——妇女只限于从事家务劳动——，现在却保证男子在家中占统治地位：妇女的家务劳动现在同男子谋取生活资料的劳动比较起来已经相形见绌；男子的劳动就是一切，妇女的劳动是无足轻重的附属品。"① 对妇女家务劳动的轻视意味着妇女从属地位的形成，也标志着妇女卑下处境的开始。整个奴隶制时代盛行男尊女卑和男主女从的道德观念和规范，封建制时代妇女伦理的形成是在奴隶制道德观念和规范基础上形成和发展起来的。

奴隶制时代开始系统的道德规范制定。这种道德规范的制定"通过把统治阶级的道德提升为社会的统治道德"而披上一层外衣，"这个社会炼金术的'奇迹'至少包藏着三个骗局：（1）反映统治阶级特殊利益的价值观念，脱离了这个阶级本身，并具有普遍的形式；（2）这些观念的来源被推到人所不能控制的，而且往往也是人所不能认识的彼岸世界；（3）以如此形成的来自外界的抽象规范的总和同作为道德标准的现实的个体行为相对立"②。古希腊柏拉图在《理想国》一书中将智慧、勇敢、节制、公正视为奴隶主阶级道德的基本规范。在我国西周初年周公"制礼作乐"，建立了一整套纲纪天下的制度，"其旨则在纳上下于道德，而合天子、诸侯、卿、大夫、士、庶民以成一道德之团体"③。其中礼制、礼仪、礼俗、礼规涉及社会生活的方方面面，其细致入微和详尽繁复为世界伦理史上之大观。

2. 奴隶阶级道德的主要内容

在奴隶社会，与奴隶主阶级道德相对立的则是奴隶阶级的道德。奴隶阶级由于不堪忍受奴隶主的残酷虐杀和非人待遇，在长期斗争和劳动实践中形成了与奴隶主阶级道德相反的道德原则和规范。虽然它还没有系统的理论的表现，但从大量的历史资料中人们可以看到，反抗奴隶主的虐杀、争取人的地位则是奴隶阶级道德的基本原则。他们对奴隶主阶级不劳而获、荒淫无耻、卑鄙残暴

---

① ［德］恩格斯：《家庭、私有制和国家的起源》，见《马克思恩格斯文集》第4卷，181页，北京，人民出版社，2009。

② ［苏联］古谢伊诺夫、伊尔利特茨：《西方伦理学简史》，刘献洲等译，2页，北京，中国人民大学出版社，1992。

③ 参见王国维：《殷周制度论》，见《观堂集林》，北京，中华书局，1984。

的行径有强烈的道德义愤。古罗马的斯巴达克，被马克思誉为"古代无产阶级的真正代表"，他所领导的奴隶起义，面对奴隶主阶级的强暴无所畏惧，不屈不挠，集中反映了奴隶阶级的高尚品德。我国春秋时期柳下跖领导的奴隶起义，也表现了奴隶阶级的道德品质。诚如《庄子·胠箧篇》所载："夫妄意宝中之藏，圣也；人先，勇也；出后，义也；知可否，知也；分均，仁也。五者不备，而能成大盗者，天下未之有也。"正是由于起义大军能够讲求圣、勇、义、知、仁"五德"，故盗跖领导的奴隶起义，受到人们的高度评价。《荀子·不苟》载："盗跖吟口，名声若日月，与舜禹俱传而不息。"奴隶阶级道德是人类历史上优秀的道德遗产，它对无产阶级和劳动人民道德的形成，产生过积极的影响。

但是，由于历史条件的限制，奴隶阶级在道德意识上并未完全觉醒，其道德行为往往带有对外在权威的神秘感和简单服从的习惯。

3. 奴隶社会的道德进步及其纯朴道德跌落

奴隶社会的道德在表现形式方面较原始社会有很大的进步，开始成为独立的社会上层建筑和社会意识形态。在原始社会，人类的道德意识由于处于一种混沌朦胧的原始状态，人们不可能把道德和其他意识形态诸形式区分开来。到了奴隶社会，由于劳动生产力的发展，社会已经能够养活一部分专门从事精神活动的脑力劳动者。随着人们抽象思维能力的提高，人类的自我道德意识有了很大的发展。同时由于有了文字，人们在劳动和各种社会生活中遵循的一些行为规范与准则，经过奴隶主阶级思想家的思考和概括用文字的形式记录下来，用理论的形式表现出来。"道德"概念以及一系列道德规范（在中国如仁、义、忠、孝、礼等；在西方如智慧、勇敢、节制等）由此被提了出来。与此同时，奴隶主阶级的思想家们，为了奴隶制的巩固和发展，从各个方面对人们在道德生活中遇到的许多道德问题进行了论证和回答，从而使奴隶社会道德克服了过去那种朴素的感性直观形式，具有独立的思想意识形式，并且日益作为调节或破坏某种社会秩序的重要手段。奴隶制时代出现了有意识的道德教化和比较明确的道德规范制定和推广活动，古希腊的"四主德"及伦理学理论研讨，促进了古希腊文明的发展，中国周代的制礼作乐和"敬德保民"，也在某种程度上促成中华文明的制度性建构。

人类社会进入奴隶制时代以后，人们的道德关系已发生了很大的变化，人和人之间的关系已不再像原始社会那样简单、纯朴，只是一种彼此平等的血缘关系。这时，出现了阶级、国家、民族，产生了多种行业及行业人员，人和人之间的社会关系和道德关系日益多样化和复杂化。与此相适应，道德调节的范围和内容也就日益多样化和复杂化。它不仅要调节阶级之间、民族之间、行业与行业之间、整体与整体之间的关系；还要调节个人与这些整体之间的关系；调节君臣、主仆、父子、夫妇、兄弟姐妹、朋友、师生等个人与他人之间的关系。在调整这种复杂化、多样化关系的过程中，道德的功能也有了相应的发展。

奴隶制代替原始公社，促使人们冲破了原始的自然脐带的束缚，获得了个体与自我意识发展中的有利因素，产生了新的道德观念。不可否认的是，从原始状态的公有关系向阶级文明的私有关系的过渡，是一个极端矛盾的过程。一方面，人际关系摆脱了天然的血亲束缚，这就从根本上提高了个人道德生活的水平，加强了主观的个人因素在历史过程中的作用，把社会自由度提高到一个全新的水平；另一方面，在社会的相互关系和人们的行为中出现了从纯朴道德高峰的跌落，"鄙俗的贪欲，首先是对财富和权力的渴求，以及必然伴随它的丑恶现象——暴力、背叛、盗窃等等，变成了社会行为的主要动因"①。由于奴隶社会道德浸润着私有制的观念和行为，它在人与人的道德关系方面，特别是奴隶主阶级的极端自私自利、穷奢极欲、残暴野蛮，成为道德倒退的一个显著特征，因而是一种背离古代氏族社会的纯朴道德高峰的堕落。

三、封建社会的道德

封建社会制度是在奴隶制崩溃的废墟上建立起来的。封建社会是建立在以血缘为纽带，以家庭为单位，以家长为轴心的自然经济基础上的，它以一整套宗法等级制度取代了奴隶占有制。正是在这种经济和政治关系的基础上，产生了人类道德发展史上第二种阶级道德类型——封建社会的道德。维护这种封建宗法等级关系就成了地主阶级最基本的道德原则。农民阶级的道德和地主阶级的道德的对立和斗争，构成了封建社会道德深刻的内在矛盾。

1. 封建地主阶级道德的主要内容

为了维护封建宗法关系，巩固封建地主阶级的统治，封建地主阶级及其思想家们制定了一整套封建礼教和伦理道德规范，形成了比较系统的封建道德规范体系。

第一，维护封建宗法等级制度，是封建地主阶级道德的基本原则。在封建社会，实行土地分封制度，"普天之下莫非王土，率土之滨莫非王臣"。皇帝是

---

① ［苏联］古谢伊诺夫、伊尔利特茨：《西方伦理学简史》，刘献洲等译，1～2 页，北京，中国人民大学出版社，1992。

天子，也是占有全部土地的最大封建主。皇帝是世袭的，于是在全国形成了以皇族为中心的宗法等级制度。在这一宗法等级制度中，人分五等，官分九级，以此形成天子、诸侯、卿（大夫）、士、庶民的等级阶梯。"三纲五常"是中国封建社会的基本道德原则和规范。三纲、五常语出西汉董仲舒所著的《春秋繁露》。但其思想内容则源于先秦诸子之学，如孔子有"君君、臣臣、父父、子子"之说，韩非称"臣事君、子事父、妻事夫"为"天下之常道"。"三纲"指"君为臣纲，父为子纲，夫为妻纲"，要求为臣、为子、为妻必须绝对服从于君、父、夫。"五常"指仁、义、礼、智、信。"仁"即爱人、孝悌、忠恕等。"义"指封建道德规范和标准。"礼"是各种封建礼仪、制度和规范，包括君臣之礼、父子之礼、夫妻之礼等，它所要表达的实质内容就是，做人必须严格遵守道德礼仪。"智"是指对仁、义、礼的认识及与之相关的明智行为。"信"是指做人必须信守承诺，说话算话，言行一致。

第二，忠君、孝亲是封建道德最基本的规范。地主阶级道德把等级"身份"作为评价善恶、荣辱的标准，以"尊尊""亲亲"或"忠孝""信义"作为根本的道德原则和规范。君主是封建政权的代表。维护君主的尊严和至高无上的权力，关系到社会秩序的稳定，涉及统治集团的根本利益。因此，"忠君"被统治者奉为"至德"，是高于"孝亲"及其他伦理关系之上的最高道德原则。《忠经》强调指出："天之所覆，地之所载，人之所履，莫大于忠"；"善莫大于忠，恶莫大于不忠"；"为臣事者，忠之体也。本立而化成"。臣子行忠不只是奉君忘身，殉国忘家，临难死节，而且还要"沈谋潜运，正国安人，任贤以为理，端委而自化，尊其君，有天地之大，日月之明，阴阳之和，四时之信，圣德洋溢，颂声作焉"①。"孝亲"是封建社会最基本的道德规范，儒家道统认为"孝"是百行之首，《论语》载："孝悌也者，其为仁之本舆！"孝道贯穿封建社会始终。《孝经》指出："夫孝，天之经也，地之义也，民之行也。天地之经，而民是则之"，"孝，始于事亲，忠于事君，终于立身"。教忠教孝、忠孝一体，是封建道德的主要内容。

第三，男尊女卑是封建道德的一条重要规范。《礼记·内则》提出妇女要做到"三从"："在家从父，适人从夫，夫死从子。"《周礼·天官冢宰》提出以"九嫔掌妇学之法，以教九御妇德、妇言、妇容、妇功"，"妇德"是指孝敬公婆，服从丈夫，守节有耻，动静有法；"妇言"是指择词而论，不道恶言；"妇容"是指服饰鲜洁，沐浴以时；"妇功"是指专心纺织，不苟言笑。汉代班昭

---

① 《忠经·家臣章》。

作《女诫》七篇，系统地阐述了妇女道德的内容，提出"敬顺之道，妇人之大礼也"，"敬顺之道"集中体现在"四德"方面，"夫云妇德，不必才明绝异也；妇言，不必辩口利辞也；妇容，不必颜色美丽也；妇功，不必工巧过人也。清闲贞静，守节整齐，行己有耻，动静有法，是谓妇德。择辞而说，不道恶语，时然后言，不厌于人，是谓妇言。盥浣尘秽，服饰鲜洁，沐浴以时，身不垢辱，是谓妇容。专心纺绩，不好戏笑，洁齐酒食，以奉宾客，是谓妇功。此四者，女人之大德，而不可乏之者也。然为之甚易，唯在存心耳。"① 这就在妇女身上套上了一层层道德精神的枷锁，使其处于被压迫、被奴役的状态。在整个封建社会，妇女一直处于从属和被支配的地位，男人可以三妻四妾，而妇女却必须从一而终，如要改嫁则被认为不忠不节，会受到严厉的道德和法律制裁。

"贵贱上下有等""良贱有别"是封建等级制度的基本原则，也是封建道德的基本内容之一。儒家学说认为，"少事长，贱事贵，不肖事贤，是天下之通义也"②。在他们看来，区别贵贱、良贱的不同社会地位，是天经地义的事情，只有崇尚官贵，确保上下有序，方能巩固封建等级制度和社会秩序。

2. 农民阶级道德的主要内容

在封建社会里，除占统治地位的封建地主阶级道德以外，还有与其相对立的农民阶级道德。农民阶级道德，是在封建占有制的条件下，从农民阶级的社会地位和根本利益中引申出来，并且在反对封建地主阶级的斗争实践中逐步形成和发展起来的。

在长期反封建压迫剥削和世世代代的辛勤劳动中，农民形成了自己共同的阶级心理和道德观念。反对封建等级压迫和封建礼教，要求社会平等和平均，是农民最基本的道德原则。汉末农民起义以道教的万年"太平"为纲领，主张"太平均"，要求废除等级特权，实现财产公有，天下太平的目的。唐末农民起义领袖王仙芝自称"天补平均大将军兼海内诸豪都统"，第一次把"平均"作为一面革命的旗帜。北宋王小波、李顺起义以"均贫富"为号召，南宋的钟相、杨么起义在此基础上又增添了"等贵贱"的新内容。太平天国洪秀全领导的农民起义提出"有田同耕，有饭同食，有衣同穿，有钱同使"等战斗口号，这些思想和主张反映了广大农民对封建制度的奴役和剥削的强烈抗议，表达了他们朴素的平等平均的要求。"在中国封建社会里，只有这种农民的阶级斗争、

---

① （南北朝）范晔：《后汉书·列女传》，815～816 页，北京，团结出版社，1996。
② 《荀子·仲尼》，见《荀子新注》，85 页，北京，中华书局，1979。

农民的起义和农民的战争，才是历史发展的真正动力。因为每一次较大的农民起义和农民战争的结果，都打击了当时的封建统治，因而也就多少推动了社会生产力的发展。"① 热爱劳动、崇尚节俭、生活朴实、待人厚道，是农民阶级实际奉行的道德规范。农民阶级是社会财富创造的主人，在长期的生产和社会实践中，形成了勤劳节俭、艰苦朴素和与人为善的品德。他们深知生活资料是自己劳动的结晶，来之不易，因此懂得珍惜。"锄禾日当午，汗滴禾下土。谁知盘中餐，粒粒皆辛苦。"在农民阶级看来，只有勤劳俭朴才是合乎道德的，不劳而获、懒惰奢侈是不道德的。关心和同情阶级兄弟，也是农民阶级的道德规范。

当然，农民阶级既是劳动者，又是小私有者，在道德上也体现出二重性的特点。作为劳动者，它具有自身的许多美德；作为小私有者，又不免自私保守、因循守旧，在道德上具有狭隘、封闭和不少陋习。因此，对于农民阶级道德，我们应当肯定并继承其优秀传统，批判其自私落后方面。

3. 封建社会道德的基本特征

宗法等级主义、传统主义和封建的父道主义是封建社会道德的主要特征。宗法等级主义既是封建社会制度的一般特征，更是封建社会道德的基本特征。所谓"宗法"实质上是以宗族为中心，按照血统远近区别亲疏的法则或制度。它将宗族内的尊卑长幼律法化或规范化，赋予血统远近亲疏以极强的伦理意义。传统主义强化了传统的价值并以之为人们行为的基本规范，封建社会所注重的传统即以封建的等级依附和等级服从为核心的传统，它借助于风俗习惯和道德强化而固化为传统，使之获得了判断是非善恶的权威地位和制约功能。父道主义是建立在父权基础上的，以父亲的道德命令作为道德价值来源和评判标准的伦理价值观念和思想主张。

同时，道德政治化、宗教化、规范化、理论化，亦是封建社会道德的重要特征。中国封建地主阶级在加强王道统治的同时，十分重视道德作用。封建统治者借助于国家政权或宗教组织，不仅对各种道德要求作出正式表达，形成封建"人伦"关系的规范和理论体系，而且往往假以"神意"或"天命"，将这些规范强加于人。孔子主张"为政以德"，荀子强调"隆礼贵义者其国治，简礼贱义者其国乱"。他们都竭力把道德与政治融为一体，力求政治道德化和道德政治化，从而使中国封建统治阶级的政治披上道德的外衣，赋予他们的道德

---

① 毛泽东：《中国革命与中国共产党》，见《毛泽东选集》第 2 卷，625 页，北京，人民出版社，1991。

以政治的地位和法律的权威。其思想家也努力把道德和政治结合起来，并提出他们的道德理论、道德原则和规范，使其成为完备的理论体系。在西欧，封建统治阶级实行政教结合在一起。正如恩格斯所说的，"中世纪只知道一种意识形态，即宗教和神学"。教会借助上帝的名义，给封建道德蒙上了神秘的灵光，强使人们服从地上的王权。中世纪的基督教道德，其主要内容就是宣扬逆来顺受，无条件服从神。如《圣经》宣传"有人打你的右脸，就连左脸也给他""要爱你的仇敌"等。他们把对上帝的热爱、信仰、希望以及自卑、顺从作为最崇高的美德。封建统治者一方面使道德和政治、法律、宗教紧密结合；另一方面又通过道德教育和道德修养，加强道德对人们的精神控制。在封建社会里，为了表彰在"忠孝节义"等各方面"功勋显赫"的官员，为朝廷兴旺作出的"杰出贡献"，当朝政府常常批准在这些人的故里村头，修建"功德牌坊"，借以号召人们以此为榜样报效朝廷。

封建社会道德的另一基本特征是道德的调节功能进一步强化。在封建制时代，道德调节功能的强化主要表现在两个方面。一方面，利用外部的强制力来强化道德的调节功能。在西方，主要是通过加强宗教的强制力来强化封建道德。在中国，则主要借助国家政权和加强宗法权力，来强化道德的调节功能；另一方面，通过强调人们的内心修养来强化道德的调节功能。在中国，许多人就因此而无辜地死于封建的道德礼教之下。

相对于奴隶社会道德而言，封建社会的道德所表现出来的进步倾向有：第一，封建道德多少尊重劳动者的价值和尊严，即劳动者的人身独立。它虽然维护农民对地主的依附关系，助长统治阶级用宗法等级制度把农民压在社会底层，但并不纵容地主任意虐杀农民；第二，农民阶级在道德上提出"等贵贱，均贫富"要求，表现了劳动者对自己的历史主动性和创造性有了初步的自觉；第三，以占统治地位的地主阶级道德为标志，道德更加规范化、体系化和理论化。在这一时期，道德的调节功能也更加强化；第四，农民阶级道德包含了勤劳、节俭等新品德因素，具有一定的反抗剥削、压迫和等级特权的进步作用。

封建时代道德的退步倾向或消极方面主要表现为：就地主阶级道德而言，它由于更加体系化和理论化，也就更具有伪善性；它的能动作用更加强化，也就更具有欺骗性，成为剥削阶级奴役禁锢人民的精神枷锁。就农民阶级的道德而言，它包含的狭隘性、自私性和散漫性等消极因素，往往极大地限制了他们发挥自己的历史主动性和创造性。

四、资本主义社会的道德

随着社会生产力和商品经济的发展，在封建社会末期，出现了资本主义的生产关系，形成了无产阶级和资产阶级这两大对抗阶级。经过资产阶级革命，资本主义制度取代了封建制度。在资本主义社会里，资本家占有生产资料，工人一无所有，只能靠出卖劳动力换取生活资料。资本主宰一切，金钱高于一切，包括劳动力在内的一切都变成了可以等价交换的商品。这种经济关系决定了资本主义社会道德的主要内容和基本特点。

1. 资产阶级道德的主要内容

资产阶级道德是建立在资本主义经济基础上的资产阶级的道德观念和道德规范，是资本主义社会占统治地位的道德。在资本主义社会中，资产阶级最大限度地榨取剩余价值，这就决定了其最根本的道德原则是利己主义。资产阶级从人的本性是自私的这一论点出发，把追求个人利益和满足私欲作为一切行为的出发点和归宿，把发财致富、追求个人幸福和自由的一切行为都当作美德。他们提倡以人为中心，主张个性解放，推崇自由、民主、平等、博爱，并以此同封建宗法关系和禁欲主义以及忠孝仁义等道德观念相对抗。

第一，利己主义是资产阶级道德的基本原则。利己主义虽然根源于私有制的经济关系，但在资本主义制度下却得到了最充分的发展。资本主义是最完备的、也是最后一个私有制经济形态。资产阶级一切活动的基本点就是最大限度地剥削无产阶级，榨取剩余价值。反映这种活动的道德原则就是极端个人主义、利己主义。表现这种活动的行为方式就是唯利是图、尔虞我诈、损公肥私和损人利己。资产阶级从人的本性是自私的观念出发，从现存的私有制出发，在道德上无情地剥弃了以往剥削阶级掩盖其阶级利己主义的各种宗法外衣，直接诉诸利己主义的原则，信崇道德价值就是一种商品交换价值。

马克思、恩格斯在《共产党宣言》中指出："资产阶级在它已经取得了统治的地方把一切封建的、宗法的和田园诗歌般的关系都破坏了。它无情地斩断了把人们束缚于天然尊长的形形色色的封建羁绊，它使人和人之间除了赤裸裸的利害关系，除了冷酷无情的'现金交易'，就再也没有任何别的联系了。它把宗教虔诚、骑士热忱、小市民伤感这些情感的神圣发作，淹没在利己主义打算的冰水之中。"① 因此，资产阶级的道德原则就表现为利己主义。它表现在

---

① ［德］马克思、恩格斯：《共产党宣言》，见《马克思恩格斯文集》第2卷，34页，北京，人民出版社，2009。

行为上，总是把别人当成自己潜在的敌人和对手，在资产者的道德观念内，一切背信弃义、冷酷无情、虚伪狡诈的行为，只要对自己有利，都是可以理解和认可的。利益的交换和获得成为至高无上的存在，道德上的"善"实际上只能被理解为个人利益的满足，它是指引人们活动和一切联系的最高目的和最后动力，并统治着资产者生活的一切领域。

第二，金钱万能、拜金主义是资产阶级道德的重要规范。在资本主义社会里，由于一切都可以作为等价交换的商品，因此，作为一般等价物的货币——金钱便成为主宰一切，高于一切的"圣物"。这种"金钱拜物教"使人们的思想、情感、志向都化为金钱。一切是非善恶，也都以能否获得金钱，获得多少金钱为标准。资本主义把人和人之间的关系变成了赤裸裸的金钱交易，金钱万能就成为资产阶级奉行的道德价值观念，人与人之间的关系完全变成了物与物之间的关系，由物的交换关系体现出来。资产阶级作为资本的人格化，除了金钱的损失，他们再也没有任何别的痛苦，除了金钱的获得，他们再也没有任何别的快乐。他们的快乐与痛苦、光荣与耻辱都系于金钱。马克思在《资本论》中指出："古代社会咒骂货币是自己的经济秩序和道德秩序的瓦解者。还在幼年时期就抓着普路托的头发把他从地心里拖出来的现代社会，则颂扬金的圣杯是自己最根本的生活原则的光辉体现。"① 在资产阶级看来，"货币，因为它具有购买一切东西的特性，因为它具有占有一切对象的特性，所以是最突出的对象。货币的特性的普遍性是货币的本质的万能；因此，它被当成万能之物"②。在资本主义社会，"货币是受尊敬的，因此，它的占有者也受尊敬。货币是最高的善，因此，它的占有者也是善的"③。资产阶级不承认人与人之间除了金钱关系之外还具有其他关系，它"撕下了罩在家庭关系上的温情脉脉的面纱，把这种关系变成了纯粹的金钱关系"，即使选择妻子和丈夫、熟人和朋友，都要靠金钱来指使和处理，在他们看来，爱情和亲情也可以变成被买卖的对象。

第三，自由、平等、博爱，是资产阶级所推崇的道德规范。在反对封建主义的斗争中，针对封建道德对人性的压抑，资产阶级提出了"自由、平等、博爱"的政治口号和道德规范。他们认为人人生来平等，都是自由的，自由和平

① [德]马克思：《资本论》第1卷，见《马克思恩格斯文集》第5卷，156页，北京，人民出版社，2009。
② [德]马克思：《1844年经济学哲学手稿》，见《马克思恩格斯文集》第1卷，242页，北京，人民出版社，2009。
③ 同上书，245页。

等合乎人的天性。自由就是指人具有各种社会的政治权利；平等则指人人在法律面前的平等；博爱就是爱一切人。1789年，法国资产阶级大革命后发表的《人权宣言》第一条就指出"在权利方面人们生来是而且始终是自由平等的"。资产阶级伦理思想家在理论上也作了各种论证。康德曾说，作为合法状态的公民，都应该是"自由的""平等的""独立的"。每一个自私利己的个体均寻求自由与平等——唯有自由，每一个人才能拥有真实的利己空间；唯有平等，利己化的本能才能获取社会普遍性承认，每一个体也才能与其他主体享有同等的权利和机遇。

利己主义道德原则和自由、平等、博爱等道德规范的提出，在人类道德发展史上是一个巨大的革新。它肯定了人的尊严、人的价值以及个人对幸福的追求，对人的个性和自我意识的发展，对人们挣脱禁欲主义、蒙昧主义、等级主义的枷锁起到了巨大的革命作用。但是，资本主义社会毕竟同封建社会一样，也是以生产资料私有制和人剥削人的关系为基础的，因此，资产阶级的利己主义及其自由、平等、博爱等道德准则从一开始就存在着时代局限性和阶级虚伪性。

2. 无产阶级道德的主要内容

无产阶级道德是指在资本主义条件下无产阶级在同资产阶级的斗争中形成的一种新型的、革命的道德。在反对资产阶级残酷剥削和压迫的过程中，无产阶级形成并发展起了自己的道德。"工人比起资产阶级来，说的是另一种方言，有不同的思想和观念，不同的习俗和道德原则。"[1] 初始阶段的无产阶级道德，出于反抗资产阶级的剥削和压迫，表现为盗窃、毁坏资产阶级的财物，杀死凶恶的工厂主等报复行为，以及对资产阶级欺骗性的道德说教的蔑视，带有很大的自发性。随着19世纪40年代马克思主义的创立，无产阶级接受科学理论的武装，从自在阶级成为自为阶级，无产阶级道德也从自发状态上升到自觉状态，形成无产阶级道德体系。

恩格斯在《英国工人阶级状况》一文中称赞工人阶级的崇高美德，认为它代表了英国社会发展的未来。在日常生活中，工人比资产阶级仁慈、善良很多。"工人的仁慈也表现在其他各个方面，而且其表现形式也是令人愉快的。他们自己就是命运多舛的，所以能同情那些境况不好的人。在他们看来，每一个人都是人，而在资产者的眼中，工人却不完全是人。所以工人是比较和气比

---

[1] ［德］恩格斯：《英国工人阶级状况》，见《马克思恩格斯文集》第1卷，437～438页，北京，人民出版社，2009。

较可亲的，虽然他们比有产者更迫切地需要钱，但他们并不那样贪财，因为对他们来说，金钱的价值只在于能用它来买东西，而对资产者来说，金钱却具有一种固有的特殊的价值，即神的价值。"①　工人不同于资产者，还在于工人没有什么偏见，他们克服了民族或阶级的利己主义，逐步具备了国际主义和共产主义精神。恩格斯认为，工人阶级的国际主义精神代表了人类道德发展的大方向，每一个崇尚进步的人们都应当弘扬这种道德精神。马克思总结了巴黎公社无产阶级的优秀品质，高度赞扬巴黎无产阶级在与反革命势力的搏斗中所表现出来的自我牺牲的英勇气概和集体主义精神，指出：这些巴黎人，具有何等的灵活性，何等的历史主动性，何等的自我牺牲精神，历史上还没有过这种英勇奋斗的范例。巴黎公社简直是奇迹般地改变了巴黎的面貌。马克思充满赞美之情地写道："努力劳动、用心思索、战斗不息、流血牺牲的巴黎——它在培育着一个新社会的同时几乎把大门口外的食人者忘得一干二净——正放射着它的历史首创精神的炽烈的光芒！"②　巴黎工人阶级在反对资产阶级的斗争中所形成的道德品质及价值观念，"反映出他们事业的伟大"。

3. 资本主义社会道德的内在矛盾

资产阶级道德有一个发展过程。它大体经历了革命时期、自由竞争时期和垄断时期三个历史阶段。而它每向前跨进一步，其内在的矛盾就加剧一步。"资产阶级道德以两种面貌出现，并提出两种道德标准，每个标准都适合资产阶级的'美德'范围。有一些'美德'乃是资产阶级的实际风尚，另一些'美德'则是资产阶级的'摆样子的'、官方的道德。资产阶级道德的抽象的规定在形式上体现着社会全体成员的义务，但它的真正内容则是要求信任和忠于资产阶级的社会组织、它的目的和达到目的的手段。"③　资产阶级道德在内容和形式上的背离以及所宣扬的道德和实际奉行的道德之间的巨大反差，是资产阶级道德无法解决的内在矛盾，也不断加剧着资产阶级道德的危机。

首先，资产阶级公开倡导的道德和它实际需要通行的道德之间的矛盾日益

① ［德］恩格斯：《英国工人阶级状况》，见《马克思恩格斯文集》第1卷，438～439页，北京，人民出版社，2009。

② ［德］马克思：《法兰西内战》，见《马克思恩格斯文集》第3卷，165页，北京，人民出版社，1995。

③ ［苏联］季塔连科主编：《马克思主义伦理学》，愚生、重耳译，76页，上海，上海译文出版社，1981。

加剧，在革命时期，它一方面鼓吹个性解放和人道主义，鼓吹自由、平等、博爱；另一方面，它实际和需要通行的却是人对人是狼的原则。在自由竞争阶段。它一方面宣扬不损害别人的"合理"利己主义；另一方面，它需要和实际践行的却是要把竞争的对手当作敌人。在进入垄断阶段以后，它一方面公开提出要"为绝大多数人谋取最大利益"；另一方面，它又需要并实际地对绝大多数人使用非道德手段。

其次，资产阶级道德的使命中所包含的资产阶级整体利益和成员的个人利益之间的矛盾日益加剧。在革命时期，资产阶级的整体利益和成员的个人利益是根本一致的。每个资产者越是个人奋斗，越是扩展个人利益，就越能增强这个阶级推翻封建统治的整体力量。然而，当资产阶级取得统治地位以后，资产者个人越是为着个人利益激烈竞争，便越是削弱着这个阶级统治社会的整体利益。到了垄断阶段，资产阶级的整体利益不过是一种虚幻的整体利益，不过是极少数金融寡头的私人利益。

资产阶级在反封建的意义上是有其进步性的。但由于资产阶级道德是为资本主义私有制服务，以利己主义为最根本的原则，这便决定了他们所提出的自由、平等、博爱和个性解放等道德原则和理想带有虚伪性和欺骗性，这在资本主义社会是不可能真正实现的。马克思曾经指出：当资产阶级发展成为统治阶级时，它就会将自由、平等、博爱纳入其利己主义的框架中，以维护资本主义的社会统治和资产阶级的个人利益为目的。当着无产阶级和劳动人民向资产阶级要求自由、平等、博爱时，它就会"把共和国的'自由、平等、博爱'这句格言代之以毫不含糊的'步兵、骑兵、炮兵'"[①]。自从法国大革命提出自由、平等与博爱的口号后，自由与平等两种价值即在发展中展示出深刻的矛盾，在西方很多学者的眼里，两者甚至发展到势同水火，难以兼得的地步。当西方资产阶级革命兴起时，"自由"与"平等"可以作为一个统一的要求而成为其革命的口号，因为当时自由主要是与专制构成一对矛盾，而平等也首先是具有政治的含义——摧毁封建贵族的等级制，求得平等的政治参与权和决策权。随着资产阶级革命的胜利和巩固，随着普选权的争得和言论、信仰、人身、财产尤其是各种经济自由权的扩大，财富分配方面的不平等状况便日益令人注目，自由与平等的矛盾也就日渐显露，平等也越来越具有经济的含义——即如何缩小差距，达到财富和利益的平等分配。随着资本主义社会基本矛盾的日趋尖锐，

---

① ［德］马克思：《路易·波拿巴的雾月十八日》，见《马克思恩格斯文集》第 2 卷，509 页，北京，人民出版社，2009。

资产阶级道德越来越多地表现出消极性和反动性，随着生产资料私有制的灭亡，它终将成为历史的陈迹。

五、社会主义社会和共产主义社会的道德

社会主义道德是在无产阶级自发形成的朴素的道德基础和社会主义公有制为主体的经济基础上，以马克思主义的世界观为指导，由无产阶级和广大劳动人民自觉培养起来的，代表无产阶级和广大劳动人民根本利益和长远利益的先进道德体系。社会主义道德是共产主义道德在社会主义时期的主要表现形态和道德类型，具有承继无产阶级道德并向未来社会共产主义道德运演和提升的价值特质。

社会主义道德是一种崭新的道德类型，是从无产阶级的阶级利益中引申出来并在斗争实践中逐步形成的共产主义道德的初级形态。它的产生、形成和发展，有其特定的客观基础和主观条件。社会主义道德是无产阶级根本利益的反映，是无产阶级为争取社会主义事业的胜利，用集体主义调整人们的行为规范和准则。

社会主义道德是共产主义道德在社会主义社会的表现形态。"共产主义道德"这一科学概念是列宁1920年10月，在《青年团的任务》一文中第一次明确提出的。我国在新民主主义革命时期，在革命队伍中就提出了培养共产主义道德的要求。共产主义道德作为一种新的道德历史类型，有其产生、形成和发展的过程。它萌芽于资本主义社会的无产阶级道德，形成于社会主义时期的社会主义道德，发展完善于未来共产主义社会的全人类道德。

共产主义道德的发展，大体上可分成三个基本的阶段，这三个基本的阶段是：①作为无产阶级道德时期的共产主义道德，是共产主义道德产生、形成和作为无产阶级革命精神武器和行为规范的阶段。这时共产主义道德的基本战略任务，是为推翻剥削阶级的统治、建立无产阶级专政的社会主义国家政权服务；②作为统治阶级或领导阶级时期的共产主义道德，是共产主义道德得以普遍发展，并且逐步在全社会取得领导和支配地位的阶段。这时共产主义道德获得了国家政权的支持，在全社会获得了公开、合法的宣传和教育阵地；③作为未来的全社会最广大的成员都能自觉遵守、成为共同行为准则时期的共产主义道德。这时的共产主义道德已逐步摆脱了阶级道德的性质，成为全社会进步人类共同的道德。这三个基本阶段的共产主义道德，就其本质属性和基本原则方面来说，从头到尾都是一以贯之的，否则它就不能构成为一种完整的道德体系。从作用和影响的范围来讲，后一阶段比前一阶段更深广。

社会主义道德是在资本主义社会中，作为与资产阶级道德的对立物而产生的。无产阶级的诞生和发展及其同资产阶级的对立和斗争，是社会主义道德形

成的阶级的和实践的基础。马克思主义的科学世界观和革命理论是社会主义道德形成的理论基础和指导思想。社会主义道德的形成是人类文明和劳动人民道德传统的高一阶段的发展。它的形成，固然与无产阶级的斗争实践相联系，是从无产阶级利益中引申出来的，然而它并没有离开人类文明的大道和劳动人民进步道德的传统。恰好相反，社会主义道德的产生，除了批判继承剥削阶级道德中的某些合理因素外，主要是继承和吸取了劳动人民在长期生产斗争和社会斗争中养成的优秀品质，以及人类文明发展的优良传统，把劳动人民的勤劳勇敢、艰苦奋斗、要求平等、友爱和同情阶级兄弟的高贵品德，提到一个更高的阶段。事实表明，社会主义道德是无产阶级的阶级利益和劳动人民的根本利益的统一，是无产阶级的特殊品德和劳动人民的优良传统品质的有机结合。这是社会主义道德的特点和优点。

在社会主义社会里，共产主义道德得到了很大发展，形成了完整的体系，具有一些新的特点：由于阶级斗争依然在一定范围内、一定条件下存在，因而它在本质上仍然是无产阶级的阶级道德，但是，由于剥削阶级作为阶级已经消灭，阶级斗争在总体上已不是社会主要矛盾，因而它越来越多地包含了全民道德的因素；它所追求的整体利益是全体人民的社会整体利益，其具体内容主要是围绕维护和发展社会主义公有制、发展社会生产力和培养社会主义新人等方面所形成的一系列道德规范，其调节范围已广泛到整个社会，它已在社会道德生活中居于主导和支配的地位。全人类道德是共产主义道德在未来共产主义社会的表现形态。在共产主义社会里，共产主义道德将成为全人类的道德和人类社会生活中唯一起作用的道德体系；它所追求的整体利益将是全人类的共同利益；其具体内容将主要是围绕促进社会生产力高度发展和造就全面发展的自由人而形成的一系列道德规范；其调节范围将广泛到全人类，它将成为全人类共同习惯于遵守的公共生活准则。

社会主义道德体系既是现有道德关系的反映和确证，又是应有道德关系的扩展与应用。社会主义道德克服了以往道德生活史上利己主义与利他主义之间、节欲主义与快乐主义之间以及道义与功利之间的尖锐对立，"社会利益同个人内心的愿望将成为一致的，而后者的实现将成为人们道德上自我肯定的方式"①。社会主义制度的建立，无疑是迄今人类历史上最伟大的社会变革事件。在它的不断改进和完善的过程中，已培养和正在培养着人们的集体主义、团结

---

① ［苏联］季塔连科主编：《马克思主义伦理学》，愚生、重耳译，50页，上海，上海译文出版社，1981。

友爱、扶贫济困、顾全大局，敢于和善于创新进取等道德风尚和内心信念，并且日益突出地把实现个人的社会价值，形成自我发展、自我意识、自尊和有着创新精神的理想人格同社会责任感、义务感紧密联系在一起，从而创造了一种更有利于人的全面发展的、也有利于整个社会进步的社会文化环境。

第三节　道德发展的规律性

道德历史类型的交替变更，展示了人类社会道德的丰富多彩和千姿百态的存在形式。在这种种形态的道德背后，是否存在着一条看不见的，但又能把这些不同类型的道德有机地联系起来，使之呈现出一种规律性运动的主线呢？马克思主义伦理学对这个问题的回答是肯定的。马克思主义伦理学在具体地分析各种历史道德类型的本质特征的同时，运用历史的眼光、经济关系的眼光和阶级的眼光，辩证地考察道德历史类型的交替变更运动，真实地揭示了道德历史发展的规律性。

一、关于社会发展与道德进步的认识

关于社会发展与道德进步关系的探讨，在伦理学史上形成了悲观主义与乐观主义两种理论。乐观主义肯定人的生命价值和道德追求，相信人们经过自己的努力就能够实现自己的价值，抒写有价值的人生，同时也能促进人自身和社会的道德进步。因此，人类道德的前景是光明而美好的。与之相反，悲观主义对人的生命价值和道德追求持否定态度，认为人和人类社会不可能走向真正的进步，只会越来越差，严重的悲观主义常常导向人生观上的虚无主义和厌世主义以及道德观上的退步主义。

16、17 世纪以来，随着科学技术和工业革命的兴起，进步主义和乐观主义逐渐在欧洲思想界占了上风，到 19 世纪末的社会达尔文主义则达到了顶峰。在 17 世纪初，培根显示了一种理智的乐观主义，他指出航海与发现方面的进展，"也可以给科学的更加精通和增长带来巨大的希望"①。吉尔伯特、伽利略、坎培纳拉（Campanella）、布鲁诺、帕斯卡以及其他人都传播了同样的学说。整个 18、19 世纪，乐观主义、进步主义进一步得到发展与传播。当时的哲学家如孔多塞（Condorcet）、斯宾塞（Spencer）与孔德（Comte）等人，均

---

① *De dignitate et augmentis scientiarum*，Book Ⅱ，Chap，Ⅹ（*The Philosopphical Works of Francis Bacon*，p. 437，Ellis and Spedding，London：George Routledge & Sons，1905）.

持有社会历史发展的乐观主义。孔多塞以为人类之枷锁一旦去掉之后，就可有无尽的进步。斯宾塞相信人类适应环境的能力会不断的增进，以致最后可以完全地适应。进化论强调"物竞天择，优胜劣败"，适者生存，把竞争作为历史发展的动力。相信进化论的人，认为历史是在不断进步的，它不会倒退，因此人会变得越来越好。19世纪末的一代人是被理想主义所感召的一代人，他们抱着乐观主义的幻想，以为人类的技术进步必然会使人类的道德得到同样的提高，自己生活的时代"是一个太平的黄金时代"。20世纪美国出现了相信社会不断进步、人能促使社会进步的进步主义思潮。宣扬可以在资本主义的制度框架内完善资本主义，不断推进社会进步。同时，进步主义主张政府干预社会经济生活，制约垄断，管制竞争，通过自上而下的改革重新实现个人自由、机会均等的"美国梦"，达成中产阶级工业社会的民主。现代进步主义宣称，"使尘世上的人类生活更趋完善是人类力所能及的事情"①。乐观主义的道德观和价值观，不但为民族主义的崛起提供了令人向往的前景，而且普遍地导致社会向善论和人类向善论。

与乐观主义有别，悲观主义刻画了一幅人类道德不断堕落的图谱，表现了对人类道德前景的无比忧虑乃至绝望。赫西俄德的《工作与时日》揭示出人类社会一步步由黄金时代到白银时代再到青铜时代的下滑或堕落过程。诗人从潘多拉的故事讲起。无论是普罗米修斯为人类盗取火种，还是宙斯为人类送去第一个女人，可以说，都源于人类的穷匮与欲望——对火的缺乏，对女人的缺乏，对生活的欲望，对性的欲望。然而，普罗米修斯的盗火为人类带来的是文明之光，而潘多拉的降生则为人类带来欲望与不切实际的幻想。从此，人便与神逐渐疏远了：以火为标志的技术文明的出现，使人类的社会关系开始复杂，差异开始出现，而争斗与战争也随之到来了，人在文明的进步中，他们"以五谷为生"，追求创造更高的生活品质，而他们越是追求，就越不自足，越容易产生不正当的欲望，不可避免的逐渐走上一个道德堕落的过程。从黄金时代到白银时代再到青铜时代和黑铁时代，人类的生存状态从无忧无虑到悲伤，生活环境从安全到危险，性格从理性到暴力，一切都指向一个变化：从接近神性到逼近兽性。这是一个人性和道德的下降或堕落的过程，神的快乐、自足、有序到了青铜时代已经变得野蛮、暴力与荒凉般的悲哀。黑铁时代的人类不敬神灵，没有道德习俗，以暴力蛮横为美，以力量衡量正义，毫无羞耻、敬畏之

---

① ［美］希尔斯：《论传统》，傅铿、吕乐译，2～3页，上海，上海人民出版社，2009。

心，堕落更为强烈。卢梭是近代悲观主义的著名代表。在卢梭看来，人类社会的演化过程看似一步步地朝着个体进化的方向前进，而实际上却是一步步地朝着种的衰败和退化方向演变。财产的私有导致竞争与剥削现象的加重，贪婪与自私演绎出一幕幕道德生活的悲剧。叔本华（Schopenhauer）反对莱布尼兹的思想，认为这个世界在根本上是罪恶的，人是生活在痛苦与无聊之间的一个钟摆，不是痛苦即是无聊。20世纪的思想家大多数抛弃了经济决定论的信仰，不再把技术进步和道德完善联系在一起，许多人变成了道德悲观论者。海德格尔对迷信技术进步提出了警告，他指出要把技术作为"最高的危险"来认识，第二次世界大战后疯狂的核军备竞赛为此作了最好的注释。海德格尔要求人们沉思："在技术化的千篇一律的世界文明时代中，是否和如何还能有家园。"无家可归成为世界命运。在这里，人性成为地狱，而且这地狱根本不是通向天堂的必由之路，而是一个永远不可跨越的荒原，一场永远的劫难。

　　介乎乐观主义与悲观主义之间的达观主义既不盲目乐观，也不一味悲观，常常于进步的同时意识到退步，于黑暗的同时看到光明，"善恶并行论"，"善恶俱分进化论"是达观主义于道德进步所持的立场和观点。这种观点认为善在发展，恶也就在发展，它们的对立永远存在。严复在赞美西方的进步，科学的发达的同时，也看到"既如今之欧美，以数百年科学之所得，生民固多所利赖，而以之制作凶器，日精一日，而杀人无穷"。"嗟夫！科学昌明，汽电大兴，而济恶之具亦进，固亦人事之无可如何者耳。"① 这就是他对"进化"在根子上不抱乐观主义的原因，因为善在进化，恶也在进化，进化的结果是善是恶，实在难以说清楚。严复在赞扬西方社会的同时，也指出西方社会许多弊病："欧美之民，其今日贫富之局，盖生民以来所未有也。富者一人所操之金钱，以兆计者，有时至于万亿，而贫者旦暮之饔飧，有不能以自主。"② 他不仅看到西方的贫富差别巨大，还看到西方建立的现代社会已经违背了它的初衷，在现代社会中，自由正在减少，平等和民主也在日趋异化。章太炎从《周易》阴阳对待、共生循环的发展观中，悟出"俱分进化"，即"善也进化，恶也进化"，批判了当时的进化论对进化采取的乐观主义态度。他指出："进化之所以为进化者，非由一方直进，而必由双方并进，专举一方，惟言知识进化可尔。若以道德言，则善亦进化，恶亦进化；若以生计言，则乐亦进化，苦亦进

---

① 严复：《〈庄子〉评语》，见《严复集》第四册，1122页，北京，中华书局，1986。
② 严复：《法意案语》，见《严复集》第四册，986页，北京，中华书局，1986。

化。双方并进，如影之随行，如罔两之逐影，非有他也。"① 而且社会在阶段上也不是一直进化，没有退化。"中国自宋以后，有退化而无进化，善亦愈退，恶亦愈退，此亦可为反比例也。"② 他列举大量例子，说明"是则进化之恶，又甚于未进化也"。

在我国 20 世纪 90 年代发生的"滑坡论"与"爬坡论"之争，也是对当代道德进步和社会发展问题的探讨。当时，不少人根据社会上人际关系趋于疏远淡化、风气堕落、贪污腐败盛行、黑暗势力上升、犯罪现象增多等情况，较多地看到了转型期道德上的失落，他们惊呼"道德滑坡"，甚至认为我国社会道德正在走向"崩溃"。这一"滑坡论"的观点受到另一些人的批评。他们认为，当前的道德失控是社会转型期一种暂时的表面现象，与这些表面的"滑坡"相伴随的，还有深层的道德进步，如人们的道德心理和行为中出现的由"假"向"真"、由"虚"向"实"、由"懒"向"勤"、由"依赖顺从型"向"独立进取型"、由"封闭"向"开放"、由"单一化"向"多元化"发展等变化。从长远来看，这是新的、现代道德文明振兴的开始。"滑坡论"与"爬坡论"之争实际反映出的是不同道德判断标准之间的冲突：用既有的一成不变的道德标准来衡量现实，往往会比较多地看到"失落"的方面；而用社会历史的标准来看待现实，则往往更注重道德与社会进步之间的一致性，看到道德革新的要求和趋势。"滑坡论"与"爬坡论"二者同样以偏概全，都无视平凡沉默的绝大多数，在某种意义上讲都犯有道德绝对主义的错误，存在着道德认识和道德判断的盲区。

二、人类道德发展是一个进步的历史过程

马克思主义持理性的道德进步观，认为"在道德方面也和人类认识的所有其他部门一样，总的说是有过进步的"③。虽然迄今为止没一种道德模式是绝对的永恒的，但人类在道德上的追求和表现，却总是在经历着不断的解放、进步和上升的过程，这个过程和人类社会的发展一样是没有止境的。马克思主义坚持把道德同人的改造世界、同时也改造人自身的实践联系在一起，把道德和人类的全部生活、文明联系在一起，作为一个整体加以现实历史的考察，而不是把它们割裂、孤立起来，用抽象的原则和标准去套，更不是以自己的愿望和

---

① 章太炎：《俱分进化论》，见《章太炎全集》第四册，386 页，北京，中华书局，1985。
② 同上。
③ ［德］恩格斯：《反杜林论》，见《马克思恩格斯文集》第 9 卷，100 页，北京，人民出版社，2009。

想象来代替现实。在历史的进步面前，马克思主义认为，只有有利于社会进步的行为规范，才是合乎道德的。如果一种道德不利于社会的进步，不利于科学和文化的发展，那就只能说明这种道德本身就是不道德的。

道德作为社会的意识形态和上层建筑，最终要受生产力和生产关系矛盾运动的制约，并随着生产方式的变更而发生变更，从而依次相应地形成原始社会的道德、私有制社会的道德（包括奴隶社会的道德、封建社会的道德、资本主义社会的道德）和社会主义社会的道德。人类道德发展的总趋势是进步的，前景是光明的，道德进步具体表现在以下几个方面：

第一，道德对社会解放和个人精神完善产生良好影响的可能性不断增长。道德是促进人类从野蛮走向文明的精神力量之一。每一个新的道德历史类型的出现，都标志着人对自身道德关系的理解逐渐加深和扩大，标志着人的个性进一步解放和人格的逐步完善，也标志着人们的道德意识在逐步地丰富。与原始社会道德意识混沌朦胧状态相比，奴隶社会和封建社会道德成为独立的社会上层建筑和意识形态。由于体力劳动与脑力劳动的分工，使得一部分人专门从事精神活动，因而能够对人们在劳动和社会生活中遵循的行为规范与准则进行思考和概括，用文字和理论的形式表现出来。尽管在阶级社会里，没落的剥削阶级寡廉鲜耻、穷奢极欲，置人伦道德于不顾，但是在一些进步人士和广大被统治阶级那里，向往一种真正的合乎人性的道德，却是一股奔腾不息的洪流。在被统治阶级同统治阶级斗争的历史过程中，道德上的觉醒和抗议不断激励着人们获取自身的解放和精神完善，道德的价值目标和理想成为引领人们生活和追求美好生活的重要力量。

第二，道德作用的范围不断扩大。原始社会，道德只限于狭隘的氏族范围以内，奴隶社会则把奴隶排除在道德生活的大门之外，封建社会造成的宗法等级也剥夺和限制着人们过有意义和属于人的道德生活的权利，资本主义则突破了以上所有的限制，实现了形式上的道德面前人人平等。社会主义则实现了实质上的道德面前人人平等。道德的作用从原始社会狭小的氏族范围解放出来，逐渐成为社会各个阶级实现自身价值、促进社会进一步完善的重要动力和调控手段。随着科学的发展和人们认识的深化，道德的内容也日益丰富，涉及的范围也日益扩大，越来越成为人们掌握世界、指导人生，调整关系、选择行为的特殊手段。如生态伦理学、经济伦理学和网络伦理学、宇宙伦理学的出现，为道德开辟了新的知识领域。

第三，道德的认识论内容不断加深。在道德发展过程中，人们逐渐意识到，不是人为了道德，而是道德为了人，道德从来都是具体的历史的。道德的规范和理想都是在一定历史条件下适合于一定的生活方式而形成的，每个道德体系都是它的经济基础和生活方式的反映，并且为巩固和发展现有的社会秩序服务；每个时代的人们都对具体的道德有自己的理解和实施方式，赋予它具体的含义。任何社会都有自己的道德体系，道德也要随着整个社会、特别是生产方式的发展而发展，没有永恒不变的形态。道德本身包含着人类生活中极其宝贵的经验并成为道德认识的重要来源，它是人类认识自我的重要方式。"道德作为人们在世界上识别社会价值和社会关系的特殊方法，成为越来越有效的、敏感的工具。它作为深入个人评价和内心活动的客观知识，越来越直接地把每个人的生命活动同社会进步趋势联系起来，把先进世界观的人道内容同个人生活的情感领域联结起来。"[①]

第四，道德调节的方法不断完善。原始道德是以超自然力的强制、外部权威和自发形成的传统习惯作为自己的调节方式，奴隶社会、封建社会的道德则是以宗法礼仪和族规禁条的形式调节人们之间的相互关系，资本主义则以利益、金钱的杠杆调节各种关系，到社会主义时期，道德将以主体的自知自觉、自择自为的方式起作用，成为人们自我肯定、自我发展和自我完善的社会形式。道德渗透到社会生活的一切领域，并从一种外在的社会法则日益转化为对社会的一切成员起作用的内心法则。

第五，个人道德意识的结构和功能不断丰富。个人道德意识成为能够积聚心灵感受、希望、意图的最复杂运动的东西，个人道德心理不断丰富发展，人类道德生活的精神性因素不断增长，道德情感日趋生动深刻，道德意志彰显出自身的坚定性和合理性，人们的道德人格和精神境界对现实生活的影响不断加大，道德完善的可能性愈发明显。

总之，历史上历代相传的各代人的共同努力以及先进人士的不懈奋斗，为社会的道德关系和人们的道德生活创造了更加新颖和良好的条件，伦理思想家阐发的道德智慧和道德观念矗起了一盏盏道德生活的航标和明灯。"道德发展的每一个后继阶段都是历史上更高的阶段，因为在每个阶段上都比较成熟地解决了复杂的人的问题，丰富了个人的内心世界。道德进步乃是在创造着历史的人的意识和活动中人道主义原则不断增长的复杂的辩证过程。"[②]

---

① ［苏联］季塔连科主编：《马克思主义伦理学》，愚生、重耳译，87页，上海，上海译文出版社，1981。
② 同上书，89页。

三、道德发展的规律性

关于道德生活的规律性问题，在马克思主义伦理学说产生以前，一些伦理思想家也曾作过一些有益的探索和说明。中世纪的奥古斯丁和阿奎那把人类道德生活的规律归结为从原罪到忏悔到天国报应的规律。德国伦理思想家康德概括出三条道德律令，即普遍必然律、人是目的律和意志自由律。康德把自然律和道德律相提并论，他认为，两种规律一个是从自然律的角度看待人，一个是从道德律的视角看待人。从自然律的角度看人，人是无限宇宙的微粒，渺小到微不足道，自然律把人类居于其中的联系扩展到无限世界之外，同时还扩展到它们的周期性运动及其开始和延续的无穷时间那里。这个世界的无限性景象仿佛取消了人作为一个富有灵气的动物性创造物的重要性，人与世界的联系是偶然的。从道德律的角度看人，人是高居其他生命之上的存在物。道德律肇始于人的不可见的自我以及人格，将自我呈现在一个具有真正和无穷性但仅能为知觉所察觉的世界里。人之行为具备道德性，就是要人类行为占据道德或者说是让道德律占据人类。由于人之行为准则常常要为经验的、偶然的因素所左右，因此，基于准则的行为不必然保证行为的道德性，只有基于道德律的行为，会因着道德律的普遍必然有效性，而必然具备道德性。道德律令对于行为来说，是绝对的命令，完全地按照绝对命令去行为，也就是康德所说的出于责任的行为，才能够说是与道德并行不悖的。行为的道德性要由人类准则之全部占有道德法则来保证，人类准则之转变为法则的能力在于人的纯粹理性，任何经验的、感性的东西都是对这个过程的破坏。康德关于道德律令的探讨有不少积极的认识成果，但是由于其离开社会物质生活条件和人的社会实践活动，仅仅注重道德生活的形式，而忽略了现实道德生活的内容，故不能科学地揭示道德生活的规律性问题。马克思、恩格斯在批判英法唯物主义和德国古典伦理思想家关于道德律思想的基础上，阐明了道德与经济基础的关系、道德的阶级性和历史性、道德的功能与社会作用等一系列伦理道德的理论问题，认为道德是一种由经济关系决定的特殊的上层建筑和社会意识形态，反映了人们在一定经济基础上的利益关系。社会经济关系决定道德的体系及其性质，由一定社会的经济基础所产生的人们之间的利益关系，构成全部社会道德生活的本质。一定社会的经济关系集中表现为人们之间的利益关系，而社会道德生活则正是人们在处理这些利益关系中发生的，因此，利益问题即成为全部道德生活的主题。道德发展的规律性问题实质是道德起源与本质问题的凝结和再现，是道德在诸历史发展类型中不断呈现的带普遍性的现象，是在道德生活中起支配作用的必然现象。

具体来说，人类道德生活的规律性表现在以下几个方面：

(1) 道德进步是一个通过善与恶的矛盾斗争而实现的螺旋式上升过程

人类道德生活的发展和进步是通过善与恶的矛盾斗争而实现的，善恶矛盾是道德生活领域的特殊矛盾。诚如恩格斯所说，善恶"这一对立完全是在道德领域中，也就是在属于人类历史的领域中运动"①。黑格尔认为，善恶是表现在意志中的矛盾统一体，意志在它的概念中既是善的又是恶的。"善与恶是不可分割的，其所以不可分割就在于概念使自己成为对象，而作为对象，它就直接具有差别这种规定。恶的意志希求跟意志的普遍性相对立的东西，而善的意志则是按它的真实概念而行动的。"② 善与恶作为道德生活的两个方面，总是相比较而存在，相斗争而发展的。恶作为自由意志的否定方面使人类偷食禁果，于是恶成为使人类走出自然的动力。同时，人又要走向绝对自由的世界历史阶段，要达到绝对自由的善，必须要借助自由意志的对象化即恶的形式来实现，因此恶是人类历史发展的动力。恩格斯就此评介道："在黑格尔那里，恶是历史发展的动力的表现形式……正是人的恶劣的情欲——贪欲和权势欲成了历史发展的杠杆。"③ 历史的进步固然可以说是广义的"善"，然而历史进步常常又打破了原有的道德准则，破坏了人们心理的平衡，造成了人们的巨大苦痛，甚至牺牲，可以说，这又是"恶"。那么，如何看待历史上的"善"与"恶"呢？马克思曾以封建社会为例进行过分析，他说："封建的生产也有两个对抗的因素，人们称为封建主义的好的方面和坏的方面，可是，却没有想到结果总是坏的方面压倒好的方面。正是坏的方面引起斗争，产生形成历史的运动。"④ 马克思总是把历史与道德、善与恶放到历史的辩证的前进运动中去考察，从而肯定了"恶"在一定的历史条件下所起的积极作用，肯定了历史与道德之间存在着协调促进、自我解决的一面。一般说来，道德本身与历史相比，具有滞后性，并且显得相对稳定。但它毕竟要随着历史的进步而逐渐被取代、完善、升级，历史的进步为它的发展开辟道路，并且在新的历史环境中，新的

① ［德］恩格斯：《反杜林论》，见《马克思恩格斯文集》第9卷，98页，北京，人民出版社，2009。
② ［德］黑格尔：《法哲学原理》，范阳、张启泰译，144页，北京，商务印书馆，1961。
③ ［德］恩格斯：《路德维希·费尔巴哈和德国古典哲学的终结》，见《马克思恩格斯文集》第4卷，291页，北京，人民出版社，2009。
④ ［德］马克思：《哲学的贫困》，见《马克思恩格斯文集》第1卷，613页，北京，人民出版社，2009。

道德又反过来促进历史的进步。在阶级社会中，道德的进步常常是片面的曲折的，在道德的进步之中，包含了道德的堕落。阶级社会中道德进步与堕落交互错综的情况说明道德进步是一个通过善和恶的矛盾斗争而实现的螺旋式上升过程，道德发展的总趋势是不断进步的，但发展途径却是曲折迂回的。

（2）道德进步是一个中断性与连续性、变革与继承相统一的辩证过程

人类道德随着经济发展而发展，而且是越来越趋向进步。但是，这种前进和发展却不是平稳直线上升的，而是在善恶正邪的矛盾斗争中，沿着曲折的道路前进的。马克思说："进步这个概念决不能在通常的抽象意义上去理解。"特别是进入阶级社会以后，由于各阶级本身发展的复杂性以及阶级斗争的影响，这种曲折前进的过程更为明显，历史上剥削阶级道德发展的曲折性。从历史上各种类型的剥削阶级道德来说，它们各自的产生、发展和最后泯灭，都是历史发展的必然结果。但其过程却是曲折的。当剥削阶级处于革命上升时期，作为新的生产关系的代表者，他们的利益同其他非统治阶级的共同利益还有比较多的联系，因而能够对先前的剥削阶级道德的腐朽方面进行批判和否定，同时，能适应新的生产关系和社会关系提出新的道德原则和规范，从而表现出积极向上的进取精神和道德风貌。同时，每一时代的道德文化，都是在继承前人优良道德传统的基础上，结合时代的需要发展出来的。人类历史发展的阶段性和连续性决定了道德文化的批判继承性。道德的发展是一个变革与继承相统一的辩证过程。每个时代的道德文化总是根据自己时代的需要对过去的道德文化予以批判性的审视，吸收其中合理的因素和精华，抛弃其中落后的因素和糟粕。人类道德的发展是合乎历史规律的产物，是在继承和弘扬优良道德传统的基础上形成和发展的。任何一个民族的道德进步总是在对自己的传统道德资源进行批判继承的基础上前进的。新的道德不是对旧有道德的简单继承，而是在变革中予以继承，在继承中予以创造性的发展。

（3）在阶级社会中，劳动人民和其他先进阶级反对腐朽势力的斗争是道德进步的动力，劳动人民道德是道德进步的主流

人类进入阶级社会之后，统一的道德便分裂为阶级对立的道德，道德的发展受到阶级斗争的强烈影响和制约，以至于离开了阶级和阶级斗争便无法理解道德的发展。社会革命是阶级斗争的最高形式，革命是推动历史前进的动力，也是道德发展的动力。统治阶级道德在它的上升时期可能表现相对的进步性，但到了没落时期进步性就丧失殆尽。道德堕落是一切剥削阶级在其衰落时期的特点。劳动人民正是在反对剥削阶级的残酷剥削和压迫的斗争中，形成和发展起了自己团结互助、英勇奋斗、前赴后继等优秀的道德品质，并一代一代地相

继流传下来，成为人类道德发展的主流。劳动人民每一次反对腐朽势力的斗争"带来的道德上和精神上的巨大跃进"①。不管在剥削阶级那里道德如何堕落，在劳动人民那里总是可以发现真正高尚和纯洁的道德。从原始社会的部落氏族道德开始，及随后相继出现的奴隶、农民和无产者等劳动者阶级的道德，在总体上始终保持着进步的趋势。他们总是追求着比现状更高尚的道德，并根据当时历史条件为他们提供的视野，力图去建立某种高尚的道德。他们对于前辈劳动者的道德，总是依当时的客观可能性，尽量保持和发扬其积极因素，克服其消极因素。他们对于同时代剥削阶级道德中的积极因素，总是或多或少地加以利用，或者经过改造而加以吸收；而对于剥削阶级道德中的消极、腐朽方面，则自发地予以抵制和谴责。甚至从根本上说来，剥削阶级道德中所包含的积极因素及其所能表现出来的进步倾向，也是由于广大劳动者的斗争带来的和促成的。

（4）道德进步受其他社会因素的影响和制约

恩格斯 1890 年在《致布洛赫》的信中对将马克思主义唯物史观简单地归结为经济因素决定论的观点进行了澄清，指出"对历史斗争的进程发生影响并且在许多情况下主要是决定着这一斗争的形式的，还有上层建筑的各种因素：阶级斗争的各种政治形式及其成果——由胜利了的阶级在获胜以后确立的宪法等等，各种法的形式以及所有这些实际斗争在参加者头脑中的反映，政治的、法律的和哲学的理论，宗教的观点以及它们向教义体系的进一步发展。这里表现出这一切因素间的相互作用"②。在恩格斯看来，人类历史的发展与进步，包括道德的进步是诸种因素合力作用的结果。每一个人的意志因素在社会发展中不是孤立地、单独地直接对社会发生作用，而是与其他意志相互作用、相互渗透，从而作为一个不依靠于人的意志为转移的总体的"意志合力"对社会发生综合的影响；包含"意志合力"在内的"总合力"的情况也类似，经济因素、政治因素和文化因素作为社会发展中的动力因素，也不是孤立地、单独地对社会发展发挥作用，而是融合为一个"总合力"从而推动社会发展。经济因素在社会发展中的作用是决定性的，但这是在"归根到底"的意义上说的。政治、法律对道德亦具有很大的影响，宗教、艺术、文化教育、科学技术等都对

① ［德］恩格斯：《反杜林论》，见《马克思恩格斯文集》第 9 卷，192 页，北京，人民出版社，2009。
② ［德］恩格斯：《致布洛赫》（1890 年 9 月 21 日），见《马克思恩格斯文集》第 10 卷，591 页，北京，人民出版社，2009。

道德的发展与进步均有一定的作用。就政治对道德的影响而言，它不仅可以为道德提供制度性的支持和保障，而且还直接影响社会的道德风气和个人的道德品质。理性的政治秩序可以营造良好的道德环境，政治的运作和实践常常对人们的道德品质发生深刻的影响。解决社会的道德问题，需要动员社会的政治资源和政治优势。离开了政治制度的支持和政治资源的调动，仅就道德而谈道德建设往往只能陷入软弱无能的状态。其他如法律、文艺、宗教对道德的进步与发展也有着独特的作用与影响。由于艺术具有生动、感人的形象和特殊的魅力，因此，它对道德观念的评价和道德行为的选择都具有很大的影响。一部优秀的艺术作品，可以提高人们的道德水平和精神境界。孔子说："诗可以兴，可以观，可以群，可以怨，迩之事父，远之事君。"[①] 认为《诗经》可以激励人们的志气理想，可以提高人们知人论世的能力，可以培养人们合群或与人相处的本领，可以抒发人们内心的不平或怨恨，以至于近可以有助于孝敬父亲，远可以侍奉君主。由此可见，道德进步是社会合力作用的结果。

【思考与练习】

1. 试述马克思主义关于道德起源的基本观点。
2. 如何评价资产阶级道德？
3. 为什么说人类道德是不断发展进步的？道德进步表现何在？
4. 道德进步的规律性有哪些？
5. 谈谈你对道德进步的看法。

---

① 《论语·阳货》，见《四书五经》，38页，北京，中华书局，2009。

第五章 社会主义道德的核心和原则

社会主义道德是人类历史上崭新的道德类型，是在社会主义经济基础上产生并为社会主义经济关系和政治、文化服务的既具有高度先进性又具有相当广泛性的无产阶级和广大劳动人民的道德类型。社会主义道德的核心是为人民服务，基本原则是集体主义，其他原则还有人道主义、公平正义和诚实守信等。道德原则既是道德生活的内在要求和道德生活有序运行的保障，又约束、规范着道德生活的性质并激励引领着道德生活的向前发展。作为道德生活的表现和确证，道德原则反映着道德生活的本质和发展趋势。道德生活的多元、多向度和多层面以及丰富多彩的特质，决定了道德原则必定不是单一的，它应该是一个多种原则相互补充相互作用并不断发展和完善的体系，体现着开放、包容和共同发展的特色。

第一节 为人民服务是社会主义道德的核心

毛泽东指出："为什么人的问题，是一个根本的问题，原则的问题。"① 道德的核心就是为谁服务的问题。不同类型的道德，其核心也就不同。一切剥削阶级的道德都是为维护剥削制度、维护少数剥削者的根本利益服务的，因此，其道德建设的核心就只能是为个人谋私利；而社会主义道德是反映最广大人民群众根本利益的道德，是为维护广大人民群众根本利益服务的伦理体系，社会主义道德的本质决定了社会主义道德建设必须以为人民服务为核心。

一、为人民服务的提出与发展

社会主义道德以为人民服务为核心，这是一个科学的概念，是对社会主义道德本质和特征的一种深刻认识。

为人民服务不是现在才提出来的，它产生于新民主主义革命时期。当时是作为政党伦理提出来的，主要是对共产党人提出的要求，是处理党和人民群众关系的根本准则。1944 年 9 月 5 日，中共中央警卫团的一名叫张思德的战士在陕北安塞山中烧炭时，因炭窑崩塌而不幸牺牲。9 月 8 日，中央直属机关专

---

① 毛泽东：《在延安文艺座谈会上的讲话》，见《毛泽东选集》第 3 卷，857 页，北京，人民出版社，1991。

门为纪念张思德召开了追悼会，毛泽东在追悼会上作了演讲，这就是著名的《为人民服务》。毛泽东说："我们这个队伍完全是为着解放人民的，是彻底地为人民的利益工作的"，"为人民利益而死，就比泰山还重；替法西斯卖力，替剥削人民和压迫人民的人去死，就比鸿毛还轻"，"因为我们是为人民服务的，所以，我们如果有缺点，就不怕别人批评指出。不管是什么人，谁向我们指出都行。只要你说得对，我们就改正。你说的办法对人民有好处，我们就照你的办"①。新中国成立以后，为人民服务仍然主要是对共产党各级组织及党员干部的要求，人们对它的理解也主要是从党的宗旨这个角度来认识的。

改革开放以来，邓小平、江泽民、胡锦涛继承并发展了毛泽东提出的为人民服务思想。邓小平指出："中国共产党的含意或任务，如果用概括的语言来说，只有两句话：全心全意为人民服务，一切以人民利益作为每一个党员的最高准绳。"② 江泽民指出："社会主义道德建设最重要的是要抓住为人民服务这个核心，在全社会坚持倡导为人民服务的精神。"③ 又说："建设有中国特色社会主义全部工作的出发点和落脚点，就是全心全意为人民谋利益。"④ 胡锦涛指出："相信谁、依靠谁、为了谁，是否始终站在最广大人民的立场上，是区分唯物史观和唯心史观的分水岭，也是判断马克思主义政党的试金石。"全心全意为人民服务既是我们党的政治优势，也是我们推进中国特色社会主义现代化建设的精神保障和内在动力。坚持立党为公、执政为民同为人民服务是高度一致的。"要坚持权为民所用、情为民所系、利为民所谋，为群众诚心诚意办实事，尽心竭力解难事，坚持不懈做好事"⑤，维护好、发展好、实现好人民群众的根本利益。

党的十四届六中全会以来，把为人民服务作为全社会普遍推行的道德规范，并且提到了社会主义道德核心的高度，这对于贯彻依法治国和以德治国紧

---

① 毛泽东：《为人民服务》，见《毛泽东选集》第 3 卷，1004～1005 页，北京，人民出版社，1991。

② 邓小平：《马列主义要与中国的实际情况相结合》，见《邓小平文选》第 1 卷，257 页，北京，人民出版社，1994。

③ 江泽民：《努力开创社会主义精神文明建设的新局面》，见《江泽民文选》第 1 卷，579～580 页，北京，人民出版社，2006。

④ 江泽民：《高举邓小平理论伟大旗帜，把建设有中国特色社会主义事业全面推向二十一世纪》，见《江泽民文选》第 2 卷，45 页，北京，人民出版社，2006。

⑤ 胡锦涛：《在"三个代表"重要思想理论研讨会上的讲话》，见《十六大以来重要文献选编》（上），369～371 页，北京，中央文献出版社，2005。

密结合的治国方略显然具有重要的理论意义和实践意义。为人民服务是社会主义道德建设的核心，是社会主义道德建设的出发点和落脚点，社会主义道德建设的一切活动，都要以最大多数人民的根本利益为最终目的。

二、为人民服务之为社会主义道德核心的内在依据

从事物的规定性来看，核心就是一个事物赖以存在的依据，是一事物区别于其他事物的本质特征。相对于中心来说，核心可以说是中心的中心。正是在这一意义上，我们可以说，为人民服务是社会主义道德区别于其他道德的本质的体现。社会主义道德建设，必须紧紧掌握住为人民服务这一核心。为人民服务既是我们党的宗旨，是共产党人和一切先进分子的人生观和价值观，也是社会主义道德的核心，是广大人民群众必须而且应该培育的核心伦理观念。把为人民服务确立为社会主义道德建设的核心，是对马克思主义道德理论在新时期的一个新发展。

首先，从其产生的社会基础看，为人民服务反映了社会主义制度的根本要求。社会主义经济是以公有制为主体的经济，社会主义的政治制度是人民当家做主的人民民主专政制度，这就决定了社会主义的人际关系是一种团结友爱、共同进步的新型人际关系，社会主义的道德核心是为人民服务，为最广大人民群众谋利益。在社会主义社会，每一个人都在为他人服务，同时又接受着别人的服务，形成"人人为我，我为人人"的服务关系，社会主义制度不仅使为人民服务成为全社会道德核心具有现实基础，而且也是社会主义市场经济发展的必然要求。

其次，从其在道德体系中的地位来看，为人民服务贯穿于社会主义道德体系的各个方面，是社会主义各种道德要求的集中反映。社会主义集体主义、人道主义原则以及爱祖国、爱人民等规范，无不体现着为人民服务的要求。社会主义社会公德、职业道德和家庭美德建设也必须践行为人民服务的伦理要求，尤其像服务群众、奉献社会以及尊老爱幼等具体规范，莫不是为人民服务精神的贯彻落实和生动表现，彰显着为人民服务伦理精神的意蕴。为人民服务也体现在社会主义义利观、良心观、善恶观、荣辱观和幸福观中，构成社会主义道德观的根本。

最后，从道德实践角度来看，为人民服务是社会主义道德实践的主要价值取向。为人民服务是无产阶级革命者高尚道德的重要表现。一切道德实践活动，包括道德行为选择、道德品质培育、个体道德修养以及社会道德教育、道德评价，都必须坚持为人民服务的立场、观点和精神，才能真正有所成效，才能显示出道德性和高尚性。以为人民服务作为人生目的，是一种先进的人生观

和价值观。树立全心全意为人民服务的人生理想，锻铸全心全意为人民服务的道德人格，是培养社会主义新人的必由之路。

为人民服务是社会主义道德建设的核心，是社会主义道德区别和优越于其他社会形态道德的显著标志。是社会主义道德建设的出发点和落脚点，社会主义道德建设的一切活动，都要以最大多数人民的根本利益为最终目的。为人民服务作为社会主义道德的核心，不仅是对共产党员和领导干部的要求，而且是对广大人民群众的要求。每个公民不论职位高低、能力大小，都必须而且应该在不同岗位、不同层次，通过不同形式做到为人民服务，以此来弘扬和推进社会主义道德。

三、为人民服务的内容与层次

"为人民服务"，是一个含义完整、内在结构严密的道德范畴，它是"为人民"的思想动机和"服务"的实际行动的统一。"为人民"说的是思想动机即行动的出发点和目标。毛泽东在《论联合政府》中指出："全心全意地为人民服务，一刻也不脱离群众；一切从人民的利益出发，而不是从个人或小集团的利益出发。"他在这里说的就是"为人民"。"服务"说的是实际行动，它是为人民服务的核心和关键。在为人民服务的问题上，仅有"为人民"的良好愿望和明确的目标是不够的，还必须同时要有实际的行动。一个人的"服务"，就是以实际行动履行对于他人的特殊的道德义务和责任。为人民服务，就是要从人民的利益出发，做好人民要求做好的事情。从这点看，作为社会主义道德的集中表现和道德建设的核心要求，为人民服务思想也是无产阶级和广大劳动人民的人生观和价值观，与我们党一贯倡导的群众观念和群众路线是完全一致的。

为人民服务是中国共产党的宗旨，是中国共产党一贯倡导的世界观、人生观和价值观，也是社会主义道德的核心要求和广大人民群众应当遵循的核心道德信念。

在社会主义现代化建设时期，为人民服务的内容主要有以下几个方面：

为人民服务首先要热爱人民群众。人民是一个政治概念，也是一个历史范畴。在民主革命时期，毛泽东同志曾说，"人民是什么？在中国，在现阶段，是工人阶级、农民阶级、城市小资产阶级和民族资产阶级"。在改革开放的新形势下，人民应当包括一切拥护四项基本原则、拥护改革开放的广大群众。一切参加、支持和拥护社会主义现代化建设的阶级、阶层和社会集团都属于人民。为人民服务首先就要热爱服务的对象，也就是热爱人民群众。如果对人民不热爱，就不可能为人民服务。要热爱人民群众，就要深入人民群众之中，了解人民群众，认识人民群众；站在人民群众的立场上，与人民群众建立深厚的感情；密切联系群众，倾听人民群众的呼声，尊重人民群众的积极性和首创精神。

为人民服务的关键是为人民群众谋利益。人民群众的利益是多方面的。在政治上，为人民服务就要维护和保障人民群众的民主权利。在我国社会主义社会的今天，人民是社会的主人，为人民服务就要以人民为主人，自觉地维护人们的民主权利。有效地保障人民的民主权利的行使。在经济上，为人民服务就要努力帮助人民群众摆脱贫困，实现共同富裕。要关心人民群众的疾苦，努力使人民群众摆脱贫困，为人民群众创造更多的物质财富，帮助人民群众提高物质生活水平。在精神文化上，为人民服务就要关心人民群众的精神文化需要，努力为人民群众创造学习和提高的机会和条件，帮助人民群众提高思想道德素质和科学文化水平。

为人民服务就要保护人民群众利益，同损害群众利益的行为作斗争。为人民服务不仅要为人民群众谋利益，而且还要维护人民群众的利益。一方面，当个人利益与人民的利益发生矛盾的时候，要做到个人利益服从人民的利益；另一方面，当人民的利益受到危害的时候，要出于公心，挺身而出，同一切危害人民利益的行为作坚决的斗争。

为人民服务充分体现了社会主义道德的实质。社会主义道德是一种全新的道德，它扬弃了社会主义之前道德的种种弊病，强调目的与手段、权利与义务的统一。在社会主义社会里，人既是目的，又是手段；人既是权利和义务的主体，又是权利和义务的客体，人人都是服务对象，人人又都为他人服务。在这个意义上说，社会主义道德的实质就是平等互助。为人民服务作为社会主义社会的伦理原则，它的基本含义就是全社会成员的"自我服务""我为人人，人人为我"。

为人民服务既平凡又伟大，既高尚又普通，并非高不可攀，可以通过不同层次、不同形式表现出来。在社会主义现代化建设的新时期，根据我国经济生活和思想道德情况的现实，为人民服务可以分为三个层次。

最高层次是无私奉献的为人民服务，亦即全心全意为人民服务。这种为人民服务把人民利益看得高于一切，主张为了人民利益不惜牺牲自己的一切包括生命。这一层次的为人民服务，是一切共产党员、社会先进分子应当努力达到的。

较高层次是先公后私的为人民服务。这种层次的为人民服务坚持认为人民的利益高于个人利益，主张在尊重人民利益的前提下，争取和获得正当的个人利益；如果人民利益和个人利益发生矛盾，能够自觉地做到使个人利益服从于人民的利益。这一层次的为人民服务，是工人、农民和知识分子应当努力达到的。

一般层次是公私兼顾的为人民服务。这种层次的为人民服务实质上就是"我为人人，人人为我"，是相互服务，主张在为人民服务中实现个人利益，在为他人服务的过程中，获得正当的个人利益。这一层次的为人民服务，是其他一切劳动者、爱国者应当努力做到的。

在人们的社会实践中，为人民服务既有最高层次，又有较低要求。"毫不利己、专门利人"，是为人民服务；"无私奉献、舍己为人"，是为人民服务；顾全大局、先公后私，是为人民服务；关心他人、爱护他人并给他人以力所能及的帮助，是为人民服务；爱岗敬业、办事公道，努力做好本职工作，是为人民服务；遵纪守法、诚实劳动，获取正当利益，同样是为人民服务。在为人民服务的思想中，既有先进性的要求，又有群众性的要求。划分为人民服务的层次，就把为人民服务由社会主义道德的集中表现，具体化为可以操作的行为规则，有利于人们沿着社会主义道德的阶梯，循序渐进的向上攀登。

第二节　集体主义是社会主义道德的基本原则

社会主义道德以为人民服务为核心，也必然要以集体主义为基本原则，因为社会主义时期的人民群众大量地通过结成"真实的集体"而活动，人民群众的根本利益与集体利益有着密切的联系和一致性，人民群众的个人利益与整体利益表现为个人利益与集体利益的关系，维护人民群众的整体利益与坚持集体利益的优先性二者实质相同，而且相辅相成。同时社会主义集体主义还能以自身特有的规定性和功能深化和推动为人民服务，促进社会主义道德体系的发展和完善。集体主义以其深刻反映了社会主义社会的根本利益关系，和主张实现集体利益与个人利益辩证结合的理论特质，成为社会主义道德体系的基本原则。

一、集体主义原则的由来与发展

马克思主义经典作家没有用专门的集体主义这一术语表述自己的思想体系，但马克思主义却有明确的集体主义思想。马克思和恩格斯在《神圣家族》中说："既然正确理解的利益是全部道德的原则，那就必须使人们的私人利益符合于人类的利益。"[1] 这是集体主义含义的最早表达。在《德意志意识形态》中，马克思、恩格斯区分了真实的集体与虚假的集体，认为历史上各种占统治地位的剥削阶级集体都是一种虚假的集体。真实的集体是相对于虚幻的集体而言的，它从根本上消除了个人利益与社会公共利益的对抗性，把社会普遍利益

---

① ［德］马克思、恩格斯：《神圣家族》，见《马克思恩格斯文集》第 1 卷，335 页，北京，人民出版社，2009。

与个人利益真实地统一于自身。真实的集体就是一种人的"自由联合体"。这种"自由联合体"是人们在克服了受偶然性支配的障碍之后，必然地、自由地选择的一种联合形式。这一思想，体现了社会集体对于个人的道德权威，也揭示了个人对于社会集体的道德责任，是集体主义内涵和特质的深刻论述。

列宁在谈到集体主义的思想的时候，曾这样说过："我们将双手不停地工作几年以至几十年，我们要努力消灭'人人为自己，上帝为大家'这个可诅咒的常规，——我们要努力把'人人为我，我为人人'，——的原则灌输到群众的思想中去，变成他们的习惯，变成他们的生活常规。"① 第一次明确提出"集体主义"这一概念的人是斯大林。他开始把集体主义作为一种思想体系和道德规范与西方学者将集体主义看做一种组织和社会体系的看法区别开来，指出集体主义是共产主义的伦理原则。1934年，他在同英国作家威尔斯谈话中对集体主义作了这样的阐述："个人和集体之间、个人利益和集体利益之间没有而且也不应当有不可调和的对立。不应当有这种对立，是因为集体主义、社会主义并不否认个人利益，而是把个人利益和集体利益结合起来。社会主义是不能撇开个人利益的。只有社会主义社会才能给这种个人利益以最充分的满足。此外，社会主义社会是保护个人利益的唯一可靠的保证。"② 斯大林这一段话强调社会主义公有制消除了个人利益与社会利益的对立，实现了二者的统一，这是人类历史进步的表现和结果，同时肯定地指出社会主义不能撇开个人利益，而且只有社会主义社会才能给予这种个人利益以最充分的满足，个人利益的唯一可靠的保证是社会主义社会，即个人只有通过社会主义社会才能获得个人利益。

毛泽东在总结我国新民主主义革命和社会主义革命与建设的实践经验的基础上，对斯大林所论述的集体主义原则又作了更加明确和具体的发挥。毛泽东指出，要反对自私自利主义的自发倾向，提倡以集体利益和个人利益相结合的原则为一切言论行动的标准的社会主义精神，必须兼顾国家利益、集体利益和个人利益三个方面，并使其有机地结合起来。在毛泽东看来，集体主义是同利己主义相对立的道德原则，集体主义所要反对的是利己主义而不是正当的个人利益，正当的个人利益恰恰是集体主义所要保护的，并构成集体主义的主要内容。社会主义的集体主义既要反对自私自利的个人主义倾向，反对把个人利益

---

① ［苏联］列宁：《从莫斯科—喀山铁路的第一次星期六义务劳动到五一节全俄星期六义务劳动》，见《列宁全集》第31卷，104页，北京，人民出版社，1985。

② ［苏联］斯大林：《和英国作家赫·乔·威尔斯的谈话》，见《斯大林选集》下卷，354~355页，北京，人民出版社，1979。

看得高于一切或凌驾于集体利益之上的种种错误思想和行为，又要反对不关心个人利益，把个人利益置之度外的抽象道义论。他说，我们历来提倡艰苦奋斗，反对把个人物质利益看得高于一切，同时，我们也历来提倡关心群众生活，反对不关心群众痛痒的官僚主义。毛泽东特别批评了那种把个人与集体对立起来，以为限制了个体就强化了集体，发展个体就会削弱集体的错误观点，认为个人与集体是相互补充、相互促进的。对于个人利益和集体利益"都必须兼顾，不能只顾一头，无论只顾那一头，都是不利于社会主义，不利于无产阶级专政的"①。在大力发展国家和集体利益的过程中，要更多地注意解决人民群众在劳动和生活中的迫切问题，使之逐步有所改进。

改革开放以来，邓小平、江泽民、胡锦涛等中国马克思主义者继承并发展了毛泽东的集体主义思想，强调社会主义道德建设必须坚持集体主义道德原则，弘扬集体主义精神，促进个人利益与社会公共利益的健康和谐发展。

二、集体主义原则的科学内涵

集体是一种不同于群体的客观存在，它是在充分重视和尊重个人的差异性和独立性的基础上，根据共同的利益，按照一定的组织原则而自觉组成的维护社会存在发展的社会关系体。集体主义既与漠视个人正当利益和需要的封建整体主义有着根本的区别，也与资产阶级所鼓吹的个人主义和利己主义有着实质的不同。所谓"整体主义"，就是指在私有制基础上产生的坚持整体利益至上性、无视个人利益、在二者矛盾时强调牺牲个人利益服从整体利益的思想体系，其中封建整体主义最具代表性。它所谓"整体利益"实质上是不代表劳动人民个人利益而且常常是以排斥劳动人民个人利益借以满足封建统治阶级需要的整体利益，因此是统治阶级的利己主义。资产阶级利己主义是资产阶级道德的根本原则，其基本趋向是强调个人利益的优先性和首要性，认为共同利益不过是个人利益的总和或相加，共同利益不过是促进和保护个人利益的工具和手段，只有个人利益才是至高无上和具有真正道德意义的。集体主义是对整体主义和利己主义进行双重超越和批判，而后形成的无产阶级道德和社会主义道德的基本原则。

作为一种处理个人与社会关系的伦理原则，集体主义意味着集体必须是真实的，即不是与每个个人相对立的，而个人应当是独立的同时又是有社会责任的，处理二者之间的关系的价值取向应当是互为目的和双向还原，而非片面强

---

① 毛泽东：《论十大关系》，见《毛泽东文集》第7卷，30～31页，北京，人民出版社，1999。

调一极。基于此种认识，我们可以将集体主义界定为一种立足于个人利益与集体利益相互统一基础上既肯定个人利益的合理性，又强调集体利益的优先性，在二者发生矛盾情境下主张个人利益服从集体利益的道德原则。集体主义道德原则包含三个互相联系、相辅相成的基本方面，这就是：集体利益与个人利益的统一；集体利益高于个人利益；重视和保障个人利益。

第一，集体主义原则强调集体利益与个人利益根本上的统一，二者相辅相成、辩证发展。从总体上讲，个人利益和集体利益是统一的，这是集体主义原则的科学性的依据。它"既不拿利己主义来反对自我牺牲，也不拿自我牺牲来反对利己主义"①，理论上也不接受这种对立，实践上总是创造条件来消除这种对立。在社会主义社会，人民群众是国家的主人，国家利益、集体利益代表了人民群众的长远的根本的利益；每个劳动者在为国家、集体利益奋斗时，实质上就是在为自己的长远利益、根本利益奋斗；他在为国家、集体利益作出贡献的同时，个人利益也获得了应有的保障和实现。邓小平指出："在社会主义制度之下，归根结底，个人利益和集体利益是统一的，局部利益和整体利益是统一的，暂时利益和长远利益是统一的。我们必须按照统筹兼顾的原则来调节各种利益的相互关系。如果相反，违反集体利益而追求个人利益，违反整体利益而追求局部利益，违反长远利益而追求暂时利益，那末，结果势必两头都受损失。"② 社会集体利益并不是无数个人利益的简单相加，而是二者的有机统一。集体利益与个人利益之间存在着这样三重关系：首先，它们是整体与部分的关系。其次，它们是长远与眼前的关系。再次，它们是"源"与"流"的关系。因此，应当使集体利益与个人利益统一起来。在科学的意义上，社会主义集体主义的基本精神是强调个人与社会集体之间在利益关系上的根本一致性，强调在一般情况下要努力使个人利益与社会集体利益结合起来，得到共同发展。这是集体主义的常态要求。

第二，集体主义原则主张集体利益高于个人利益，提倡在集体利益与个人利益发生矛盾的情况下，个人要顾全大局，要把集体利益放在首位，必要时为了集体利益、他人利益而放弃个人的利益。当个人利益与社会集体利益发生矛盾而又暂时不得解决的情况下，它为了维护大多数人的利益，为了社会和集体的发

① ［德］马克思、恩格斯：《德意志意识形态》，见《马克思恩格斯全集》第3卷，275页，北京，人民出版社，1960。
② 邓小平：《坚持四项基本原则》，见《邓小平文选》第2卷，175～176页，北京，人民出版社，1994。

展，要求个人服从社会和集体的需要。社会主义的集体主义强调个人利益要在国家、社会利益的发展中得到实现。个人利益的实现，不能损害国家、集体和他人的利益。集体利益高于个人利益，在集体利益与个人利益发生矛盾时，个人要顾全大局，以集体利益为重，在必要的情况下，个人应当为集体利益而放弃个人利益，甚至为集体利益而献身。江泽民指出，我们搞社会主义市场经济，当然要讲效益和盈利，重视个人利益。但我们更要在集体主义原则的指导下实现全体人民的共同富裕。"我们重视个人的利益，同时必须通过宣传教育，让群众尤其是青年懂得个人利益必须服从集体利益、国家利益的道理。自古以来，就有'淡泊明志'的警言，不能把个人利益、个人价值看得太重了，看得高于一切，共产党员和各级干部尤其要注意这一点，要经得起金钱、权力、美色的考验。如果一个民族、一个国家，人们只讲个人利益、个人奋斗，而不讲国家利益、社会贡献，那末，这样的民族和国家就不能自立于世界民族之林。"[①] 我们的党和人民，决不允许那种损人利己、唯利是图、金钱至上、尔虞我诈等错误思想在社会生活中泛滥，决不允许给各种腐朽思想提供阵地。

第三，社会主义集体主义在强调集体利益高于个人利益的同时，强调集体必须尽力保障个人正当利益得到满足，促进个人价值的实现，并力求使个人的个性得到自由全面的发展。邓小平指出："我们提倡按劳分配，承认物质利益，是要为全体人民的物质利益奋斗。每个人都应该有他一定的物质利益。"[②] 正当的个人利益的实现要求满足这样两个条件：一是个人在实现自身利益时不损人利己，不损公肥私，通过合理、合法、合情的途径去谋取个人利益；二是个人应该主动地承担各种社会责任，履行自己应该履行的对集体和他人的义务。重视个人的正当利益，维护个人的尊严和价值，并使每个人的个性能够充分发展，是集体主义的一个重要方面。邓小平认为，当个人利益与集体、国家利益发生矛盾时，不仅要讲服从，还要讲兼顾，要按照统筹兼顾的原则来调节各种利益的相互关系，使出让利益的一方损失减小到最低限度，保证个人利益随集体、国家利益的增长而增长，切不可把服从当作一种无限制的盲目行为，不能使个人利益因服从集体利益和国家利益而受到严重或不必要的损害。

集体主义是解决社会利益和个人利益关系的科学原则。集体主义彻底否定

---

① 江泽民：《宣传思想战线是我们党的一条极其重要的战线》，见《江泽民论有中国特色社会主义》（专题摘编），403 页，北京，中央文献出版社，2002。

② 邓小平：《党和国家领导制度的改革》，见《邓小平文选》第 2 卷，337 页，北京，人民出版社，1994。

了资产阶级极端个人主义的道德原则，但它又保留了个人主义原则中具有合理性的历史内容。集体主义原则的确立具有极大的道德进步性和价值合理性，它既是达到社会整合的价值动力，又是实现人的价值的道义保证。集体主义之所以是实现社会整合的内在根据，在于它是功利与超功利的统一，关注个人利益与关注集体利益的统一，人作为目的与作为手段的统一。集体主义之所以是实现人的价值的道义保证，在于它不仅指明了人的价值实现的方向，而且确定了实现人的价值的途径，保证了人的自我价值与社会价值的统一。不仅如此，集体主义还是促进人自由全面发展的根本条件。集体主义道德原则使人的价值尊严、个性发展和自由、平等第一次被奠定在真实而现实的基础上。集体主义并不排斥正当的个人利益，而是肯定正当的个人利益。集体主义不但不否定个人利益，相反的，它正是为了使个人利益在真正平等自由基础上的满足，促使人向着自由和全面发展的方向迈进。

三、坚持集体主义，批判利己主义与个人主义

利己主义（egoism）是与利他主义（altruism）直接对立的思想理论主张和资产阶级实际奉行的道德原则，是一种以自我为中心，以个人利益作为思想行为的出发点和最终目的的道德原则和道德学说。利己主义一词，源于拉丁语"ego"，意为自我，本质上是私有制社会的产物。

作为私有观念和维护个人利益的理论主张，利己主义在奴隶社会和封建社会就已出现了它的古典形态。如在中国古代，先秦时期的杨朱提出"贵生""重己""拔一毛利天下而不为"的命题；在古希腊，德谟克利特和伊壁鸠鲁认为人是天生的利己主义者，并主张人的一切德行都应该以此为根据，这些观点可以视为是古典的利己主义。到了资本主义社会，利己主义成为资产阶级人生观和道德观的核心和实际奉行的道德原则。资产阶级在早期反封建斗争中，竭力鼓吹个人利益、个人幸福、个人快乐的天然合理性。为了实现资本的原始积累，他们颂扬赤裸裸的利己主义，以野蛮的、残忍的、卑鄙的手段巧取豪夺，聚敛财富，贪得无厌，损人利己，把个人私利凌驾于他人利益、社会利益之上，使"人对人像狼一样"。在资产阶级初步取得统治地位以后，为了防止极端利己主义所造成的社会分裂、仇杀、憎恨、动乱现象，爱尔维修、康德、费尔巴哈等人对早期赤裸裸的公开的利己主义理论作出了修正、补充和发展，提出了"合理利己主义"。所谓"合理利己主义"，是指人有追求享受的天性，但酗酒头痛，纵欲伤身，过度享乐会给人造成不幸和悲剧，所以，应当以是否对自己身体健康有利为限度，对享乐应进行合理的自我节制，同时为了自己的幸福也必须关心别人的幸福。合理利己主义在强调个人利益的必然性、合理性和

至上性的同时，提倡人们注意处理个人与他人、个人与社会的利益关系，这无疑蕴含着一定程度的合理因素。但从本质上看，它是为资产者的利己活动作"合理"论证的。当资本主义进入相对稳定时期以后，资产阶级利己主义又表现为功利主义的利己主义。边沁认为，只有一个人一个人的个别的利益，没有团体（群体）利益。社会是虚构的团体，社会利益是虚构的抽象利益，应当用所谓"最大多数人的最大幸福"代替"社会利益"概念；而这种"最大多数人的最大幸福"，是以个人幸福作基础的，个人利益的总和就是所谓社会利益，个人利益的增长就是所谓社会利益的增长。边沁反对个人利益要服从社会利益的原则，反对利他、利社会的自我牺牲。他认为，个人利益是唯一现实的利益，脱离个人利益，最大多数人的利益同样也只是一种抽象。边沁的功利主义是自由资本向私人联合资本转变时期的伦理原则。资本主义发展到现代，不少新的思想派别从新的角度论证利己主义的本质，以新的理论体系宣扬利己主义价值观念。如萨特的存在主义宣称，社会是沉沦的人的祖国，唯有个人才是至上的，人要实现他存在的本质，就必须努力摆脱他人、群体和社会的约束。存在主义是一种以自我为中心的利己主义。

"个人主义"（individulism）一词源于拉丁文"individuum"，意为不可分的东西、个体。《简明不列颠百科全书》在为个人主义下定义时是这样说的，个人主义，一种政治和社会哲学，高度重视个人自由，广泛强调自我支配、自我控制、不受外来约束的个人或自我。托克维尔认为，个人主义主要包括三个方面的内容：作为一种价值导向，它是一种自我中心论，强调"个人本身就是目的"，社会、国家和他人只是达到个人目的的手段；作为一种政治思想，它强调个人自由、个性解放，反对国家、社会对个人的限制、干预；作为一种经济思想，是指一种财产制度即个体所有制，强调维护个人的私有利益。托克维尔对个人主义的解释，反映了资产阶级个人主义的实质。我们认为，个人主义是一种一切以个人为中心、一切从个人利益出发，一切以个人为目的的道德原则和人生价值观，也是一种思想行为体系，它是私有制经济基础的产物，是资产阶级的人生观、价值观和道德观的核心和根本原则，以及生活的基本态度。

在西方，个人主义思想的萌芽可以追溯到古希腊时期。古希腊智者学派关于个人地位和作用的思想，奠定了西方个人主义最早的思想基础。文艺复兴时期，是西方个人主义思想发展的准备时期。17、18世纪是西方个人主义思想的发展时期。19、20世纪是西方个人主义思潮系统化、理论化的成熟时期。

个人主义产生和发展的现实经济基础是私有制。个人主义原则作为处理社会关系的伦理准则，之所以在西方社会被视为占主导地位的价值准则，其合理性不在于对个人一己利益的肯定，而在于对每一个人利益的肯定与维护。个人主义并不简单地等同于利己主义，尤其不等同于极端的利己主义。个人主义中蕴含的对个人生命、尊严、自由、平等、公正的追求，也是人文精神的体现。严肃的个人主义往往十分注重个人的良心、美德甚至一定的牺牲精神，往往强调个人的活力对社会发展的重大意义。个人主义在资本主义上升时期，作为资产阶级反对封建禁欲主义的有力思想武器，曾起过解放思想的积极作用。

但是随着反封建任务的完成和资本主义制度的确立。个人主义逐步失去它的正义性，而逐步暴露出它在理论上的不科学性及政治上的反人民性。个人主义对国家、集体利益的蔑视，是西方社会的危机之所在，也使个人主义发生深刻危机。托克维尔当年在歌颂美国人的独立创造精神时，就已经意识到个人主义对美国社会的危害性。他认为，虽然个人主义思想最初只是侵蚀社会伦理道德，但最终必然发展到使人自私自利。从表面上看，个人主义者既不亏欠别人什么，也不从别人那里指望什么，一切靠自己，这是可敬的：但是他们会形成一种习惯的思想，认为自己的命运全系于个人奋斗，而个人又是孤立的，发展到最后势必既脱离父辈，也不顾子女，更不顾别人，与自我中心主义别无二致。既然个人主义理论的根基在于信奉个人至上、个人本位，那么，它在总价值目标上就很难与利己主义严格区分开来。托克维尔之所以在创造个人主义一词时冠予个人主义以"温和的利己主义"之意，说明他一开始就意识到个人主义与利己主义的亲缘关系。在现实生活中，如果说一般个人主义往往表现为"温和的利己主义"，那么，极端个人主义则往往表现为极端利己主义。因此在个人主义与利己主义之间，并没有不可逾越的鸿沟。

利己主义是个人主义的实质，因为个人主义和利己主义都以"人的本性是自私的"为理论基础；它们都把个人利益作为判断人的行为价值的唯一普遍的尺度；它们都以个人欲望的满足为出发点和归宿。个人主义的危害在于必然导致个人利益与社会集体和他人利益之间的失衡，由此而破坏社会发展和繁荣所必需的基本稳定与和谐，甚至造成社会动乱，即所谓"人人营私，则天大乱"。在盛行个人主义伦理道德观的西方资本主义世界，资产阶级从来没有放弃过对个人主义可能造成的危害的警惕，他们一方面重视不断从理论上对个人主义的进行"修正"，使之日渐"合理"；另一方面通过加强法治来遏制和削弱个人主义所固有的破坏特性。

在社会主义制度下，要坚持集体主义，就必须反对个人主义，这是在弘扬社会主义道德的过程必须始终给予高度重视的一个重大的理论和实际问题。在这个问题上，我们一方面要在科学的意义上坚持贯彻集体主义的道德原则，引导人们自觉地发扬集体主义精神，同各种个人主义的思想和行为作不懈的斗争；另一方面，在反对个人主义的斗争中，也要注意一个科学性的问题。反对个人利益不是不要个人正当的利益，不要个人正当的追求。个人主义与个人正当的利益和人生追求不是一回事，一个人在获取个人利益和追求个人价值的时候，是否与个人主义有联系，关键是要看其手段和方式是否正当，是通过自己的努力还是采用损人利己、损公肥私的行为。因此，在认识上，要区分个人主义与正当的个人利益和个人需求的界线，既要坚持反对个人主义，又应尊重个人正当的利益和需要，鼓励人们通过诚实劳动而发家致富，通过刻苦学习而努力成才。只有这样，才能真正达到坚持集体主义、反对个人主义的目的。

第三节　人道主义原则

人道主义是以维护人的利益和价值为中心的一种学说。它反对超自然主义，把人看做自然对象，肯定人的基本尊严和价值，以及人运用理性和科学方法获得自我完善的能力，主张把人当人看，尊重人的价值和尊严。社会主义人道主义是对历史上人道主义合理因素的继承和发展，把以人为本和尊重人的尊严真正提到社会发展的高度和伦理价值的高度予以强调，开辟了人道主义发展的崭新前景。

一、人道主义的内涵及历史发展

人道主义是一种源远流长的伦理学理论和道德原则。库尔兹在所编的《21世纪的人道主义》序言中写道："人道主义可以从希腊和罗马、中国、非洲和亚洲的古典文化中找到它的思想根源。它在每个时代的智力成就——哲学、科学和艺术——中被表达出来。人道主义的传统在文艺复兴期间结出硕果，并随着现代科学和现代世俗民主制度的出现而继续繁盛。今天，随着我们这个地球变得越来越小，随着人们之间的相互依赖越来越明显，人道主义也变得与我们这个物种的生存、与这个星球上其他生命形式的生产更加休戚相关。"[①] 在历史上不仅存在着古希腊的城邦人道主义，东方古典人道主义，世俗人道主义，而且存在着宗教人道主义，启蒙—理性人道主义，实用主义的人道主义，存在主义的人道主义，等等。

---

① ［美］保罗·库尔兹编：《21世纪的人道主义》"序"，萧峰等译，北京，东方出版社，1998。

人道主义有广义和狭义两种含义。广义的"人道主义"指社会思想中一种进步的观点或潮流，其主要内容包括：提倡人的尊严，确认人是最高的价值和社会发展的最终目的；重视人的现世幸福，确认满足和发展人具有的实在的尘世需要和才能；相信人的可教化性和发展能力，要求实现个性的自由和全面发展；追求人类的完善，要求建立人与人之间互相尊重的真正人的关系。狭义的"人道主义"指15世纪前后文艺复兴时期一种与研究哲学、伦理学、艺术和语文中古代文献相联系的世俗思潮和文化教育运动，其目标是按照古代的典范，创立一种摆脱教会权威的、建立在知识和理性基础上的对世界和对人的看法。它以个性自由发展的思想对抗封建时代的教会独裁，以尘世的需要和情欲的论点对抗中世纪禁欲主义的道德观。它从一开始就是资产阶级革命的思想武器。

我国古代虽然没有人道主义的用语，但对人的价值的重视和对人的尊严的尊重，可以说源远流长。"人道"一词出现较早。儒家孔、孟、荀，道家老、庄在对伦理道德的探讨中，大量地论及人道。子产在叔兴思想的基础上从理论上区分了"天道"与"人道"，并认为切近的人道应该是人最应该关注的。孔子提出了"人能弘道，非道弘人"的以"人"为本的主张，将"天道"融入"人道"，进一步发展了东方社会化人文主义的理论。道家的创始人老子善于通过与天道的对比来衬托人道，他说："天之道，其犹张弓欤？高者抑之，下者举之，有余者损之，不足者补之。天之道，损有余而补不足。人之道，则不然；损不足以奉有余。孰能有余以奉天下，唯有道者。是以圣人为而不恃，功成而不居，其不欲见贤。"天道主旨在"损有余而补不足"，而人道却不然，在于"损不足以奉有余"。法家管子提出了"以人为本"的思想，"夫霸王之所始也，以人为本"[①]。从以人为本的观念出发，管子主张所有的举政措施都在于爱民，而爱民必须"爱"与"利"兼施并用，并在此基础上教民。管子认为："终生之计，莫如树人。"[②] 修身、树人是治国、治天下的根本。管子学派还提出了"政之所兴，在顺民心。政之所废，在逆民心"，主张"从民欲""量民力"和"顺民情"，发展起了中国古代的人道主义思想。

人道主义思想在西方发展史上出现的很早，在古希腊的神话传说中就已经包含了人道主义思想，后来经过智者派奠定了它的基础。从毕达哥拉斯、苏格拉底、柏拉图、亚里士多德到晚期希腊的斯多亚派，一直在发展这种以善行和教化为中心的人道主义思想。海德格尔在其《关于人道主义的书信》指出："从历史

---

① 《管子·霸言》，见《诸子集成》（五），602页，北京，团结出版社，1996。
② 同上书，456页。

学上来理解的人道主义总是包含着一种 studium humanitatis［对人性和人道的研究］，而这种研究又以某种特定的方式回溯到古代，因而总不外乎成为一种希腊文明的复兴。"① "人道主义"一词是从拉丁文 "humanistas"（人道精神）引申来的，最早在古罗马思想家 M. T. 西塞罗那里，是指一种能够促使个人的才能得到最大限度的发展的、具有人道精神的教育制度。这是人道主义最初的含义。在15 世纪新兴资产阶级思想家那里，人道主义是指文艺复兴的精神，即要求通过学习和发扬古希腊和古罗马文化，使人的才能得到充分发展，价值得到实现。这是新兴资产阶级提出的一种包含有深刻内容的追求和理想。在资产阶级革命的过程中，人道主义反对封建教会专制，要求充分发展人的个性，尊重人的价值和尊严。直到 19 世纪，人道主义始终是资产阶级建立和巩固资本主义制度的重要思想武器。随着资产阶级革命性的丧失和无产阶级革命运动的高涨，人道主义理论和思潮逐渐失去了其进步的历史作用。20 世纪以后产生的现代人道主义，流派众多，有马里坦以神为中心的人道主义，萨特和海德格尔的存在主义人道主义，弗洛姆的规范人道主义，库尔茨以人为中心的世俗人道主义，等等。现代人道主义，往往从非理性的角度去论证人性和人的本质，具有非本质主义、非理性主义和悲观主义的特征。它对资本主义制度的前途捉摸不定，特别是面对资本主义社会的种种严重问题，如精神危机，等等，找不到出路，对整个社会的发展和人类的前途失去信心，感到人除了自身之外无所依靠，要求将人的本质还原到个人本身，具有悲观虚无主义的色彩。

马克思主义与人道主义之间既有密切的历史渊源，又有复杂的理论交叉。马克思主义是由人道主义演变而来的，马克思主义的诞生也就是马克思和恩格斯从人道主义历史观转向唯物主义历史观，从空想社会主义转向科学社会主义的过程。他们反对、抛弃的只是人道主义历史观，而不是处理社会生活和人际关系的人道主义原则或人道原则。马克思在《1844 年经济学哲学手稿》中指出，共产主义"作为完成了的自然主义，等于人道主义，而作为完成了的人道主义，等于自然主义，它是人和自然之间、人和人之间的矛盾的真正解决，是存在和本质、对象化和自我确证、自由和必然、个体和类之间的斗争的真正解决"，它只能是"通过人并且为了人而对人的本质的真正占有"②。这里的人道

① ［德］海德格尔：《关于人道主义的书信》，见《路标》，孙周兴译，375 页，北京，商务印书馆，2000。

② ［德］马克思：《1844 年经济学哲学手稿》，见《马克思恩格斯文集》第 1 卷，185 页，北京，人民出版社，2009。

主义还是在价值与历史观双重意义上的承接。1845 年以后一直到马克思逝世，他从来没有放弃早在青年时期就树立的人道主义目标。但是从此他改变了以往只是一种道德批判的人道主义主张，坚持从唯物主义历史观来考察人道主义，从人的社会存在和社会关系来论述人道主义，建立起了立足于历史唯物主义基础上的马克思主义的人道主义。马克思主义的人道主义伦理原则是与其价值理论密切相连的。在对人性和人的本质的问题上，马克思主义批判了抽象人性论的观点，从社会历史出发，在社会关系中历史地、具体地阐明了关于人的本质的思想，认为人性是现实的人性、社会的人，人的本质是社会关系的总和。马克思主义对人的本质的现实的历史的阐释，为马克思主义的人道主义的价值理论提供了坚实的理论基础。马克思主义从来就没有否认人的价值和地位，马克思主义理论就是争取真正人的价值和地位的学说。马克思主义从批判资本主义社会的异化入手，对人类的未来命运表现出了极大的关注。马克思指出资本主义社会把人当做工具的深层原因就在于私人占有制，在私人占有制下，人与人的关系变成了物与物的关系，无产者的价值和地位都被异化了。马克思指出只有推翻受压迫、受奴役的社会关系，才能消灭异化，才能有人的社会价值和尊严。马克思主义不仅重视无产阶级的解放问题，而且主张人类解放和人的全面发展。马克思主义对人类命运的关心，正是马克思主义人道主义的体现，也为确立马克思主义的人道主义提供了思想认识之境。

二、社会主义人道主义

社会主义人道主义是以马克思主义世界观和历史观，即辩证唯物主义和历史唯物主义的指导下形成和完善起来的。它和资产阶级人道主义的理论基础是根本对立的。社会主义人道主义不是从那种抽象的、笼统的、无差别的人出发，而是从现实的人和一定的经济关系出发，对人作历史的、具体的分析，并由此引出对各种不同的人所采取的不同道德态度和行为要求。"社会主义的人道主义，是作为伦理原则和道德规范的人道主义，它立足在社会主义的经济基础之上，同社会主义的政治制度相适应，属于社会主义的伦理道德这种意识形态；作为一项伦理原则，它是以马克思主义的世界观和历史观为基础的。"[①]社会主义人道主义是社会主义社会成员处理自己和其他社会成员之间的最基本的道德准则，它和资产阶级人道主义不同，不论是从主体方面还是从客体方面来看，它都不是从个人主义出发，而是从集体主义出发的。

---

① 胡乔木：《关于人道主义和异化问题》，载《人民日报》，1984-01-27。

　　社会主义人道主义既与历史上的人道主义相区别，又是对以往历史上的人道主义和人道精神的批判、继承和发展。文艺复兴时期人文主义思想家尊重知识和才能，崇尚发挥个人才干，要求自由地、全面地发展人的个性的思想；资产阶级革命时代的人道主义者维护个人尊严，强调个人在社会和自然界中地位和作用的思想；空想社会主义者关于解放全人类的理想，等等，对于社会主义人道主义来说，都是可以而且应当批判继承的有价值的思想资料。

　　社会主义人道主义的基本内容主要有：

　　首先，尊重人，尊重人的价值和尊严。封建社会按照人的等级贵贱来决定人的价值，资产阶级社会按照金钱多少来决定人的价值，对于一无所有的劳动者，因为他们没有价值，所以也就不被尊重，他们除了受压迫和剥削以外，所得到的只能是歧视。在社会主义社会里，作为手段价值的人和作为目的价值的人是统一的。在社会主义的集体中，一个人首先要对集体、对国家、对社会做出贡献，使自己的存在对社会具有积极的意义，即有手段价值；同时，集体和社会也应把每一个个人当作目的来服务，使每个人都能分享他人劳动的成果，实现自己作为目的而存在的价值。一个人越是努力根据集体和他人的需要而作出贡献，他就越能发挥自己的才干，而反过来，集体事业的发展，又会为每个人的自由发展提供最充分的条件。社会主义人道主义在尊重人的价值和尊严方面，不但坚决否定奴隶制和封建制的等级观念，反对按地位高低把人们分为上等人和下等人的等级的价值观，而且坚决摈弃资产阶级按金钱多少来确定人的价值的金钱至上的价值观。社会主义人道主义认为，只要是社会主义的公民，不论是担负重要责任的领导者，还是在工农业生产战线上的普通劳动者，都应该一视同仁，用同一个价值尺度来对他们进行评价。一个人在社会分工中所处的地位不同，但都应该同样地受到尊重。

　　其次，关心人，关心人的生存与发展。社会主义人道主义不仅要尊重人的尊严和价值，而且要关心广大人民群众的切身利益。同时，社会主义社会中的每个成员，都应该同情、关心、爱护其他社会成员，关心、爱护一切与自己发生关系的其他社会成员，特别是应该关心周围的普通劳动者、普通知识分子、普通妇女和普通儿童等。人们在社会生活中，由于各种主观原因和客观原因，不少人总会因某些情况而身处逆境，从而陷入各种灾难、困苦、不幸和失意之中。社会主义人道主义在提倡关心人的同时，尤其要注意那些因不公正待遇而处境困难、生命垂危，以及遭遇各种挫折打击而受到很大痛苦的人。现实生活说明，这种人是更需要关心的。自然灾害以及车祸、疾病等不测事件，常常给一些人带来很大困难。而官僚主义、以权谋私、不关心群众痛痒，同样会使人们的某些困难长期得不到解决。社会主义人道主义强调在人和人之间，应该建立起团结、互助、友爱的新型关系，应该切切实实地解除他们的痛苦。认真地帮助他们克服各种实际的困难，并尽力在精神上给他们以安慰、鼓舞，以增强他们克服困难和战胜困难的信心和勇气。

最后，恨敌人，对一切敌对分子进行坚决的斗争。社会主义人道主义明确地宣称，它不能"爱一切人"，不能爱人民的敌人，不能爱社会的丑恶现象，不能爱一切社会主义的敌对势力。社会主义人道主义不把暴力和人道抽象地对立起来，而强调革命暴力是实现尊重人、关心人、爱护人的社会主义人道主义的重要条件。另外，社会主义人道主义"对敌狠"的要求，也是根据不同条件，因人而异，采取不同行为的。对于拿枪的敌人，对于那些穷凶极恶危害人民生命财产的人，决不施以仁政，而必须坚决给予打击和镇压。但是，对于缴械投降、受伤俘虏等不能危害人民的敌人，对于一切有条件教育改造的分子，则尽可能地采用尊重人格、感化教育、劳动改造等方法，促使他们重新做人。

社会主义人道主义是真诚的、具体的、现实的。社会主义经济制度和政治制度的确立，使个人和社会的基本利益归于一致。这样，社会就应该和能够真正做到尊重每个劳动者及其劳动和劳动成果，就应该和能够真正把满足社会成员日益增长的物质和文化需要作为社会生产的目的，就应该和能够为劳动者发挥和发展才能逐步创造必要的社会条件。社会主义社会的劳动者之间，就应该和能够真正建立起团结、互助、友爱的关系，排除以往私有制社会那种损人利己、尔虞我诈的关系。因此，在社会主义制度的基础上，就应该和能够在全体社会主义劳动者的广大范围内形成社会主义的道德关系，应该和能够实现社会主义的人道主义。

三、以人为本是当代最高形式的人道主义

"以人为本"作为我们党的重要执政理念，是党的"十六大"后新提出来的。2003 年 10 月，党的十六届三中全会在《关于完善社会主义市场经济体制若干问题的决定》中提出，"坚持以人为本，树立全面、协调、可持续的发展观"。这是在党中央全会的重要文件中第一次出现"以人为本"概念。"十七大"报告进一步指出，科学发展观，第一要义是发展，核心是以人为本，并重申必须坚持以人为本，把实现好、维护好、发展好最广大人民群众的根本利益作为党和国家一切工作的出发点和落脚点。

"以人为本"是社会主义人道主义的集中体现，是当代最高形式的人道主义。"以人为本"是马克思主义理论的本质内涵。在马克思主义唯物史观的科学体系中，人的发展是其理论的核心，人的自由和全面发展是历史发展进步的

标志。以人的发展为尺度考察社会的发展，是马克思主义的基本观点之一，人的全面发展是马克思主义者为之奋斗的崇高理想。所以，"以人为本"又是马克思主义理论的本质要求。胡锦涛同志指出，坚持以人为本，就是要以实现人的全面发展为目标，从人民群众的根本利益出发谋发展、促发展，不断满足人民群众日益增长的物质文化需要，切实保障人民群众的经济、政治和文化权益，让发展的成果惠及全体人民。这就把发展的目的定位于造福全体人民，把发展的主体定位于广大人民群众，从根本上回答了"为谁发展"和"靠谁发展"的首要问题。以人为本在社会主义现阶段就是以人民为本；或者说，就是以广大人民的根本利益为出发点、中心和目的。

在人与自然关系的意义上说，"以人为本"中的"人"，是指人类，包括其中所有的个人。与这个意义上的"人"相对的"非人"，是除人类外的狭义的自然界（其中包括动物），也可以称之为"物"。科学发展观中的"以人为本"的一层含义是，处理人类与自然的关系或人与物的关系，应该以人或人类为本，而不应该以物或自然为本。

作为处理人们之间社会关系的基本原则，"以人为本"中的"人"，是指人民，以人为本就是以人民为本。这是"以人为本"的又一层含义，是其主要的或基本的含义。坚持以人为本，就是要以实现人的全面发展为目标，从人民群众的根本利益出发谋发展、促发展，不断满足人民群众日益增长的物质文化需要，切实保障人民群众的经济、政治和文化权益，让发展的成果惠及全体人民。

以人为本不仅要求尊重和维护人民群众的物质利益，更要求尊重人的人格和尊严，把人当人看。"尊严"按《辞海》的解释，一是庄重而有威严，使人敬畏；二是独立而不可侵犯的地位和身份。"尊严"一词的主词应该是"尊"，"尊"在古代原意是指祭祀用的器皿，后来引申出高贵显达、威严肃穆、地位不可侵犯等意。人的尊严是什么？是"人之为人"这种独特价值的反映。一个人，只因为是人，所以就必须被"作为目的"、受到尊重，在任何情况下都不能被当做工具。只因为是人，所以不能被任何其他目的所代替。以人为目的是人的尊严的哲学基础。人的尊严内容涉及人的权利的方方面面，生命权、健康权、隐私权、名誉权，等等。譬如，生命的尊严，2008 年汶川特大地震后，国家设立全国哀悼日的做法就具有极强的象征意义，它体现的是"生命至上"和"以人为本"的价值观，它象征着一个国家文明进步的里程碑。维护人的尊严首先是对人的生命尊严的尊重。

以人为本集尊重人、为了人、依靠人、提高人于一体，凸显了人在道德生活和整个社会生活中的地位和价值。它从社会的伦理精神和道德原则诸方面高扬人的价值，主张尊重人的尊严、合法权利和独立人格，关注人的生存与发展的命运，始终把人当人看，以人作为社会发展的最高价值评价尺度，把人作为社会发展的最高目的和核心价值，把提高人的素质作为社会发展的根本途径和目标追求。坚持以人为本，必须把人民利益作为一切工作的出发点与落脚点，充分激发人民群众创造性的智慧、才能和力量，为人的全面发展创造必要的条件。

第四节　社会公正原则

公平正义是人类社会的共同追求和价值目标，也是建设中国特色社会主义的重大任务。马克思主义十分关注公平正义，第一次把公平正义的实现建立在唯物史观的基础上，同人的解放和全面发展结合起来，认为社会公平正义即要消除一切不公正现象，实现人的自由和全面发展。当代中国马克思主义在坚持以经济建设为中心、推动科学发展的同时，把促进和实现社会公平正义置于更加突出的位置，强调促进和实现社会公平正义不仅是全面建设小康社会的客观要求，更是构建社会主义和谐社会的题中应有之义，主张逐步建立以权利公平、机会公平、规则公平和分配公平为主要内容的社会公正体系，极大地促进和发展了马克思主义的公正理论。

一、公平正义原则的基本内涵

公平正义是公平与正义的统称，指谓在社会财富、好处乃至义务的分配过程中既要关注公平，又要讲求正义，进而达到适宜合理的状态。"公正""公平""正义"乃至"公道""公义"等道德概念，含义相近，大致对应于英文中的"justice""fairness""equity""impartiality"或"righteousness"等近义词。一般而言，公平是指按照一定的社会标准，正当的秩序合理地待人处事的伦理原则，包含公民参与经济、政治和社会其他生活的机会公平、过程公平和结果分配公平。正义则是指公正的义理和正确的行为原则及由此所达致的公道状况与合理性，包括社会正义、政治正义和法律正义等。公平正义是人类远古至今不懈的价值追求和永恒向往。诚如罗尔斯所说："正义是社会制度的首要价值，正像真理是思想体系的首要价值一样。"[1] 特别是进入现当代以来，公

---

① ［美］罗尔斯：《正义论》，何怀宏等译，1页，北京，中国社会科学出版社，1988。

平正义问题成为人们关注的焦点和社会的热点，各种关于公平正义的论述、会议以及制度性关怀如雨后春笋大量出现，对当代社会发展和制度建设产生了极为深刻的影响。

公平正义是一个历史的、相对的、价值的、综合的概念，不同的人、不同的社会必然存在不同的公正观，因此，所谓"永恒的公正""绝对的公正"是不存在的，公正只存在于与不公正的对立关系之中，并受到生产力发展水平、社会生产方式、政治制度以及历史、文化等诸多因素的制约。

第一，公平正义是一个历史的、相对的概念，具有相对性和历史性。不同的社会发展阶段和不同时期的人们必然存在着不同的公正观。公正原则的产生同社会分工和产品分配密切相关。据史家考证，公正原则在公元前 30 世纪的古埃及就已经出现。当时的古埃及人把教人稼穑的俄塞里斯神视为公平或公正的化身，它以是否勤于稼穑判断人们行为的善恶，把勤于稼穑视为合理的、公正的。在原始社会，人们把维护氏族部落的共同利益视为公正的，与此相适应也把实施血缘群婚、集体复仇视为合理的、公正的。进入阶级社会以后，人类被分裂为利益不同或互相冲突的阶层和阶级，公正原则也打上了阶级的烙印。在中国历史上曾经出现过三种不同的公正观。一种是以孔子为代表的温和的"等级——公正观"，主张社会的不平等要用礼来加以限制，要求统治阶级尽可能地对一切人进行利益上的平均分配，因民之所利而利之。一种是以荀子为代表的"不平即公正观"，认为有社会分工就必然会有社会的不平等，统治者被统治者在权利、责任、享受各个方面的不平等是人类社会之必然，是在任何时候都不能消除的，这种不平等即是社会的公平。一种是农民阶级提出的"等贵贱均贫富"的公正观，主张人与人之间绝对平等，反对阶级剥削和压迫。在西方，古希腊把公正视为"四主德"之一，柏拉图将公正当作关系到社会井然有序的重大原则与社会和谐的首要因素，亚里士多德则把公正区分为普遍的公正与特殊的公正，认为普遍的公正要求社会全体成员的行为都必须合乎法律。特殊的公正又有分配的公正与纠正的公正两类。分配的公正指的是社会的财富、权力及其他可以在个人间进行分配的东西的分配原则，包括平均的公正即在平等的人之间各人的所得在数目上和容量上都相等，和比值的公正即在不平等的人之间，根据各人的价值的不等按比例分配与之相对称的事物。近代公正观大多从人生而平等的认识出发去论证公正原则，产生了功利主义的公正观、自由主义的公正观、实用主义的公正观，等等。凡此种种都说明了公平具有历史性和相对性。

第二，公平正义是一种价值判断，具有价值性和评价性。它是人们主观认识对客观存在的一种反映。人们总是从自身利益的角度出发去评价事物或现象，将那些符合自身利益的现象或行为评价为公正的，反之，则是不公正的。因此可以说公正问题归根到底就是人与人之间的利益关系问题。社会生活中公正概念所涉及的对象纷繁复杂，但无论是事实公正、做法公正、制度公正和道德公正，都是从不同角度围绕人与人的利益关系问题而展开的，离开了人与人之间的利益关系，还有什么公正可言呢？一切公正问题的实质都是人与人的利益关系问题，事实公正、做法公正、制度公正和道德公正之所以会存在公正与否的问题，原因就在于它们都是影响人与人利益关系的因素。

第三，公正和平等是两个不同的概念。公正是一种价值判断，而平等则既是一个价值判断，又是一个事实判断或实证性概念，通常平等和不平等是指人与人之间利益关系的一种状态。在一定条件下，平等可能是不公正的、公正也可能是不平等的。日本学者高坂健次划分的四种社会形态就有既平等又公正的社会，平等却不公正的社会，不平等然却公正的社会和既不平等亦不公正的社会，说明了平等与公正是有差异的，二者并不是一回事。当然，公正与平等又是有联系的。一般说来，公正包含有平等的因素，特别是法律平等、道德平等和人权平等。公正含有从公的范围角度一视同仁地对待人的思想行为并给予其合理评价的内容。

马克思主义认为，一切社会公正都源于人们的经济关系和财产关系。资本主义所谓"公正"不过是一种形式上的公正。"希腊人和罗马人的公平认为奴隶制度是公平的；1789 年资产者的公平要求废除封建制度，因为据说它不公平……所以，关于永恒公平的观念不仅因时因地而变，甚至也因人而异。"①在资本主义社会，资产阶级对于无产阶级和广大劳动人民的剥削和压迫才是真正的事实。资本主义的公平有其自身不可避免的局限性和偏私性。

二、社会主义公平正义原则的主要内容

社会主义公正是人类历史上最先进、最具有道义性的公正。这不仅因为它是建立在正义的社会制度之上，而且因为它是以正义和平等作为其基本原则的。社会主义的公平正义就是每一个公民在政治、经济、文化等各个方面都真正地拥有同等的权利，社会保证每一位公民的基本生存权和人格尊严，并实行公正的收入分配亦即收入分配能真正反映人们的努力程度和资源禀赋，极大地调动人们的生产积极性、主动性和创造性。

---

① ［德］恩格斯：《论住宅问题》，见《马克思恩格斯文集》第 3 卷，323 页，北京，人民出版社，2009。

社会主义的公正原则包含着十分广泛的内容，体现在经济、政治、文化、社会生活诸领域，可分为经济公正、政治公正和文化公正；也可分为事实公正、做法公正、制度公正和道德公正，还有人专从经济分配角度将公正区分为起点公正、过程公正和结果公正，如此等等。

社会公平正义是社会主义和谐社会的重要特征，也是社会主义社会的本质要求。我们要"在促进发展的同时，把维护社会公平放到更加突出的位置，综合运用多种手段，依法逐步建立以权利公平、机会公平、规则公平、分配公平为主要内容的社会公平保障体系"[①]。

权利公平是公平的内在要求，是实现公平的逻辑起点和实践起点。当代社会公平正义的第一要义，就是主张权利平等，尊重自由平等的人权和公民权，坚持权利与义务的统一，实现"没有无义务的权利，也没有无权利的义务"。而蔑视或践踏人权，侵犯公民权利，以及种种特权和腐败现象，均属典型的社会不公。

机会公平是公平的前提基础，是实现公平的基本条件和首要标志。机会公平意味着社会的一切机会应当向所有人开放，要求社会提供的生存、发展、享受机会对于每一个社会成员都始终均等。所谓"机会均等"包含三个层次的含义，即参与均等、标准均等和起点均等。参与均等是指社会一切机会都均等地向每一个社会成员开放，一切个人都可以通过自身努力来争取任何机会。参与均等是第一层次的机会均等，它是其他较高层次含义的机会均等的基础。标准均等是指对参与竞争的人都用同一标准去衡量和决定他们的优胜劣败。起点均等是指人人都处于同一起跑线，人人具有完全相同的资源禀赋，这时结果的差异仅仅反映人们努力程度的差异。要从总体上保证每个社会成员享有大致相同的平等发展机会，具有大致相同潜能和相同意愿的社会成员应当有着大致相同的发展机会和发展前景。

规则公平是公平的存在形式，是实现公平的重要环节和必要保障。它所要求的是社会成员在参与经济和社会发展的过程中，面对的行为规范和行动准则都必须正确地、真实地反映现实社会生活中的各种关系及其相互作用，反映经济和社会发展的趋势，体现人民群众的愿望和要求。规则公平所追求的是主体地位的平等和面临机遇的均等，保证公平竞争的顺利进行。公平竞争是指大家遵循市场经济的一般法则及其规律平等地进行竞争，所有的公民

---

① 胡锦涛：《在省部级主要领导干部提高构建社会主义和谐社会能力专题研讨班上的讲话》，见《十六大以来重要文献选编》（中），712页，北京，人民出版社，2006。

都受到国家法律、经济政策的同等保护，每一经济主体都在同一种规则下进行竞争。

分配公平是公平的理想目标，是实现公平的实际体现和归宿。分配公平一方面要求人们在生产资料占有上具有平等权利；另一方面默认不同等的工作能力是每个人天然的特权，要求等量劳动相交换。既维护按劳分配和按生产要素分配的权威性，并以此为初次分配的依据，又不允许因收入差距过分悬殊导致两极分化，主张对高收入群体予以必要的调节，加大社会保障和低收入群体的扶助，满足人民群众日益增长的物质文化生活需要，公正地对待各类弱势群体的合理要求，并想方设法给予应有解决，实现社会的共同富裕。

三、公平正义原则的伦理价值

公平正义是古往今来人类共同追求的道德价值，更是社会主义的本质要求和优越性所在。

公平正义在构建社会主义和谐社会的进程中处于十分关键的基础地位。实现公平正义是构建和谐社会的核心价值，没有公平正义价值的实现，也就不可能有社会和谐与和谐社会。没有公平正义，社会的诚信友爱、安定有序、充满活力等也都无法实现。因此，践行公平正义的原则，从我国社会各个层面体现和推进公平正义的伦理原则，是构建社会主义和谐社会和推进中国特色社会主义事业发展的重要内容。

公平正义是协调社会各个阶层相互关系的基本准则，也是社会具有凝聚力、向心力和感召力的重要源泉。维护和实现社会公平和正义，涉及最广大人民的根本利益，是我们党坚持立党为公、执政为民的必然要求，也是我国社会主义制度的本质要求。只有切实维护和实现社会公平和正义，人们的心情才能舒畅，各方面的社会关系才能和谐，人们的积极性、主动性、创造性才能充分发挥出来。在进行制度设计和制度安排的过程中，只有遵循公平正义的原则，才能取得社会各个阶层的共识和认同，使这些制度获得最广泛的社会支持并得以顺利实施；在调节各种利益关系和处理各种社会矛盾的过程中，只有遵循公平正义的原则，才能使绝大多数社会成员受益，才能有效地整合社会各种资源和力量，实现全社会的团结与合作；在为实现国家整体目标而奋斗的过程中，只有遵循公平正义的原则，才能使全体人民看到希望，并自觉自愿地为这一目标贡献聪明才智。

社会主义是以全社会成员利益的实现和物质文化生活水平的整体提升为基本宗旨和根本目的的，"大家好才是真的好"是社会主义之为社会主义的根本要义，这就决定了社会主义必然是十分重视和讲求公平正义的社会，因此，也是人类历史上最具合理性和进步性的社会。

第五节 诚实信用原则

诚实信用原则是人与人、人与社会和谐有序的基本原则，也是人应当培育和拥有的一种基本品德。诚信是公民在公共交往中最起码的道德行为准则，也是中华民族的传统美德，自古以来中国人就以守信义、讲信用而闻名于世。"精诚所至，金石为开""朋友有信""人无信不立，政无信不威"等，这些传统箴言，都体现了一条重要的道德原则——诚信。诚信是我们的"道德修业之本""立人之道"和"立政之本"。

一、诚信的内涵与本质

诚信这一范畴是由诚和信两个概念组成的。诚，指真诚、诚实，信，指信任、信用和守信。在西方，表达诚实的词语为"honest"，表达诚意的词语为"sincerity"，表达信任的词语为"trust"，表达信用的词语为"trustworthiness""credit"，表达信誉的词语为"prestige""reputation"。诚的最一般含义是真心实意和真诚不欺，信的最一般含义是真实不欺和说话算数。诚与信都与人言相关，都要求人说话要客观真实，并对自己所做出的承诺负责。诚、信二字在中国古代可以互训，含义相通。

诚与信合起来作为一个科学的道德范畴，是现代社会的产物。现代社会经济的市场化和国际化，政治的民主化和法制化，以及文化的多元化和交往方式的现代化，无不凸显着诚信的价值并要求践行诚信。从科学的意义上界定诚信，可以把诚信定义为适应现代市场经济发展要求的、同现代经济契约关系和民主政治密切相关的并继承了传统诚信美德的真诚不欺、信守承诺的心理意识、原则规范和行为活动的总和。

诚信既是一种人们在立身处世、待人接物和生活实践中必须而且应当具有的真诚不欺、实事求是的态度和信守承诺的行为品质，又是一种社会的道德原则，是社会用以维护自身的运行发展所必须的价值目标和行为准则，它要求人们尊重客观规律，以求真务实的原则指导自己的行动，以知行合一的态度对待自己的各项工作，说老实话、办老实事和做老实人。在现代社会，诚信不仅指公民和法人之间的商业诚信，而且也指建立在社会公正基础上的社会公共诚信，包括制度诚信、国家诚信、政府诚信、企业诚信和组织诚信等。这说明政府和制度都要按照诚信的原则来组织和建构，亦需按照诚信的原则来行使其职权。一旦背离了诚信的原则和精神，政府就会失信于民众，制度就会成为不合理的包袱。

在当代中国，诚信原则是社会主义道德规范体系的重要原则，渗透在经济、政治、文化和社会生活的各个方面，也是社会主义道德建设的重点。在现代市场经济和信用经济条件下，人们只有遵循诚实守信的道德原则，才能适应社会生活的要求，并实现自己的人生价值。企事业单位和其他社会组织也必须遵循诚信原则，以此来建立自己的社会信誉，促进其健康发展。

二、诚信原则的具体表现

作为道德原则的诚信，是指在各项工作和现实生活中始终做到真实不欺、言而有信和对自己的承诺负责，具体表现为经济诚信、政治诚信和文化诚信等方面。

经济诚信是指经济生活和物质文明建设中的诚信，是直接同谋利益行为相关联的诚信，主要表现为企业诚信。近现代市场经济是一种以交换为主要方式连接生产和消费的开放的外向型经济，它斩断了人与人之间的血缘亲情纽带，打破了传统的地域限制，使"熟人社会"进入了"陌生人的世界"。在这样的社会，商品交换的诚信只能依靠契约与合同，并在法律和制度的保障下得以展开。随着市场经济的发展，诚信规范从潜意识形态发展为显意识形态，并且日趋明朗和具体，成为调节社会关系的最基本、最普遍的行为准则。市场经济应当是有道德的和诚信的经济，诚信是市场经济的基础和灵魂，没有诚信的存在就没有安全的交易和秩序。作为借贷者，能否获得市场信任要视其偿债能力如何；作为经营者，能否获得出资者的信任，要视其经营能力如何；作为代理者支配他人资产，能否获得信任，社会要视其依法对他人承担资产责任的能力如何；作为劳动者，能否获得劳动力市场的信任，要视其敬业精神和职业能力如何。随着电子商务、网络交易和期货交易等新的交易方式的兴起，信用伦理精神已经成了市场经济健康发展的重要基础，国内外的经验表明，市场经济越发达，就越要强化信用伦理，这是融入世界经济、参与国际经济竞争的先决条件，所以，富兰克林说："信用就是金钱。"信用、信任和信誉是现代经济活动的通行证，也是确保其成功的动力源泉和优势资本。

政治诚信是指政治生活和政治文明建设中的诚信，主要表现为政府诚信。治理国家应当讲求诚信。孔子的学生子贡向孔子请教治国之道，孔子将其概括为"足食，足兵，民信之矣"。当子贡再问在这三者中必须去掉一项时请问先去哪一项，孔子毫不犹豫地答道"去兵"，子贡又问在"足食"与"民信之"两项中还必须去掉一项时应该先去哪一项时，孔子答道"去食"。在孔子看来，"自古皆有死，民无信不立"①。建立民众对政府的信任，对于国家之"立"，比强大的军队、充足的粮食都要更为重要。因为失去了民众的信任，国家就岌岌可危了，更谈不上真正的治理。荀子对此也有深刻的认识，认为政令取信于民则国家强大，政令失信于民则国家衰弱，因此，治国从政当以建立信德为主旨和根本。现代社会，政治的民主化已形成为一种潮流，它要求按照诚信的原则来规范政府及其官员的行为，增加政府行为的透明度，避免行政垄断和行政工作的暗箱操作，做到政务公开，依法行政，建立诚信政府。此外，政治诚信还包含了政治活动和政治体制的诚信。

文化诚信是指文化生活和精神文明建设中的诚信，主要表现为教育诚信和学术诚信等方面。在当代中国，发展先进文化，就是发展面向现代化、面向世界、面向未来的、民族的、科学的、大众的社会主义文化，以不断丰富人们的精神世界，增强人们的精神力量。为了建设社会主义的先进文化，必须坚持为人民服务、为社会主义服务的方向和百花齐放、百家争鸣的方针，坚持以科学的理论武装人，以正确的舆论引导人，以高尚的精神塑造人，以优秀的作品鼓舞人的价值导向。为此，就应当加强以诚实守信为重点的公民道德建设，在各行各业中推行诚实守信的道德准则和制度，坚决铲除精神文化领域中的不诚信行为。

经济诚信、政治诚信和文化诚信对应于社会主义的三大文明，即经济诚信主要对应于社会主义的物质文明，政治诚信主要对应于社会主义的政治文明，文化诚信对应于社会主义的精神文明。这也就是说，社会主义物质文明内在地要求经济诚信，政治文明内在地要求政治诚信，精神文明内在地要求文化诚信。反过来，经济诚信亦能够促进物质文明的发展，政治诚信促进政治文明的发展，文化诚信促进精神文明的发展。三大类型的诚信与三种文明有一种相辅相成、相互依赖和相互促进的关系。

三、诚信的价值与作用

诚信在现代社会生活中不仅具有教育的功能、激励的功能和评价的功能，而且也具有约束的功能、规范的功能和调节的功能。就个人而言，诚信是高尚的人格力量；就企业而言，诚信是宝贵的无形资产；就社会而言，诚信是正常

---

① 《论语·颜渊》，见《四书五经》，27页，北京，中华书局，2009。

的生产生活秩序；就国家而言，诚信是良好的国际形象。纵观今日世界，许多企业或组织的挫败和个人的悲剧都是导因于诚信精神的缺乏。一个没有诚信精神的企业或组织是注定要垮台或倒闭的，一个没有诚信精神的人也不可能获得并拥有真正的成功。

第一，诚信是个人立身之本。诚信是个人必须具备的道德素质和品格。一个人如果没有诚信的品德和素质，不仅难于形成内在统一的身心完备的自我，而且也很难发挥自己的潜能和取得成功。"二程"指出："学者不可以不诚，不诚无以为善，不诚无以为君子。修学不以诚，则学杂；为事不以诚，则事败；自谋不以诚，则是欺其心而自弃其忠；与人不以诚，则是丧其德而增人之怨。"① 诚不仅是德、善的基础和根本，也是一切事业得以成功的保证。信是一个人形象和声誉的标志性概念，也是人所应该具备的最起码的道德品质。孔子说："信则人任焉。""人而无信，不知其可也。"诚于中而必信于外。一个人心有诚意，口则必有信语；心有诚意、口有信语而身则必有诚信之行为。诚信是实现自我价值的重要保障，也是个人修德达善的内在要求。

第二，诚信是企业和事业单位立业之本。诚信作为一项普遍适用的道德原则和规范，是建立行业之间、单位之间良性互动关系的道德杠杆，是所有从业人员在职业活动中必须而且应该遵循的行为准则。在市场经济条件下，企业事业单位的信誉度决定其发展的规模和质量，也构成其核心竞争力和综合实力的重要组成部分。国内外一些深谋远虑的企业家都意识到，"公司的信誉是公司最重要的资产之一"②，福山称信任为重要的社会资本，金黛如说："如果一家公司可以信任它的员工、顾客和合伙人，那么它也许就能够降低其成本"③，并因此获得更好的发展空间。因为发展既蕴涵着组织本身实力和生存能力的增强与提升，又蕴涵着组织与组织、组织与外部以及组织内部各要素之间关系的优化与完善。无论是组织本身实力和生存能力的增强与提升，还是组织内外关系的优化与完善，本质上都需要诚信并且离不开诚信。诚信不仅产生效益和物化的社会财富，而且产生和谐和精神化的社会财富。

第三，诚信是国家政府立国之本。国家的主体是人民，国家的主权也归

---

① 《河南程氏遗书》卷二十五，见《二程集》上，326页，北京，中华书局，2004。

② ［美］狄乔治：《国际商务中的诚信竞争》，翁绍军等译，9页，上海，上海社会科学院出版社，2001。

③ ［美］金黛如主编：《信任与生意》，陆晓禾等译，1页，上海，上海社会科学院出版社，2003。

属于人民。中国古代政治伦理强调"民惟邦本，本固邦宁""民为贵，社稷次之，君为轻""得民心者得天下，失民心者失天下"，认为国家的领导者应当以诚心诚意的态度和方法去取信于民，进而达到人民安居乐业，国家太平清明。唐代魏征在给太宗皇帝的上"疏"中写道："求木之长者，必固其根本；欲流之远者，必浚其泉源；思国之安者，必积其德义。"[①]"臣闻为国之基，必资于德礼，君之所保，惟在于诚信。诚信立则下无二心，德礼形则远人斯格……不信之言，无诚之令，为上则败德，为下则危身。"[②] 治国安邦，贵在崇尚诚信，君臣之间、君民之间乃至人人之间都能讲求诚信，天下自然会安定祥和。宋代王安石作的《商鞅》一诗："自古驱民在信诚，一言为重百金轻。今人不可非商鞅，商鞅能令政必行。"深刻而生动地揭示了诚信在治理国家过程中的重要作用。当代中国是社会主义国家，建设诚信政府，提高政府的公信力，真正取信于民，是建设高度社会主义政治文明的重要内容。以胡锦涛总书记为核心的新一代领导集体采取了一系列打造诚信政府、建立诚信政治机制的措施，扩大了人民对干部选拔任用的知情权、参与权、选择权和监督权等，体现了党和政府依据民主原则为人民办实事和取信于民的坚强决心，受到了人民群众的热烈拥护和欢迎，使社会主义民主政治建设展现出诱人的发展前景。

诚信是一个国家的道德秩序和价值观念的具体反映，是社会精神文明程度和国家竞争力、软实力的重要内涵之一，是民族文明是否昌明的生动体现。在各种各样的社会经济活动中，在人与人、人与社会组织以及不同社会组织之间的交往中，诚信可以起到加强沟通，增进了解和信任，增强社会凝聚力，进而促进社会和谐的作用。

【思考与练习】

1. 试述社会主义集体主义道德原则的主要内容。
2. 社会主义人道主义的基本特征表现何在？
3. 谈谈你对社会公平正义原则的看法。
4. 试述诚实信用原则的社会价值。

---

① （唐）吴兢：《贞观政要·论君道第一》，5页，北京，团结出版社，1996。
② （唐）吴兢：《贞观政要·论诚信第十七》，258～259页，北京，团结出版社，1996。

第六章　社会主义道德的基本规范

　　道德规范是对一定社会道德关系的反映和对人们道德行为要求的概括，是从一定社会或阶级利益出发，用以调整人与人、人与社会集体之间诸种利益关系的行为准则，也是评价、判断人们行为善恶的标准。道德规范是道德核心和道德原则的具体化和现实体现，既表达着道德核心和道德原则的总要求和基本精神，又对道德核心和道德原则起到深化、补充和完善的作用。历史上的道德规范主要有两种基本范式，即倡导性规范和禁止性规范。倡导性规范是社会以鼓励、褒奖的方式加以引导，号召公众去积极付诸实施的社会行为准则，如救死扶伤、拾金不昧、见义勇为、助人为乐等。禁止性规范是社会以惩罚、警告的方式加以制止的不良行为准则。它是社会组织为防范某些人侵害他人利益，达到维护绝大多数人的利益，而提出的一些禁令，如不准随地吐痰、不准打架骂人、不准偷盗等。倡导性规范体现了一个社会的美德，禁止性规范体现了一个社会的秩序。对于任何一个社会的稳定和发展，两者都是不可或缺的。两者对个体社会行为的调节功能是有区别的，前者重在"激励"，后者重在"抑制"。

　　在人类漫长的道德生活中，道德规范作为人类道德行为的基本准则，从古至今，曾有过形态各异的表现形式。这些道德规范，不但其所包含的具体道德内容是由一定的社会关系和道德关系所决定的，就是它们各自的具体形态，也是由不同的社会关系和道德关系所赋予的。社会主义道德规范是人类历史上最先进和最具道义性的行为规范，是社会主义道德核心和道德原则的具体体现。爱祖国、爱人民、爱劳动、爱科学、爱社会主义既是我国宪法对公民基本义务的规定，也是社会主义道德的基本要求。依据"五爱"的基本要求，再结合现阶段道德规范的不同特点和要求，我们认为社会主义道德的基本规范，主要有忠于祖国，热爱人民，敬重劳动，崇尚科学，保护环境。这五项规范不只是局限于爱德一个德目，而且有了忠德、敬德和尚德，增补了"爱护环境"一个德目，并将爱社会主义纳入爱社会主义祖国和人民中。这五项道德规范是社会主义道德的基本规范。

第一节　忠于祖国

　　忠于祖国是一种道德信念，更是公民应该遵循的基本道德规范。祖国是祖祖辈辈生长于斯的地方，是我们每一个人居住于斯、成长于斯的国度，作为承载自己血缘血脉和文化血脉的社会共同体,祖国既是我们的母亲,更是我们精神情感的来源和依靠。因此,忠于祖国是一个公民应该有的行为准则和道德规范。将忠心献给祖国是现代伦理文明的要求。

一、忠诚、祖国与爱国主义

"忠"的观念是中国传统伦理思想和道德生活的重要支柱。《说文解字》曰:"忠,敬也,尽心曰忠。从心中,中声",段玉裁注曰:"敬者,肃也,未有尽心而不敬者。"忠是一种从内心深处发出的敬爱之情。这种敬爱表现在做事上,即所谓"事思敬",意思就是以一种恭敬端肃的态度尽心尽力做好某事。中者正也。中之在心曰忠。"忠"最原生的意思是指尽心竭力、全身心地投入到某项工作或活动,同时包含对人、社会共同体和价值目标或理想的忠诚。忠,从其性质和类型上讲,可区分为"私忠"与"公忠"。"私忠"是指对君主、主人、上司等的忠诚和拥戴;"公忠"是指对民族、社稷、国家等的忠诚和敬意。公忠,是中国传统道德的重要规范。在中国封建社会伦理纲常中,公忠被看做"为国之本","天下大公之道",是社会的最高道德准则,"义理之归"。公忠直接关涉着社稷安危、天下兴亡。它要求人们"以公灭私""临患不忘国""天下为公""公而忘私""至公无私"。

祖国的原始含义就是列祖列宗们的共同生活区域,也就是我们现代意义上的父母之邦。祖国,即祖祖辈辈居住于斯、生长于斯的国家,也是自己生活于斯的国度。一般而言,祖国这一概念至少包含着三层意思:第一,一定区域内的土地、山河等自然风貌和矿产、森林、物产等自然资源所构成的国土。第二,由共同的经济生活、语言文化、社会心理、历史传统等纵横交织的社会关系紧密连成一体的人民或国民。第三,为了维护社会共同体的秩序、安全、主权和稳定而建立起来实施阶级统治的强力政治机构——国家。由此可见,祖国是一个集自然、政治、经济、文化与历史为一体的综合概念,是由一定社会历史阶段上、一定区域内的国土、国民和国家机器等基本要素构成的人类生存的社会共同体。

对祖国的忠诚形成爱国的思想意识和爱国主义道德规范。爱国即对自己所生活的国土和国家的热爱。"爱国心者,起于人民与国土之感情,犹家人之爱其居室田产也。行国之民,逐水草而徙,无定居之地,则无所谓爱国。及其土著也,划封疆,辟草莱,耕耘建筑,尽瘁于斯,而后有爱恋土地之心,是谓爱国之滥觞。至于土地渐廓,有城郭焉,有都邑焉,有政府百执事焉。自其法律典例之成立,风俗习惯之沿革,与夫语言文章之应用,皆划然自成为一国,而又与他国相交涉，于是乎爱国之心，始为人民之义务矣。"①"爱国"一词在我国历史上出现较早。《战国策·西周》中就有"周君岂能无爱国哉？恐一日之亡国而忧大王"的说法。东汉时荀悦作《汉纪》，其中也有"亲民如子，爱国如家"的提法。《礼记·儒行》中说："苟利国家，不求富贵。"此后"爱国"一词便不绝于书。"天下兴亡，匹夫有责"成为历代仁人志士的共同心声，尽忠报国、舍生取义成为中华民族的优良传统。西方在古希腊的《荷马史诗》中，就有"为国捐躯，虽死犹荣"的说法。拿破仑曾称赞爱国心是人类的最高道德和文明人的首要美德。英国哲学家培根把献身祖国视为最高荣誉，他说："有一种荣誉……堪称罕见的最高荣誉，即为祖国利益不怕危险，不惜捐躯。"德国著名诗人海涅认为"热爱自己的祖国是理所当然的事情"。别林斯基更是指出："谁不属于自己的祖国，他就不属于人类。"

爱国主义是爱国情感心理和思想行为的理性升华，是一种关于个人与祖国关系的理性认识，它基于人们在长期的社会实践中形成的对自己祖国的无比忠诚和热爱的深厚情感，体现了深厚的爱国之情、坚定的报国之志和高尚的效国之行的有机统一。爱国主义是历史地形成和巩固起来的对自己祖国忠诚和热爱的一种最深厚的感情。这种感情鲜明地表现为民族自尊心、自信心和自豪感，表现为争取祖国独立富强、维护祖国统一而奋斗的精神。爱国主义通过爱国的情感、爱国的思想、爱国的行为表现出来，不仅仅体现了人们对祖国深厚的感情，而且成为民族凝聚力、向心力和团结统一的精神源泉，对于每个民族和国家的生存和发展都具有不可估量的效用，它是一个民族的精神支柱和民族之魂。

二、爱国主义是中华民族精神的核心

爱国是中华民族传统的道德规范。中华民族具有历久弥新、博大深厚的爱国主义传统。中华民族有着酷爱自由、追求进步、维护民族尊严和国家主权的光荣传统。对外来侵略者无比痛恨，对卖国求荣的民族败类无比鄙视，对爱国志士无比崇敬，已成为我们最可珍贵的民族性格。热爱祖国、建设祖国、保卫祖国，维护祖国的尊严和统一，为祖国的繁荣昌盛而奋斗，是每一个中华儿女的神圣职责。在世界历史发展中，中华民族尤其把对祖国的忠、对民族的爱视为做人的根本与大节，以救国治国、兴邦兴国为人生奋斗的最高境界。因此，爱国主义精神也一直伴随着我们民族生息、斗争与发展，是我们中华民族的光荣传统和崇高品德，以及生存和发展的重要精神支柱。

---

① 蔡元培：《中学修身教科书》，见《蔡元培全集》第2卷，228页，北京，中华书局，1984。

1. 对故土家园和民族历史的爱是爱国主义的重要源泉

热爱祖国富饶美丽的山河和民族灿烂的文明，是中华民族爱国主义思想的重要源泉。

艾青饱含深情地吟唱："为什么我的眼里常含泪水？因为我对这土地爱得深沉。"爱国主义这种对祖国的最深厚的感情，首先表现在人们对于祖国的一草一木、一山一水的热爱之中。人们对于养育自己成长而又美不胜收的青山绿水、肥田沃土自然会产生热烈的赞美和依恋之情。那莽莽无际的原野、奔腾浩荡的江河、巍峨灵秀的名山大川、苍茫辽阔的草原，为我们提供了极为生动、极富魅力的情感素材，使我们获得了巨大的精神力量，产生出高昂的自豪感。从久远的上古以来，生活在这块土地上的中国人，就形成并深化着热爱祖国山河大地的感情。古往今来，热爱乡土，保卫乡土，建设乡土已成为中华民族爱国主义活动的一个重要内容。一草一木总关情，我们对祖国的爱最早就是从这片哺育自己的土地开始的。

中华各民族牢不可破的团结，是中华民族凝聚力的又一表现，也是中华民族无愧为一个伟大的民族的表现。作为一个由 56 个民族组成的大家庭，中华民族是世界上开化较早和具有悠久文明史的民族，在原始社会末期，以黄帝部族为主，逐步融合了炎帝部族、九黎部族等其他一些部落，形成炎黄部族或华夏族。从此，炎黄成为中华民族共同的祖先，各民族均以"炎黄子孙""龙的传人"和"华夏后裔"而颇感自豪。公元前 221 年，秦始皇统一中国，建立了中央集权的封建制国家，中国开始成为统一的多民族国家。在长期的融合过程中，我国各民族各自的优势和特点都得到充分发展和表现，形成各自引以为豪的文化传统和文明成果。

2. "爱国如家，忧国如家"是中华民族爱国主义的鲜明特点

爱国主义之所以在我国有着至高无上的重要地位，与中国历史传统的特殊性密切相关。中文"国家"一词是由"国"与"家"结合为一的复合词。家与国紧紧联系在一起，家庭影响着国家，国家又制约着每个家庭及其成员。国家被视为一个放大的家庭。由于每个人和自己的家庭，每个家庭和自己的国家，都紧紧联系在一起，因此，人们对家、对国都有深厚感情，热爱自己的祖国成为极其自然的事情。

中华民族对于祖国的强烈感情，经常表现在对国家民族命运的担忧上。唐代李白的"中夜四五叹，常为大国忧"，宋代苏洵的"贤者不悲其身死，而忧其国之衰"，清末的秋瑾的"如许伤心家国恨，哪堪客里度春风"，都是很多爱国知识分子"忧国如家"的写照。爱国主义的情感和行为，历来都被视为品质高尚的象征。

　　自古以来，中国人民最钦佩和敬重的是那些赤胆忠心、鞠躬尽瘁、慷慨就义的爱国者；最痛恨的是那些丧失国格人格、卖国求荣的民族败类。为祖国和民族的利益英勇献身或立下丰功伟绩的人，都会名垂青史，为世代所崇敬和歌颂。如南宋著名爱国将领岳飞、文天祥，收复台湾的南明将领郑成功，甲午海战中勇撞敌舰的邓世昌，都是传颂后世的民族英雄。反之，那些背叛祖国、出卖民族和人民利益的人，总是要受到人民的唾弃，乃至遗臭万年。

　　3. 热爱祖国，报效国家是中华民族爱国主义精神的核心

　　爱国主义是凝聚中华民族的伟大旗帜。爱国主义作为一种浓烈的情感和内心的信念，始终激励人们去担当对祖国应负有的责任和使命，把祖国的兴亡与自身存在联结在一起，把国家安危放在心上。《诗经》中，就借慷慨从军的武士之口，表达了与王同仇、爱国杀敌的职责意识："王于兴师，修我戈矛。与子同仇！"《左传》中提出："将死不忘卫社稷，可不谓忠乎？"战国时期著名军事家吴起要求军人要具有"师出之日，有死之荣，无生之辱"的为国视死如归的荣辱观。三国时诸葛亮要求军队特别是将帅要做到"以身殉国，壹意而已"。老将廉颇不顾年迈，请缨杀敌；卫青、霍去病抗击外敌，出生入死国而忘家；名将马援以"马革裹尸"自誓，宣告"男儿当死于边野，以马革裹尸还葬"，并予以实践；班超投笔从戎，终于平定西域；岳飞、杨家将精忠报国，满门忠烈；戚继光、郑成功荡平外寇，名扬华夏；冯子材、邓世昌英勇抗敌，威震海外，至今仍为人们所赞颂。在我国历史上，爱国主义历来就是动员和鼓舞人民团结奋斗的一面旗帜，是各族人民共同的精神，在维护祖国统一和民族团结、抵御外来侵略和推动社会进步中，发挥了重大作用。爱国主义集中地反映了每个历史时期的社会主题，代表了中国各族人民的根本利益和愿望。

三、社会主义爱国主义的特点与要求

　　社会主义爱国主义是中华民族爱国主义在新的历史条件下的继承和发展，是建立在社会主义基本制度基础上的爱国主义，因而也是爱国主义发展的最高阶段，代表着人类爱国主义发展的新境界和新水平。

　　社会主义爱国主义是爱国主义与社会主义的有机结合，是建立在社会主义制度基础上的以促进和发展社会主义为目标的爱国主义，同忠于社会主义革命和建设事业紧密联系在一起的人类历史上最先进、最崇高的爱国主义。邓小平指出："中国人民有自己的民族自尊心和自豪感，以热爱祖国、贡献全部力量建设社会主义祖国为最大光荣，以损害社会主义祖国利益、尊严和荣誉为最大

耻辱。"① 党的"十六大"报告把中华民族在五千多年的历史发展中形成的中华民族精神概括为：以爱国主义为核心的团结统一、爱好和平、勤劳勇敢、自强不息的伟大民族精神。在当代中国，爱国主义的主题就是实现国家繁荣富强和人民共同富裕，建设和发展中国特色社会主义。社会主义是中国人民的历史选择，是中国走向现代化的必由之路。今天，全体社会主义劳动者、拥护社会主义的爱国者，都越来越自觉地认识到，只有社会主义能够救中国，只有社会主义能够发展中国。

　　社会主义爱国主义是和无产阶级的国际主义，同民族平等和民族团结联系在一起的爱国主义，体现着开放、平等和团结的价值特质，因此是凝聚各族人民的精神核心和促进中国各族人民大团结的道德基础。社会主义爱国主义是在无产阶级爱国主义基础上发展起来的。无产阶级解放事业的国际性和国家范围的民族性，决定了无产阶级的国际主义与爱国主义的统一。无产阶级支持进步的民族主义运动，坚决反对大国沙文主义、民族利己主义等反动的民族主义倾向，尤其反对各种色彩的霸权主义。无产阶级国际主义是指无产阶级坚持国际团结的根本观点，它的基础是全世界各国无产阶级具有共同的利益和奋斗目标。无产阶级国际主义要求各国无产阶级及其政党把本国人民的利益和革命斗争与世界人民的利益和革命斗争结合起来，在独立自主的前提下，彼此同情，密切合作，相互支持。社会主义国家要对其他国家和人民的正义斗争提供力所能及的援助。当代国际关系的发展，使得和平共处五项原则成为公认的一切国家之间关系的共同准则。社会主义国家之间只有恪守和平共处五项原则，才能真正切实贯彻无产阶级国际主义，进一步加强各个领域的交流与合作。

　　正确应对经济全球化趋势是现时代爱国主义的基本课题。在全球化进程中，民族国家的作用不是更小而是更大了，不是在阻滞发展而是推动进步。全球化现象并不像有些人所说的那样带来世界大同，它在促进全球一体化的同时，也在制造全球大分裂，国家还远没有到被所谓"世界国家"取代的时候。我们必须正确认识全球化，积极应对全球化，努力促使形成健康而和谐的全球化，坚持以国家和民族的根本利益为出发点，在爱国主义的旗帜下，形成强大的民族凝聚力和民族经济，才能使中华民族战胜全球化的挑战，屹立于世界民族，并对全球化作出贡献，建设一个持久和平、共同繁荣的和谐世界。

　　在社会主义社会，忠于祖国反映了社会主义国家公民与祖国之间的关系，

---

　　① 邓小平：《中国共产党第十二次全国代表大会开幕词》，见《邓小平文选》第3卷，3页，北京，人民出版社，1993。

是调节公民个人利益与国家民族利益的重要规范，是对我国传统美德的继承和发展，是我国各族人民团结互助、共同繁荣的道德基础，也是每个公民神圣的职责和应尽的义务。

第二节　热爱人民

　　忠于祖国同热爱人民有一种内在的联系，人民是祖国的主人，是祖国历史文化的创造者。中国历史上的爱国主义总是充溢着忧国忧民、爱国爱民、利国利民的精神和行为因子。在社会主义时期，与忠于祖国相关联的道德规范是热爱人民。如果说忠于祖国落脚到一个"忠"字，是忠德精神的集中彰显和社会化要求，那么热爱人民则落脚到一个"爱"字，是爱德精神的集中彰显和生动体现。生逢当今之世的每一个中国人，在道德上的责任和义务即是要将忠心献给祖国，将爱心献给人民。这不仅是社会主义社会道德的基本规范，也是社会主义个体道德的内在要求。

一、仁民爱人是基本的道德规范

　　爱是心灵友善的一种表示，意味着人们对世界事物和生命特别是人的关心与爱护。生而为人，既需要别人的爱，也需要爱别人。许多伦理学家大多倡导爱人并提出如何爱人的理论。

　　孔子所建立的仁学主张"己欲立而立人，己欲达而达人""己所不欲，勿施于人"，并由此主张"泛爱众"。儒家的"仁爱"是一种有差等的爱，是推己及人，由亲及疏，由近及远的爱。即要求以对父母兄弟之爱为同心圆的圆心，层层外推，逐渐扩充到对宗族、国家和社会的爱。在孔子看来，基于血缘亲情的对父母之孝，是人生须尽的天然的义务，是仁的最起码的要求，也是仁的起点，一个人要是对生养自己的父母都不肯尽孝，就根本谈不上对他人的仁爱。爱是仁的一般原则，血缘亲情是仁的自然基础。由这一基础提升而达到"人人不独亲其亲，不独子其子"的境界。孟子继承并发展了孔子的思想，一方面坚持仁爱的尊卑亲疏远近原则，强调爱亲敬长的伦理意义；另一方面又以此出发强调仁民爱物。"亲亲而仁民，仁民而爱物"这一命题，不仅申明了仁民爱物必须以满足亲亲之情为前提的原则，而且也提出了在满足了亲亲之情之后，必须将此爱心向外扩展的道德要求。仁虽然始于亲，却不终于亲，这是仁能够成为人类最普遍的道德原则的关键所在。由"亲亲"推展到"仁民"，再由"仁民"扩充到"爱物"，清楚地表达了仁的层次递进性的思想。在这三个递进的层次中，"亲亲"是仁的自然基础，"仁民"是仁的核心和重点，"爱物"则是仁的最终完成。

墨家的"兼爱"是一种无差等的爱，要求人们抛却血缘和等级差别的观念，爱人如己。"视人之国若视其国，视人之家若视其家，视人之身若视其身。"① 墨子从"夫爱人者，人从而爱之"的认识出发，倡导"兼爱"，并以此达到"国与国不相攻，家与家不相乱，盗贼无有，君臣父子皆能孝慈"良好局面的伦理对策。在墨子看来，"先从事乎爱利人之亲"，则人们就"报我以爱利吾亲也"②，我爱人人，人人爱我，"天下之人皆相爱，强不执弱，众不劫寡，富不侮贫，贵不敖贱，诈不欺愚"③。天下都在爱的逻辑中相利相生，是以老无妻子者，有所侍养，以终其寿；幼弱孤童之无父母者，有所归依，以长其身，如此，"凡天下祸篡怨恨，可使毋起者，以相爱生也"。墨子的思想，反映了在动乱社会中的小生产者和农民渴望安宁、平等、互利的生活愿望。

近代孙中山将儒家仁爱和墨家兼爱融合起来，既主张光大仁爱，又主张博爱，并认为社会主义的真髓就是博爱、平等、自由。孙中山主张光大中华民族忠孝、仁爱、信义、和平的好道德，指出"仁爱也是中国的好道德"，"古时在政治一方面所讲爱的道理，有所谓'仁民爱物'，有所谓'爱民如子'，无论对于什么事，都是用爱去包括"④。他号召国人"把仁爱恢复起来，再去发扬光大"。他认为墨家的"兼爱"说表达了一种近于平等的要求，应把它作为民族文化中"固有"的好道德，以此建设新社会文明。并非常明确地表示："为四万万人谋幸福，就是博爱。"孙中山认为，社会主义之真髓，就在于主张博爱、平等、自由，"为人类谋幸福，普遍普及，地尽五洲，时历万世"。"此社会主义博爱，所以得博爱之精神。"

社会主义消灭了人剥削人、人压迫人的制度，人民群众翻身当家做了社会的主人，从而使仁民爱人真正成为一种现实。如果说在阶级社会里，真正的仁民爱人很难落到实处，总是带有历史的局限性和阶级的偏见，那么到了社会主义社会里，仁民爱人将从一种理想和呼唤变成一种生动的道德实践。在社会主义社会里，人民不仅是物质财富的创造者，而且也是精神财富的创造者和历史

---

① 《墨子·兼爱中》，见（清）孙诒让：《墨子闲诂》上，102 页，北京，中华书局，2001。

② 同上书，124 页。

③ 同上书，102 页。

④ 孙中山：《军人精神教育》，见《孙中山全集》第 9 卷，244 页，北京，中华书局，2010。

进步的动力，是社会主义事业的建设者和生力军。热爱人民才能感受到人民的伟大，才能始终相信人民、尊重人民，培育出与人民群众的真实而深厚的道德感情。

二、热爱人民的具体要求

热爱人民是在重视人的价值和尊严的基础上，强调人是发展目的、手段和主体的统一，同时又是对人民群众利益、愿望和价值的尊重与满足，充分体现了社会尊重人的一切权利，关心最广大人民群众的根本利益的大爱价值。这种关心最广大人民群众的伦理情怀既不同于封建社会的"仁爱"精神，也不同于资产阶级的"博爱"精神和西方社会的"神爱"精神，而是马克思主义的人文精神同中国特色社会主义实践相结合，培育形成的社会主义道德精华，体现了社会主义道德的基本精神和价值取向，与社会主义核心价值体系在本质上保持了高度一致。

热爱人民意味着对人民有一种深度的关怀和热爱之情，人民成为热爱的对象和目的。人民群众是社会物质财富和精神财富的创造者，是推动社会历史前进的根本动力。人民群众的根本利益真正代表了社会的整体利益。无论在什么历史条件下，人民群众都是社会的主体。把爱人民确立为社会主义道德的基本规范，对于增进人民团结、稳定国家秩序都有十分重要的意义。在改革开放的新时期，邓小平同志强调要把人民满意不满意、人民高兴不高兴、人民赞成不赞成作为检验我们一切工作的标准，他以"我是中国人民的儿子"作为他对人民的信仰和尊重。热爱人民群众，就要深入人民群众之中，了解人民群众，认识人民群众；站在人民群众的立场上，与人民群众建立深厚的感情；密切联系群众，倾听人民群众的呼声，尊重人民群众的积极性和首创精神。

爱人民就要牢记广大人民的根本利益，时刻关心人民群众的疾苦，想人民之所想，急人民之所急，努力为人民群众办好事、办实事；关心人民的民主权利和物质利益；在一切工作中坚持群众路线，密切联系群众；关心同志，热爱同志，在人们之间建立起和睦、团结、友好、信任的关系；同一切危害人民利益的言行作斗争。

爱人民是同尊重人民紧密联系在一起的。尊重人就是要尊重生命权利、尊重人格尊严、尊重人性需求。尊重人不能掺杂任何其他因素，人受到尊重的唯一理由就是因为他是"人"，有人生的权利，人格的尊严，人性的关爱，不能因其地位高低、身份差异、权力大小、贫富悬殊而有所改变。高贵与低贱、聪灵与愚钝、健全与残疾、年长与年幼在"人"字面前一律平等、一视同仁。

三、热爱人民的当代实践

"爱人民"的伦理实质就是要从政治伦理架构的基础上使人成为社会政治生活中真正意义上的主体，并使其居于本位；就是要在社会道德建设的现实中让人人都把每一个人当作人来对待，尊重人的基本权利、价值和尊严，在思想认识和行为实践中让人民成为我们社会真正的主人。

"十六大"以来，以胡锦涛为总书记的党中央将热爱人民付诸实践，提出了一系列亲民、为民、关注民生的思想，如"权为民所用，情为民所系，利为民所谋"，"坚持为了人民、依靠人民，诚心诚意为人民谋利益，从人民群众中汲取智慧和力量，始终保持党同人民群众的血肉联系"，"坚持问政于民、问需于民、问计于民，真诚倾听群众呼声，真实反映群众愿望，真情关心群众疾苦，依法保障人民群众经济、政治、文化、社会等各项权益"以及"拜人民为师"等，并在实践中贯彻执行，取得了显著的效果。近年来，在抗击汶川地震、玉树地震和舟曲特大泥石流的实践中，党中央团结和带领全国各族人民谱写了一曲曲惊天地、泣鬼神的社会主义大爱篇章，使"爱人民"深入人心，落实到抢救人民生命、解决人民生活、帮助人民发展生产的每一个方面。当代中国共产党人以关爱民生的殷殷情怀、一往无前的英雄气概、率先垂范的人格力量、快速有效的生死营救、井然有序的灾后重建，经受住了非同寻常的洗礼和考验。我们党和政府以一系列严密有序的行动，如首次启动国家Ⅰ级救灾应急响应方案，把抢救人的生命放在第一位，坚持信息公开透明，设立国家哀悼日，堰塞湖导流排险、疏散转移下游群众，确保大灾无大疫，在抗震救灾中重视心理救助、心理疏导与人文关怀，等等，彰显了我们党"人民主权""执政为民"的执政理念，反映了社会主义伦理文明的基本精神和现时代伦理文化发展变化的新要求。

民生问题，即有关国民的生计与生活问题。孙中山曾将民生问题概括为衣、食、住、行四要素。而这四要素的具体内容是随时代的发展而发展的。改革开放初期，民生问题主要是城乡居民的衣食之忧，解决当时的民生问题也主要是解决人民的衣食之忧，解决温饱问题。经过30多年经济社会的快速发展，我国大多数城乡居民进入了小康生活，面临的突出问题便是如何更好地满足新的物质和文化需求。同计划经济时代相比，现时代更显露出教育作为民生之基、就业作为民生之本、收入分配作为民生之源、社会保障作为民生之安全网的重要性。

关注和改善民生要以"解决人民群众最关心、最直接、最现实的利益问题为重点"，采取有效措施让人民的权益得到切实尊重和保障，形成合理有序的收人分配格局，家庭财产普遍增加，努力使全体人民学有所教、劳有所得、病有所医、老有所养、住有所居，人民过上更加富足的生活。改善民生，不仅要解决老百姓的生存问题，更要解决老百姓的发展问题。教育是民生之基，就业是民生之本，就医是民生之急，分配是民生之源，社保是民生之依。近年来，党和政府采取一系列有效措施，着力解决老百姓买房难、上学难、看病难的"三难"问题，统筹城乡、支农惠农、加快社会主义新农村建设，实施一系列就业创业扶持政策，解决就业问题，全面破解社保难题，建立覆盖城乡的社会保障体系，使民生问题得到比较好的解决，以人为本的原则和精神得到较好的贯彻。

关注民生彰显了我们社会的民生关怀，是关怀伦理在当代的新发展，体现了中国当代伦理精神的人本化和民生化发展成果，具有重要的理论创新和现实意义。

第三节　敬重劳动

敬是爱的提升和强化。敬德是中华民族传统道德文化中的重要一德，指人们对待事业、理想、价值、道德和一切生命现象的敬重、敬畏、敬意和敬爱。在中华伦理文明发端的周代就形成了"敬德"的传统。"一个敬字，实贯穿于周初人的一切生活之中，这是直承忧患意识的警惕性而来的精神敛抑、集中及对事的谨慎、认真的心理状态。这是人在时时反省自己的行为，规整自己的行为的心理状态。"周初人们所推崇和强调的"敬德"，凸显出对事情、事业的责任与担当，肯定主体的积极性和不敢懈怠的精神品质。"周人建立了一个由'敬'所贯注的'敬德'、'明德'的观念世界，来照察、指导自己的行为，对自己的行为负责，这正是中国人文精神最早的出现；而此种人文精神，是以'敬'为其动力的，这便使其成为担当的性格，与西方之所谓'人文主义'，有其最大不同的内容。"[①] 儒家有"敬以直内，义以方外，敬义立而德不孤"的思想，程颢视敬为"人事之本"，朱熹更有"敬字功夫，乃圣门第一义，彻头彻尾，不可顷刻间断"。在马克思主义看来，人类最值得敬重的是劳动，这不仅因为人起源于劳动，而且因为劳动创造人类、劳动创造财富、劳动创造价值、劳动创造幸福、劳动创造一切。敬重劳动是社会主义社会道德的基本规范，也是每一个人应当具备的基本品德和素质。

---

① 徐复观：《中国人性论史》，15～16 页，上海，华东师范大学出版社，2005。

一、劳动的伦理价值

劳动是人类社会存在和发展的最基本的条件，是道德产生的母体，同时也是促进道德进步的源泉，是美德和健康人格形成的基础。

首先，劳动是人类存在和发展的基础。马克思说："任何一个民族，如果停止劳动，不用说一年，就是几个星期，也要灭亡。"一个国家、一个民族，如果停止劳动就无法生存，更谈不上发展。劳动创造了人本身，促进了人类智力和体力的全面发展；劳动推动了生产力的发展，劳动创造了人类社会，形成了社会生产关系，同时也产生了调整人与人之间关系的道德；劳动创造了人类的一切文明。社会的一切发展和进步最终都要靠劳动来实现。离开劳动，知识形不成力量，人才无法成长，创造就会失去方向。"民生在勤，勤则不匮。"因为一切物质和精神财富的创造都离不开辛勤的劳动。在西周时期的典籍中，就已经有了"慎之劳，劳则富"的说法。周初的统治者不仅宣传天子文王曾亲自参加田间劳动，从早工作到日中都不休息，而且还教导大小贵族即"君子"们，要懂得"稼穑之艰难"，然后才可以"逸"，才可以"知小人之依"。古希腊赫西俄德的《工作与时日》谴责懒惰，歌颂劳动，认为"活着而无所事事的人，神和人都会痛之恨之，因为其禀性有如无刺的雄蜂，只吃不做，白白浪费工蜂的劳动"。"人类只有通过劳动才能增加羊群和财富，而且也只有从事劳动才能备受永生神灵的眷爱。劳动不是耻辱，耻辱是懒惰。"① 劳动是人世间最富有意义的事情，因此无论如何人们都得努力劳作。

其次，劳动是人之所以为人的一种本质属性和人类所特有的一种本能。"正是这种充满生机和活力的本能推动人们不断地创造，从而推动各个民族、各个种族的人类不断向前发展。人们为了生活，就必须用自己的双手辛勤地劳动，这是一种不可违背的客观必然性。从另外一种意义上讲，人们要享受真正的人生，享受真正的生活，也必须从事这样或那样的劳动。只有在劳动中，人们才能找到无尽的快乐，才能创造美好的生活。"② 人类就是在一代又一代的劳动中生存、繁衍和发展的；人们利用上帝给的一双手，通过自己的努力、自己的付出和奉献，积聚财富，创造生活，一切都是自己奋斗来的血汗。人类一旦停止了劳动，就失去了衣食之源；一个人一旦厌恶劳动，等于又回到了动物。

---

① ［古希腊］赫西俄德：《工作与时日 神谱》，张竹明、蒋平译，10 页，北京，商务印书馆，1991。

② ［英］斯迈尔斯：《品格的力量》，宋景堂等译，86 页，北京，北京图书馆出版社，1999。

最后，劳动不仅是一种尊严，更是一种美丽。李大钊提出"尊劳主义"，认为人生求乐的方法，莫过于尊重劳动。"一切乐境，都可由劳动得来，一切苦境，都可由劳动解脱。"他告诫青年，如果要寻求真正的幸福，就需要热爱和尊重劳动。"青年呵！你们要晓得劳动的人，实在不知道苦是什么东西。譬如身子疲乏，若去劳动一时半刻，顿得非常的爽快。隆冬的时候，若是坐着洋车出门，把浑身冻得战栗，若是步行走个十里五里，顿觉周身温暖。免苦的好法子，就是劳动。这叫作尊劳主义。"① 劳动为一切物质财富的源泉，一切物质财富，都是劳动的结果。人们日常生活所需要的吃穿住用没有一样不是从劳动中得来。这是很容易晓得的。劳动使人聪颖，劳动使人进步，劳动使人类的精神生活变得丰富多彩。人们不仅从劳动中可以创造赖以生存的物质财富，而且还可以得到很多情感上的满足。在劳动的环境中，我们得到了不可缺少的人类间的交流；从劳动的成果上，人们得到了更大的满足。

社会主义社会是劳动人民当家做主的社会，劳动光荣、懒惰可耻日益深入人心，并成为一种普遍的道德观念。毛泽东曾经指出："社会主义制度的建立给我们开辟了一条到达理想境界的道路，而理想境界的实现还要靠我们的辛勤劳动。"② 中国社会主义是在生产力发展水平且不平衡的基础上建立起来的，要使全体人民懂得："我们的国家现在还是一个很穷的国家，并且不可能在短时间内根本改变这种状态，全靠青年和全体人民在几十年时间内，团结奋斗，用自己的双手创造出一个富强的国家。"③ 那种以为到了社会主义就可以不需劳动而享清福的观念显然是不对的。在社会主义社会，劳动既是每个公民的义务，又是每个公民的权利，每一个有劳动能力的人都应该通过诚实劳动和合法经营为社会创造财富，以正当手段获取劳动报酬。

二、敬重劳动的伦理要求

敬重劳动，从伦理上讲，首先就是树立劳动的权威，形成以劳动为光荣、不劳动或好逸恶劳为耻辱的价值观念。我们国家要实现全面建设小康社会的目标，实现我们国家的真正强盛和人民的全面富足，需要全体人民继续辛勤工作，继续付出十倍甚至百倍的努力，继续艰苦奋斗几十年以至更长的时间。党

---

① 李大钊：《现代青年活动的方向》，见《李大钊文集》（上），665页，北京，人民出版社，1984。

② 毛泽东：《关于正确处理人民内部矛盾的问题》，见《毛泽东文集》第7卷，226页，北京，人民出版社，1999。

③ 同上。

提倡的"以辛勤劳动为荣、以好逸恶劳为耻",就是要把辛勤劳动当做美德去大力倡导,去发扬光大。小到个人、家庭,大到民族、国家,坚持辛勤劳动就能兴旺发达;而好逸恶劳、贪图享乐,则只能衰败、灭亡。与热爱劳动相对立的是好逸恶劳和懒惰。自古以来,人们就将懒惰和好逸恶劳视为败德和万恶之源。懒惰只会导致精神的抛荒和品德的沦丧。没有一种真正的伦理学会歌颂或肯定懒惰。"懒惰会吞噬一个人的心灵,就像灰尘可以使铁生锈一样,懒惰可以轻而易举地毁掉一个人,乃至一个民族。"① 马其顿国王亚历山大在征服波斯人之后目睹波斯人厌恶劳动的情景深有感触地说:"没有什么东西比懒惰和贪图享受更容易使一个民族奴颜婢膝的了;也没有什么比辛勤劳动的人们更高尚的了。"② 懒惰从来没有也不可能在历史上留下好名声,"懒惰是一种精神腐蚀剂,因为懒惰,人们不愿意爬过一个小山岗;因为懒惰,人们不愿意去战胜那些完全可以战胜的困难,因此,那些生性懒惰的人不可能在社会生活中成为一个成功者,他们永远是失败者……懒惰是一种恶劣而卑鄙的精神重负。人们一旦背上了懒惰这个包袱,就只会整天怨天尤人,精神沮丧、无所事事,这种人完全是一种对社会无用的卑鄙之人。"③ 懒惰的人是一种废物,他活着于他人毫无助益,只会增加他人的痛苦和厌恶。

其次,应当尊重劳动,维护劳动者的正当权益。劳动既然是光荣的、体面的事情,理应受到尊重,受到保护。国家实行按劳分配、多劳多得、不劳动者不得食的分配原则是为了更好地保护劳动者的积极性。在中华人民共和国奠基的阶段,"劳动"被视为国家和社会的"拱心石",既是国家和社会的荣誉,更是个人崇尚的美德。在当代,随着现代化建设规模的不断扩大和经济联系的日益复杂,以及劳动节奏、生活节奏的加快,对遵守劳动纪律提出了更加严格的要求。因此,每一个劳动者,必须勤俭敬业,自觉遵守劳动纪律,遵守操作规程,以恭敬认真的态度对待工作,勤奋努力,不偷懒、不怠工。在劳动中还必须诚实守信,只有靠诚实劳动获得的利益和财富才是值得尊重的。

最后,敬重劳动必然表现为对工人、农民和知识分子劳动成果的尊重和对其社会地位的高度评价。劳动作为社会主义的枢纽概念和核心价值,包含了对劳动者特别是工人阶级社会领导地位、主人翁地位的确认,对一种以劳动为价

---

① ［英］斯迈尔斯:《品格的力量》,宋景堂等译,86页,北京,北京图书馆出版社,1999。

② 同上。

③ 同上书,88页。

值基础的经济秩序的诉求，以及"爱劳动"的社会伦理主张。

"历览前贤国与家，成由勤俭败由奢。"只有明荣辱，正是非，与一切贪图安逸，轻视、鄙视劳动的观念和行为决裂，才能逐步形成劳动光荣、知识崇高、人才宝贵、创造伟大的时代。在历史长河中，无论环境条件怎样变化，劳动作为人类文明进步的基本动力源泉都不会变；无论思想观念怎样变化，劳动最光荣、劳动者最伟大的基本价值观念都不能变。我们要继续发扬劳动光荣传统，以辛勤劳动去创造社会财富，实现人生价值，让生活更加美好！

三、"体面劳动"和劳动者尊严

"十六大"以来，以胡锦涛为总书记的党中央针对市场经济条件下"劳动"遭遇资本、技术、管理等夹击，在社会财富过程中被弱化等社会现实，主张尊重劳动、热爱劳动、敬重劳动，并为此出台了一系列重要政策，作出了重大部署，采取了一系列有力的措施，使劳动者的价值重新得以体现。胡锦涛总书记提出"体面劳动"的理念，温家宝总理强调尊重劳动者的尊严，并主张逐步提高劳动者的待遇，加大工资在国民分配中的比重，改善劳动环境。为了使"爱劳动"真正成为一种国民应有的伦理素质和道德规范，我们需要从经济分配、政治权益和文化诉求诸方面加大改革力度，凸显劳动价值在社会价值体系中的地位。

以维护劳动者权利来达至劳动光荣，以劳动光荣达至全社会尊重劳动尤其是"普通劳动"和普通劳动者，是一个负责任的政府必须奉行的价值理念和必须履行的道德义务。"劳动"承担的不仅是伦理的正义性，也是政治的正义性；不仅发展出对所有制关系的变更要求，也发展出对国家政权的新的形态想像。更为重要的是，劳动还直接指向人的尊严。要实现全体人民"活得有尊严"，首先要让全体劳动者实现"体面劳动"。劳动之所以光荣，在于劳动创造财富，全体劳动者理应共享社会所创造的全部劳动财富。

"体面劳动"必须而且应当是快乐劳动、安全劳动和有保障、留"后路"的劳动。我们应当创造条件，使劳动者的劳动成为快乐生活的源泉，劳动者感受到创造性劳动的喜悦和工作的幸福与快乐，进而心仪和迷恋劳动，赋予劳动至上的伦理价值。我们也应该而且必须确保劳动安全和安全劳动，下大力气排除劳动中的危险因素，使尊重生命、尊重劳动与改善劳动环境、提高劳动的安全系数有机地结合起来。我们应该而且必须采取果断措施维护劳动者的正当权益，解决双休日经常被剥夺，年假成奢望，超时劳动乃常态，克扣、拖欠劳动者血汗钱等问题，保障劳动者病有所医、住有所居、老有所靠、学有所教，使劳动者无顾虑地献身劳动和工作，迸发出巨大的创造积极性，促进中国特色社会主义现代化建设不断向前发展。

而今，"发展和谐劳动关系，实现体面劳动"已经成为构建和谐社会的重要组成部分和实现途径，对中国的普通劳动者的尊严和价值体现方面的关注，已经成为社会的共识。

第四节 崇尚科学

尚即崇尚，含有在敬重基础上的推崇、欣赏与向往。我国古代有"尚贤""尚智"的传统，表明人们对真理和知识的崇尚与追求。现代科学技术是人类智力发展的杰出成果，又是推动社会进步的重要力量。故此，崇尚科学是社会主义社会公民应当而且必须遵行的基本道德规范。

一、科学的伦理价值

科学技术是对客观世界系统的认识，是正确的世界观、认识论和方法论的基础，是人类文明可持续发展的不竭动力，更是人类文明永不枯竭、不断发展的最重要资源。科学作为一种社会现象、社会活动，特别是作为一种社会力量来看，其蕴含的伦理价值是十分丰富的。

首先，科学技术是人的本质力量的一种重要表征，是人区别于自然界、区别于其他动物的重要标志之一。科学的不朽的荣誉，在于它通过对人类心灵的作用，克服了人们在自己面前和在自然界面前的不安全感。科学是人类自我完善、自我发展的有力杠杆。"科学具有认识功能和实践功能，它的最终目的是以科学知识去指导人们能动改造世界，使人类在对自然界的关系中和在社会关系中获得自由。"① 科学对于解放人的思想，增进人的智慧，提高人类在自然界面前和社会生活中的主动性、自觉性都具有重大的意义。

其次，科学技术改善了人类生活的状况，使人的需要得到最大限度的满足。科学直接地，并且在很大程度上间接地生产出完全改变了人类生活的工具，给人类带来了物质上的最大实际利益。科学自工业革命以来，逐渐获得了社会的承认和尊崇。这在很大程度上取决于科学给人类带来的"好处"，诚如列宁在谈到科学技术在社会主义制度下的运用所产生的社会效益时所指出的，所有工厂和电路"电气化"，一定能使劳动条件更合乎卫生，使千百万工人免除烟雾、灰尘和泥垢之苦，能很快地把肮脏的令人厌恶的工作间变成清洁明亮的、适合人们工作的实验室。家家户户有了电灯和明亮的电气取暖设备，就能

---

① 许良英等编译：《爱因斯坦文集》第3卷，137页，北京，商务印书馆，1979。

使千百万"家庭女奴隶"不再把一生中大部分时光消磨在乌烟瘴气的厨房里。科学给人类带来莫大的恩惠，使人类的需要得到了满足，因此，人们有充分的理由把科学看成是内含善的价值的"精灵"。

再次，科学是推动道德进步的重要力量。科学因其具有的解释性特征内含着人类善的希冀和企盼，因其创造性、目的性特征而使其成为人类善实现的有效途径和手段。人类对美好社会和生存状态的追求和努力，离开了科学将是不可想象的。毛泽东同志以其哲学家的深邃和政治家的洞察力对科学内含的伦理价值进行了全面的概括："自然科学是很好的东西，它能解决衣、食、住、行等生活问题，所以每个人都要赞成它，每一个人都要研究自然科学。""自然科学是人们争取自由的一种武装……人们为着要在自然界里得到自由，就要用自然科学来了解自然，克服自然和改造自然，从自然里得到自由。"①

最后，科学中的伦理意义的表现，还在于在科学运用中所体现出来的伦理二重性。如果说科学对于人类从根本上说是善的话，那么，科学技术的具体应用却给人类带来不同的社会效果。爱因斯坦指出，科学技术"一方面，它的所产生的发明把人从精疲力竭的体力劳动中解放出来，使生活更加舒适和富裕；另一方面，给人的生活带来严重的不安，使人成为技术环境的奴隶，而最大的灾难是为自己创造了大规模毁灭的手段"②。科学不仅因为其有利于人类的作为而受到了人类广泛的赞誉，而且，也因为科学巨人的巨大的毁灭性力量的生成而使善良的人们担忧，后者更是"技术悲观"主义如法兰克福学派所痛斥的对象。这从另一方面说明，科学的伦理价值不容忽视，虽然科学屡屡被运用于战争和核恐怖是根源于私有制和剥削阶级的贪欲和掠夺的本性，但它毕竟是迄今为止伴随着科学的、挥之不去的阴影，特别是在现代科学技术条件下，科学在人类发展中所体现出的某些负面效应如环境问题、生态问题更加重了人们对科学的伦理意义的关注。"科学就其意义讲从来没有像现在这样具有道德性质，因为科学发现的成果，任何时候也没有像现在这样影响人类的命运。"③

---

① 毛泽东：《在陕甘宁边区自然科学研究会成立大会上的讲话》，见《毛泽东文集》第2卷，269页，北京，人民出版社，1993。

② 王国聘：《论爱因斯坦的科学伦理思想》，载《华东师大学报》（哲社版），1992（2）。

③ 许良英等编译：《爱因斯坦文集》第3卷，259页，北京，商务印书馆，1979。

二、科学技术对伦理道德的影响

科学技术对伦理道德的影响。科学技术的进步必将影响社会伦理道德的发展。比如，随着科学技术的进步，物质财富不断增长，人们的经济条件不断改善，生活有了可靠的保证，无须身强体壮的劳力养家糊口，那种男尊女卑、重男轻女的道德观念就会变得不适宜，被男女都一样的观念所取代。

科学技术通过改变人类生活条件而影响伦理道德的发展可称为科技对伦理道德的间接影响。当然，科学技术进步也可直接影响伦理道德的发展，这表现在：

首先，科学技术作为人类一种实践活动，它本身需要道德规范，因而科学技术发展本身会孕育出一定的道德观念，即科技道德。科技道德本身就是伦理道德的一个成分，不言而喻它直接影响伦理道德。比如，科学技术的求实精神、创新精神、追求真理的精神、团结协作的精神，等等，就构成现代伦理道德的重要成分。科学精神是在人类文明进程中发展形成的，是人类文明中最宝贵的精神财富。随着科学技术的不断发展，科学精神的内涵也在不断丰富，并且影响着社会思潮。科学精神集中体现为追求真理、崇尚创新、尊重实践、弘扬理性。科学精神倡导不懈追求真理的信念和捍卫真理的勇气。科学精神的本质特征是倡导追求真理，鼓励创新，崇尚理性质疑，恪守严谨缜密的方法，坚持平等自由探索的原则；强调科学技术要服务于国家、民族和全人类的福祉。

其次，科学技术的发展，正确地揭示了客观世界的规律，使人们获得对客观世界的科学认识，直接导致人们原先由于愚昧迷信而形成的伦理道德观念被更新。比如，在科学不发达的过去，人们不知道生、老、病、死的自然规律，不了解生命的本质，对生命感到神秘敬畏，认为人身神授，生命是上帝创造的，进而认为生命神圣不可侵犯，人的生与死都应是一种纯自然的过程，不可以是人为的、人工的，人体不可以被研究，不可以被解剖，否则就是污辱上帝，亵渎神灵，是大逆不道，是极不道德的。随着科学技术的发展，生命的本质被揭示，生命密码被破译，人们掌握了生、老、病、死的自然规律，对生命不再感到神秘莫测。于是，早先被严加禁止的人体解剖现已成为寻常事，死后捐献遗体和有用器官被视为高尚道德，避孕术被广泛采用，优生优育成为时尚。

最后，科学技术的一些新成就及其运用直接引起人们之间新的伦理关系，从而引发人们作新的道德思考。如医学的发展，能使濒临死亡的病人在极为痛苦的条件下延续一段时间的生命，因而发生了病人、亲属和医生需要处理的新的伦理关系，正是这种新的情况出现，引发了人们关于"安乐死"的道德之争。

由于科学技术不可避免地对伦理道德的发展会发生影响，因而其进步是促使伦理道德观念更新和变革、推动伦理道德进步的一个重要动力。无论是科学技术进步对伦理道德的间接影响还是直接影响，都会引发出新的伦理问题、新的伦理思考，孕育出新的伦理价值观，促进伦理道德的进步。历史表明，许多伦理道德的更新变革和进步发展在很大程度上得益于科学技术的进步。

科学技术发展对伦理道德的影响是一把双刃剑，它既可能促进伦理道德的进步，对伦理道德的发展产生积极正面的效应或后果，也可能产生消极负面的效应或后果，导致伦理道德的败坏。

科学技术的应用强烈地冲击着人们传统的道德观念，促使道德观念的发展和变化。从一定意义上说，科学开辟着新的道德领域，创造出新的道德观念，确定新的道德原则。这些道德观念和道德原则反过来会促进和指导科学技术更好地造福人类。所以，我们要正确看待科学技术的应用，反对那些认为科学泯灭人的本质，科学使人堕落，强烈否定科学对于人类发展具有积极意义的"反科学主义"的观点，同时也要反对那种把科学仅仅看成是工具和牟取利益的手段的观念。在科学技术的应用中，要牢牢地把握住科学技术与伦理道德的内在关系，从而实现科学发展的道德目标。

三、科学精神的培育

科学精神追求独立与创新、批判与怀疑，实质上是追求个体自身个性的张扬与自我实现。完整意义上的科学教育，包括两个层面：一个层面是科学知识、科学方法的传授；另一个层面是科学精神的培养。如果说科学知识、科学方法的传授是科学教育的实体的话，那么科学精神的培养则是科学教育的灵魂。

科学精神主要是指科学主体在长期的科学活动中所陶冶和积淀的价值观念、思维方式和行为准则等的总和。科学精神可概括为以下几个方面：（1）继承基础上的创新精神是科学精神的核心内容；（2）实事求是是科学精神的基本要素；（3）辩证的怀疑和批判意识是科学精神的内在要求；（4）甘于奉献、勇攀高峰是科学精神的构成要素。"科学精神的内涵很丰富，最基本的要求是求真务实、开拓创新。弘扬科学精神，就是坚持解放思想、实事求是，勇于面对科技发展和各项工作中的新情况、新问题，通过研究和反复实践，不断创新，不断前进；就要热爱科学、崇尚真理，依据科学原理和科学方法进行决策，依照科学规律办事；就要勤于学习、善于思考，努力用科学理论、科学知识以及人类创造的一切优秀文明成果武装自己；就要甘于奉献、攀登高峰，为祖国、为人民贡献一切智慧和力量，敢于战胜前进道路上的任何困难和艰险，始终勇往直前。"① 科学精神是科学的本质和灵魂。对于每一个人、每一个国家和民族来说，科学精神都是不可缺少的。

培养科学精神应从以下几方面入手：

大力开展科普活动，提高全民的科学素养，营造尊重科学的良好氛围。要多开办一些有关科普方面的栏目和节目，使国民了解科技方面的基本知识和科技方面的一些最新进展，学会用科学的方法来认识世界和改造世界。同时，对于广大的农村，可以通过"科技下乡""科技扶贫"等活动，激发农民学科学、用科学的热情，帮助他们树立科学的立场、观点和方法，使科学精神得到弘扬。

全面实施素质教育。素质教育中极为关键的一项就是科学精神的教育，科学精神是现代人科学文化素质和思想道德素质中不可缺少的因素。在实行素质教育的过程中，要鼓励学生大胆猜想，大胆提问，乐于表现自己，敢于与众不同；要结合教学内容，激发学生对大自然奥秘的好奇心；要引导学生相信科学、尊重科学、学习科学、运用科学。科学精神应该是充满高度人文关怀的科学精神，科学精神与人文精神应该紧密地结合起来。

注重科学实验和社会实践。应试教育有注重于理论研究，忽视科学实验的偏弊。中国科学教育中这种忽视实验的传统，是导致科学精神未能在最基层的群众中树立、科学精神得不到弘扬的主要原因。科学发展的历史表明，热爱科学的品质是在科学实践中培养的，离开了实践和实验，科学就成了无根之树。同样，科学精神的培养也必须建立在科学实践的基础之上，离开了科学实践，科学精神的培养就无从谈起。科学精神只有在科学实践中才能真正养成。科学实践可以使人们在实践中享受科学探索的乐趣，激发科学创新的灵感，学会科学协作的方法，培养求真务实的品格，在实践中萌生科学精神。

随着现代科学技术对伦理道德影响的加强，科学技术越来越具有道德的性质和伦理意蕴，作为科技活动主体的科技工作者，应对此有清醒的认识，在从事科学研究活动时，不能再简单地单纯"为科学而科学"，应充分考虑活动的后果，树立起真、善、美的普遍信念，从纯粹的求真转向求真与求善、求美的统一，牢牢把握住科学研究的方向和技术的实际运用，小心谨慎地衡量各种技术抉择是否符合人类需要，会不会给人类带来危害，注意把科学研究与人类整体长远利益紧密结合起来。

爱科学作为社会主义道德的基本规范，表现着人们对社会整体的责任，体

---

① 江泽民：《在全党全社会大力弘扬科学精神和创新精神》，见《江泽民文选》第3卷，35～36页，北京，人民出版社，2006。

现着社会主义道德严谨求实的科学态度和为人类进步事业而献身的高尚精神。爱科学就要尊重科学、尊重知识、尊重人才，以实事求是的科学精神投身到科教兴国的事业中去。爱科学还要在全社会倡导科学的风气，提倡学习科学知识、科学思想、科学精神、科学方法，艰苦创业、勤奋工作，反对封建迷信、好逸恶劳。爱科学，就是要有敢于坚持真理，为真理而献身的意志和品质。诚如方志敏所说："敌人只能砍下我们的头颅，决不能动摇我们的信仰！因为我们信仰的主义，乃是宇宙的真理！"为真理而献身，是一个有科学精神和热爱科学的人应有的行为和价值选择。

第五节 保护环境

敬畏和尊重自然，爱惜和保护人类生存的地球，实现人与自然友好相处，既是贯彻落实科学发展观、建设资源节约型和环境友好型社会的内在要求，也是社会主义道德的主要规范，是每一个公民应当遵循的基本道德规范。

一、自然环境的伦理价值

自然界是包括人类在内的一切生物的摇篮，是人类赖以生存和发展的基本条件。保护自然就是保护人类，建设自然就是造福人类。

自然是一个相互作用的大系统，人类只是自然系统中的一个子系统。因此，人类是自然的一部分，人类不可能离开自然而独立存在和发展。人类的任何发展，包括经济、文化、政治等方面都离不开自然的馈赠，只有依靠于自然才能创造。人是地球自然历史发展的产物，人既依赖自然而生存，又是改变自然的力量。人与自然关系的内涵随着人类社会的发展而发生变化。在人类社会的初期，即狩猎和采集时期，人对自然的依赖性强，人类受自然环境的制约明显。农业时代人类生产活动直接作用于自然客体，它的规模小、强度低，其作用较小。但人类活动对自然环境的负面影响不断加强，在区域尺度上也受到自然界的惩罚，如古代巴比伦文明、埃及文明等的衰落。

在工业化时代，随着科技进步和生产力提高，人类对自然界的作用增强。人类以自然的主人自居，往往违背客观规律，酿成环境恶化、资源枯竭的苦果。西方主要资本主义国家受人类中心主义、极端利己主义和狭隘功利主义价值观的影响，在工业革命及其经济现代化的过程中采取了一味地追求经济效益和速度而不顾生态环境的做法，走的是一条以高耗费、高污染换取高速度的经济发展路子。对自然资源无限制的索取和掠夺性开发，造成了十分严重的生态问题，经济发展的负面效应日益凸显出来。主要表现在地球承载之重超越了以往历史之最，环境污染、气候异常、疑难病症多发并不断升级，已成为进一步发展的严重障碍。现在全球每年有 6 万平方千米的土地沦为沙漠，20 万平方千米的森林在消失，平均一小时有一个物种在灭绝。由于臭氧层被破坏，温室效应在加剧，地球气温不断升高，南极冰冠开始融化，海洋平面将不断升高，世界上许多沿海城市、岛屿和大量土地，将被海水吞没。这一系列环境问题，不仅影响着经济的发展和社会的进步，甚至威胁着人类的生存，所以爱护环境，已成为全人类共同关心的问题。

严酷的现实要求人们冷静地审视人类社会的发展历程，总结传统发展模式的经验与教训，寻求发展的新模式，体现人与自然关系的和谐协调及人类世代间的责任感。面对自然资源相对不足、环境污染日趋严重、生态平衡遭受破坏、各种疑难病症不断出现等情势，20 世纪一些有远见的经济学家和生态学家开始怀疑西方近现代经济发展的模式，纷纷著文或著书批判单纯追求经济发展速度和数量而不顾生态环境的经济发展观，提出人与自然、生态与经济和谐发展的新模式，凸显了环境问题的极端重要性及其伦理价值。

良好的生态环境是可持续发展的雄厚的物质基础。人类是地球的人类。芭芭拉·沃德（Barbara Ward）和勒内·杜博斯（Rene Dubos）在《只有一个地球：对一个小小行星的关怀和保护》中强调"只有一个地球"，指出："这个地球难道不是我们人世间的宝贵家园吗？难道它不值得我们热爱吗？难道人类的全部才智、勇气和宽容不应当都倾注给它，来使它免于退化和破坏吗？我们难道不明白，只有这样，人类自身才能继续生存下去吗？"[1] 该报告从伦理的视角主张培育对"唯一的、美丽的、脆弱的行星——地球"的忠心，倡导关心和爱护地球这颗小小行星，并认为只有这样，我们才能获得真正的发展。人类的生存与发展离不开自然界和自然环境，自然是人类生存和发展的母体，人类必须而且应当形成重视自然，爱护环境的观念，把发展建立在合乎自然生态发展规律的基础上，协调好人与自然的和谐关系。人类只有建立在充分尊重生态系统中诸要素存在的发展权，以良好的生态循环促进经济的发展，同时又以经济的发展促进生态的建设，才能取得可持续发展。

二、爱护环境的具体要求

爱护环境，包含着许多方面的要求，从当前来讲，必须从以下几个方面做

---

① ［美］芭芭拉·沃德、勒内·杜博斯：《只有一个地球：对一个小小行星的关怀和保护》，260 页，长春，吉林人民出版社，1997。

出不懈的努力：

一是在全社会大力倡导和确立尊重自然、善待自然的伦理观。人类永远是自然之子，无时无刻不在享受着大自然的恩泽，人类的生存发展一刻也离不开自然生态系统。人类的命运与大自然的命运是紧密交织在一起的。我们必须学会尊重自然、善待自然，自觉地维护大自然的平衡与和谐稳定。尊重自然、善待自然，其实也就是尊重和善待我们人类自己。

二是在全社会大力倡导和确立正确认识自然、认识并尊重自然规律的意识。人类对自然的开发利用和改造，永远也不会停止，问题在于如何开发利用和改造。这就必须认识自然，尤其是自然规律，按自然规律办事。只有在科学认识自然和自然规律的基础上，才可能做到按自然规律开发利用和改造自然，从而实现人与自然的和谐。我们在追求发展进步的过程中曾经出现过人与自然不和谐的现象，生态环境遭到严重破坏，其中一个重要原因就是不尊重自然规律，不按自然规律办事，这个教训是深刻的。

三是高度重视和加强环境污染的治理与生态建设。触目惊心的环境问题主要有大气污染、水质污染、噪声污染、食品污染、不适当开发利用自然资源这五大类。面对生态环境遭受严重破坏和环境污染的严峻现实，我们必须以人类的良知、远见和气魄，采取坚决行动来弥补我们的前人以及我们自己对大自然所犯下的过错。保护自然，维护自然生态系统的平衡与和谐，是我们人类义不容辞的责任。要增强全民族的环境保护意识，在全社会形成爱护环境、保护环境的良好风气。要加大治理环境污染的力度，坚决禁止各种掠夺和破坏自然的做法，坚决改变以破坏资源和环境为代价的粗放型增长方式。

四是提倡低碳生活方式和环保消费方式。低碳生活并不是让人们放弃高品质的生活享受，而是倡导一种更健康环保的全新生活理念。作为勤俭节约美德的发扬和提升，以低能耗、低开支为核心的低碳生活方式，在环境问题日益凸显的新形势下，已经被赋予了全新的时代含义。发展低碳经济，提倡低碳生活方式，无论是对企业、对个人都有着重要的现实意义。以勤俭节约的低碳生活方式为荣，以奢侈浪费的"高碳生活"方式为耻，应该成为全社会的共同价值取向，从低碳生活和环保消费出发，我们在日常生活中应当尽量不使用一次性塑料袋，不使用化学试剂，从节约一吨水、一度电入手，珍惜自然资源，节约自然资源，合理开发自然资源，同时在全社会推广绿色消费，从眼下做起植绿、爱绿、护绿，做环保卫士，力争使我们的天更蓝，山更青，水更绿，环境更美好。

三、推动"两型社会"与生态文明建设

党的"十七大"报告提出生态文明发展战略。所谓生态文明是指继工业文

明之后一种主张人与自然和谐相处、实现经济社会可持续发展的文明形态或类型，它以生态平衡为核心，以代际公平和种际公平为原则，以未来人类继续发展为着眼点，协调经济发展与人口、资源、环境的关系，主张走和谐发展、持续发展和全面发展的文明道路。生态文明强调自然界是人类生存与发展的基础，人与自然环境应共处相融，主张用更文明的态度对待自然，不野蛮开发，不粗暴对待大自然，努力改善和优化与自然的关系，认真保护和积极建设良好的生态环境。生态文明的理念是崇尚自然，它一方面要求人们有良好的生态伦理观念，珍惜生命，爱护环境，保持生态平衡，平等对待人类社会以外的生态系统中的各种生物，自觉保护身边的自然界的一草一木，禁止一切生态破坏行为；另一方面要求人类自身要有良好的生态消费观念，权衡利用资源的得与失，要求做到经济发展和资源、环境相协调，不断保护和增强发展的可持续性，要求做到在推动经济发展中充分考虑资源和环境的承受力，统筹考虑当前发展和未来发展的需要，积极实现当前发展的目标，又为未来的发展创造有利条件，积极实现自然生态系统和社会经济系统的良性循环，为子孙后代留下充足的发展条件和发展空间。生态文明反对人类中心论，也反对自然中心主义，它强调人与自然的整体和谐，致力实现人与自然的双赢式发展。在开发模式上，它主张以知识、信息生产为主的知识经济取代以消耗自然资源为主的工业经济；在资源的开发对象上，主张由自然资源转向人力资源。生态文明理念的出现是人类在认识、利用自然过程中的一次质的飞跃，必将促进人类社会以更快的速度持续健康地向前发展。

坚持生态文明发展战略，必须大力建设"两型社会"——资源节约型社会和环境友好型社会。"两型社会"其实质就是人与自然和谐相处，就是生产发展，生活富裕，生态良好的社会。和谐社会不仅要做到人与人、人与社会的和谐，这当然是最重要的，而且要做到人与自然的和谐。人与自然和谐相处是构建社会主义和谐社会的重要内容和重要目标。人与自然能否和谐相处，必然影响到社会和谐，社会和谐有赖于人与自然的和谐。道理很简单，无限制的掠夺自然，会造成资源的枯竭，森林的破坏和减少，土地的退化、荒漠化和沙化，水资源的减少和污染，人类生产和生活环境的恶化，这就不但实现不了发展的目标，还会使地球变得不再适合人类生存，人与人、人与社会的和谐无从谈起，构建社会主义和谐社会更无从谈起。当前，我国生态破坏、环境污染问题相当严重，经济社会发展与资源环境之间的矛盾十分突出。如果不能有效地保护生态环境，不但不可能实现经济社会的可持续发展，还可能引发严重的经济社会问题。

大力发展循环经济，建设节约型社会。地球上的资源是有限的，要满足人类可持续发展的需要，就必须努力实现自然资源的良性循环和永续利用。要在全社会牢固树立节约资源的观念，形成节约资源的良好社会风尚，努力形成有利于节约资源、减少污染的生产模式、产业结构和消费方式，构建资源节约型国民经济体系和资源节约型社会。

【思考与练习】

1. 什么是爱国主义？爱国主义的基本要求是什么？
2. 爱人民的基本要求是什么？
3. 试述劳动的伦理价值。
4. 试述崇尚科学的基本要求。
5. 谈谈你对生态文明和"两型社会"建设的看法。

第七章　道德基本范畴

道德范畴有广义和狭义之分。广义上说，就是反映和概括人类道德各种现象及其特性、关系、方面等本质的基本概念。从这个意义上说，作为道德现象的理论表现的伦理学，就是一个由不同层次的一系列反映道德现象的基本概念构成的范畴体系。狭义上说，就是指那些概括和反映道德的主要本质，体现一定社会整体的道德要求，作为一种信念存在于人们内心并能时时影响和制约着人们的行为，反映个人与他人，个人与社会之间的最本质、最主要、最普遍的道德关系的基本概念。

道德范畴既是道德原则和道德规范的必要补充，又受一定道德原则和道德规范的制约，是道德规范体系的组成部分。在一定意义上说，道德原则和道德规范是一定社会或阶级提出的普遍道德要求，而道德范畴则是人们借以把握一定社会或阶级的道德要求的道德责任感和道德评价能力。只有当道德范畴在人们的内心形成了明确的道德意识，才能使人们按照一定的道德原则和规范，自觉地选择、评价和调整自己的道德行为，使道德原则和规范在社会生活中实际发挥作用。

第一节　善　恶

善恶问题历来是伦理学的重要问题，也是主要的道德范畴。自古至今，人们对善恶问题的追问与解答从未停止过。随着社会历史的不断发展，人们的善恶观念也会不断发生变化。[①] 善恶虽然具有变动性和争议性，但其基本的价值设定却始终未曾脱离现实的利害关系。善作为利益关系中的行为价值取向，是对有利于自己、他人特别是国家民族利益增长和发展的行为现象的肯定或褒奖，而恶则是有害于他人特别是国家民族利益增进发展的行为现象。

一、善与恶的含义

善与恶作为道德领域中的基本范畴，是对人们的行为予以肯定或否定评价的最一般的道德概念，实际上是对人类社会中各种行为、事件的利害、吉凶、好坏的概括反映。所谓"善"，是指一切有利于人类社会进步和文明发展的条件、行为和事件；所谓"恶"，是指一切不利于人类社会进步和文明发展的条

---

① 参见倪愫襄：《善恶论》，6页，武昌，武汉大学出版社，2001。

件、行为和事件。在日常的道德生活中，人们总是把符合自己的利益、意向和追求的行为、事件和关系叫做善的，而把相反的叫做恶的。在这种对善恶的实际运动中，人们用善来概括人生活动的一切积极方面，用恶来概括人生活动的一切消极方面。

善，从词源上看，与"义""美"同义，都是"好"的意思。善，作为价值词，具有值得赞扬、肯定的意义。"善"作为"好"的同义语，是满足需要、实现欲望、达成目的的效用性，包括任何个人、团体、社会或全人类认为是对自己有助益因而值得意欲的任何东西，亦即孟子说的"可欲之谓善"。"恶"是指任何个人、团体、社会或全人类认为是对自己有害处因而应该拒斥的任何东西。在日常生活中，善恶常常同好坏混同使用。在中文里，善具有吉、美、良、好的含义；恶具有凶、丑、坏、害的含义。《周易·大有》中早就有"君子以遏恶扬善"之语，意为有学识有修养的人应该制止不道德的行为，发扬道德的行为。牟宗山考证德文关于善恶的用法，亦有与"好坏"相关的传统：对"善"而言，德文有"善"（das Gute）与"好"（das Wohl）两字；对"恶"（malum）而言，德文有"恶"（das Bose）与"坏"（das Ubel）或"祸"（das Weh）三字。善恶与好坏的含义十分相似，不过比较而言，"好坏"的使用范围比善恶要更加宽泛，它们既可以指道德意义上的善与恶，也可以指非道德意义上的"利与害"或"乐与苦"。弗兰克纳在《伦理学》中区分了善的道德意义和非道德意义，指出："道德价值（道德的善恶）的区分不仅要根据道德意义上的尽义务、正当与否，而且要考虑到非道德价值。应当把在道德意义上是善的道德价值或事物与在非道德意义上是善的非道德价值或事物区分开来。"并且认为"当我们对行为或个人作出道德上的善恶判断时，通常就是根据表现出来的动机、意向、品质或品格而进行的。当我们进行非道德判断时，则是基于完全不同的根据和理由，而且它们在各种场合的应用又是多种多样的"[①]。

善和恶是社会生活中，人们对复杂的社会道德现象和道德关系的反映，也是人们对社会道德和个人道德状况进行评价的方式，以此来指导人们的道德行为。善恶观是人们对善恶总体上的认识，它包括什么是善，什么是恶，如何进行善恶评价，如何弃恶扬善，追求至善的人生境界。

善有"内在善"与"外在善"或"目的善"与"手段善"之分。所谓"内在善"（intrinsic good），也可以称之为"目的善"或"自身善"，是指事物就

---

① ［美］弗兰克纳：《伦理学》，关键译，128～129 页，北京，生活·读书·新知三联书店，1987。

其本身而言所具有的独立的善性质，它的存在不依赖于其他任何事物。内在善是独立的，自明的，绝对的，是其自身而非其结果就是可欲的，就能够满足需要，就是人们追求的目的的善。人们对它的认识主要靠直觉，而它的存在不受其他任何条件的限制，具有永久性。所谓"外在善"（extrinsic good），也可以称之为"手段善"或"结果善"，是指事物本身不具有善性质，但与善事物有一定的必然因果联系的行为或事物所表现的价值意义，是人们追求的目的的善，是能够产生某种自身善的结果的善，是其自身作为人们追求的手段、而其结果才是人们所追求的目的的善。手段善是可依附的，可论证的，相对的。对手段善的认识必须依赖于经验事实的推理。因为外在价值不能离开其他价值独立存在，所以任何条件的变化都会影响手段善的存在状态。

恶也可以分为自身恶与结果恶两大类。结果是恶的东西，其自身既可能阻碍满足需要、实现欲望、达成目的，从而是恶的；也可能有利于满足需要、实现欲望、达成目的，从而是善的。自身与结果都是恶的东西，如癌症，可以名之为"纯粹恶"。自身是善而结果是恶的东西，一般说来，其善小而恶大，其净余额是恶，因而也属于"纯粹恶"范畴。也有人把恶区分为三类，第一类是明显的损人利己、损公肥私性的恶，甚至是害人害己、祸国殃民性的恶，它是不必要也极不应该的；第二类是竞争性或自我发展型的恶，亦可称之为必要的恶；第三类的恶，它不再是通常意义上的恶（badness），它被称为邪恶（evilness）。邪恶的特征在于，它与康德所说以恶的形式诱使我们向善恰好相反，是以善的外表诱使我们尽力发展我们每一个人内心或多或少存在着的恶。还有人把恶区分为物欲型的、权欲型的、情欲型的和名欲型的四大类，物欲型的恶，就是为满足强烈的物质欲望，以各种不正当手段占取公私财富的行为恶；权欲型的恶，就是醉心权力，不择手段，或者把人民赋予的权力当成谋取私利的工具，把个人权力置于社会意志之上的恶；情欲型的恶，就是为了满足自己的情欲而不择手段所导致的恶；名欲型的恶，是为了名誉而不择手段、伸手抢名、欺世盗名的恶。

马克思主义认为，善恶根源于行为的利害价值取向，同社会经济关系特别是利益关系有最为密切的联系，人们总是把那些有利于自己和集团的行为或现象视为善的、好的，也总是把那些有害于自己和团体的行为或现象视为恶的、坏的。善意味着利益的增加和好处的获得，恶意味着利益的损失和坏处的增加。拉法格在《思想起源论》中考察了善恶的思想起源，认为善与正义等道德观念不是人们生来就有的，而是人们的社会生活需要的产物特别是经济生活的产物。拉法格根据事实材料证明了善、平等的道德观念同现实的社会经济的和阶级的关系之间的不可分割的联系，认为善、善良的词语本身起源于人们对财富的用语。在很多语言中（甚至可以断定在一切语言中）标志物质财富和品德善良的语词都是相同的。人们总是把对他们有一定益处或好处的东西看成是善的和好的，例如，在古希腊语中"agathos"同时包含着有力量的、英勇的、高尚的、善良的意思；"ta agatha"包含有财富、财产的意思；"ot akron aga-thon"意味着最高的善。在拉丁语中情况也一样，"bonus"表示有力量的、勇敢的意思，"bona"表示财富，"bonum"表示善。何以力量和勇敢是善的象征，懦弱是恶的象征呢？这主要是因为力量和勇敢是当时希腊人和罗马人同自然与社会作斗争时所需的品质，而懦弱则是人不适合在残酷的竞争中生存的一种表现，因而为社会所不齿。①

在马克思主义看来，善恶对立完全是在道德领域中，也就是在属于人类历史的领域中运动。② 人类的恶之谜在于私有制社会关系，而私有制社会关系的本质在于根本利益关系对立中的自私自利和损人利己的思想观念和恶习。因此，道德恶的本质主要有以下几个方面的表现：首先表现为心术不正的行为，对社会或他人利益的损害。其次，道德恶是对合乎德性的社会秩序的破坏。最后，恶是对道德自由的践踏。

从恶的社会根源来看，造成人的自私和损人利己恶性的社会条件，归根到底在于私有制。价值观的错位是道德恶产生的个体认识根源。欲望的放纵是道德恶产生的心理根源。社会约束的失度是道德恶产生的社会控制原因。

二、善与恶的矛盾关系

善与恶是对立统一的关系，它们相比较而存在，相斗争而发展。善和恶也许不应该说是人不"应该"缺少的两个方面，但事实上自从有了人，它们就如此不可分割地交织在人身上，苦恼着人，并由此演绎出人生的众多道德悲喜剧，也就是伦理的困惑。根据摩尼教的教义，善和恶是世界上存在的两种对立的本源，前者化身为光明之神奥尔穆兹，后者化为黑暗之神阿里曼，两者处于永恒的争斗之中，人世间的一切善举和恶行都由此而出。根据摩尼教的教义，善和恶是世界上存在的两种对立的本源，前者化身为光明之神奥尔穆兹，后者化身为黑暗之神阿里曼，两者处于永恒的争斗之中，人世间的一切善举和恶行都由此而出。

善恶是人们对人对事的两种基本的道德态度和道德现象，善与恶的矛盾和

---

① 参见［法］拉法格：《思想起源论》，98～99页，北京，生活·读书·新知三联书店，1963。

② ［德］恩格斯：《反杜林论》，见《马克思恩格斯文集》第9卷，98页，北京，人民出版社，2009。

斗争贯穿于人类道德生活的全过程。"善与恶这两种对立的价值观在这个地球上进行了一场旷日持久的恶战，只要战争仍在持续，胜负的问题就悬而未决。"① 黑格尔看到了善与恶的对立不是绝对的，并指出了"恶"在历史上的作用，认为"恶"是历史发展的动力借以表现的形式。

美国民族学家、人类学家、历史学派的创始人费朗兹·博厄斯（1885—1942）在谈到各民族的社会理想时曾举例说："中央非洲的黑人、澳大利亚人、爱斯基摩人、中国人的社会理想，同我们的社会理想是如此不同，以致他们对人的行为的评价是无法比较的。一些人认为是善的东西；另一些人则认为是恶的。"德国早期工人运动活动家、空想社会主义者魏特林（1808—1871）也曾发出过如此感叹："在这一个民族叫做善的事，在另一个民族叫做恶，在这里允许的行为，在那里就不允许；在某一种环境、某一些人身上是道德的，在另一个环境、另一些人身上就是不道德。"约瑟夫·狄慈根（1828—1888）则说得更明白："民族不同，道德也不同。"这些颇有见地的见解说明他们都认识到了道德的民族性与民族道德的特点问题。

从人"应该"善的意义说，自然人性、感性冲动及其导致的堕落，其实就是一种恶。恶虽然是不道德的，但却是促成和实现善的手段。善与恶总是相比较而存在、相斗争而发展的。自然的世界开始于黑暗与光明的分离，道德的世界开始于善与恶的区分。恶不是善，没有单独存在的权力，必须予以暴露并阻止，却可以为善而存在。包尔生在《伦理学体系》中谈道："不仅我们自己本性中的潜在的邪恶是一种实现善的不可或缺的手段，在我们之外的现实的邪恶也是如此：德性在反对邪恶的战斗中发展壮大。不义在旁观者或受害者心中引起了公正的观念和正义的情感；谎言和欺骗使真理和诚实有价值；残忍和恶意构成了对灵魂的温柔和高贵的陪衬……因此，我们若是从历史中排除了所有邪恶，我们也就同时排除了善与恶的斗争，失去了人类最崇高和最壮丽的东西：道德英雄主义。"② 恶是善发展进化的一个动力要素。没有了恶，人类历史就会缺少很多丰富的内容，道德生活也难以展开或进行。"没有感性的人对感官的痛苦或恶行的恐惧，就不会有勇气；没有快乐的刺激，就不会有节制；因而没有潜在的恶也就不会有德性——人类的德性。"③ 善的东西总是在与恶的东

---

① ［德］尼采：《论道德的谱系》，34 页，北京，生活·读书·新知三联书店，1993。

② ［德］包尔生：《伦理学体系》，何怀宏、廖申白译，278 页，北京，中国社会科学出版社，1988。

③ 同上书，277～278 页。

西的斗争中成长壮大。当然，认识到恶存在的必然性和手段性并不意味着为恶辩护，并不意味着恶从此具有正面的价值，甚至可以和善相提并论。

善与恶是一对矛盾，但对于人类道德生活和历史的价值，却有着明显的不同，善是一种肯定性的价值，也是一种目的性的价值，它自身就是人类所需要并愿意为之终生奋斗与追求的，而恶则是一种否定的力量，没有价值，仅仅通过它的对立面——善而获得某种力量和现实性。

马克思主义伦理学认为，善恶观念源于人们对利害关系的认知、感觉和评价。人们之间利益关系的阶级性和历史性决定了善恶的阶级性、历史性。善与恶反映在一定的社会经济关系中人们的利益和实践活动的要求。善恶观念是在人们的社会生活中形成的，并随着社会经济关系的变化而不断变化。恩格斯指出："善恶观念从一个民族到另一个民族、从一个时代到另一个时代变更得这样厉害，以致它们常常是互相直接矛盾的。"① 在阶级社会里，善恶观念从根本上说具有阶级性，各个阶级都以自己的阶级利益及其道德原则和规范，作为行为和评价善恶的标准。在一些社会公共生活的活动中，不同阶级的人们也具有某些共同的善恶观。评价善恶，最终必须以是否符合社会历史发展的规律，符合最广大人民群众的根本利益和要求为标准。从历史发展的角度看，当某个剥削阶级处于上升时期，他们的善恶观念及其标准，一般说来在一定程度上反映了广大人民群众的愿望和历史发展的要求；当某个剥削阶级走向没落时，其善恶观念和善恶标准，一般说来与广大人民群众的愿望和历史发展的要求相违背。无产阶级的善恶观念，代表了广大人民群众的根本利益，反映了社会历史发展进步的客观规律。

马克思主义伦理学把善恶意识同阶级利益联系起来分析，指出善恶的相对性与阶级性，并不因此而抹杀善与恶的本质区别，或否定善与恶的原则界限，尽管善恶观念在不断的发展变化，但仍然可以从最一般和最普遍的意义上来对之加以规定。善的观念就是立足于整个人类生存发展的高度，对他人利益和社会集体利益的关心或肯定，以及致力于推进社会进步，人类文明的观念和情感，恶的观念就是仅从个人生存发展的角度对他人利益和社会集体利益的漠视或心理排斥，以及不惜侵犯他人利益和社会集体利益的动机、意向和态度。

树立正确的善恶观念，培养合理的善恶情感，就要以此为标准处理好个人利益与他人利益、集体利益的关系，善善恶恶，趋善避恶。善并不排斥人们的

---

① ［德］恩格斯：《反杜林论》，见《马克思恩格斯文集》第9卷，98页，北京，人民出版社，2009。

福利欲求，但善更是对个人福利欲求的合理节制及理性引导，对他人利益和社会整体利益的尊重、认可以及为他人谋幸福的观念，如果不能在理性上对自己个人的福利欲求的偏私性予以有效的认识，在情感上对其予以合理的引导，那就可能滑入恶的意识或行为。

所谓"扬善抑恶""改恶从善"，就是要求我们多一点对他人利益和社会利益的关心，多一点对个人自己的福利欲求的正确认识、调整与规约，把对善的认识与对善的向往、爱恋联系起来，形成一种对善的渴求力与向心力，同时把对恶的认识与对恶的抵制，拒斥联系起来，使善的意念和情感充实扩张，使恶的意念和情感收敛泯灭，并在自己的行为和实践中善其所善，恶其所恶，把自己培养成一个崇善而纯美的人。

三、正当与善及其优先性

正当与善的关系是当代道德哲学和政治哲学中引起广泛讨论的一个热点问题。在罗尔斯看来，道德哲学的最重要概念有两个，一个是正当（right）；一个是善（good）。如何看待两者之间的关系构成了区分不同道德理论的标准。所谓"目的论"，就是主张善优先于正当。这种主张包含两层意思：第一，善的界定是独立的，无需参照正当来判断事物的善；第二，所谓"正当"，就是能够最大限度地增加善的东西。目的论有许多表现形式，快乐主义、至善主义和功利主义都属于目的论。① 功利主义把善当作最高目的来追求，并主张善优先于正当。与之相反，道义论或义务论则强调正当优先于善。罗尔斯本人主张正当优先于善，并在《正义论》一书中作了深刻而系统的论述。

元伦理学家罗斯在自己所著的《正当与善》一书中认为："正当与道德上的善的含义是不同的。"② 我们不能以"他是个正当的人"代替"他是一个道德上善良的人"，正当的行动并不由引起该行动的动机所具有的价值来决定，即使这种价值有利于行动者，或者是某种独立于行动者之外的善。正当的行动是由诸多显见的义务所决定的。"正当"是指一种符合道德原则和规范的行为，常常体现为人们应该履行的义务。

"正当对善的优先性"，意味着"正当"这种善对于其他任何善具有的优先性。优先性问题的由来，就在于善的多样性以及随之而来的诸善之间的对立冲突。诚然，在现实生活中，各种善之间无疑有可能保持和谐的统一。但同样无

---

① John Rawls, *A Theory of Justice*, Cambridge, Massachusetts: The Belknap Press of Harvard University Press, 1971, p. 24.

② ［英］罗斯：《正当与善》，林南译，55 页，上海，上海译文出版社，2008。

疑的是，由于善的多样性和歧异性，它们也会不可避免地产生对立冲突，因此就需要依据某种具有实质优先性的善来调解和克服这些对立冲突。在其他任何善与正当之善出现冲突的情况下，我们都必须坚持正当之善的实质优先性，坚持在正当之善的终极基础上调解和克服诸善之间的矛盾张力，坚持为了维护正当之善可以牺牲其他任何善，但不能为了实现其他任何善牺牲正当之善。否则，一旦我们把某种善凌驾于正当之善之上，从而在冲突时为了维护这种善不惜否定正当之善，那么，无论我们意欲的这种善自身有多么合理、高尚、圣洁，其结果都必然会导致"不是爱人助人，而是坑人害人"。

尊重每个人应得权益的正当之善，并不只是一种伦理学意义上的绝对善，它同时还是人的存在本体论意义上的绝对善，是整个社会都必须努力践行并悉心加以维护的。

第二节　义　务

义务是人类社会生活中普遍存在的道德关系和道德要求。任何一个社会或阶级都总是要向本阶级的或全社会的成员提出一定的义务要求，以调整人们之间的关系，把人们的行为引导到一定的社会秩序中去。

一、义务的含义与实质

义务，简单地说就是人们应当履行的责任和承担的使命。义者，宜也，应当也；务者，事也，任务也。义务是指一定社会关系中的主体基于自身的身份、地位、岗位所必须而且应该履行的责任和承担的使命。在西方，"义务"（duty）源自拉丁语的"债务"和法语的"责任"一词，是指负有或应支付他人而又必须履行的一种法律上的不利条件。债务是债务人对债权人所负的特定的给付义务，因而是一种特定的义务。从债务到义务，是从具体到抽象的转化过程。责任也与债务有一定的关联，指为债务不履行时所提供的一定财产的抵押或担保。从债务与责任当中引申出来的义务，具有应当实施一定行为之含义。义务包含有"欠债应还"之意，是与一个人应对别人做某种事情联系在一起的。也意味着它是另一个人可以向义务人索要的，正如密尔在解释"义务"一词的含义时所言："义务是可以强索的，像债务可以强索一样。"这表明，就"义务"一词的本义而言，它与相应的权利相关。

义务与责任密切相关。义务是一切责任的主要内容。责任有多种类型，可以从规范维度和美德维度进行分析。规范维度的责任直接构成公共生活的基础，具有刚性和确定性，总是同人们所担负的社会角色、履职的岗位密切相关。美德维度的责任更多的是一种内在精神和个人品性操守修养领域中的问题，在实践上具有更多的主观性与不确定性。规范维度的职责义务是保证社会日常基本秩序的基础。以谨守职责义务作为日常生活的公共性要求，美德责任则作为一种私人品格而存置于个人。

在西方，古希腊德谟克利特最早从伦理学角度提出义务范畴，并把义务和行为的内在动机联系起来。柏拉图指出，每一个不同等级的人应该根据上天所赋予的德性做他们应当做的事。斯多亚学派把至善和过理性生活同义务联系起来，认为至善就是"为履行一切应尽的义务而生活"①。他们还把义务区分为永久的义务和暂时的义务，并把道德行为区分为义务行为、非义务行为和反义务行为，强调遵从义务就是遵从自然、理性而生活。近代德国伦理学家康德以义务为伦理学的核心范畴，认为义务是从先天的"善良意志"发出的"绝对命令"，强调行为具有道德价值一定是"为义务而义务"的。康德所建立的伦理学被称为义务论伦理学。

马克思主义认为，义务是人的社会性和社会本质的必然产物，凡是在有人与人关系的地方，就一定会产生义务的要求。"作为确定的人，现实的人，你就有规定，就有使命，就有任务，至于你是否意识到这一点，那都是无所谓的。这个任务是由于你的需要及其与现存世界的联系而产生的。"② 在现实生活中，社会义务的形式是多种多样的。在各种义务形式中，法律义务和道德义务是两种最基本的义务。道德义务是指主体应该对社会或他人所承担的道德责任，它同时表明一定社会或阶级、集团对人们行为的道德要求；也指个人在实践道德原则和规范时所产生的一种强烈的责任心。

二、道德义务的类型与特点

道德义务是指道德上的义务，是道德哲学中的一个重要概念，指人们所应当承担的对社会或他人的道德责任，是一定阶级的道德原则和道德规范对人们的道德要求。

在伦理思想史上，对于道德义务有不同的解释。宗教伦理学从神的意志方面来解说，认为义务是神赋予人们的神圣使命。理性主义者从理性、精神来理解义务，把义务说成是由绝对精神或纯粹理性发出的"绝对命令。"功利主义

---

① 周辅成编：《西方伦理学名著选辑》上卷，216页，北京，商务印书馆，1964。
② ［德］马克思、恩格斯：《德意志意识形态》，见《马克思恩格斯全集》第3卷，329页，北京，人民出版社，1960。

则从人的自然本性、人的欲望出发，把义务归为人的需要的产物，或者把义务和人的需要绝对对立起来，强调义务的外在强制性。

道德义务大体可以分为两种，一种是应当履行的，面临这种道德义务，人有选择的自由，可以作为，也可以不作为，比如在公共汽车上是否给老弱病残者让座，一个人就有选择的自由。虽然，他选择不让座是不道德的，会遭到舆论上的谴责，但他不会因此而负什么责任。另一种道德义务是必须履行的，这就是道德责任，它不依当事者是否承认、是否愿意承担为依据，如赡养丧失劳动能力的父母，就是一种典型的道德责任。道德责任是必须履行的，否则不仅要受到舆论的谴责，而且要承担不负责任的后果。这是因为，不履行道德责任往往会造成不良的后果，损害他人或国家集体的利益。如在生产岗位，一个人如果违背了职业道德和执业规则的要求，就可能会生产出次品或废品，给企业造成损失，如果进入流通领域就会损害消费者利益。道德责任是必须履行的道德义务。我们也可以把应当履行的道德义务称之为自律性的道德义务，把必须履行的道德义务称之为他律性的道德义务。

他律性的道德义务是外在的、必须履行的义务，是人被迫完成的某种使命、任务。如父母抚养子女的义务、子女赡养父母的义务，国家帮助公民受教育的义务，公民不能叛国的义务，等等。道德义务之所以首先是指一种他律性的道德义务，这是因为人首先是一个社会动物，总是处于一定的社会关系中，道德关系只是社会关系的一种表现形式，而调整人与人之间关系的道德规范就是调整人与人之间的道德关系。因此，生活于一定社会关系中的人总是要作为社会的成员，对与自己发生关系的相关的他人和社会整体，承担起一定的使命、职责和任务。无论这种使命、职责和任务能否被主体所意识到，他们一旦为一定社会集团用道德规范的形式明确肯定下来，就成为一定社会的所有成员都必须遵循的道德义务。他律性的、外在的、被动履行的道德义务，即一种基本的道德义务。关于基本道德义务，罗斯称其为"显见义务"，主要有七种：①忠实的义务，这种义务是根据自己以前所做的事情，遵守承诺、在交谈和写书的行为中不说谎等都包括在这一义务类型当中；②补偿的义务，这种义务也是根据自己以前所做的事情，例如，以前做了错误的事情，现在就应该遭到惩罚或给他人以补偿；③感激的义务，是指根据别人以前的行为，如他给我提供了不少好处和服务，而感激他人；④正义的义务，是指对快乐和幸福的分配要根据人们的德行来进行，要阻止和纠正那种不正义的分配；⑤慈善的义务，这种义务是源于根据美德、理智或快乐来改善他人的条件；⑥自我发展的义务，指要根据美德或理智来改善自身的条件；⑦不作恶的义务，这种义务是与慈善的义务相区别的，主要指的是不可伤害他人。然而，后来他又宣称④到⑥可以归集于内在价值提高之下，因为幸福、德性和正义是内在善。这样就把这个"显见义务"还原成了五个：忠诚、补偿、感激、善的增进和不作恶。在这五种义务中，"不伤害他人"是最基本、最优先、最具有强制力的义务。①

自律性的道德义务是主体出于对义务的敬重而产生的义务行为。主体的行为完全是出于自己一种高度的道德责任感，是一种为义务而义务，用康德的话说就是，这种义务行为不是出于假言命令，而是出于主体"善良意志"的绝对命令。因此，这一层次上的道德义务严格讲已不是一种义务，而是一种责任，是一种对义务的敬重和尊重。因为义务偏重于强调外在的客观要求，而责任则偏重于强调将这种外在的客观要求内化为主体的主观的道德自觉意识。对主体来说，道德行为变成了一种无条件的、出于理性的自觉去履行的行为，而不是为达到某种目的或害怕某种结果而实施的行为。

罗尔斯在论及道德义务时曾将个人道德行为分为三类：自然义务、职责义务与分外行为。自然义务（诸如不伤害别人的义务，在别人需要时帮助别人的义务，同情等）是作为一个人（"一般的个人"）所应当履行的义务。自然义务与社会基本结构、制度性安排没有任何必然的联系。职责义务则是由社会基本结构、制度性安排所确定的义务，它以制度的正义性以及相关人员同样履行相关义务为前提。分外行为（诸如英雄主义和自我牺牲的行为等）在道德上是好的、崇高的，但却并不是"一个人的义务或责任"②。在罗尔斯那里，"职责义务"是有条件的。这种有条件性是指：一方面，这些义务要求并不一般地适用于每一个人，而只适合于那些居于特定职责关系中的个人，即那些不居于某种特定职责关系中的个人没有履行此特定职责的义务；另一方面，这些义务要求应当以其本身的正义性为前提。相对于"职责义务"而言，同情、助人等"自然义务"作为一般人所应履行的义务具有无条件性。这种无条件性就在于"自然义务"无一例外地适用于每一个具有自由意志能力的人。当然，这些自然义务究竟应当如何履行，还应当有进一步的语境、语义具体规定。"职责义务"由行为者在社会结构体系中的具体角色及其职责关系所规定，正是在这个意义

---

① ［英］罗斯：《正当与善》，林南译，20～22页，上海，上海译文出版社，2008。

② 虽然罗尔斯"分外行为"的思想是基于正义论的理论维度，因此有其局限性，然而，却不能因此忽略其洞见与深刻性。罗尔斯提出"分外行为"，不止旨在抵抗功利主义价值精神、反对可能存在着的以别人与社会更大利益名义伤害少数人正当权益的行为、坚持社会的正义性，而且还事实上提出了"自然义务"的合理性限度问题。参见［美］罗尔斯：《正义论》第2章第18、19节，北京，中国社会科学出版社，1988。

上，它与"角色义务"相当。角色义务是作为角色必须履行的职责，权利则是作为角色完成义务所必须的权利与应得的利益。角色的权利与义务是统一的。没有无权利的义务，也没有无义务的权利。

道德义务不同于法律义务和政治义务的地方，就在于道德义务大多具有超功利性和自律性。道德义务对个体的要求或命令是，你不应以获得某种个人功利为前提去行为。就是说，如果行为主体是出于个人私利的目的、贪图某种报偿的动机去行为，这种行为不仅不具有道德价值，严格说来，不能称作是道德义务的行为。中国传统思想中提倡"杀身成仁，舍生取义"，今天社会上提倡的"大公无私""克己奉公""毫不利己，专门利人"等道德要求，以及现实生活中人们崇尚的"道德楷模"，都是道德义务这一特质的具体表现。因为道德的真谛，不只是强调主体应该履行对他人、对社会的义务，而且更表现在行为主体或多或少的自我牺牲，它要唤起的是人们对社会整体利益和幸福实现的责任意识。

当然，认定道德义务的践履出于非功利性动机，并不意味着行为主体不应当得到社会给予的报偿。历史和现实表明，在一个健康发展的社会中，个体在作出高尚的道德行为之后，总是会得到社会的表彰和奖赏的。因为按社会公正要求，遵从道德的根本目的在于促进人的利益和幸福，从道德行为本身所产生的多种效益（经济的、政治的、社会的等）等方面来分析，社会不但应当而且完全有必要考虑对德行的报偿，使行善者得福、行恶者受惩，从而创建一个"事修而赞兴，德高而利来"的道德激励机制。在我们社会中，对那些付出了重大牺牲、作出重大贡献而不要求任何报偿的先进人物，国家和人民倍加关心他们，全社会才能形成奖善罚恶的良好道德氛围。

三、道德权利与道德义务

"权利"是现代公民社会的一个基本概念和范畴。人们认为，工业社会中，每个人天然享有的权利取代了农业社会那种为某些人享有的特权，从而实现了社会对所有社会成员的普遍承认，拥有权利也就成了一个人作为社会成员特别是作为人的标志。诚如法贝因格所说的："有权利，我们就能'活得像人'，就能注视他者，就能在根本上感到人人平等。认为自己是权利的占有者，感到骄傲就不是过分的，而是合适的；同时也具有最低限度的自尊，这是为了赢得他者的爱和重视所必不可少的。的确，尊重个人……可能仅仅是尊重他们的权利。"① 罗斯认

---

① Joel Feinberg, "The Nature and Value of Rights", *Essays in Social Philosophy*, Princeton, NJ: Princeton University Press, 1980, p. 143. 转引自 ［德］霍耐特：《为承认而斗争》，胡继华译，125 页，上海，上海人民出版社，2005。

为："权利概念所表达的不仅是一个人应当体面地尊重的东西，而且也是其他人可以体面地要求的东西。"① 道德权利就是依据道德应该得到的东西，是作为道德主体的人应享有的道德自由、利益和对待。道德主体有权作为或不作为，作何种行为，要求他人作出或不作出某种行为，必要时借助一定的道德评价形式（如社会舆论）协助实现一定的道德权益。具体地说，道德权利包括道德选择的自由，人们在一定道德关系中的地位、尊严和受惠性，以及道德行为的公正评价。在道德生活中，人有选择的自由。在一定的道德情境中，总有一定道德选择的可能性范围，这种范围也就是人们的道德自由的范围。这些选择可排成一定的价值等级序列。人们在一定道德关系中的地位、人格、尊严问题，即某种道德角色形象的社会认可程度问题，是人的道德权利的重要表现。道德主体有权履行道德义务、作出高尚行为并形成自觉自愿的奉献精神。社会应对人们的这种道德权利予以必要的尊重、肯定、评价与维护。从而，道德主体因其行为高尚动机和社会的公正评价而产生生命崇高感，产生被尊重的愉悦和满足感。甚至于，社会和他人对履行了道德义务，作出了奉献的人，给予他本人并没有期望的物质酬报，也是正当的、合理的。②

道德权利是道德关系的必然要求，是施受结构的重要环节。一定道德关系中的道德角色，既对社会或他人负有道德责任，应履行一定的道德义务，同时又享有一定的道德权利，诸如一定角色的应有尊严，在一定道德关系中的受惠性（在夫妻关系中被爱被关心体贴，在与子女的关系中被尊敬，被赡养照顾等），履行道德义务及无私奉献行为理应得到他人和社会的公正评价，等等。只有既强调道德义务，又承认其道德权利，这对一定的道德角色才是公平的。人与人的道德关系表现为明显的施受性。人们践履一定的道德规范如"敬老爱幼""尊师爱生"，实际上是一种施受性行为。子女作为施方有孝敬父母的义务，父母作为受方有享受子女所尽孝道的权利；反之，父母作为施方有抚养教育子女的义务，子女作为受方有享受父母爱抚的权利。道德权利是社会角色的正当权益。每一种社会角色都有相应的道德权利。这种权利是为一定道德体系所认可，为一定的社会舆论、风俗习惯、内心信念的力量所维护的。

布兰特阐述了被人们认为是显见权利的四种普遍权利，即①存在保护生命不受侵犯、个人身体不受袭击、不受政府或其代理人的拷打或非人道的惩罚、不遭随意逮捕、不受奴役、不受对名誉的诽谤等的普遍权利。②存在一种在法

① ［英］罗斯：《正当与善》英文版，53页，牛津，牛津大学出版社，1930。
② 张开城：《试论道德权利》，载《山东师范大学学报》（社科版），1995（2）。

庭面前为自己的案件申辩有平等资格的、普遍的显见权利：拥有防止自己的权利被侵犯的有效的法律手段，在法庭上与该社会的任何他人拥有平等的地位等。③存在在政府和国家中表达自己意愿的、普遍的显见权利；依法直接或通过挑选的代理人进行选举，自由地表达自己的思想，举行和平集会或结社等。④存在对过好生活所需的基本条件的普遍显见权利：迁徙自由、自主择业并获得公平的报酬、不受歧视、接受教育。①这四种权利关涉的都是对人的福利至关重要的事物，因而准则功利主义者也希望认真考虑在其"理想规则"中规定，在它们不与更重要的善发生冲突时应得到确保。

道德权利和道德义务的关系是辩证的，二者含义不同，互相区别，但它们又是互相联系的。没有无权利的义务，也没有无义务的权利。每一道德主体既享有一定的权利，又必须履行一定的义务；从一个角度说是义务，从另一个角度说也同时是权利；在施与者为义务，在接受者则为权利。

从道德权利的重要性以及道德权利与道德义务的辩证关系的原理出发，我们在道德生活中应正确对待道德权利和道德义务：

第一，道德主体注意到自身的道德权利并要求自身必要的道德权利是正当的、合理的。在一定道德关系中要求对方履行相应的道德义务也是正当的、合理的。从道德评价的角度讲，道德主体履行道德义务，他自身虽没有要求给以公平评价，但社会必须认可他有要求公正评价的权利。社会对道德主体所尽道德义务的行为给予公正的评价，是社会、他人对履行义务者应尽的义务，是对权利所尽的义务。社会要致力于改变义务和权利相脱离的现象，要坚持道德评价的公平原则，使尽义务的人得到公正评价和报答，使不尽义务的人受到舆论的谴责，尤其要消除和防止义务成了某些人的重负，权利成了某些人的特权的不合理现象。

第二，道德的特殊性，客观上要求道德主体在道德生活中面临道德义务和道德权利问题时，首先注重道德义务的践履，并以无私的奉献精神履行道德义务，不把履行道德义务作为谋取道德权利的手段，不要把道德义务和道德权利视为交换关系，把道德行为变成一种交易。就道德主体自身的义务和权利而言，其履行的义务和获得的权利不是简单的直接相关关系。他获得的某种权利不是一定因为他履行了义务，他履行的义务和获得的权利即使具有某种因果关系，也不是完全对等的。

---

① ［美］布兰特：《伦理学理论》英文版，448页。参见余涌：《布兰特的道德权利理论》，载《现代哲学》，2000（1）。

第三，道德主体要认识到，道德权利和道德义务问题不是孤立的，作为道德现象它与社会政治、经济、精神现象密切联系。道德权利和道德义务问题的解决受各方面条件的制约，有其历史发展的过程，不能因为该领域存在不公平现象而放弃道德义务，不履行道德义务。道德义务的非权利动机性并不意味着道德权利的不存在，它不能作为否认道德权利的理由，当我们只关注行为者履行道德义务的行为动机时，这只是在关注行为本身，而不是从行为所体现出的道德关系来看行为，不以获得道德权利为动机并不表明由义务行为所构成的道德上的权利和义务关系不存在；有尊重人的义务就有被人尊重的权利，一个人在某种境遇中履行某种义务就意味着他在相似境遇中处于义务对象的地位时亦能享有某种权利，他在履行其义务时是否意识到这种权利，或者甚至是否把享受这种权利作为自己履行义务的动机，这并不能影响到权利和义务关系的存在。①

第三节　良　心

良心是一个重要的道德范畴，它既与义务有着内在的联系，又同荣誉、道德操守和人格有着最为密切的关系。良心作为道德自律性的最高体现，作为主体内心的道德法庭，在规范人们的社会行为中起着极为重要的作用。可以说，一个人没有良心也就没有道德行为；没有良心，道德的行为规范功能很难发挥。良心是社会期望人们行为自律的依据，而且也只有有良心的公民才可能行为自律。

一、良心的含义与本质

良心（conscience）就字面而言，是指"善良之心"或"良善之心"。"良心"在一些西方文字中最早与"意识""认识"相关，属于道德哲学的研究范畴。英语、法语中的"良心"有共同的词形。从英文看，"conscience"源于拉丁文"conscire"，本意是"知道"，后来衍生出"con-scientia"，指"共同的认知"或"共同的意识"。斯多亚学派强调了对道德律的意识（良心），这一意识主要是作为理性存在的，是人的灵魂的支配部分，是神的声音。而到了基督教教父和经院学者那里，这个神就是基督教的上帝，良心就是上帝写在人心中的法。良心是一种超越个人意识的共识，这种共识是上帝赋予的。奥古斯丁把金规描述为"被写出的良心"，而唯有上帝才是其作者。近代英国伦理学家巴特勒详细地阐述了"良心"这一概念，他把良心看做一种能辨别善恶的心灵知觉

---

① 余涌：《道德权利和道德义务的相关性问题》，载《哲学研究》，2000（10）。

能力，认为良心是一种人心中的据以赞成或反对他的欲望和行动的支配原则，而自身并不直接趋向于行动。良心具有一种普遍性和优越性，也实际地存在于绝大多数人的心中。卢梭认为，良心是上帝赋予我们的关于正义和道德的内心法则。我们做出于良心的事，就是根据内心的道德法则去行动。黑格尔深刻地揭示了良心的本质，他把良心同义务紧紧地联系起来，从而为玄妙的良心找到了坚固的现实基础。

在中国，"良心"一词源于《孟子·尽心上》："虽存乎人者，岂无仁义之心哉？其所以放其良心者，亦犹斧斤之于木，旦旦而伐之，可以为美乎？"孟子在这里以木来比喻良心，劝导人们不要放失了良心。对于孟子来说，"认识自己"，即"反求诸己"的确切意义就是体会良知、悟证良心。孟子认为，良心是内在的，是人所固有的。他说："恻隐之心，仁之端也；羞恶之心，义之端也；辞让之心，礼之端也；是非之心，智之端也。人之有是四端也，犹其有四体也。"① 又说："人皆有不忍之心。""无恻隐之心，非人也；无羞恶之心，非人也；无辞让之心，非人也；无是非之心，非人也。"② 孟子把良心看成"仁义礼智四心"，包含恻隐、羞耻、恭敬、是非等心理与情感。孟子之后，中国思想家把良心作为仁义道德的核心来探讨，强调良心的综合性和自足性，强调对良心的直觉体验和整体把握。宋明理学家大多依"十六字心传"即"人心惟危，道心惟微，惟精惟一，允执厥中"而论良心。王阳明是儒家良心理论的集大成者。良心论在他这里得到了全面和充分的展开。王阳明讲"致良知"，宣扬人天生就有分辨是非善恶的"良知"。"良知却是独知时，此知之外更无知。谁人不有良知在，知得良知却是谁？知得良知却是谁，自家痛痒自家知。若将痛痒从人问，痛痒何须更问为。"悟得良知的过程是一个不断修养人格、完善"内圣"的过程。

马克思主义认为，良心是人们在履行对他人和社会的义务的过程中所形成的深刻的道德责任感和自我评价能力，是一定的道德观念、道德情感、道德信念和道德意志在个人意识中的统一。良心是人们一种内在的有关正邪、善恶的理性判断和评价能力，是正当与善的知觉，义务与好恶的情感，控制与抉择的意志、持久的习惯和信念在个人意识中的综合统一。

关于良心的本质，伦理思想史上主要有理性直觉论、情感论、感性经验论等几种观点。美国著名伦理学家弗兰克·梯利在《伦理学概论》中用两章的篇

---

① 《孟子·公孙丑上》，见《四书五经》，73页，北京，中华书局，2009。
② 同上。

幅专门介绍了西方关于良心的理论及分析，认为西方的良心论除了神话的观点
外，主要以直觉论和经验论为最，其中，直觉论又可以分为理性直觉论者、感
情直觉论者和知觉直觉论者。直觉论者认为："良心是一个最终的、本原的因
素。""我们有一种关于道德辨别的天赋知识，道德真理或是刻在我们心上，或
是由一种优越的理性能力揭示，或是由我们直接在有关善恶的行为或动机的意
识出现时的感觉或知觉。"① 古典的理性直觉论者包括中世纪经院学者、近代
英国伦理学家库德华兹、克拉克等，他们倾向于把伦理的真理比之于数学的真
理，认为两者同样是普遍必然的，现代的理性主义者则要审慎得多，他们否认
人文伦理的原则或道理可等同于自然科学的客观真理，强调虽然有某些具有绝
对意义的道德准则，可以为人的理性所直接把握，但是理性并不再具有过去那
种至高无上的地位。经验论者否认良心是天赋的，把良心解释为一种后天获得
的东西和经验的产物。

　　马克思主义认为，良心是对社会道德关系的自觉反映。良心范畴的实质，
就在于它是个人对社会和他人的义务关系在人们意识中的自觉反映。良心虽然在
形式上是主观的，"是自己同自己相处的这种最深奥的内部孤独，在其中一切外
在的东西和限制都消失了，它彻头彻尾地隐遁在自身之中"②，但它所反映的内
容是客观的，它是对义务的一种认识和所形成的道德责任感。因此，那种试图把
良心完全归结为纯主观的精神活动或神秘情感的观点是站不住脚的。良心是义务
和责任的内化，是社会道德原则规范的个体体认与感知。作为良心重要方面的道
德责任感，是人们能深切地体验和认识到自己对社会和他人的义务时，才产生和
形成的。良心据以进行自我评价的道德原则和道德规范，是客观存在的一定社会
或阶级的道德要求。没有一定社会或阶级的道德要求的实际存在，或者这些客观
要求不被人们理解，就不可能形成人们道德上的自我评价能力。良心是否能够以
及在多大程度上调节个人的行为，最终不仅取决于当时整个社会的道德状况，而
且会更远地取决于当时社会的经济和政治状况。如果当时社会的道德状况、经济
状况和政治状况，同人们内心已形成的某种道德责任感相一致，那么，良心就可
以充分发挥对个人行为的调节作用。相反，人们就有可能"做违心的事"，使良
心和行为相悖。良心对自己行为的评价最终还需要社会实践来检验。

　　良心的本质是义务和责任的内化。它的核心是个人对自己所应尽的社会义

---

　　① ［美］弗兰克·梯利：《伦理学概论》，何意译，31 页，北京，中国人民大学出版
社，1987。

　　② ［德］黑格尔：《法哲学原理》，范扬、张启泰译，139 页，北京，商务印书馆，2009。

务的认识与感受。社会的客观道德义务，经过道德规范从他律向自律的转化过程，而在道德主体的内心深处，以自律准则（内心的道德法则）的形式积淀下来的人的道德自制能力。我们可以将良心理解为人的行为准则在履行义务时所体现出来的道德责任感和自我评价能力，它来源于社会习俗和理性思维在内心的结晶，它通过自我培育、自我完善而获得，通过调节主体道德行为而展现。换言之，良心是道德义务的内化形式，是道德规范自律性的最高体现，是感性和理性的统一，是自我的道德评价。良心是人们意识中一种强烈的道德责任感。它是人们在社会生活过程中，由于认识到应有的使命、职责和任务，而产生的对他人和社会应尽道德义务的强烈而持久的愿望。良心不仅可以表现为对所作行为的道德意义的理性认识，而且可以表现为一种情绪体验。良心是人们意识中进行自我评价的能力。它是人们在深刻理解一定社会或阶级的道德原则和道德规范的基础上，以高度负责的态度，对自己行为的善恶价值进行自我判断和评价的心理过程。

二、良心的形成与构成

良心是人所特有的道德意识和道德情感，也是人对其行为的自我评价能力。这种道德意识、道德情感和自我评价能力是人们在社会生活和实践活动中逐步形成的，是一定的社会关系和利益关系的反映。良心是一个由良知、良情和良意或者说本原良心、礼智良心和自觉良心所构成的一个精神系统。

1. 良心的形成

良心是随着社会生活的发展而形成的一种个体道德意识和自我评价能力，是一种经过内化而形成的道德责任感和道德心理。

良心的形成，从本原上说，是道德习俗等的产物。包尔生认为，良心是从风俗中获得的和对风俗的意识，可以"把良心定义为对风俗的意识或风俗在个人意识中的存在"[①]。良心最初源于原始人对超自然力量的恐惧感以及触犯禁忌的羞耻感。这种恐惧感和羞耻感是同原始社会的风俗习惯紧密联系在一起的，风俗习惯的内化即良心。在原始人乃至后来的文明人看来："无论谁想加入他的民族的理智生活，都必须说这一民族的语言和遵循这一民族的规则；无论谁想加入他的民族的道德生活，也必须遵守这一民族的风俗和听从他良心的指令。他必须这样做，因为这个民族的态度也就是他的良心……"[②] 父母、教

---

① ［德］包尔生：《伦理学体系》，何怀宏等译，310～311 页，北京，中国社会科学出版社，1988。

② 同上书，313 页。

师、社会生活圈、法律、宗教等的权威使个人在习俗中长大，并根据社会的普遍意志调整、形成自己的个人意志——这就是所谓的良心。

　　良心作为一种非常个体化的心理现象，绝不仅仅是习俗向个体的简单转化。个体自身的主体状况也起非常重要的作用。良心一方面反映完善生活的理想；另一方面依靠这一理想核准自身。生活理想是道德义务和良心之所以能够给主体带来神圣性的内在源泉。良心的形成，从个体道德心理上说，首先，是一种对于道德责任和道德义务的认知。一个"有良心"的人，实际上就是一个对自己应当做什么和不应当做什么有理性和明确的自我觉悟的人。马克思说：理性把我们的良心牢附在它的身上。良心也只有凭借对道德责任和义务的内化的认知，才能对人的行为作出评价和调控。其次，是个体对应尽的道德义务的情感认同。从某种意义上可以说，良心主要是一种情感体验。我们知道，良心的自我评价和调控之所以有效，在作用方式上讲，就是它凭借的主要是情感武器。当主体选择一种合乎良心的行为时，主体获得一种欣慰的、自豪的、愉快的、积极的心理愉悦感受；相反，当他的行动违背自己的良心时，则会产生一种不安的、自责的、愧疚的、消极的情感体验。同理，当主体遇到一种合乎人性和道德的事情时，他会发自内心地予以赞许、敬佩和羡慕等；相反，则会产生鄙夷、轻蔑和厌恶的情感。积极和消极的情感体验是良心的重要组成部分。正是由于良心的情感作用机制的作用，良心才能成为道德秩序的保证。再次，是个体在认知、认同的基础上所形成的意志决断。意向是良心的认知和情感的自然延伸。有了一定的道德责任的认知和情感，就必然会对行为起心理的动机引导作用，更进一步，还会产生一定要如此的意志力。许多人正是凭借着这种所谓的"天理良心"的体认克服艰难险阻去努力践行道德的。不过，良心结构中的"意"，首先是"意向"的"意"，其次才是"意志"的"意"。这是因为许多情况下良心只表现意向而不表现为意志，或者只有意向而没有意志的参与。而且，良心所具有的意志成分具有较大的自由特性，与那些由纯粹外力产生的强制性的意志力有明显的感受上的差异。最后，是个体在长期为善的道德实践基础上所形成的善以为人的信念。良心一旦形成，其行为向善就会成为习惯，最终直可达到"随心所欲不逾矩"的境界。作为人们知、情、意的统一和自我评价能力的良心，常常表现为直觉的形式，即良心往往以一种无形的力量，使人的行为沿着一定的轨道进行。从对善恶、正邪的认识，到好恶情感的升华，再到意志抉择和养成习惯，这是一个人良心形成必经的过程。缺少这个过程中的任何一个阶段或环节，其"良心"都会是脆弱的、不稳定的。

马克思主义认为："良心是由人的知识和全部生活方式来决定的。"① 良心根源于人们的物质生活过程，是社会义务关系的反映和表现，没有一定的义务关系，也就没有什么个人的良心。良心的形成既取决于个人所受的社会教育和自我修养，也取决于个人的全部道德生活经验和实践。良心的形成是主观性与客观性、个体性与社会性、自律性与他律性综合交织的产物，体现着个体成员对社会道德习俗、规范等的认识和对义务关系的自觉意识，体现着个体成员自觉的道德责任感和自我评价能力。

2. 良心的构成

良心的构成，一般说来，是恻隐之心、羞恶之心、辞让之心和是非之心的有机统一，或者说良知、良情和良意的有机统一。其中，良知是良心的认识成分，表现良心的知识来源，是良心的基础。良情是良心的情感成分，是良心的集中表现；良意是良心的意志成分，是良心的行为动力和价值支撑。良知、良情、良意三者互相配合，共同支撑相互作用。鉴于良心既是一种责任感，又是一种自我评价能力的特质，从结构和功能统整的意义上，我们认为良心是本能、理性和意志的有机统一。

(1) 本能良知，亦称本原良心，是指人具有某种先在的好善恶恶的能力及对道德责任的感知。这种能力来自人的道德本性和使人成为人的内在潜质，孟子所说的"良知良能"，西方学者所推究的"本原良心"，即属于此一意义上的良心。人们可能对什么是善、什么是恶存在有不同的意见或认识，但大家都感到善应该实行，恶应该避免。这种对价值与责任的本能自觉，正是本性良心的表现，也在一定意义上彰显着人的善良本性。本原良心中最普遍的原则就是"行善避恶"的原则，人对于存在性目的与基本伦理原则的认知应归功于本原良心的那种内在本能。本性良心是人人皆有的普遍伦理良知，"非独贤者有是心也，人皆有之，贤者能勿丧耳"。人倘若连这一基础性的伦理良知都没有，那就很难使自己同动物区别开来。

(2) 理智良心，亦称推理良心，是指人依据自己的思维和认识能力所作出的正确判断和道德推理。良心不但体现在好善恶恶的能力和对普遍伦理原则的本能感知方面，也大量体现在对现实道德行为和道德实践的理性认识和礼智把握方面。推理良心的主要功能是准确地观察及正确地推理，涉及道德经验的分析、反省、推理等过程。本性良心人人相同，但推理良心则依人所受的教育、

---

① ［德］马克思：《对哥特沙克及其同志们的审判》，见《马克思恩格斯全集》第6卷，152页，北京，人民出版社，1961。

身处的环境、文化的熏陶、性格的差异、认识问题的深浅而有所不同。孟子发现环境的好坏、人为的错失等外在因素，都足以影响推理良心，故良心需要存养："富岁子弟多赖，凶岁子弟多暴。非天之降才尔殊也，其所以陷溺其心者然也。虽有不同，则地有肥硗，雨露之养，人事之不齐也……故苟得其养，无物不长；苟失其养，无物不消。"存养有助于礼智良心的健全和发展。

（3）意志良心，亦称自决良心，是指依据自己的意志和信念作出行为选择和行为实施的决定和裁决过程。自决良心衡量推理所得，作出此时此地的决定。别人或权威可提供意见，但决定必须是自己作出的。自决良心构成最后的行为规律，它领引导人们执行自信是正确的东西，避免错误的东西。实行的原则是：不要跟随有怀疑的良心，必须先澄清怀疑；时常跟随确定的良心，确定良心成为理性的呼声和情感的命令，人必须跟随，没有权威可要求人不按他确定的自决良心去行事。

良心的这三个层面，亦即领会普遍伦理原则的本性良心，理性分辨的推理良心，对具体行为判断的自决良心，可能还有其他的方面，联合起来构成整体意义上的良心。正如良心的本能不单纯是一些先验存在的伦理原则那样，良心的具体判断也不单纯是将广泛伦理原则应用于"此时此地"的具体行为的过程。事实上，良心不仅仅是一种本能，而且也是理智、意志和整个人格之间相互作用的结果。良心包含了理性和意志，但又不仅仅只是理性和意志。良心不是单纯的理性，这是因为良心不是先验存有伦理法的执行者，它的任务不仅仅是将伦理法应用于"此时此地"的情况；不然的话，那些极其聪明的人就该具有最高尚、最明晰的良心，而事实并非如此。理性不足以解释良心判断中极强的情感因素。很显然，良心也不等同于意志的力量，这是因为人可能决意做一些违背良心的事情。良心也不是单纯意义上的情感，因为良心所关心的是客观现实和确定的内容与要求。良心不限于单纯的理性，也不限于单纯的意志，更不限于人的单纯情感，它是人类精神和心理存有的最深底蕴，是人的精神世界的最深层次的核心。

三、良心的功能与作用

良心是个体道德的核心，是人性和人品的基本构成，标志着人之所以为人的内在规定性。良心之于人有着本质的意义和精神价值的提升多重功能效用。人必须讲良心，人也应当讲良心。宋代胡宏在《知言》中指出："人皆有良心，故被之以桀、纣之名，虽匹夫不受也。夫桀、纣，万乘之君，而匹夫羞为之，何也？以身不亲其奉，而知其行丑也。王公大人一亲其奉，丧其良心，处利势之际，临死生之节，宜冒苟免，行若大鼠者，皆是也。富贵而奉身者备，斩良心之利剑也。是故禹菲饮食、卑宫室，孔子重赞之，曰：吾无闲然矣！富贵，一时之利；良心，万世之彝。乘利势，行彝章，如雷之震，如风之动，圣人性之，君子乐之。不然，乃以一时之利失万世之彝，自列于禽兽，宁贫贱而为匹夫，不愿王公之富贵也。"① 人的良心是"万世之彝"，亦即万世的法度常规和道德标准。人凭借着良心，就得以无憾地立于天地之间，成为万物之灵。

英国道德学家斯迈尔斯认为："良心是心灵圣殿中的道德统治者——它使人们的行为端正、思想高尚、信仰正确、生活美好——只有在良心的强烈影响之下，一个人崇高而正直的品德才能发扬光大。"② 作为人们知、情、意的统一和自我评价能力的良心，常常以两种方式作用于人们的道德生活实践，一种是直觉的；另一种是理智的。良心的直觉作用形式是指良心往往以一种无形的力量，甚至是下意识的本能，或者顿悟的瞬觉，或者缥缈的幻感，或者模糊的预感，使人的行为沿着一定的轨道进行。良心的理智作用方式是指经过道德认知和道德情感的冲突，做出深思熟虑的合乎理性的选择，自觉地遵守道德原则规范，履行自己的道德义务。在良心的直觉作用方式中，主体的情感体验起主导作用；在良心的理智作用方式中，理性的认知起主导作用。当然，这两种作用方式绝不是彼此对立、互不相容的，而是相互补充相辅相成的。

良心是人类一种最内在的道德法则和情感，是个体精神自律的重要表现。"它不仅给人以内在的权威和标准来裁决自身的对错，从而阻止人去有意作恶或劝导人积极为善，而且促进人对自己过去的所作所为进一步深刻反省，从而强化自己的责任意识或悔过要求。"③ 良心的自我发现有两个结果：要么从自己既有的作为中获得精神的快慰，要么对自己过去的所作所为悔恨交加，以致觉得自己的一切都逃不过良心眼睛。良心是道德生活的集中表现，人世间之所以有道德生活，"最终要归因于良心：做好事不求别人的赞赏而只求无愧于心是道德生活的最高境界；做错事能扪心自问并深感内疚则是塑造有德之人的第一步……良心乃是道德秩序的保证。良心，并且只有良心，才能救道德于堕落"④。良心通过感觉、直觉有时也借助于理性的判断、推理来衡量人类的行为，敦促、劝勉和激励人们不断扬善弃恶或改恶从善。卢梭对良心大加礼赞：

---

① （宋）胡宏：《知言》，见《胡宏著作两种》，19页，长沙，岳麓书社，2008。

② ［英］斯迈尔斯：《品格的力量》，宋景堂等译，194页，北京，北京图书馆出版社，1999。

③ 陈根法主编：《心灵的秩序——道德哲学理论与实践》，88页，上海，复旦大学出版社，1998。

④ 同上。

"良心呀！良心！你是圣洁的本能，永不消逝的天国的声音，是你在妥妥当当地引导一个虽然是蒙昧无知然而是聪明和自由的人，是你在不差不错地判断善恶，使人形同上帝！是你使人的天性善良和行为合乎道德。没有你，我就感觉不到我身上有优于禽兽的地方；没有你，我就只能按我没有条理的见解和没有准绳的理智可悲地做了一桩错事又做一桩错事。"① 他断言，良心是不顾一切人为的法则，而顺从自然的秩序的。我们服从了自然，就可以听见良心的呼声，相反，所有违反井然有序的自然所安排、所允许的行为都要受到良心的呵责。这样，良心便成了人类行为的呵护人，这种内在的情感会根据人类的行为是否符合上帝创造的美妙、和谐、协调的自然而给人予奖惩。"良心是最善于替我们决疑解惑的"，"良心从来没有欺骗过我们，它是人类真正的向导"。在他最后的日子里所写的《一个孤独的散步者的遐想》中，他自称"道德本能一直很好地把我引导，我的良知始终保持着它最初的完美"②，使我对它信赖无疑。正是良心教导并指引着我们做人。

费尔巴哈曾论及"行为之前的良心，伴随行为的良心和行为之后的良心"③，说明在行为的每一个阶段都伴有良心的活动，也可以说良心贯穿行为的全过程：

在行为的选择阶段，良心是行为的决策者，扮演着"指挥官"的角色，对行为选择起着导向的作用。行为之前的良心或事前良心，在我行事之先，把行为的道德性和责任，陈列于我心目之前，催我行善，戒我作恶。它依据社会的道德要求来检查个体的行为动机是否正确，驱使人们选择正确的行为。

在行为的进行阶段，良心是行为的导向者，扮演着"检察官"的角色。行为之中的良心或事中的良心，在我行事的当时，不停地对行为的道德性发出告诫，继续鼓励或劝阻。对符合道德要求的行为予以坚持，反之予以纠正。这一方面激励正确行为的继续；另一方面抑制或排除对正确行为起干扰作用的内部心理因素。

在行为后，良心是行为的评判者，扮演着"审判官"的角色。行为之后的良心或事后的良心，在我行事以后，对我的行为，时常发出赞许或谴责的声音，并宣告将来应得的赏罚。为此行善感到安乐与快慰，作恶感到懊丧与惶恐。它评价行为的道德意义，审判背离社会道德规范的表现，引起个体相应的

① ［法］卢梭：《爱弥儿》下卷，李平沤译，417页，北京，商务印书馆，1978。
② ［法］卢梭：《一个孤独的散步者的遐想》，张弛译，49～50页，长沙，湖南人民出版社，1985。
③ 《费尔巴哈哲学著作选集》，585页，北京，商务印书馆，1984。

情感体验，从而影响以后的行为。

事前的良心驱人向善和劝人谨防作恶。事中的良心鼓舞善行，并在人作恶时令人不安。事后的良心赞美善行和谴责不良的行为。人屡次特别强烈觉到事后的良心，尤其是那在他的心灵内，为了所行的恶事唤起内疚的良心。

良心，是一个人的立世之本。良心有如人心灵深处的检察官和法官。当人的行为和意念符合"是"和"善"的要求时，良心的嘉许，使人恬然自安，即所谓"问心无愧"。"为人不做亏心事，半夜开门心不惊。"但当人的行为意念违背"是"和"善"的准则时，就会受到良心的谴责，使人感到"于心有亏"。"良心的裁判、良心的谴责引起对道德过错的自我感觉，引起不可克服的自然而然的不协调，以及对人的本身存在价值的怀疑。"[1] 人心不同，有如其面，但良心的功能却是一致的。在个体的道德认知过程中，符合社会道德准则的观念被压抑、置弃而难以发挥作用并代之以不符合社会道德准则的观念为主宰，就是良心泯灭；符合社会道德准则的观念，回到意识的前台重新发挥其主宰作用，就是良心发现。

良心作为道德规范自律性的最高体现，作为道德主体内心的道德法庭，在人们的道德生活中起着极为重要的作用。良心是道德人格的重要构件，也是道德人格的忠实卫士。"没有良心"的人，肯定是道德人格上有严重疾病的人。

第四节　荣　誉

在人类的道德生活中，荣誉是一个十分重要的道德范畴，它与义务、良心、尊严、人格等有着极为密切的关系，又以其自身特有的价值激励和行为奖赏敦促人们不断向善，去履行义务，守住良心，以护卫自己的道德人格与尊严。知荣辱，辨善恶，对恶行心生嫌憎和不满，对善行心生景仰和崇奉，是人之为人的应有态度和举动。

一、荣誉的含义与荣辱观

所谓"荣誉"，就是指一定社会整体或行为当事人，以某种赞赏性的社会形式或心理形式，对一定义务和相应行为具有的道德价值，所表示的肯定性判断和态度。荣誉具有两方面相互关联的含义：首先，它是指一定社会、阶级或

---

① ［苏联］季塔连科主编：《马克思主义伦理学》，愚生、重耳译，123 页，上海，上海译文出版社，1981。

某种集体，以某种鼓励性的方式，对出于道德责任感履行的某种义务及相应行为具有的社会价值，所表示的肯定性确认和赞赏性评价。在这种意义上，荣誉范畴常常被看做是评价人们某种道德义务及相应行为社会价值的尺度。其次，是指行为当事人以自尊、自爱、知耻等自赏性的心理形式，对自身出于道德责任感履行的某种义务和相应行为具有的社会价值，所做出的肯定性判断，以及所表达的欣慰态度和尊严感。

耻辱是指一定社会主体或行为当事人，以某种批评性和谴责性的社会形式或心理方式，对违背道德原则和未尽道德义务所作出的否定性道德判断和态度。耻辱也包括两个方面的含义：一是社会或他人对个体背离社会义务的行为的道德价值的否定性评价，是一种贬斥、谴责；二是个体对自己行为的负面道德价值的自我意识和对社会否定性的评价的主观感受。马克思曾经把耻辱称为"内向的愤怒"。对个体来说，耻辱意味着对自身的存在和人格价值的否定。因此，耻辱和荣誉是不可分割的。一个人的耻辱心以积极形态表现出来便是对荣誉的珍惜，反之，一个人的荣誉感越强，就越能知耻，耻辱心也越发达。一个恬不知耻的人无所谓荣誉感，也不可能获得真正的荣誉。

荣誉和耻辱是激发个体践行社会道德规范的要求，在道德上积极进取的精神动力。俗话说："人活一张脸，树活一张皮。"眼睛下的脸皮固然重要，但心灵的脸更为重要。一个人如果有了强烈的荣辱感，他就会关心自己行为的后果，自觉履行社会道德规范，为实现自己的社会价值倾注全力，排除障碍，克服困难，不管需要付出多大的代价，甚至献出自己的生命也义无反顾。没有荣誉感的民族，是没有希望的民族！没有荣誉感的团队，是丧失斗志的团队！没有荣誉感的个人，是没有精神追求和价值向往的个人！莎士比亚曾经说："我的荣誉就是我的生命，二者互相结为一体；取去我的荣誉，我的生命就不再存在。"① 荣誉是推动创造的原动力和追求卓越的起搏器。人无所谓贵贱，但人的灵魂却有贵贱之分！追求荣誉的灵魂，是世界上渴望卓越、富于创造的灵魂。也正是这种荣辱心的驱动，可以激发个体的奋发向上、开拓进取的精神，为实现自己的道德信念和完善自己的道德人格而奋斗不息。反之，一个人如果缺乏荣誉感，就会在社会的道德规范面前无动于衷、麻木不仁，泯灭应有的自尊和自爱，失去前进的动力，甚至成为一个道德堕落的人。

荣辱观简单来说是指人们对荣与辱的根本观点和态度。这里的"荣"，包括了人们对高尚的道德行为所作的客观评价和主观感受。客观评价指社会或集

---

① 《莎士比亚全集》第四卷，10页，北京，人民文学出版社，2010。

体对这种行为的肯定、赞扬和褒奖，主观感受指个人或集体对这种客观评价所产生的尊严感和自豪感。"辱"包括社会、集体或他人对违背公共利益的不道德行为的否定和贬斥，以及个人因自己行为的过失而在内心形成的羞愧体验。荣辱观包含着两方面的含义：一方面，是指社会用以评价人们行为的道德价值尺度，即对履行道德行为的褒奖和不遵守道德要求的谴责；另一方面，是指个人对自身行为的道德价值的自我意识，即在良心中所包含的知耻和自尊的意向。简言之，荣辱观包括对人们行为的道德价值所作出的社会客观评价和本人主观意向。这两个方面相互联系、相互影响。从客观方面看，社会评价通过舆论和习俗对某种行为予以褒奖或谴责，荣辱体现为社会对公民的德行作出赞赏、对恶行作出谴责。这是评价公民行为的社会尺度，即荣辱的客观基础。从主观方面看，荣辱是良心中的知耻心、自尊心、自爱心的表现。它使人们自觉地履行道德义务，宁愿自我牺牲，也要保持尊严、荣誉和人格，而不做可耻、毁誉和损害人格的行为。人们意识中的荣辱意向，即对社会评价的主观感受或自我评价。所谓荣誉感和自尊心，就是人们履行义务的道德责任感和自我评价意识。"耻辱"范畴也有其特定的道德本质内涵。孔子说："行己有耻。"他主张人要有自爱之心，不要做令自己感到羞耻的事情。他还说："知耻近乎勇。"强调知耻会给人带来奋斗的勇气；孟子也主张"人不可以无耻"，都是从不同的角度表达了其荣辱观。

荀子继承了孔子的"邦有道，贫且贱焉，耻也"，孟子的"仁则荣""古之人修其天爵，而人爵从之"等观点，对荣辱问题作了全面的论述，不仅认识到荣辱观的实质是义利之间的冲突与选择，提出了"先义而后利者荣，先利而后义者辱"的命题，将在价值选择上如何看待义利关系作为判定荣誉和耻辱的标准，而且提出了"义荣""势荣""义辱""势辱"这些概念，区分了道德意义的荣辱和非道德意义的荣辱。在《荣辱》篇里，荀子提出自己对于荣辱的基本观点："荣辱之大分、安危利害之常体：先义而后利者荣，先利而后义者辱；荣者常通，辱者常穷；通者常制人，穷者常制于人，是荣辱之大分也。"[①]《正论》篇指出："是有两端矣，有义荣者，有势荣者，有义辱者，有势辱者。志意修，德行厚，知虑明，是荣之由中出者也，夫是之谓义荣。爵列尊，贡禄厚，形势胜，上为天子诸侯，下为卿相士大夫，是荣之从外至者也，夫是之谓势荣。流淫污侵，犯分乱理，骄暴贪利，是辱之由中出者也，夫是之谓义辱。詈侮捽搏，捶笞膑脚，斩断枯磔，藉靡舌绊，是辱之由外至者也，夫是之谓势

---

① 《荀子·荣辱》，见《荀子新注》，40～41 页，北京，中华书局，1979。

辱。是荣辱之两端也。"① 世人皆希望义荣与势荣二者得而兼之，义辱与势辱二者咸能避之，如此再完美不过。但世事又往往难遂人愿，鱼与熊掌不可得兼。儒家对这个问题的回答一贯是义以为上、以义制利的，荀子也不例外，因此紧接下来他说："故君子可以有势辱，而不可以有义辱；小人可以有势荣，而不可以有义荣。有势辱无害为尧，有势荣无害为桀。义荣势荣，唯君子然后兼有之；义辱势辱，唯小人然后兼有之。是荣辱之分也。圣王以为法，士大夫以为道，官人以为守，百姓以成为俗，万世不能易也。"② 同时拥有义荣势荣的人一定是君子，但君子在义荣的行为选择之下未必能够得到势荣的结果，而享有势荣的人不一定全都是君子；同时拥有义辱势辱的人一定是小人，但小人在义辱的行为选择之下未必势辱，而陷于势辱窘境里的人也可能是君子。

西方伦理思想在其原初阶段就以对荣誉的崇尚和对耻辱的嫌憎著称于世。在希腊神话中，荣誉成为主导一切的核心。人们不愿忍辱偷生，哪怕是死也要死得荣光。"对英雄来说，活着就是为了名望，要用满腔热情去追寻它。他必须用高超的品质去赢得掌声和赞许，因为这是对其人生的奖赏和证明。家世、财富和威力是英雄追求的主题，而他自身也成为勇气、耐力、力量和美的理想化身。"③阿耳戈的英雄们在取得金羊毛后就认为："能否返回家乡，全希腊的荣誉全掌握在我们手中了。"④ 伯利克里在雅典阵亡将士葬礼上的演说全面揭示了雅典人的荣誉观。他说：在雅典"任何人，只要他能够对国家有所贡献，绝对不会因为贫穷而在政治上湮没无闻"。"至于贫穷，谁也不必以承认自己的贫穷为耻；真正的耻辱是不择手段以避免贫穷。"真正的荣誉属于那些为城邦而献身的将士，"他们贡献了他们的生命给国家和我们全体，他们获得了永远长青的赞美，最光辉灿烂的坟墓——不是他们的遗体所安葬的坟墓，而是他们的光荣永远留在人心的地方"⑤。古希腊四主德崇尚的勇敢是一种浸润了荣誉因子的伦理美德。

荣辱观体现为荣誉感与羞耻感。荣誉感是指一种追求光荣名誉的情感，是一种积极的道德情操。羞耻感则是当人们意识到自己或自己所属的团体违反道

① 《荀子·荣辱》，见《荀子新注》，302～303页，北京，中华书局，1979。

② 同上书，303页。

③ Michael Grant, *Myths of the Greeks and Romans*, New York：The New American Library, Inc, 1962. p. 45.

④ ［德］斯威布：《古希腊的神话与传说》，高中甫译，20页，北京，燕山出版社，2000。

⑤ 参见周辅成编：《西方伦理学名著选辑》上卷，38～46页，北京，商务印书馆，1964。

德行为准则时产生的难受、畏惧的情感。荣誉感和羞耻感就是人们道德行为评价和道德行为选择的心理动因。在社会生活中，人们总是希望自己或自己所处的团体比别人或别的团体更先进优秀，能受到众人的称赞、奖赏、仰慕等。当没有得到这种称赞、奖赏、仰慕时，人们会努力去追求它；当得到之后，人们会产生高兴和自豪的情感，并且希望继续保持自己的优秀品质以得到更多的称赞、奖赏、仰慕等。也就是说，荣誉感较多地来自由别人的评价而产生的一种内心自豪感。而从道德约束功能方面看，羞耻感的实质是害怕社会的非难、嘲笑和惩罚，人们会尽量避免做出可能会引发这些后果的事情；一旦发生，也会努力改正以减轻内心的羞愧。可以看出，羞耻感更多地来自自我内心的一种评价、反省与自责。中国古代的思想家同样非常重视"知耻"这一道德心理，子曰："好学近乎知，力行近乎仁，知耻近乎勇。"[①] 孟子曰："人不可以无耻，无耻之耻，无耻矣。"[②]

荣誉感或对荣誉的爱是一种个人特殊而高尚的自我肯定的心理表现，同时又是周围的人群对一个人的品性以价值判断的形式表现出来的：尊敬或轻慢、崇拜或蔑视、敬重或厌恶的情感。这种价值评估形成对个人道德行为的客观荣誉，成为促进社会前进的力量。特别是当个人荣誉升华为集体荣誉（如家庭、阶级、民族、职业）时，这种集体荣誉感就会成为全部集体生活中的一个极为重要的因素，发挥强大的凝聚作用，激励每个成员为共同的目标和维护增强集体荣誉做出最大的努力。荣誉感是道德的卫士，对于道德的发展具有重大的意义。人类社会一切美好的秉性诸如勇敢、诚实、正义、高尚等的发展，以及更高、更复杂的经济和精神能力的发展，没有那种对荣誉的强烈追求和积极冲动是不可能实现的。对荣誉的尊重和对耻辱的蔑视甚至在最糟糕的情况下也会产生积极的结果。在日常生活中，我们经常遇到有的生性懒惰者由于害怕受穷的耻辱而积极行动起来；胆怯的气质也因为害怕被指责为懦弱而变得勇敢无比。

二、荣誉范畴的基本构成

荣誉范畴是个历史范畴。在不同的时代，不同阶级、阶层和集体中，它往往有着不同的社会内容和表达形式。原始社会，荣誉往往同维护氏族整体利益的劳动和义务相联系。如诚实劳动，履行氏族义务，遵守氏族的风俗习惯等，就是这个历史阶段荣誉范畴的主要社会内容。

人类进入阶级社会以后，荣誉观念受到私有制关系的制约，打上了阶级烙

---

① 《中庸》，见《四书五经》，55 页，北京，中华书局，2009。
② 《孟子·尽心上》，见《四书五经》，111 页，北京，中华书局，2009。

印。不同时代或同一时代的不同阶级，有着不尽相同的甚至根本对立的荣誉观念。奴隶主阶级所理解的所谓"荣誉"，是他们的身份和特权，特别是把拥有奴隶的多少，看做衡量名望和荣耀的主要尺度。对于封建贵族和地主阶级来说，等级、权势和门第，就是他们通常理解的尊严和荣耀。资产阶级由于对一切生活关系都以金钱和个人发展来衡量，因而也以金钱和个人发展来评价荣誉。

历代劳动人民有着根本不同于剥削阶级的荣誉观念。这种荣誉观念的主要特点是，把勤劳俭朴的生活，劳动者之间的友爱、关心和帮助，英勇反抗阶级剥削和阶级压迫的斗争，维护和发展祖国和民族利益的努力等，看做最值得赞誉和尊敬的。无产阶级的荣誉观念，批判继承了历代劳动人民和进步人士的荣誉观念的积极因素，并在无产阶级革命实践的基础上得到了丰富和发展。无产阶级的荣誉观念，是同社会主义和共产主义事业相联系的。它衡量荣誉的标准，不是特权、门第和个人财富，而是对民族、对人民、对无产阶级、对集体事业的无私贡献，对世界和平和人类进步事业的积极贡献。

无产阶级的荣誉范畴，包含着深刻而丰富的内容，涉及个人荣誉和集体荣誉、个人尊严和社会赞誉以及自尊和谦逊等关系，要求将个人荣誉融入集体荣誉之中，抵制和祛除个人虚荣心，用正确的方式和途径去争取荣誉，并把荣誉视为前行的动力，砥砺谦虚向善和奋发向上的精神品质，使荣誉既有利于自己的成长，又有利于社会道德氛围的醇厚、粹善，成为促进伦理文化发展的内在精神力量。

1. 个人荣誉和集体荣誉

个人荣誉和集体荣誉的关系，是现实社会个人利益和整体利益关系在行为评价上的反映。在私有制为基础的阶级社会里，由于这两种利益是根本对立的，因此，尽管剥削阶级及其统治集团，力求使个人荣誉和集体荣誉统一起来，但是，最终只能片面地强调个人荣誉，而使集体荣誉流于虚幻。在公有制社会里，个人利益和社会整体利益是根本一致的，并且要求在发展社会整体利益的过程中发展个人利益。因此。它不仅为个人荣誉和集体荣誉的一致提供了可能，而且客观上要求个人荣誉从属于集体荣誉。在社会主义社会里，个人荣誉和集体荣誉从根本上来说是一致的，集体荣誉是个人荣誉的基础和归宿，个人荣誉是集体荣誉的体现和组成部分。马克思主义伦理学强调集体荣誉高于个人荣誉，同时鼓励对个人荣誉的关心，它只是反对为了追求个人虚荣而损害集体荣誉的不道德行为。个人的荣誉并不仅仅是个人奋斗的结果，而是更广泛地包含着群众和集体奋斗的结晶，是人民群众和集体的荣誉在个人身上的体现。同时，人民群众和集体的荣誉，是由其中每个个人建立的功绩组成的，甚至是由某些先进分子的个人荣誉所代表的。

2. 个人尊严和社会赞誉

德国当代政治学家霍耐特区分了法律承认与社会重视这两种承认形式，认为这两种形式的承认分别对应于社会生命及其价值。在霍耐特看来："在这两种形式中，人都可能因某些特性受到尊重。在法律承认之中，它就是使人们完全成为人的一般特性。在社会重视之中，它就是将人们互相区分开来的个别特征。故此，法律承认的中心问题是如何限定个人的构成性，而社会重视的中心问题则是借以衡量特殊个性的'价值'的评价参照系统的构成性。"① 社会重视具有多种形式，无论是一般承认或特殊承认都伴随着荣誉，也许可以说社会赞誉是社会荣誉表达的重要方式。通过以物质的或精神的奖励而给予荣誉，通过授予荣誉来承认或者说重视个体的价值，是社会认同个人荣誉的基本途径。当社会称誉以授予荣誉的形式出现时，荣誉就成了社会标识。荣誉这种社会标识可能会表现出给予许多人同一种荣誉，但这不意味着人的价值都是一样的。每一个个体的人的特殊性都会反映在其价值上，因而，每一个人的价值也是具体的和特殊的，具有独特性。当得到社会称誉并授予某种荣誉的时候，其实是对人的价值作出了抽象的把握，是把人的价值还原成了人的社会贡献，即你为社会作出了某种贡献，因而授予你一定的荣誉。②

需要指出，人对社会的贡献会呈现出不同的差别，但人的价值在其内在性则是同一的，无法进行比较，没有也不应该有高低之分。就此而言，荣誉作为一种社会标识是不能够真正反映人的价值状况的，亦即荣誉并不真正构成人的价值的标识，而只是社会称誉的标识，所标识的是社会对某人的价值承认的状况。社会称誉有可能作出对人的价值的承认，甚至与人的真实价值相吻合。但是，社会称誉也完全有可能只对引起了重大反响和交口称誉的行为而发出，而对于那些在价值和社会贡献方面真正有建树甚至影响深远的常常保持沉默。一些人生前尊荣而死后落寞的现象和另一些人生前声名狼藉而死后备受尊崇的现象形成巨大的反差。人的价值与荣誉的不相一致性，要求人们正确对待荣誉。人的价值是不可比较的，而荣誉是可以比较的，有的人获得了较高的荣誉，而有的人则获得了次一等级的荣誉，尽管他们都充分地实现了自身的社会生命，但不能由此得出结论：获得荣誉的人就一定比没有得到荣誉的人社会贡献高或

---

① ［德］霍耐特：《为承认而斗争》，胡继华译，120 页，上海，上海人民出版社，2005。

② 张康之、张乾有：《权利、荣誉与职权：承认的三种形式》，载《北京行政学院学报》，2010（6）。

大。在现实生活中，我们也经常发现，实现了自己的社会生命并切实地对社会作出了贡献的人却没有得到任何荣誉的现象不在少数。因此，"无名英雄"受到人们发自内心的尊崇。关注芸芸众生和千千万万"名不见经传"的平凡人物，是我们建构社会理性的伦理价值观必须有的视角和襟怀。

个人尊严和社会赞誉在无产阶级的荣誉观中是辩证统一的。一般来说，受到社会赞誉的行为应当成为个人尊严的理由，个人感到尊严的地方也常常是社会赞誉的对象。当事人把社会称誉看做对个人尊严的公认，从而进一步继续履行原来的义务和相应行为。在社会称誉和个人尊严一致的情况下，当事人应有两种不同的态度。如果两者都是实事求是的，合乎历史必然性要求的，就应当顺应社会的称誉，坚持个人的尊严，继续履行原来的义务。相反，如果两者都不是实事求是的，都是与社会发展的客观要求相悖的，就应当拒绝社会的"称誉"。如果社会称誉和个人尊严出现了矛盾，往往会使个人把社会称誉看做对个人尊严的侮辱，社会把个人的尊严视为耻辱，就会产生价值认同和荣辱观的倾斜。在社会称誉和个人尊严不一致的情况下，如果两者都不合乎社会发展要求，同样应当拒绝社会的"称誉"，如果社会称誉合乎实际和社会发展要求，个人"尊严"不合乎实际和社会发展要求，就应当不惜放弃个人的"尊严"，如果个人尊严是合乎实际和社会发展要求的，而社会"称誉"是与实际和社会发展要求相悖的，就应当拒绝社会的"称誉"，以保持个人的尊严。

3. 自尊和谦逊

由于荣誉是一种赞赏性的评价，个人必须正确对待自尊和谦逊的关系。一个具有共产主义道德品质的人，一定有高尚的自尊心，珍惜社会和集体给予自己的荣誉。但是，在荣誉面前，又应当有真诚的谦逊。在社会赞誉面前，要有"盛名之下，其实难副"的自知之明，想到自己的不足，虚心学习他人长处。

荣誉感和虚荣心有着本质的区别。荣誉来自辛勤的劳动和创造性的贡献。荣誉不单是对个人努力的肯定和奖赏，更是一种鼓励和鞭策。荣誉感是积极向上的心理品质，是人们学习、工作的强大内在动力。具有荣誉感的人把履行社会义务看做自己的神圣使命，把得到荣誉看做自己为人民作贡献的一个标志，因而他们无论面临何种境遇、遇到什么困难，都能一如既往地勤奋工作、埋头苦干，靠实绩和贡献赢得人们的赞扬和尊敬。他们珍视荣誉而不单纯追求荣誉，在荣誉面前相互谦让，甘当"无名英雄"。虚荣心是指以虚假的方式来保护自己的自尊的心理状态，是对荣誉的一种过分追求和一种不良的心理品质，是道德责任感在个人心理上的一种畸形反映，其本质是利己主义的情感反映。虚荣心强的人以追求个人荣誉为奋斗目标，一切言行以个人名利得失为转移，把履行社会义务仅仅看做获得个人荣誉的手段，不择手段地骗取荣誉。虚荣心重的人，常常将名利作为支配自己行动的内在动力，总是在乎他人对自己的评价。一旦他人有一点否定自己的意思，自己便认为自己失去了所谓的自尊而受不了。有些人非常希望得到别人的尊重与欣赏，却往往不能如愿以偿，一个重要的原因是他们陷入了虚荣的误区。"好名之害，与好利同。"虚荣心本身说不上是一种恶行，但不少恶行都围绕着虚荣心而产生。贪图虚荣的人，把名利作为追求的根本目标，貌似爱荣誉，实则想的是光宗耀祖、荣华富贵那一套。而一旦确立起这样的人生目标，就必然会导致主观愿望与客观现实相脱离，对自己的劳动价值不能客观估量，形成对个人名誉的奢求。这种心理如同毒菌一样，消磨人的斗志，戕害人的心灵。培根在《论虚荣》一文中指出："'苍蝇坐在战车底轮轴上说道，我扬起了多少尘土啊！'伊索氏这个寓言说得实是巧妙。类此，有些个妄人，无论任何事情，或是事情自动，或由大力者推动，只要他们在其中有一点关系，他们就以为这些事情是完全仰仗着他们底力量的。"① 正如共产主义战士王杰所言："虚荣的人注视着自己的名字，光荣的人注视着祖国的事业。"荣誉也不只是光彩夺目的花环和令人陶醉的掌声。真正的荣誉排斥浮夸，鄙视虚荣。虚荣心只能作祟，荣誉感才能作美。正确认识荣誉，自觉抵制虚荣，才能真正使荣誉成为鞭策鼓舞自己前进的巨大动力，才能够跳出虚荣的狭小圈子，成为一个品格高尚的优秀人才！

三、弘扬社会主义荣辱观

2006 年 3 月 4 日，胡锦涛在参加全国政协十届四次会议民盟、民进界委员联组讨论时提出，要引导广大干部群众特别是青少年树立"以热爱祖国为荣、以危害祖国为耻，以服务人民为荣、以背离人民为耻，以崇尚科学为荣、以愚昧无知为耻，以辛勤劳动为荣、以好逸恶劳为耻，以团结互助为荣、以损人利己为耻，以诚实守信为荣、以见利忘义为耻，以遵纪守法为荣、以违法乱纪为耻，以艰苦奋斗为荣、以骄奢淫逸为耻"② 的社会主义荣辱观。胡锦涛提出以"八荣八耻"为主要内容的社会主义荣辱观，体现了中华民族传统美德与时代精神的有机结合，体现了社会主义基本道德规范和社会风尚的本质要求，体现了社会主义价值观的鲜明导向，是对中华民族优秀传统道德价值的继承和发展，是对当代中国社会发展的脉搏和时代精神的深刻理解和准确把握，不但

① ［英］弗·培根：《培根论说文集》，水天同译，187 页，北京，商务印书馆，1986。
② 胡锦涛：《牢固树立社会主义荣辱观》，见《十六大以来重要文献选编》（下），317 页，北京，中央文献出版社，2008。

体现了社会主义基本道德规范的本质要求，而且为确立社会主义道德人格树起了新的标杆，具有强烈的感召力和引导力。"八荣八耻"概括了国家荣誉、集体荣誉、党的荣誉、职业荣誉等各种荣誉观念和与之相对应的耻辱观念，涉及社会生活的各个方面，也覆盖了公民行为的不同层面。

社会主义荣辱观要求我们每一个人正确处理好义与利、人与己、公与私的关系，凡是以国家、民族、整体的利益为先的就是荣誉的，凡是以一己私利为先，从而危害祖国、背离人民、愚昧无知、好逸恶劳、损人利己、见利忘义、违法乱纪、骄奢淫逸的行为都是耻辱的。热爱祖国、服务人民、崇尚科学、辛勤劳动是每一个公民应该坚持的道义和应履行的道德义务，而危害祖国、背离人民、愚昧无知、好逸恶劳等都是违背这种道义的耻辱之举。

社会主义荣辱观，科学地揭示和确认了当代中国公民应有的基本价值观和文化自我认同的基本点，既指出了社会主义道德建设的伦理底线，又指明了形成良好社会风气的伦理目标。它继承和发展了社会主义道德观，承接"爱国守法、明礼诚信、团结友善、勤俭自强、敬业奉献"的公民基本道德规范，抓住了当前人民群众普遍关注的社会现实问题，涵盖了爱国主义、社会主义、集体主义思想，是人类伦理文明史上最进步、最科学的荣辱观。在社会价值日趋多元化的今天，树立社会主义荣辱观，对于构筑社会主流的价值观念，重塑和振奋民族精神，对于进一步弘扬社会正气、提高文明程度，推进社会主义和谐社会建设均具有重要的指导意义。

第五节 幸 福

幸福是人类生活和生命的内在而持久的渴望，是人类目的性和意义寻求的产物，它既是人们的一种感觉和对生活的满足感，又是一种人们对生活的评价和态度。追求幸福是人的天性，幸福也永远是人类社会追求的永恒的终极目的。幸福既简单又复杂，既平凡又深刻。不同时代和阶级的人们对幸福有不同的理解，只有马克思主义才深刻揭示了幸福的本质和基本特征。

一、幸福的内涵与幸福观

幸福是一个与人的需要和追求密切相关的伦理学范畴，既包含了一定的客观因素和可为大众所认可的基本要素，如健康、基本的生存条件，又与人的精神状态、心理因素和价值观念特别是德性品质相联系，同人对生活的认识、人生的理解和价值追求密切相关。

1. 什么是幸福

幸福是人们在创造物质生活条件和精神生活条件的实践中，由于感受和理解到目标和理想的实现而获得的精神上的满足和心理上的愉悦，是人们对生活满意程度和生存状况的一种积极、肯定的主观确认和使人心情舒畅的境遇和生活。

一般说来，做自己喜欢做的事，和自己喜欢的人在一起即幸福。愿望实现了是幸福，愿望没有实现也未必是不幸福。一个人幸福并不代表他是否拥有什么，而在于他怎样看待所拥有的东西和对生命本身的认识及其所抱的态度。有钱未必幸福，没钱未必不幸！有权不一定幸福，没权未必不幸！长寿不一定幸福，短命也未必不幸。成功不等于幸福，金钱不等于幸福，占有不等于幸福。当一个人拥有一切的时候，他会失去幸福；而当一个人拥有幸福的时候，他会感到拥有一切。一定的缺陷和不完美，对于幸福来说，甚至是必不可少的。幸福与不幸关键在于人对生活的态度和价值观念！因此，人生要有追求，但不可强求，这就是人生幸福快乐的关键所在。

幸福是每个人努力追求的价值目标和理想图谱。有些人穷其一生没有弄明白究竟什么是幸福，而有些人则时刻被幸福光环围绕着，原因在于他有一颗感知幸福的心，有一双善于发现幸福的眼睛，他能以一种平常心态去看待幸福，在平淡中寻找幸福，在细微中品味幸福，在孤独中守望幸福，在遗忘中怀念幸福。幸福是一种状态，更多的是一种感受。这种感受如人饮水，冷暖自知；又如鞋穿在脚上，舒服与不舒服，自己最知道。一个人只有当他自己觉得幸福的时候，那才是幸福的；如果自己不觉得幸福，即使拥有人间的财富或无上的权力，也无法得到幸福。幸福是如此简单，简单到就是一次握手、一句问候、一段旅程或睡觉醒来时的惬意。幸福又是如此淡然，淡然到就是渴时的一杯白开水和累时的一阵打盹。它存在于生活的每一个角落，来源于思绪的每一次跳动。只要我们怀着一颗感恩的心并诉诸真实的行为，就能发现幸福和守望幸福。

2. 不同阶级有不同的幸福观

幸福是人类永恒的价值追求和动力源泉，也是一个历久弥新且内涵不断丰富延展的人生课题。不同的时代，不同的阶级，因为社会条件不同，人生理想和道德信念不同，因此必然形成不同的幸福观。幸福观是人们对幸福的本质、功能以及实现途径等的根本观点和态度，涉及幸福是什么，应该怎么样，人为什么要追求幸福，以及用怎样的方式去追求幸福等问题的认识和看法，是人生观、价值观和道德观的重要体现。

幸福是什么？"不同的人对于它有不同的看法，甚至同一个人在不同时间也把它说成不同的东西：在生病时说它是健康；在穷困时说它是财富；在感到了自己的无知时，又对那些提出他无法理解的宏论的人无比崇拜。"① 有人认为"富贵是福，多子是福，团圆是福，长寿是福"；也有人认为"平淡是福，贫穷是福，吃亏是福，孤独是福"；还有人认为"工作是福，奉献是福，竞争是福，牺牲是福"。中国历史上的封建地主阶级总是把多多地占有土地和财产，享有高官厚禄视为幸福；封建时代的士大夫和文人则把"洞房花烛夜，金榜题名时"视为人生的幸福，向往"红袖添香夜读书"，"春风得意马蹄疾"的惬意；农民阶级或小生产者的幸福则是劳动发家，多子多福，"三十亩地一头牛，老婆孩子热炕头"，过一种衣食无忧、其乐融融的生活。资产阶级的幸福观是占有财富和拜金主义。对于资产阶级来说，他们活着的唯一目的就是快快发财，他们人生的最大得意就是家财万贯，最大的痛苦就是金钱的损失。可以说"幸福"因人的需要和对生活的理解而有不同的含义。

　　中国古代先人对幸福十分关注，并从福祸关系、苦乐关系以及幸与不幸关系多角度予以探讨，形成了多种关于幸福的观点。有把幸福同富有联系起来的看法，如《礼记·郊特性》指出："富也者，福也。"有把幸福视为百事顺遂的观点，如《礼记·祭统》所说的："福者，备也；备者，百顺之名也，无所不顺者谓之备。"有把幸福与道德联系起来，如《国语·晋语》所说的："唯厚德者能受多福，无德而服者众，必自伤也。"《尚书》《左传》特别是《周易》从大量历史人物和事件的总结中阐发出一系列深刻的关于如何化祸为福、趋乐避苦的道理。《尚书·洪范》主张用"五福"来引导人们向善，用"六极"来警戒人们为恶。所谓"五福"是指"寿、富、康宁、攸好德、考终命"，即长寿、富裕、健康安宁、遵行美德、高寿善终。所谓"六极"是指"一曰凶、短、折，二曰疾，三曰忧，四曰贫，五曰恶，六曰弱"，即早死②、疾病、忧愁、贫穷、邪恶、懦弱。用"五福"奖励人们行善，用"六级"惩罚人们作恶含有善有善报、恶有恶报的意思。儒家从中汲取了合理的思想，将幸福与道德联系起来，得出了道德即幸福的观点。孔子主张，志于道，据于德，"谋道不谋食"，"忧道不忧贫"，他自己一辈子"发愤忘食，乐以忘忧，不知老之将至"③，有一种幸福的感觉。孔子的幸福观表现出一种安贫乐道的精神。孔子

① ［古希腊］亚里士多德：《尼各马可伦理学》，廖申白译，9页，北京，商务印书馆，2003。

② 凶、短、折：均指早死。郑玄说："未龀曰凶，未冠曰短，未婚曰折"，意思是说，还未到换牙齿的时候就死了叫做"凶"，还未到成年的时候死了叫做"短"，还未结婚就死了叫做"折"。

③ 《论语·述而》，见《四书五经》，17页，北京，中华书局，2009。

认为"士志于道，而耻恶衣恶食者，未足与议也"①。他赞颂那种在贫困生活中自得其乐的人，"贤哉回也！一箪食，一瓢饮，在陋巷，人不堪其忧，回也不改其乐。贤哉回也！"② 实际上，孔子本人也体现了这种精神，所谓"饭疏食饮水，曲肱而枕之，乐亦在其中矣。不义而富且贵，于我如浮云"③。这种精神得到宋明理学家的高度赞赏，称之为"孔颜之乐""颜子之乐"。认为这体现了儒家的人生价值观和苦乐观，即不以物质欲望的满足为人生目标和最大的快乐，而以道德理想之实现和德业的增进为目标和快乐，故能"穷达一也"，体现了一种"富贵不能淫，贫贱不能移"的大丈夫精神。

在西方，对幸福问题的关注和对幸福现象的思考可谓源远流长。梭伦最先开始了对幸福问题的探讨，之后苏格拉底、柏拉图、亚里士多德、德谟克利特、伊壁鸠鲁、斯多亚学派竞相注目于幸福，发表了一系列关于幸福的见解和观点，形成西方伦理思想的一个传统。综观而言，西方伦理学史上形成了三种颇有代表性的幸福观，即感性主义的幸福观、理性主义的幸福观和神学幸福观。

感性主义的幸福观从人的趋乐避苦的自然本能出发，强调幸福的主要源泉是感性而不是理性，强调幸福就在于满足人的感性需要，认为人的幸福就在于人的感性生活，在于感性欲望的满足与快乐，而这些满足与快乐本身就是道德的。代表人物古代有德谟克利特、伊壁鸠鲁、卢克莱修等人，而近代有霍布斯、爱尔维修、边沁，等等。感性主义的幸福观大致可以分为两种，一种是只停留于肯定此时此地肉体的快乐，把人的自然欲望的满足、肉体的快乐看做最高的善；另一种是在肯定感性幸福的同时，强调精神幸福的价值高于自然欲望满足的价值，强调长远的快乐，为了长远的幸福有时可以放弃暂时的快乐。

理性主义的幸福观从人和动物的区别之处，认定是否具有理性是人与其他动物的根本区别。因此，在理性指导下过一种有节制的生活，以理性克制感性欲望，就成为理性主义幸福观的基本格调。理性主义的幸福观有两种：一种是以柏拉图、亚里士多德为代表的和谐说；另一种是以犬儒学派和斯多亚学派为代表的禁欲主义。理性主义强调理性的作用，贬低感性的作用，主张抑制欲望，追求道德的完善和精神上的幸福。

基督教神学家认为人要达到幸福的境界，不是对财富、名誉、权力和肉欲

---

① 《论语·里仁》，见《四书五经》，11页，北京，中华书局，2009。
② 《论语·雍也》，见《四书五经》，15页，北京，中华书局，2009。
③ 《论语·述而》，见《四书五经》，17页，北京，中华书局，2009。

的享受，而是在宗教德行中，在对上帝的热爱和追求中。只有对上帝的沉思、崇拜，才能返归天国，获得真正的幸福。因而，在神学家看来，尘世生活不过趋向上帝天国的旅途，德行是达到幸福的手段。因此，只有在修道院中摆脱尘世的诱惑和纷扰，达到圣洁状态，才最能获得幸福。

二、幸福的构成要素及与快乐、痛苦的关系

幸福是人们对一生具有重要意义的需要、欲望、目的得到满足或实现的心理感受和体验。它应当是快乐情感的持续实现，但并不意味着快乐就是幸福；幸福应当远离痛苦，但有的时候痛苦恰恰是幸福人生的催化剂。

1. 幸福的构成要素

罗尔斯认为幸福包括两个方面："一方面是一个人所努力实现的合理计划的成功实施；另一方面是他的精神状态，他有充分的理由相信，他的成功将持续下去。"[①] 在罗尔斯看来，幸福不是我们所追求的各种各样的目的，而是把各种目的包含在内的人生计划的实现。我们不是在追求某个目标或对象的意义上追求幸福。幸福蕴含了目的，但它本身并不是目的。

一般来说，幸福由两大因素构成：一是一生重大的需要、欲望、目的之实现；二是心理感受和体验。前者是幸福的客观内容，后者是幸福的主观形式。离开前者，幸福变成没有客观内容的纯主观体验，只能是一种想象或莫须有的幸福，没有客观真实性；离开后者，幸福变成没有感觉和体验的纯客观要素，显示不出个人精神和情绪的效用。真正的幸福是既有客观内容又有主观感受的幸福。

幸福的感觉与人的心态密切相关。幸福代表人对生活的态度和对生活的理解。幸福与人的生活态度和价值观相关，从某种意义上说，幸福与不幸福就在人们心中。知足常乐是种幸福，甘于平淡也是幸福。就看我们用什么心态去看待幸福去感受幸福。有时幸福无处可寻又无处不在，生活点点滴滴都孕育着幸福。有个温馨的家固然是幸福，谁又能说一个人的自由就不是幸福呢？相依相守、朝朝暮暮是幸福，虽远隔天涯却心灵相通又何尝不是另外一种幸福！幸福在我们身边，幸福随处可见。是我们日益疲惫的心麻木了幸福，还是幸福麻木了我们的迟钝神经。这世界上不是缺少幸福，而是缺少发现幸福的眼睛和心灵。没幸福的时候我们渴望幸福，拥有幸福时又不懂得珍惜幸福。我们总是不

---

① John Rawls, *A Theory of Justice*, Cambridge, Massachusetts: The Belknap Press of Harvard University Press, 1971, p. 549.

停地在追求新的幸福，从没给自己时间和空间去真正感受幸福含义。

虽然幸福感是一种主观感受，是一个抽象概念，但幸福感本身是"客观"存在的，同时，幸福感又是"客观"现实在心理体验上的一种折射。由于这两个"客观"，幸福感就可以有相对的客观标准和尺度。另外，谁也不会认为食不饱腹、衣不裹身、疾病缠身、百事不顺的人是真正幸福的，意外的车祸，还有地震、火山、泥石流导致的人员伤亡，大家总觉得是不幸的，英年早逝、暴病而亡常常使他人扼腕悲叹，这说明幸福不全是主观的，必定有它客观的内容，幸福需要基本的生活条件和物质因素。当代人们所说的"学有所教、病有所医、住有所居、老有所养"等，无疑彰显了幸福的客观性和可公度性。

幸福的客观内容决定了幸福具有绝对性和一定的稳定性，幸福的主观感受又决定了幸福具有相对性和变动性。幸福具有主观性，因而不能简单地用外在条件的优劣和多寡来衡量幸福的多少，外在条件与人的幸福之间并不必然具有正相关关系。幸福具有相对性，即面对同样的外在状况，主体的内心体验是不同的。由于人们所处的时代不同，经济、政治地位及生活的具体条件不同，确定的目标和理想也不同，因而对幸福的理解也不同。但相对之中包含绝对，绝对幸福则是不依主体而转移的幸福，是对于任何主体都同样是幸福的幸福。绝对幸福不是独立于相对幸福之外的另一种幸福，而是存在于相对幸福之中，人们所经历的是一次次具体的相对幸福，但对于具体的主体来说，这种幸福是绝对的。

2. 幸福与快乐、痛苦的关系

幸福包含了快乐但并不等于快乐。人们往往把快乐与幸福相联系甚至等同起来。实际上，快乐作为人的心境，存在不同的层面。狂喜是极度的快乐，但狂喜只能是短暂的，不可能持续存在，如果持续存在，恐怕对某人来说，不仅不是喜事，反而会很糟糕，意味着此人精神上出现了偏差。因而，狂喜显然不能与幸福等同，至多是产生转瞬即逝的幸福感。密尔说："假如所谓幸福是指高度快意的刺激继续不断，那么，这分明是不可能的。非常高度的快乐状况只能经历顷刻之久……所谓幸福并不是极乐狂喜的生活，而是痛苦少而暂，快乐多而有变化，并且主动的快乐比被动的断然占多数的生活，全部生活中间有一些片刻的极乐。"① 淡淡的愉悦的心境可能会比较持久，如果一个人能经常持有这种心境，那他的幸福感便会较长久。但要做到这一点是很不容易的事，因

---

① ［美］莫蒂默·艾勒、查尔斯·范多伦编：《西方思想宝库》，657页，长春，吉林人民出版社，1988。

为只要人们总是为身外之物所牵，他就必定要随着物欲之满足与否而心绪波动；即使不为身外之物牵累，如果丧失精神生活的追求与活泼自在的生命力之抒发，他依然会内心空虚和惆怅，缺乏幸福感。

幸福虽不等同于快乐，但幸福也并不排斥快乐，幸福就在快乐的生活之中，快乐是幸福的应有之义，是它的重要的构成要素。生活优裕，行为良好就是快乐的生活，应该把快乐编织到幸福中去。亚里士多德强调对快乐以及欲望予以德性的引导，使其合乎中庸，主张追求高尚的、适度的快乐而规避卑下的和过分的快乐。在他看来，快乐有着过度与不及的状态，过度是快乐的放纵，不及则表现为对快乐的冷漠，这两种状态都是不好的，而通过节制达到中庸才符合德性要求。他认为每一种活动都有自己固有的快乐。属于善良活动的快乐是高尚的，属于邪恶活动的快乐是卑下的。而欲望也是这样，高尚的受到赞扬，卑下的受到斥责。许多快乐是互相冲突的，那是因为它们不是在本性上快乐。只有那些对爱美好事物的人来说的快乐，才是本性上的快乐。这就是永远合乎德性的行为。最美好、最善良、最快乐也就是幸福。三者是不可分的。

真正的幸福也有可能包含痛苦并通过对痛苦的正视与战胜体现出来。包尔生在《伦理学体系》中说："痛苦和痛苦的活动是人生不可避免的。因此，快乐或满足的概念在某种程度上还必须扩展以包括痛苦。"① 人生渴望无痛苦的生活，但是痛苦不能因为人们不喜欢它就不存在。痛苦与快乐是一对孪生兄妹。"倘若痛苦的原因被排除，生活里就会缺少各种危险、冲突和失败；缺少努力和斗争；对冒险的热爱、战斗的渴望和胜利的凯旋就都要成为过去。生活就会成为一种没有障碍的纯粹满足，没有抵抗的纯粹成功。我们就会像对待一个自知必赢的游戏一样感到厌倦乏味。有哪个棋手愿意跟一个他知道必定打败的棋手对弈呢？有什么猎人会欣赏这样的狩猎呢——他知道他什么时候都可射击，而且枪枪必中？一个游戏如果要使我们感到有兴趣和满足，不确定、困难和失败就像好运和胜利一样必须。"② 在人短暂的生命里，幸福与不幸如影随形。当面对不幸的时候，是就此沉沦，消极对待命运的摧折，还是用自己的双手扼住命运的咽喉，直面人生不幸的痛苦？不幸是不能被绝对躲避的，先天的残疾、飞来的横祸、疾病染身还有失学、失业、失去亲人等可能在人生的某个时刻强加于身，躲避是无用的，消极对待只会让不幸的人生更加不幸。痛苦是

---

① ［德］包尔生：《伦理学体系》，何怀宏、廖申白译，222页，北京，中国社会科学出版社，1988。

② 同上书，222～223页。

人生的炼炉，而不幸则是人生的炼狱，在不幸和痛苦中以自身的积极努力，去改变人生的逆境，去争取人生的幸福实现，这才是积极的人生。人们必须对不幸和痛苦有正确的认识并采取积极的态度。要知道人生是在痛苦中磨砺，在不幸中求得幸福，在不圆满中获得最大的圆满的。孟子曾说过："故天将降大任于斯人也，必先苦其心智，劳其筋骨，饿其体肤，空乏其身，行拂乱其所为，所以动心忍性，增益其所不能。"[①] 逆境既是人生所不可避免的，又对人生存在具有意义，身处逆境可能是不幸的，但却未必是绝对不幸的，关键就在于人自身的自强不息。

三、无产阶级幸福观的基本特征

无产阶级幸福观超越了物质主义、享乐主义和精神主义、苦行主义的双重局限，坚持从唯物史观和辩证法的角度考察幸福，认为幸福即处于一定社会经济关系和历史环境的人们，在创造物质生活条件和精神生活条件的实践中，由于感受和理解到人生目标和理想的实现而得到的精神上的满足和愉悦。幸福既包含着物质生活的幸福，也包含着精神生活的幸福，幸福既存在于个人生活之中，同时又与集体幸福密切相关。幸福既来源于人们的创造性劳动，也需要或者说并不反对一定程度的享受。因此，可以说幸福是创造幸福与享受幸福的辩证统一。

1. 幸福是物质幸福与精神幸福的结合

物质生活与精神生活是人类社会生活的两大形式。马克思主义既重视物质生活的幸福，反对苦行主义和禁欲主义的道德说教，又重视精神生活的幸福，反对纵欲主义和享乐主义的人生观点和态度，坚持认为，真正的幸福是物质幸福与精神幸福的有机统一。在马克思主义看来，抛开生存条件和一定的物质基础来谈幸福是不现实的。物质幸福是人类幸福的基础性内容和要素。我们要反对那种轻视甚至否定物质需要的幸福观。凡是正当的、合理的物质需要，都应得到尊重。无产阶级肯定物质幸福，同时又强调精神幸福。认为因物质需要的满足而产生的愉悦感，是人与动物所共有的，只有精神幸福才是为人类所独有和独享的；相对于精神幸福而言，物质幸福是初级的、短暂的，相对于物质幸福而言，精神幸福是深刻的、持久的。只有物质生活的满足，没有精神生活上的满足，是无真正幸福可言的。一个人有了丰富的精神生活，有了为崇高的人生目的和理想献身的高尚道德情操，即使物质生活条件差一些，也是苦中有

---

① 《孟子·告子下》，见《四书五经》，110 页，北京，中华书局，2009。

乐，仍感到生活的意义，生活的充足，感到是很幸福的。我们应当追求一种建立在一定物质基础之上，又超越物欲的持久的精神幸福。这种精神幸福，包括对共产主义远大理想的追求，崇高人格的仰慕，高尚品质的修炼等内容，也包括个人情趣的提升，道德操守的秉持，全面发展目标的内化等内容。我们既要反对单讲物质生活不讲精神生活，把物质生活看做至高无上的享乐主义；又要反对过分强调精神生活，把精神生活与物质生活割裂开来，把幸福理解为离开物质享受的禁欲主义。

2. 幸福是个人幸福与社会幸福的统一

无产阶级幸福观以无产阶级集体主义为基础，坚持个人幸福与集体幸福的统一。强调个人幸福与社会整体幸福是不可分割的。一方面，它认为个人幸福是社会整体幸福的表现，离开了个人幸福，集体幸福便失去存在的意义。主张积极关心和维护个人的幸福，并尽力创造条件，使每个人都能充分发展自己的才能和智慧，实现个人理想，获得个人最大的幸福；另一方面，它认为个人幸福不能离开集体幸福，只有把个人幸福与社会整体幸福，与人民群众幸福结合起来，个人幸福才是现实的。

无产阶级既重视个人幸福，又重视社会幸福，强调幸福是个人幸福与社会幸福的统一。这是马克思主义幸福观与以往幸福观的显著区别。个人幸福不仅只有在社会中才能实现，而且，只有为社会谋求幸福，才是最高意义的幸福。"如果一个人只同自己打交道，他追求幸福的欲望只有在非常罕见的情况下才能得到满足，而且决不会对己对人都有利。"① 个人需要、目标的满足与实现，只是一般意义上的幸福；为整个社会、整个人类谋求幸福，才是幸福的最高境界。

3. 幸福是创造幸福与享受幸福的辩证统一

无产阶级幸福观反对享乐主义，但是并不否定人们正当的物质文化需求和社会生活享受，并认为满足人民群众最大限度的物质文化需求不仅是社会主义的生产目的，也是社会主义道德文化建设的重要内容。实现好、发展好、维护好人民群众的物质文化利益，使人民群众过上幸福美好的新生活，是共产党人不懈的追求和精神动能。建设小康社会的根本目的就是要改善人们的物质生活条件，让人们生活得更好、更幸福，能够更充分地享受物质生活和精神生活。同时，无产阶级认为，享受幸福离不开创造幸福，幸福不是既定的存在，而是

① ［德］恩格斯：《路德维希·费尔巴哈和德国古典哲学的终结》，见《马克思恩格斯文集》第 4 卷，292 页，北京，人民出版社，2009。

现实的创造，劳动是幸福的源泉。人类社会的历史，既是人类不断追求幸福的历史，也是劳动发展的历史。劳动是人类最基本的活动方式和存在方式，从事自由自觉的劳动是人的本质需要，是人类存在和发展的需要。人在劳动中产生，也在劳动中发展。在劳动中，人不仅能动地改造客观世界，而且不断地改造主观世界；不仅满足了自己的需要，而且产生了新的需要，产生了进一步追求幸福的动力。劳动超越了有限生命，使人的生命得以延伸。人依靠劳动能在当下创造未来，使有限的生命体现出无限的价值。人类在劳动中享受劳动成果，并且不断创造出新的劳动成果。人类不仅享受着劳动创造出的物质资料，也在劳动中得到精神上的满足与享受。真正享受的快乐不在于目标是否达到，而在于达到目标所进行的奋斗之中。

无产阶级幸福观，批判了"道德即幸福"和"道德高于幸福"的德性主义和道德目的论，纠正了"幸福即道德"和"幸福高于道德"的功利主义和道德工具论，坚持道德与幸福的辩证统一观，认为幸福需要道德但又不仅仅只是道德，道德指向幸福但又不仅仅只是幸福，幸福与道德既相互需要又相互补充。人的道德活动渗透在社会生活的方方面面，直接反映着个体的生活目的和意义，是构成幸福的稳定因素，是达到幸福境地的重要阶梯。在伦理思想史上，哲学家们历来把幸福纳入道德领域，幸福成为最重要的道德范畴之一。道德不仅仅是一种精神的提升与享受，同时也应当是人物质生活方式中的一个有机内容，影响着人们满足物质需求的具体的行为方式；道德不仅仅是如同康德所说的配享幸福的学问，更是如古希腊哲人所多次揭示的关于人如何获得幸福生活的一种智慧生活方式。道德反映了社会生活的应然状态，体现了人对自身完整性的追求，是人生幸福的必要条件。同时，高尚的道德给人以深刻而持久的满足，本身也是一种幸福。因此，追求幸福应当与完善道德结合起来，以高尚的道德实现幸福人生。

【思考与练习】

1. 什么是善恶？如何理解马克思主义的善恶观？

2. 什么是义务？道德义务的特点是什么？

3. 何谓良心？良心的作用表现何在？

4. 什么是荣誉？社会主义荣辱观的主要内容是什么？

5. 什么是幸福？无产阶级幸福观的基本特征表现何在？

第八章　婚姻家庭道德、职业道德与社会公德

婚姻家庭道德、职业道德与社会公德是社会主义道德体系的三个基本组成部分，是不同生活领域的道德规范。社会主义道德建设要以社会公德、职业道德、家庭美德为着力点。家庭美德是每个公民在家庭生活中应该遵循的行为准则，涵盖了夫妻、长幼、邻里之间的关系。职业道德是所有从业人员在职业活动中应该遵循的行为准则，涵盖了从业人员与服务对象、职业与职工、职业与职业之间的关系。社会公德是全体公民在社会交往和公共生活中应该遵循的行为准则，涵盖了人与人、人与社会、人与自然之间的关系。

第一节　婚姻家庭道德

婚姻家庭道德是调节婚姻家庭中人们之间相互关系的道德规范的总和。家庭以婚姻为基础，婚姻以爱情为基础。恋爱、婚姻、家庭三者不仅涉及男女两性之间、家庭各个成员之间的利益关系，而且涉及三者同社会的利益关系问题。因此在人类社会生活的这一特殊领域，必然产生道德责任、道德义务和道德价值问题。这就有了恋爱、婚姻和家庭的道德。婚姻家庭道德是人们道德生活的重要方面。

一、爱情与恋爱道德

爱情是人类特有的精神和感情现象，是人类在寻求异性过程中发展起来的渴望同对方结合在一起的浓烈而深刻的感情。爱情包含了道德的要素。对于恋爱双方而言，要结成美满而甜蜜的爱情，走向婚姻的殿堂，也必须讲求恋爱的道德。

1. 爱情的内涵与本质

歌德《少年维特之烦恼》有言："青年男子谁个不善钟情？妙龄女郎哪个不善怀春？这是人性中的至善至纯！"千百年来，人们向往爱情、追求爱情，对爱情的探究一直没有停止过。爱情是人类精神生活中最壮丽的日出，是一首美妙而永恒的歌，它与人类历史相始终。

恩格斯指出："人与人之间的，特别是两性之间的感情关系，是自从有人

类以来就存在的。"① 古希腊罗马时代的神话中常常谈到"爱情",并有了代表爱情的女神阿芙洛狄特和赤身裸体的小爱神厄洛斯。柏拉图的《会饮篇》呈现了当年希腊人探讨爱情真谛的盛景。阿里斯托芬讲述了人最先是一种在一颗头上生有两副相反面孔、长有四条腿和四只手的圆球状物体,这种人聪明、果敢、充满着难以征服的力量,使宙斯的统治受到威胁,宙斯为了削弱其力量将其劈成两半,使每一半都只有一副面孔、两条腿和两只手,然后将其抛向不同的地方。可是这被劈开的人之间却有着磁铁般的吸引力,他们拼命寻找自己的另一半。他们相互追逐,急切地扑向另一半,渴望融为一体。"渴望和追求那完整,就是所谓爱欲。"② 这种分离后产生的相互吸引就化为尘世间男女之间的爱情。希腊人的爱情有"肉体之爱"和"精神之爱"两种名称。所谓"肉体之爱"就是把爱情当作是肉体的吸引、性欲的感受和恋情,但肉体的吸引不是纯粹的肉欲,肉体的吸引中还包含有某种高尚的精神。苏格拉底曾说:"一个人如果能具有正确的爱情,他就应当从一开始和美的形体交往,爱一个能使他产生精神美的形体。"而柏拉图则认为:爱情应该是纯粹性的精神体验,是没有肉体基础的灵魂的融合。这种超越爱情物质载体——肉体的爱情陈述被定义为"柏拉图式的精神恋爱"。中世纪产生的是"骑士之爱"。骑士之爱是骑士对某个在精神上和情感上更为高贵的贵夫人的崇拜,注重的是心灵的沟通和精神的交流,追求一种情绪上的体验。文艺复兴运动后,人们的爱情发展成为近代浪漫主义爱情观——注重爱情中彼此间平等的交流,强调两人之间灵魂的结合,认为平等的双方分享着各自的内心世界和内在体验,标志着现代爱情观的确立。德国哲学家黑格尔说:"爱情里确实有一种高尚的品质,因为它不只停留在性欲上,而是显出一种本身丰富的高尚优美的心灵,要求以生动活泼、勇敢和牺牲的精神和另一个人达到统一。"③ "在这种情况下,对方就只在我身上生活着,我也就只在对方身上生活着,双方在这个充实的统一体里才实现各自的自为存在,双方把各自的整个灵魂和世界纳入到这种同一里。"④ 黑格尔的爱情观强调了爱情的高尚性和恋爱双方感情的忠贞,凸显了爱情的精神价值和理想性。

---

① 〔德〕恩格斯:《路德维希·费尔巴哈和德国古典哲学的终结》,见《马克思恩格斯文集》第 4 卷,287 页,北京,人民出版社,2009。

② 〔古希腊〕柏拉图:《柏拉图的会饮》,刘小枫等译,52 页,北京,华夏出版社,2003。

③ 〔德〕黑格尔:《美学》第 2 卷,332 页,北京,商务印书馆,1979。

④ 同上书,326 页。

　　真正的爱情是现代社会的产物。恩格斯在《家庭、私有制和国家的起源》一书中谈到：在群婚制和对偶制的条件下，现代的爱情不可能产生，更不可能成为婚姻的基础，"在中世纪以前，是谈不到个人的性爱的。不言而喻，形态的美丽、亲密的交往、融洽的性情等等，都曾引起异性对于发生性关系的热望；同谁发生这种最亲密的关系，无论对男子还是对女子都不是完全无所谓的。但是这距离现代的性爱还很远很远。在整个古代，婚姻都是由父母为当事人缔结的，当事人则安心顺从。古代所仅有的那一点夫妇之爱，并不是主观的爱好，而是客观的义务；不是婚姻的基础，而是婚姻的附加物。现代意义上的爱情关系，在古代只是在官方社会以外才有"①。恩格斯肯定现代意义的性爱是在专偶制婚姻家庭的基础上发展起来的，它"第一次造成了一种可能性"，即在它的基础上发展起来的"整个过去的世界所不知道的现代的个人性爱"②。恩格斯将爱情归结为"人们彼此间以相互倾慕为基础的关系"③。

　　根据恩格斯的论述，我们可以将爱情定义为一对男女基于一定的物质生活条件和共同的生活理想在各自内心深处所形成的一种渴望对方成为自己终身伴侣的最真挚、最深刻、最强烈的感情。

　　爱情的本质究竟是什么？历史上人们从自己的爱情观出发对此作出了自己的解答。考察历史上诸种爱情观，对爱情本质作出探讨与论证的主要有三种观点，第一种是自然主义的爱情本质观；第二种是超理性主义的爱情本质观，第三种是马克思主义的爱情本质观。

　　自然主义认为，爱情的全部内容就是性欲的满足。从古希腊罗马时代的"肉体之爱"，到现代精神分析学派的"泛性论"，以及当代世俗社会中否定爱情真实存在的种种言论，都可认为是自然主义爱情本质论在理论和现实中的表现。弗洛伊德直截了当地认为爱情就是性爱！男人和女人的关系——不可能是纯粹的精神恋爱，男人女人之间一旦确立爱情关系，就是一种性爱的关系。

　　理性主义认为，性欲是低级的兽性，而爱情是一种丝毫不带有兽性的高尚的精神活动。这种完全否定爱情的自然基础，将性欲排斥在爱情之外的超理性主义的爱情本质论与古希腊罗马时代的"柏拉图式精神恋爱"一脉相承。柏拉

---

　　①　[德]恩格斯：《家庭、私有制和国家的起源》，见《马克思恩格斯文集》第4卷，90页，北京，人民出版社，2009。

　　②　同上书，82页。

　　③　[德]恩格斯：《路德维希·费尔巴哈和德国古典哲学的终结》，见《马克思恩格斯文集》第4卷，288页，北京，人民出版社，2009。

图认为，男女之间的真正的爱情是源于一种纯粹精神的享受的需要。这种爱，认为肉体的结合是不纯洁的和肮脏的，当一个人确实在爱着另外一个人的时候，他完全不可能想到要在肉体上同他所爱的对象结合而产生性爱！他们的嘴唇是从来不会碰在一起的，他们的双手不会拥抱对方，男女之间在纯粹的精神的云端遨游。柏拉图式的爱情是只有神交的"纯爱情"，只有这样的爱情才能够让人的精神和灵魂得到升华。

马克思主义认为，爱情是人类自然属性和社会属性的统一。爱情的自然属性是指成熟健康的男女自身的性欲和性需求，它是爱情产生的最基本的前提条件。爱情的社会属性是指人的性需求不是以一种自然的方式来满足，而是以一种内容丰富、不断发展变化的社会方式进行的，即人的性欲本能随着社会发展而演化为社会化的自然属性。马克思在《1844 年经济学哲学手稿》中就开始从人的社会性本质来探索和理解两性关系的本质。他认为，两性关系是人与人之间"最自然的关系"，"这种关系表明人的自然的行为在何种程度上是合乎人性的，或者，人的本质在何种程度上对人来说成为自然的本质，他的人的本性在何种程度上对他来说成为自然。这种关系还表明，人的需要在何种程度上成为合乎人性的需要，就是说，别人作为人在何种程度上对他来说成为需要，他作为最具有个体性的存在在何种程度上同时又是社会存在物"①。在马克思看来，爱情虽然具有自然的基础，但其本质是社会性的。基于这一认识，一方面，马克思反对中世纪以来基督神学宣扬肉体罪恶的禁欲主义观点，强调爱情的感性特点；另一方面，他同样反对将爱情等同于纯粹生理的、本能的性欲，强调爱情中的道德与理性因素，认为性的诱惑和冲动应当受人的道德和理性意志的支配。

2. 爱情的要素与特征

马克思主义认为，爱情有着丰富的内容，通常是由四个要素构成，即性欲、情感、理想、义务。完整的爱情是由四个因素组成的。

（1）性欲是爱情的生理基础和自然前提。性欲是男性或女性在一定条件下向往满足机体性需要的一种本能冲动，是性的激发和准备状态，是情欲意图和感觉造成性的欲望或驱动力。英国哲学家罗素在《婚姻与道德》一书中说：男女之间最高尚的爱是自由的、无畏的，是肉体和精神平等的结合；这种爱不应当因为肉体关系而失去其理想色彩，也不应当因此对肉体关系发生恐惧之心，

___

① ［德］马克思：《1844 年经济学哲学手稿》，见《马克思恩格斯文集》第 1 卷，185 页，北京，人民出版社，2009。

认为肉体之爱必定阻碍理想关系的实现。爱，正像一棵大树，她的根要扎在泥土之中，但树枝却高可参天。因此，爱情是美好和谐的性爱与有感情、有理智、有道德的精神生活的统一。

（2）情感是爱情的核心因素和中心环节。情感"把人的爱情改造成一种美好的、充满着情感联想的、令人激动的回忆，使人能充分地体验到幸福，赐予他将来再度获得享受的隐隐约约的希望"。"爱情永远不会是在它实现时的既有体验。爱情从来就是既是令人激动的回忆，又是明快清澈的期待。"① 爱情生活中的情感是男女双方对爱情的渴望、追求乃至全部的生命热情，是一种寻找人生的"另一半"并渴望与"另一半"完美结合的冲动与热情，表现为渴望灵与肉融为一体的强烈感情。爱情是一种把性别不同、经历不同、学识有异的二人联系起来的复杂、圣洁、崇高的感情。这种感情不仅表现为时间的持久，而且伴有丰富多彩、细致入微的心理体验，包括自主、好感、赞赏、柔情、体贴、快乐、羞怯、嫉妒和分离的苦闷等。马克思在给燕妮的信中写道"我对你的爱情"，"集中了我的所有精力和全部感情。我又一次感到自己是一个真正的人，因为我感到了一种强烈的感情"。情感在爱情生活中常常以"情投意合"的方式表现出来，并形成"灵光相应"，即所谓"情人眼里出西施"，"爱屋及乌"。

（3）理想是爱情的社会基础，也是爱情的理性向导。作为爱情有机构成的理想，是人生理想和生活理想的集中表现，常常以"志同道合"的方式作用于人们的爱情生活。志不同，道不合，爱情生活是很难长久的，也不会给人真正带来幸福。理想不仅赋予所爱的人以某种优秀品质，而且使自己变得高尚或优秀起来。"一个正在热恋中的人总是有强烈的愿望去做成某种不同凡响的事情，某种其他人做不到的事情，以求赢得爱情对象的青睐，得到他，使自己配得上他。女子希望自己更漂亮、更崇高，男子则希望自己更英勇、更机智、更有创见。实际上这是意识使性选择的机能更加高尚、更加完善了，是意识把动物的冲动提到了人类的智力、审美和道德的高度。"② 理想也注入人们的爱情观中，不同的时代爱情的理想和理想的爱情均有所不同。

（4）义务是爱情的社会要求，表现为自觉的道德责任感。"只有人才把道德带进了两性关系。他一旦爱上了一个人，就承担了尊重这种亲昵的友谊，并且要把它看做最大的幸福而珍惜它的义务。当一个人体验到真正的爱情时，他

---

① ［保加利亚］瓦西列夫：《情爱论》，赵永穆等译，32 页，北京，生活·读书·新知三联书店，1986。

② 同上书，400 页。

就会表现出自我牺牲的精神和巨大的道德力量。"① 爱一个人意味着为他或她付出或牺牲，使他或她幸福必定要求双方承担一定的义务。爱是一种责任，是对所爱之人的关心、尊重和照顾。"责任意味着尊重，而尊重则意味着能够按照其本来面目看待某人，能够意识到他的独特个性，意味着关心另一个人，使之按照其本性成长和发展。"② 因此，爱本质上是一门以我全部的生命去承诺另一个人生命的艺术。只有具有深刻的责任感，"才会去真挚热烈地关心他（她）和尊重他（她），爱使一个人的肩头负起了两个人的命运"③。爱情的真谛是使所爱的人幸福快乐，使所爱的人成为他（她）理想中的自己而不是我理想中的他（她），因此它不是统治、控制与占有，而是尊重、关心与奉献，这就要求以爱来交换爱，以信任来交换信任，这种交换绝不具有等价交换的性质，而是一种"我奉献，所以我快乐"的利他主义行为实践。爱尔维修曾经坦言，人生最大的奉承往往是留给自己的，唯有在爱情生活中是例外。这从某种意义上触及爱情以所爱之人幸福为幸福、快乐为快乐的责任担当和精诚付出。

上述四要素相互联系，缺一不可。否则，就是残缺的或被扭曲的爱情了。瓦西列夫在《情爱论》中说："爱情把人的自然本性和社会本质连结在一起，它是生物关系和社会关系、生理因素和心理因素的综合体，是物质和意识多方面的、深刻的、有生命的辩证体。"

恩格斯从现代性爱的平等互爱前提、双方结合的理想以及性交关系的评价三个方面，深刻揭示了爱情的基本特征。他说："第一，性爱是以所爱者的对应的爱为前提的；从这方面说，妇女处于同男子平等的地位，而在古代的厄洛斯时代，决不是一向都征求妇女同意的。第二，性爱常常达到这样强烈和持久的程度，如果不能结合和彼此分离，对双方来说即使不是一个最大的不幸，也是一个大不幸；为了能彼此结合，双方甘冒很大的危险，直至拿生命孤注一掷，而这种事情在古代充其量只是在通奸的场合才会发生。最后，对于性关系的评价，产生了一种新的道德标准，人们不仅要问：它是结婚的还是私通的，而且要问：是不是由于爱和对应的爱而发生的？"④ 恩格斯的论述，阐明了现代爱情和古代爱情的区别，为我们把握爱情的要义和特征提供了科学依据。

---

① ［保加利亚］瓦西列夫：《情爱论》，赵永穆等译，33 页，北京，生活·读书·新知三联书店，1986。

② 龚群：《人生论》，87 页，北京，中国人民大学出版社，1991。

③ 同上。

④ ［德］恩格斯：《家庭、私有制和国家的起源》，见《马克思恩格斯文集》第 4 卷，90～91 页，北京，人民出版社，2009。

爱情不同于同志之间的友谊和亲人之间的亲情，它是男女两性之间渴望对方成为自己终身伴侣的最真挚最深刻最强烈的感情，具有平等互爱性、专一排他性、强烈持久性和纯洁严肃性等特征。

首先，爱情具有平等互爱性。爱情是男女双方发自内心的、自觉自愿的、基于一定的客观现实基础上的自主选择。爱恋中的男女不存在依附，不存在占有，而表现为一种平等互爱的关系。基于一定的客观现实基础和共同生活理想的对等是指二者人格地位的完全平等。没有客观现实基础的爱情在现实生活中是不存在的。

其次，爱情具有专一排他性。发生在男女两性之间，双方以追求和维持性结合基础上的爱情，必须是专一的、排他的。爱情是一个男子与一个女子之间相互爱慕的关系，容不得第三者插足。

再次，爱情具有强烈持久性。男女双方的真诚互爱，渴望对方成为自己的终身伴侣是一种极为强烈持久的情感关系。强烈情感是爱情持久稳定的基础之一。爱情的持久稳定贯穿着人的一生。

最后，爱情具有纯洁严肃性。爱情是纯洁的，道德的纯洁性是爱情最本质的同义语。爱情就是双方彼此用自己的生活对对方的生活作出完全的承诺的决定，终生对爱侣承担责任。

爱情是一种高级的心理现象。爱情包含性欲的因素，但不能归结为性欲。如果把爱情同性欲、性生活画上等号，那就是把伟大的人类降低到了动物的水平。人类对异性的爱慕不是以简单的自然方式，而是伴随着复杂的、圣洁的、微妙的心理活动展开的。所谓"爱情只可意会，不可言传"的质朴语言就是对爱情心理活动特征的极好表述。爱情基于一定的自然前提、心理素质和社会关系，但形成后却有其相对的独立性，并以自身的道德力量影响、支配和左右着两性关系的发展。纯洁的爱情是人生中的一种积极因素，幸福的源泉。它激励着男女双方不断去追求新的生活，创造更加美好的生活。

3. 恋爱道德的基本要求

爱情既是一种高尚的道德情感，又是一种特殊的道德活动。这种活动表现为相爱的双方都自觉自愿地选择、评价、关心、爱恋着对方。爱情作为一种高尚的道德情感常常直接表现为男女双方的选择、判断、决定、承诺等活动。即相爱的双方为了获得自己所爱人的爱，并使自己所爱的人获得幸福，甘愿付出艰苦的劳动、巨大的牺牲或痛苦的磨难。获得真正的爱情，是以高尚的品德和崇高的情操为内容的。只有那些具有高尚的道德品质，并且为了爱，能够真诚奉献的人，才能获得真正的爱情。

美好的爱情要经历一个产生、发展、成熟的过程，爱情的产生和发展通常表现为恋爱。恋爱是发生和存在于相爱的男女两性之间，以异性的结合为目的，区别于一般友谊的感情关系。恋爱的过程是相爱的异性双方互相了解、建立和发展爱情的过程，还经常被当作婚前生活的一个相互考察的预备阶段。恋爱包括恋爱对象的选择、恋爱标准的选择、恋爱方式的选择以及爱情的维系。男女两性关系发展的客观逻辑证明，爱情形成于男女两性关系的恋爱阶段。恋爱是爱情的摇篮，也是爱情生活的最初表现形式。恋爱的成败将直接影响男女两性的爱情生活，以至日后的婚姻家庭生活。因此，男女青年都应该以严肃、慎重的态度处理好恋爱关系，尤其要遵循社会主义的恋爱道德。所谓"恋爱"，是指男女双方在婚前相互爱慕、相互渴望对方成为自己终身伴侣的交往过程。在恋爱中，直接的当事人只是男女双方，但恋爱绝不仅仅是个人的事情，"恋爱具有社会关系，并产生对社会的责任"。恋爱活动影响当事人双方的人格再造。如果恋爱是建立在共同崇高生活理想基础之上的，它往往会给当事人双方带来生活的志趣和力量，使双方在共同生活中取长补短、相互影响，从而使双方的个体人格更加完美和崇高。健康严肃的恋爱能使青年男女在忠实履行爱情义务的实践中，逐步培养起他们对他人和社会履行义务的强烈责任感，并直接激发和磨炼履行社会义务的热情和意志。恋爱行为是否健康、是否高尚，直接关系到婚姻关系的质量、家庭生活的水平，以及新一代的成长。

男女双方的恋爱行为，客观上是对社会负有相应的道德责任的行为。恋爱的基础往往影响当事人双方的人格再造，影响着当事人的婚姻关系和家庭生活，并对社会秩序和社会进步产生一定的影响。所以男女恋爱也是有道德要求的。

恋爱道德的基本要求体现在以下几方面：

（1）以寻找爱情、培养爱情为目的。男女任何一方在一定的客观现实基础上选择恋爱对象时，要注重对方的内在美，把对方的品德、情操和是否与自己有共同的生活理想放在首位。这是恋爱中道德性的显著标志。恋爱中起着主导作用的，应当是人的精神世界和道德面貌。正确的爱情观是恋爱成功的基础，是婚姻幸福的保障。

（2）尊重对方的情感和人格，平等履行道德义务。恋爱过程是建立和培养爱情的过程，恋爱中不能有欺骗、强暴或其他违背爱情基本要素的行为。恋爱自由是必须遵守的道德准则。男女双方首先应彼此尊重对方的情感。每个人都有爱和被爱的权利，有选择各自爱人的权利。在当事人确立恋爱关系时，必须出于双方共同的意愿，彼此相爱。任何一方都不能强迫或诱骗另一方接受自己的爱，即使这种爱慕是纯洁的，也不能强求对方违心地接受。

（3）情趣高尚和健康交往。男女双方在恋爱关系确定后，无疑要通过较多的交往来培养爱情。恋爱双方的交往应当文明端庄，持之以度。在恋爱过程中不应有轻率和放荡的行为。恋爱虽然是以感情为基础，但不能打着感情的幌子进行感情游戏，想爱谁就爱谁。这不是真正的爱情，而是对爱情的亵渎。对爱情的忠诚也并不能理解为封建式的从一而终，爱情是一种庄严的承诺，但却不是对对方的人身依附。马克思说："真正的爱情是表现在恋人对他的偶像采取含蓄、谦恭甚至羞涩的态度，而绝不是表现在随意流露热情和过早的亲昵。"① "过分亲密很不合适。"② 真挚的爱情需要时间的考验，并且必须"成为一个成熟的人"，负起各种责任。爱情的真谛是奉献，而不是索取和占有。

（4）正确对待失恋。恋爱的目的在于结为夫妻，但由于存在种种不利于恋爱的个人和社会因素，失恋在所难免，这也是爱情生活中出现的正常社会现象。失恋，是指一对男女在培养爱情的过程中，由于某种原因，一方或者双方感到不满意，因而中断恋爱关系的现象。有恋爱才有失恋，有恋爱的幸福，就有失恋的痛苦，虽然失恋是痛苦的，但有道德的人应能正确对待和妥善处理失恋的问题，我们在选择对方的同时，也应尊重对方对自己的选择，应有广阔的胸怀和高尚的道德情操，应用理智战胜感情，尊重个人爱与不爱的权利，做到失恋不失德，不成恋人则成朋友，决不应出现违犯社会道德的言行，更不应有触犯法律的举动。

二、婚姻道德

真正的爱情必须而且应当指向婚姻，真正的婚姻也应当以爱情为基础。婚姻是爱情发展的必然归宿，婚姻也是巩固和提升爱情的重要社会形式。爱情有爱情道德和恋爱道德，婚姻作为比爱情更具社会性的两性结合的形式，其缔结、维系乃至解体自然有其道德的要求。婚姻道德，是指人们在婚姻关系中必须遵循的行为准则及维系婚姻关系应当具有的德性品质等的总和。两性之间一旦建立起婚姻关系，就必须遵循一定的婚姻道德规范，这是巩固婚姻关系的根本保证。

1. 婚姻的含义与本质

婚姻，是男女两性结合而成的、为当时社会制度和风俗习惯所确认的夫妻关系。婚姻，古时又称"昏姻"或"昏因"。汉朝的郑玄说，婚姻指的是嫁娶

① ［德］马克思：《致保尔·拉法格》（1866 年 8 月 13 日），《马克思恩格斯全集》第31卷，520 页，北京，人民出版社，1972。

② 同上。

之礼。在我国古代的婚礼中，男方通常在黄昏时到女家迎亲，而女方随着男方出门，这种"男以昏时迎女，女因男而来"的习俗，就是"昏""因"一词的起源。换句话说，婚姻是指男娶女嫁的过程及由此所形成的夫妻关系。

婚姻是一个历史的范畴。在不同的历史发展阶段上，有不同的婚姻制度和婚姻道德。迄今为止，人类婚姻的发展共经历了三种形式，即群婚制、对偶婚制和一夫一妻制，与之相适应，婚姻家庭道德的发展也出现了不同的表现形式。群婚制是原始社会时期的婚姻形式，它的发展大致经历了三个阶段，即杂交、氏族内同辈之间的群婚和不同血缘家庭之间的群体通婚。在原始社会初期，人类以群居的方式生活，性生活不受任何限制。后来由于认识到近亲杂交会造成子女发育不良和种族退化，于是人们便开始对自身的性行为进行限制，首先排除了父母和子女、上辈和下辈之间的性关系，而实行同辈之间的群婚。这就产生了最初的婚姻家庭关系和道德规范。随后，人们又排除了同胞兄弟姐妹之间的性关系，实行不同血缘家庭之间一群男子与一群女子互为夫妻的群婚制，即普那路亚家庭，从而确立了同母所生的子女不准有性交关系的道德观念和行为规范。对偶婚制是一男一女在或长或短的时间内结成松散配偶关系的一种婚姻家庭形式。它最初是由一个男子在许多妻子中有一个主妻，而他也同时是这个女子的许多丈夫中的一个主夫，后来经过发展，又逐渐出现了一男一女在一段时间内结为配偶的对偶同居制。① 对偶婚制是由群婚制向一夫一妻制发展的过渡环节，这时已出现了一夫一妻制婚姻家庭道德的萌芽。

一夫一妻制产生于原始社会末期。在人类社会出现第一次社会大分工即农业和畜牧业的分工之后，由于男子在主要生产部门占据了重要地位，于是父权制逐渐取代了母权制。随着劳动生产率的提高和私有财产的出现，为了使自己的财产确实为自己的亲生子女所继承，便产生了一夫一妻制。一夫一妻制是私有制产生以来婚姻家庭的主要形式，它的道德意义在于排除了杂乱的两性关系，在客观上提供了可以根据爱情选择配偶并使夫妻保持忠贞专一的性生活的可能性，这是人类婚姻家庭道德的一大历史进步。在私有制社会里，由于男子掌握着经济权，女子处于从属地位，因而一夫一妻制并不排除隐蔽甚至公开的一夫多妻制，男子可以重婚或纳妾，女子则必须严守贞操，从一而终。在奴隶社会，妻子是丈夫的奴隶，对丈夫必须忠诚，丈夫对妻子儿女拥有生杀予夺之权。在封建社会，男性家长在家庭中居于绝对统治地位，儿女的婚姻皆由父母

---

① 参见［德］恩格斯：《家庭、私有制和国家的起源》，见《马克思恩格斯文集》第4卷，47～88页，北京，人民出版社，2009。

包办，父母之命、媒妁之言以及明媒正娶是普遍遵循的道德准则，"男尊女卑""三从四德"是通行的道德戒律。在资本主义社会，一夫一妻制的婚姻家庭关系表现为两种不同性质的倾向。在资产阶级那里，婚姻是遵循着通行的商品交换原则进行的，其基础是金钱不是爱情，而以金钱为基础建立的婚姻实际上是极不自由的，通奸和卖淫是其补充形式。一些妇女出于经济上的考虑，不得不依附于自己所不爱的男子，实际上她们没有真正获得婚姻自主的权利。财产及其继承则是联结资产阶级家庭中父母与子女关系的纽带。在无产阶级那里，一方面，由于男女双方都没有财产，缔结婚姻不存在经济上的考虑，因而相互性爱和自由同意成为婚姻的基础；另一方面，由于家庭没有财产进行保存和继承，男女老少都要进入劳务市场出卖自己的劳动力，因而就失去了建立男性家长统治的基础和意义，家庭成员之间是平等的关系。同资产阶级的婚姻家庭道德相比，无产阶级的婚姻家庭道德已从根本上摆脱了家庭成员之间的不平等和不自由而进入了更高级的发展阶段。

现代婚姻是其自然性与社会性的统一，所谓婚姻的"自然性"体现的是人作为自然物而具有的自然性能，即生理机能；婚姻的"社会性"体现的是人作为社会存在物而具有的社会属性，包含婚姻形式的社会承认，婚姻维系的社会方式，提升婚姻质量的情感和义务意识。虽然婚姻的两种不同性质所表现的内容不同，但这"两性"之间，却是相互依存，相辅相成的。婚姻的自然性是其社会性的存在基础。正是自然性的存在，异性之间的吸引才具有一定的前提，依附于社会性的爱情才能产生而发展。相应的，婚姻的社会性是对其自然本能的一种美化及丰富。有了社会性，婚姻才能在异性之间的自然吸引基础上而实现其社会的价值。作为婚姻之基础的感情，并不单指爱情，还包含了亲情在内。爱情系婚姻异性之间所追求的浪漫心理及感觉；亲情系家人之间的一种关爱与责任。所以，真正的婚姻道德并不仅体现在婚姻异性之间的爱情维护，同样还包括对婚姻之内的亲情的保护。

2. 婚姻道德的基本要求

婚姻道德的起源，始于人类早期的性禁忌。在自然竞争之中，为了物种的繁衍，适应物竞天择的自然规则，人类早期性行为开始有所禁忌，不断地排除与自己有直接血缘联系的性伴侣，逐步地朝着私密隐蔽和文明合法的方向运演。经过斗转星移的自然与社会变化，人类早期的性行为终于具有一定的社会性，产生了一定的社会关系。正是这一社会性的生成，婚姻道德随着社会文明程度的发展而逐步得到发展。首先是从动物的乱性进化至禁止母子、父女之间的乱伦和兄弟姐妹之间的近亲性行为。这是人类最早的一种婚姻道德观。到了氏族社会后期及奴隶社会、封建社会，人类从优化后代出发，形成了性的各种道德规范，禁止了乱伦和近亲繁殖，提倡与外族通婚，在族内通婚也要超过五服（代）。所以，道德的第一功能是维护自然法则。此外，从群婚制到单一婚制，从母系社会到父系社会，无疑都是性道德的进步。随着社会制度的创新和更迭，这些习惯逐步地被礼、法所规范下来，为后世所延续。如奴隶社会，以"合二姓之好""上以事宗庙，下以继后世"的婚姻礼制，来作为当时婚姻的最高宗旨；封建社会，体现着儒家思想的核心伦理观，"男女有别、男尊女卑"以及"三从四德"，作为当时的婚姻道德观念。到了当代，基于女性的解放，婚姻道德观得以焕然一新，摆脱了旧社会时期的那些所谓"男尊女卑"等落后的思想观念，提倡"男女平等、相互忠实、相互帮助"等的新型婚姻道德观。

社会主义社会的婚姻关系是从资本主义条件下的无产阶级婚姻关系基础上发展起来的。在社会主义社会，由于生产资料公有制的建立，广大妇女获得了解放，在政治、经济、文化教育等方面享有了与男子平等的权利和地位，这就为社会主义新型婚姻家庭关系的建立提供了基础和前提。在社会主义社会中，无产阶级的婚姻代替了极力排斥爱情基础的、以等级门第、政治利益、金钱和利害关系为基础的封建的和资本主义的婚姻制度，产生了婚姻应以爱情为基础、主张婚姻自由、男女平等、互尽义务的婚姻道德观。这种婚姻道德不但是完全符合无产阶级的阶级利益的，而且也是无产阶级在人类婚姻史上的一场革命，具有极大的道德进步性和历史合理性。

社会主义婚姻道德的基本要求和主要规范有：

（1）婚姻以爱情为基础

在社会主义社会，婚姻的缔结不是爱情的终结，而是真正爱情生活的开始。恩格斯在表述婚姻道德基础时指出："如果说只有以爱情为基础的婚姻才是合乎道德的，那么也只有继续保持爱情的婚姻才合乎道德。"[①] 恩格斯同时还指出，只有在社会主义条件下，才有可能产生真正以爱情为基础的婚姻。社会主义婚姻道德的进步性与合理性就在于它不仅主张婚姻关系的确立，必须以真正的爱情作基础，而且主张婚姻关系的巩固阶段，也必须以爱情为基础。婚姻因爱情而缔结，又因爱情而发展。缔结了婚姻的男女双方，不仅具有获取爱情的权利，同时具有维护和发展爱情的义务。漫长的人生路上会遇到各种逆境和挫折，夫妻双方只有保持和发展爱情，才能够从爱情中吸取力量同舟共济，

---

① ［德］恩格斯：《家庭、私有制和国家的起源》，见《马克思恩格斯文集》第 4 卷，96 页，北京，人民出版社，2009。

共渡难关，白头偕老。要使真挚的爱情之花不至于过早凋零，还应在婚姻生活中不断更新创造爱情的内容。爱情的更新不是指喜新厌旧的爱情转移而是指以爱情为基础的夫妻感情的不断深化、巩固和发展。这就要求把爱情与事业紧密结合起来，面对事业带来的新挑战，携手共登事业的顶峰；同时还要积极创造生活的新情趣，重温爱情的甜蜜和浪漫，把生活装扮得更加丰富多彩，增进夫妻间感情的交流，提升婚姻生活的质量和水平。真正的夫妻恩爱之情总是如青山常在，绿水长流，它不会随着岁月的过去而烟消云散。

（2）婚姻以自主自由为前提

以爱情为基础的婚姻必然是男女两性自由合意的达成。社会主义的婚姻道德反对任何形式的、不自由的、不自主的所谓"包办婚姻""强制婚姻"和"买卖婚姻"，坚持男女婚姻自由和婚姻自主的原则。婚姻自由是我国婚姻法规定的一项基本原则，也是社会主义婚姻家庭制度的根本特征。它反映了社会主义婚姻关系的客观要求。所谓"婚姻自由"，就是男女双方按照自己的意愿选择理想的配偶，出于自己的婚姻意愿缔结婚姻。要是男女在婚姻问题上不能自己做主，那么这种婚姻，就是违背道德的。坚持婚姻自由，一方面，要求社会和他人要尊重婚姻当事人的意愿，不能违背当事人的意愿，强迫或包办婚姻；另一方面，婚姻当事人也应当对爱情采取严肃的态度更不能以金钱、权势作为婚姻的目的。否则会使双方都陷入极大的精神痛苦，有的甚至会导致婚姻关系的破裂。

（3）婚姻以一夫一妻制为核心

社会主义的一夫一妻制，是人类两性关系史上的有重大意义的变革，也是社会主义道德对婚姻关系的必然要求。一夫一妻制既是社会主义婚姻法的一条基本原则，也是社会主义婚姻家庭道德的一条基本规范。社会主义的一夫一妻制是指不论男女都只能拥有一个配偶，重婚和纳妾以及其他形式的两性关系都是法律所不允许的，也是不道德的。

（4）婚姻以义务为动力和保障

婚姻义务，从它的客观要求和内容来说，是一种使命、职责，具有不依人们的主观意志为转移的客观的约束力；从它的主观方面来说，它是在人们理解和认识了婚姻家庭的客观要求，自觉到自己的使命、职责的基础上形成的一种内心信念和意志。因此，履行婚姻义务的行为又是自由的。婚姻当事人，只要认识到和理解到社会发展对婚姻家庭的要求，具有高尚的道德境界，就必然能够自觉地、愉快地去履行自己的婚姻义务。在社会主义条件下，婚姻义务不仅在于维护作为社会细胞的家庭，而且是巩固和发展婚姻借以建立的爱情纽带。

如果说爱是人的一种权利，那么行使爱的权利，也就产生了爱的义务。夫妻是志同道合的同志，也是携手相随的伴侣。夫妻之间要互相平等，尊重人格，反对任何形式的"大男子主义"，也反对过分的"女权思想"或"妻管严"。夫妻双方都要对对方的前途命运、身心健康承担责任和义务，顺利时，互相尊重，互敬互爱；困难时，互相支持，同舟共济。

婚姻义务是婚姻道德的重要内容，也是婚姻维系和健康发展的有力保障。它既反映了义务和爱情的一致性，也体现了义务和爱情的矛盾性。一方面，由于义务的存在，爱情变得具体化、现实化了，义务推动着爱情不断向前发展，使爱情更加深化；另一方面，义务比爱情更稳定，当爱情减弱或消失的时候，义务并不能完全随着个人的主观意愿立即减弱或消失。在人们的实际生活中，当新婚蜜月之后，进入日常的家庭生活之时，相互间的爱情会有一定程度的减弱，各种矛盾相继发生。此时，义务成为维系爱情和深化爱情的重要方式和力量。培养夫妻双方高尚的道德情操和强烈的婚姻义务感，才能使夫妻双方冷静、客观地面对现实，妥善解决婚姻生活中的矛盾，从而引导夫妻关系向着更坚定、更持久的方向发展。

此外，提倡婚前检查和文明节俭的婚礼，遵行两情相悦、合理合法的性伦理，也是社会主义婚姻道德的重要内容。

3. 离婚的道德要求

婚姻自由既包括结婚的自由，也包括离婚的自由。马克思在其早期著作《论离婚法草案》中，阐明了在一定条件下离婚现象的合理性。他指出："离婚无非是宣布某一婚姻是已经死亡的婚姻，它的存在仅仅是一种假象和骗局。"①恩格斯认为，应当打破由专偶制赖以产生的经济状况所导致的"婚姻的不可解除性"，"如果感情确实已经消失或者已经被新的热烈的爱情所排挤，那就会使离婚无论对于双方或对于社会都成为幸事。只要使人们免于陷入离婚诉讼的无益的泥污才好"。马克思主义经典作家虽然认为离婚自由是婚姻自由的重要内容，但他们都强调应当慎重使用离婚的权利，反对感情用事，更反对在婚姻家庭关系上见异思迁、不负责任的轻率行为。

社会主义婚姻道德要求人们在离婚问题上反对两种错误倾向：既要反对婚姻"从一而终"，视离婚为罪恶的封建道德观念；又要反对"个人感情第一"，视离婚为儿戏的资产阶级道德观点。离婚，就是按照法律程序将男女双方已经

---

① ［德］马克思：《论离婚法草案》，见《马克思恩格斯全集》第 1 卷，348 页，北京，人民出版社，1995。

存在的婚姻关系加以解除的社会行为。离婚现象究其原因是多方面的因素造成的，但不管是什么原因，离婚总会对夫妻双方、子女及家庭，以致对社会都会造成不良的影响。尤其是不正当的离婚，对社会造成的不利后果更为严重。因此，在离婚问题上，必须严格遵循社会主义道德规范，尽可能缩小离婚造成的不利因素。社会主义社会在离婚问题上的道德要求主要有：

（1）慎重对待离婚，反对轻率离婚

婚姻是人生的一件大事，它不仅组织家庭，而且还会产生新一代。也由此产生出人们对家庭和社会所应承担的责任。因而，对待婚姻问题，特别是对离婚要采取严肃、慎重的态度，不能轻率。即使是婚前的感情基础不怎么牢固的，也不能以此为借口轻率地提出离婚，正确的态度应该是通过共同的生活增进了解，培养和加深感情，努力保持家庭的稳定。这是对子女、对爱人、对家庭、对社会应尽的责任。与此相反，如果对离婚采取轻率的态度，随便地、不负责任地跟对方脱离本来还可以继续保持或能重归于好的夫妻关系，就是违背道德的。离婚是解决夫妻矛盾的一种不得已的办法，在提出离婚前，一定要严肃慎重地权衡离婚对于双方、子女家庭、社会的利害，决不要轻率地提出离婚。

（2）离婚方式文明，切忌形同陌路

婚姻是以爱情为基础的，如果夫妻感情确已完全破裂，虽经多方努力，也无重归于好的可能，那就没有必要再去勉强维持已经"死亡"的婚姻。但是即便到了非离不可的地步，也应该做到尽量地尊重和体谅对方，毕竟双方曾经有一段相爱的过去，俗话说"一日夫妻百日恩"，要好聚好散，不要视同仇敌。因此，夫妻在决定离婚之后，双方都应自觉地体谅对方的苦衷，尊重对方的人格，决不能有意抖搂对方的"老底"，更不能不顾事实往对方身上"泼脏水"伤害对方，这些都不是一个有道德的人的行为表现。

（3）正确对待子女，维护子女权益

抚养和教育子女，是父母责无旁贷的义务，父母对子女的成长负有重大的责任，这种责任不应因父母离婚而削弱。夫妻离婚之后，对子女仍应承担抚养、教育的义务。子女无论跟随哪方生活，仍然是双方的子女。任何一方都无权推卸抚养教育子女的责任。离婚时应充分考虑子女的权益和抚养教育问题，妥善处理好子女关系。必须全面考虑子女的利益，通过协商确定子女跟父方或母方生活，不能以子女为理由作为离婚和不离婚的要挟手段。离婚双方要根据各自的经济情况和子女生活的实际需要，合理分担子女的生活费用和教育费用。离婚后有子女跟随的一方家长不能阻止子女与另一方的亲情联系。不能把孩子当作负担，推卸管教的责任，致使孩子走上犯罪的道路。

（4）合理分割财产，切忌私吞独占

夫妻离婚时，对双方在婚姻关系存续期间所得的属于共同所有的财产，自然地享有平等分割的权利。这种平等不是绝对地平分，而是要保证财产分割做到公平合理，它不容许任何一方在离婚时提出不合理的经济要求，剥夺和否认对方的经济利益。夫妻双方要本着有利于生产、生活和切实保护妇女及其子女合法利益的原则，互谅互让，发扬风格。

离婚意味着婚姻的解体，原有的夫妻双方都要慎重冷静，本着"好聚好散"和文明、合理、合法的原则看待离婚，并且能总结离婚的教训，促成再婚质量的提高。

三、家庭道德

婚姻的缔结意味着家庭的组建。家庭除婚姻关系外还有亲属关系。家庭是社会生活的细胞，是人们生活的原点、过程和终点，集物质生活、精神生活和日常生活于一体。中国人一般把"成家立业"作为人生幸福的两大支柱。如果家庭不幸福，那么人生也就很难谈得上真正的幸福。家庭道德是家庭成员必须而且应当遵守的维系家庭生活的道德行为准则及由此所形成的家庭美德等的总和。家庭的稳定状况和道德建设直接关系到社会整体的稳定状况和文明程度。家庭美德建设既是家庭生活质量的保障，又是形成良好社会道德风尚的根基。

1. 家庭的本质内涵

家庭是由婚姻关系、血缘关系或收养关系而发生的亲属之间的社会生活组织和基本单位，体现着一定社会的关系和社会管理的要求，常被称为"社会的细胞"。婚姻是产生家庭的前提，家庭是婚姻缔结的结果。婚姻作为男女双方的结合，当然是一种社会关系，而家庭更是一种社会生活的共同体。

家庭是按婚姻、血缘关系建立起来的社会组织形式，它包括以婚姻为纽带的夫妻关系和以血缘连接的父母子女、兄弟姐妹等亲属在内的各种关系。家庭关系具有二重性，是自然属性和社会属性的统一体。男女之间的两性关系和父母子女、兄弟姐妹间的血缘联结构成了家庭的自然属性，是家庭产生的自然条件。而家庭的社会属性包括社会物质关系和道德关系，它对家庭的属性、形式、作用进行了质的规定，是家庭得以存在和发展的社会条件。家庭的本质就在于家庭的社会属性。

首先，家庭是社会的基本单位，社会正是由一个个微小的家庭单位构成的。在前资本主义社会，家庭是一个基本的自给自足单位，所有的家庭成员共同参加生产劳动，为所有家庭成员提供必须的生活物质；不仅如此，家庭中的长辈要生养子女，为子女的成长提供环境，教给他们生存的技能，培养他们基本的价值观念。因此，家庭基本上是一个全能的社会单元。进入资本主义社会以后，家庭的生产功能逐步减弱，在工厂工作成为养家糊口的主要手段。但是家庭依然是社会的基本单位和重要组成部分。

其次，家庭的产生、发展是社会进步的产物。早在原始社会，人们在大自然面前无能为力，只有依靠集体的力量才能生存，也就不可能产生个体家庭。随着社会的发展进步才产生了人类的家庭。历史上先后出现的血缘家庭、对偶家庭和一夫一妻制家庭，都是由社会的生产力和生产关系的变革决定的。有什么样的生产关系就会有什么样的家庭形式与之相对应，如血缘家庭是与蒙昧时代相适应的，对偶家庭是与野蛮时代相适应的，一夫一妻制家庭则是与文明时代相适应的。

再次，家庭的内容、性质、作用在社会发展的不同历史阶段具有不同的特点。家庭关系总是反映和表现着当时社会的物质关系，夫妻及其他家庭成员在家庭中的地位和作用，往往直接反映着社会经济关系的性质和状况。

最后，家庭又受一定阶级的道德、法律关系的制约。维护家庭的和谐幸福，不仅要靠法的力量，而且还要借助道德的因素，通过良心、义务、权利和真挚的爱来协调家庭成员间的关系。

家庭是一定社会物质关系的产物，是一种特殊的社会关系。家庭是社会的细胞，它对于社会的发展和稳定，人类的繁衍及后代的培育有着极为重要的作用。

2. 家庭道德规范

家庭道德是一定社会规范家庭生活、调节家庭关系和鼓励或约束家庭成员行为的道德准则以及由此所形成的家庭美德等的总和。家庭道德反映了家庭生活中人与人之间最一般的和最基本的道德关系，也成为评价人们在家庭生活中的行为是非、善恶的标准。家庭道德是维系家庭和谐的重要思想基础，是缓解家庭内部矛盾冲突的有力武器。因此，美满幸福的家庭，需要家庭道德来调节，更需要家庭道德来提升、激励和保障。

社会主义家庭道德的主要规范有：

（1）男女平等，所有家庭成员平等地享有权利和履行义务

男女平等是家庭美德中最基本的要求，也是社会主义家庭道德的基本规范，它要求男女在家庭地位、人格尊严、道德权利、道德义务、政治、法律、经济以及文化教育等方面的平等。包括男女双方在结婚、离婚方面的权利义务平等，夫妻之间在人身、财产关系上的权利义务平等，父母在抚养、教育子女

方面的权利义务平等，婆媳、姑嫂、妯娌、兄弟姐妹及其他家庭成员之间的权利义务平等，等等。它不仅要求每个家庭成员都要尊重其他成员应有的权利，而且要求所有家庭成员都要平等地履行相应的义务。任何家庭成员无视和干涉其他成员应有的平等权利，任何宣扬男尊女卑、男主女从的观念和行为，都是违背社会主义婚姻家庭道德的要求的。

（2）尊老爱幼，保障老人和儿童的正当利益

尊老爱幼是中华民族的传统美德，也是社会主义家庭道德的基本规范和一种普遍的社会要求。家庭生活中赡养和尊敬父母老人是子女的应尽之责，父母曾为养育子女辛勤操劳，为人之子女，不能忘记报答父母的养育之恩。当父母丧失劳动能力时，子女赡养父母既是应有的责任，也是必须履行的社会义务。赡养老人首先要从物质上关心老人的生活，使他们生活得愉快和幸福，不为吃穿烦恼。除此之外，更重要的是子女还应从感情、精神上去关心自己的父母，使他们得到家庭生活的乐趣，尽享天伦之乐。那种把失去劳动能力的父母当作包袱，不愿主动承担对父母赡养的责任，甚至采用各种卑劣的方法，折磨和虐待老人，是法律和道德都不容许的。抚养和教育子女是为人父母应尽的基本义务。对于子女，不能只从生活上关心和照顾他们，还要对他们进行良好的教育，使他们具有健康的精神生活和良好的思想品质，在德智体各方面都得到全面的发展，把他们培养成有益于国家、社会和人民的人。家庭是个体生长的摇篮，为人之父母，应该精心地抚养子女，科学地教育子女。在家庭教育中，应从小培养孩子的好习惯、好思想、好品德，及时地开发孩子的智力、能力和创造力，发展个性和特长，因材施教。注意身心的全面发展，使孩子有理想、有抱负、有爱心，爱学习、爱劳动，友爱善良，不怕困难、坚毅顽强。

尊敬父母、赡养老人、抚养儿童既是社会主义社会中每个公民的法律义务，也是他们的道德责任。任何歧视、虐待、遗弃老人和儿童的行为都是为社会主义道德所不容许的，都要受到社会舆论的谴责和人们的唾弃。

（3）和睦相处，夫妻及所有家庭成员之间互敬、互谅、互爱

夫妻及所有家庭成员之间在工作、生活、思想和学习上互相关心、互相帮助、互相体谅和尊敬，也是社会主义家庭道德的基本要求之一，它不仅有助于培养和增加家庭成员之间的感情，密切相互间的关系，而且可以起到相互鼓励、共同提高、共同进步的作用。夫妻之间的平等与互爱，是社会主义家庭道德的基本内容。平等互爱的夫妻关系充分地表现为夫妻之间的互敬、互爱、互信、互勉、互帮、互让、互谅和互慰。所谓"互敬"，就是要互相看到对方的优点，礼貌相处，不蛮横、不强求于人；所谓"互爱"，就是要保持真挚、深

沉的感情，不断浇灌爱情之花；所谓"互信"，就是互不猜疑，互不防备，以诚相待；所谓"互勉"，就是在工作学习上相互支持，相互激励，共同向上；所谓"互帮"，就是在思想、学习、家务、教育孩子等方面互相帮助，彼此关照，配合默契；所谓"互让"，就是要互相谦让，避免争长较短；所谓"互谅"，就是在对方处于困难之中或情绪不好时，能宽容和体谅对方，不火上添油。在夫妻双方发生矛盾时要理智、冷静，不轻易埋怨、挖苦对方；所谓"互慰"，就是在精神上相互安慰，互相鼓舞。"八互"准则是夫妻之间在婚后进一步发展、更新爱情的重要道德要求。

（4）勤俭持家，夫妻及所有家庭成员应当崇尚劳动、注重节约

勤劳俭朴的生活方式和道德品质，是兴家之本，富家之路，也是中华民族传统的家庭美德。中华民族自古以来崇尚质朴俭约，很早就认识到俭以养德的道理，把节俭视为一种最基本的道德品质。劳动人民在长期的劳动生活中形成了热爱劳动、崇尚节俭，反对骄奢淫逸、奢侈浪费的道德品质，对一粥一饭、半丝半缕，都常想其来之不易。"勤是摇钱树，俭是聚宝盆"，克勤克俭是促使家庭兴旺发达的不二法门，勤俭持家才能使家庭走向富裕、文明、和谐的发展大道。

此外，友善邻里，家庭与家庭之间应当互相帮助也是社会主义家庭道德的基本要求。俗话说，"邻里好，当个宝"。"远亲不如近邻"说明邻里关系极为重要。如果我们能够处理好邻里之间的关系，切实做到和周围的邻居和睦相处，那么，我们就会生活在一个气氛十分融洽的环境中，心情舒畅，精神愉快，事业成功。

3. 社会主义家庭道德建设

家庭道德建设的重要性在当代社会日益突出。马克思指出，除了家庭之外，没有一种社会组织对社会生活发生的变化如此敏感，能够如此明显地反映社会历史进步取得的成就和面临的困难与矛盾。家庭是人类社会生活的基础组织形式，不仅为人的生存发展提供着最基本的物质条件，为人的全面发展创造着最直接的生活环境，而且是人走向社会化过程中的第一站，是人接受最初级教育和最原始影响的地方，也是人幸福生活的港湾和加油站。不论是伟大的英雄人物，还是凡夫俗子都无一例外地受到父母和家庭生活的影响。

社会主义家庭道德建设，要抓好以下几点：

（1）建立良好的家风、家规，协调好家庭内部成员之间的关系

所谓"家风"，是指家庭生活中的风俗习惯，以及所表现的道德传统。所谓"家规"，就是指在家庭内部所制定的成文或不成文的伦理道德规范。一个

家庭能够形成良好的家风，对于家庭的健康发展和对于家庭成员的成长都具有十分重要的伦理价值。要引导家庭成员遵守良好的道德规范，并把这些道德规范转化为行为习惯，形成家庭内部的良好的小气候。对家庭成员的错误言行，要劝告、批评和帮助。不能认为"家丑"不可外扬，讲了有失体面，以至瞒瞒藏藏，包庇纵容。没有规矩难成方圆，家庭也要学会变松散型的管理为有章可循的管理，这样才能使家庭早日建立起良好的家风。

（2）坚持重物质更重精神的家庭建设价值原则

家庭的美满幸福，是物质生活与精神生活的有机统一。物质生活的贫乏，往往使家庭生活拮据或陷入困难；但精神生活的贫乏，更会摧毁家庭美满和谐的根基。家庭生活在精神层面更要崇尚和谐与道义，讲求彼此理解、精诚合作，共同担当，共同创建。应该意识到，物质生活的享受和满足不是家庭幸福的唯一内容，更不是家庭幸福的根本标志。幸福的家庭必须以高尚的精神生活为支柱，离开了健康充实的精神生活，任何关于家庭幸福的理解都是庸俗的。我们应该把幸福的家庭建立在富裕的物质生活和高尚的精神生活和谐统一的基础之上。

（3）建设新型和谐美满家庭

俗话说"一家之计在于和"，"家和万事兴"。一个人呱呱坠地就生活在家庭环境之中，从小到大，成家立业，首当其冲的人际关系是家庭成员之间的关系。人与人的和谐首要的是家庭成员之间的和谐，家庭和谐是社会和谐的基础。中国人历来重视营造和谐家庭。"成家""立业"被视为人生的两件大事。人们把家视作避风浪的"港湾"，喻为"后院"。家庭之乐乃天伦之乐。无家可归是悲凉的。温馨和美的家庭是人之安身立命之所在。和谐社会建设呼唤和谐家庭建设。和谐家庭是以家庭成员的全面发展为基础，家庭成员之间、家庭与社会之间、家庭与自然之间相互和谐的新型文明家庭模式。家庭成员之间的和谐是家庭和谐的重要基础，只有不断提高家庭成员的思想道德素质、文化素质和身心健康素质，才能在家庭生活中营造和谐的夫妻关系、婆媳关系、亲子关系。积极开展"绿色家庭"和节约型家庭建设，事关人与自然和谐相处的大局。只有强化家庭节约意识、环保意识，使家庭自觉融入资源节约型、环境友好型社会的建设实践，才能营造家庭与自然的和谐关系。

（4）树立先国后家的道德观念

在社会主义条件下，家庭利益和国家利益在本质上是一致的，家庭的前途和命运与国家的前途和命运是紧密地连在一起的。家庭生活的美满幸福，最终取决于整个社会的安定和繁荣。因此，对于每一个人来说，既要爱家，又要爱国。诚如成龙唱的《国家》歌词所表达的那样，"我爱我的国，我爱我的家。国是我的国，家是我的家。一玉口中国，一瓦顶成家。都说国很大，其实一个家。一心装满国，一手撑起家。家是最小国，国是千万家。在世界的国，在天地的家。有了强的国，才有富的家。国的家住在心里，家的国以和蠡立。国是荣誉的毅力，家是幸福的洋溢。国的每一寸土地，家的每一个足迹。国与家连在一起，创造地球的奇迹……"这首歌词所表达的爱国之情、爱家之意在二者关系的认识中得以升华，充分表达了华夏儿女关于国家关系的新的时代认识和现实感受，也体现了对传统道德文化的继承创新，故受到国人的热烈欢迎和高度评价。我们只有努力为祖国的繁荣富强多做贡献，才能求得家庭的美满幸福。当国家利益和家庭利益产生矛盾时，要有"先国而后家"，"舍小家为大家"的精神，做到个人利益无条件地服从国家的利益。先国后家、爱家更要先爱国，是社会主义家庭道德的重要内容。

在当今，亲情观念有所淡化，婚姻关系稳定性下降，邻里关系趋向冷淡和陌生，家庭道德建设任重而道远。推进家庭美德建设的重点是提高家庭成员的思想道德素质，不断提高家庭生活质量。大力倡导尊老爱幼、男女平等、夫妻和睦、勤俭持家、邻里团结的家庭美德和家庭新风尚，倡导科学、文明、健康的生活方式，促进家庭的美满幸福。

第二节　职业道德

恩格斯指出："每一个阶级，甚至每一个行业，都各有各的道德。"[1] 职业道德是社会道德生活的重要方面。中国古代讲"成家立业"，不仅包含了家庭道德方面的内容，更包含了职业道德方面的内容。一个人要在社会生活中立业，除了专业技能外，最重要的就是职业道德。职业道德是所有从业人员在职业生活中应该遵循的行为准则，涵盖了从业人员与服务对象、职业与职工、职业与职业之间的关系。随着现代社会分工的发展和专业化程度的增强，市场竞争日趋激烈，整个社会对从业人员职业观念、职业态度、职业技能、职业纪律和职业作风的要求越来越高。大力提倡以爱岗敬业、诚实守信、办事公道、服务群众、奉献社会为主要内容的职业道德，鼓励人们在工作中做一个好建设者。加强社会主义职业道德建设，对于各行各业提高经济效益和劳动生产率，

---

[1]　[德] 恩格斯：《路德维希·费尔巴哈与德国古典哲学的终结》，见《马克思恩格斯文集》第4卷，294页，北京，人民出版社，2009。

对于消除行业不正之风，形成良好的社会风气，对于个人在职业生活中走向卓越和成功，都有着十分重要的意义和价值。

一、职业道德的含义与特征

职业就是人们由于社会分工和生产内部的劳动分工，而长期从事的具有专门业务和特定职责，并以此作为主要生活来源的社会活动。职业道德通过规定各种职业活动对内对外应尽的义务和责任，维持着各行各业活动的正常进行，保证着各行各业与整个社会的合理联系。

1. 职业道德的内涵与本质

职业道德是人们在职业活动中所应遵循的具有自身职业特征的行为规范，以及与之相适应的道德观念、道德情操和道德品质的总和。职业道德，一方面，指的是从事一定职业的人们在其特定工作或者劳动中的特殊行为规范的总和，此即"职业之道"；另一方面，指的是从事一定职业的人，经过职业活动实践和职业道德理想、意志、情感培训所达到的表现在职业工作上的道德品质状况，此即"职业之德"，是行为标准内化于人所形成的一种较为稳定的行为标准的认识、践履程度和品质。

职业道德反映了一定社会或一定阶级对从事一定职业的人们的道德要求，是社会道德在职业活动中的具体体现。职业道德涵盖了从业人员与服务对象、职业与职工、职业与职业之间的关系。不同职业的人员在特定的职业活动中形成了特殊的职业关系，包括职业主体与职业服务对象之间的关系、职业团体之间的关系、同一职业团体内部人与人之间的关系，以及职业劳动者、职业团体与国家之间的关系，等等。为了协调这些复杂的、特殊的社会关系，除了需要政治的、行政的、法律的、经济的规范和手段之外，还需要一种适应职业生活特点的调节职业社会关系的规范和手段，由此形成了不同职业人员的道德规范，即职业道德。

职业道德的本质表现在：

职业道德是生产发展和社会分工的产物。自从人类社会出现了农业和畜牧业、手工业的分离，以及商业的独立，社会分工就逐渐成为普遍的社会现象。经过无数次的社会分工和分化，形成了今天社会生活中的各种各样的职业，并形成了人们之间错综复杂的职业关系。这种与职业相关联的特殊的社会关系，需要有与之相适应的特殊的道德规范来调整，职业道德就是作为适应并调整职业生活和职业关系的行为规范而产生的，可见，生产的发展和社会分工的出现是职业道德形成、发展的历史条件。

职业道德是人们在职业实践活动中形成的规范。人们对自然、社会的认识，依赖于实践，正是由于人们在各种各样的职业活动实践中，逐渐地认识人与人之间、个人与社会之间的道德关系，从而形成了与职业实践活动相联系的特殊的道德心理、道德观念、道德标准。由此可见，职业道德是随着职业的出现以及人们的职业生活实践形成和发展起来的，有了职业就有了职业道德，出现一种职业就随之有了关于这种职业的道德。

职业道德是职业活动的客观要求。职业活动是人们由于特定的社会分工而从事的具有专门业务和特定职责，并以此作为主要生活来源的社会活动。它集中地体现着社会关系的三大要素——责、权、利。

职业道德是社会经济关系决定的特殊社会意识形态。职业道德虽然是在特定的职业生活中形成的，但它作为一种社会意识形态，则深深根植于社会经济关系之中，决定于社会经济关系的性质，并随着社会经济关系的变化而变化发展着。职业道德是一个由道德意识、道德规范和道德活动组合起来的价值体系，而从一般意义上主要表现为职业义务、职业荣誉、职业操守、职业理想等内容。

2. 职业道德的形成与发展

职业道德的产生以社会分工为基本前提。严格地说，职业道德在原始社会尚处在萌芽阶段。职业道德的真正形成是在奴隶社会。由于生产力的发展，由于铁器工具的使用，生产的剩余物品慢慢地就多起来。这时，社会就能养活一部分人专门从事艺术活动、科学活动、商业活动和公共事务的管理活动，从而出现了体力劳动和脑力劳动之间的更大分工。这种分工的发展，一方面导致了人类历史上第一个阶级社会即奴隶社会的产生；另一方面导致了各种社会行业和职业的出现。于是，不仅出现了调整阶级关系的阶级道德，而且还出现了调整行业和职业关系的职业道德。据先秦古籍《周礼·考工记》记载，我国奴隶社会时，大的职业分工有六种，即"国有六职"：王公、士大夫、百工、商旅、农夫和妇功。王公（高级统治集团）的职责是"坐而论道"，士大夫（官僚贵族）的职责是"作而行之"，百工（手工业）的职责是"审曲面势，以饰五材，以辨民器"，商旅（坐商行贩）的职责是"通四方之珍异以资之"，农夫的职责是"饰力以长地材"，妇功（家庭妇女）的职责是"治丝麻以成之"。不同职业分工有不同的职责，所以，也就有不同的职业道德要求。在古希腊奴隶社会，柏拉图在他的《理想国》中谈到，哲学家的道德是"智慧"，武士的道德是"勇敢"，自由民的道德是"节制"。当"这三个阶级在国家里面各做各的事，而不互相干扰的时候，便是有了正义"。从一定意义上，也可以说，这里的"智慧""勇敢""节制"也有职业道德的意义，或者说是阶级道德在不同职业中的体现。

职业道德在封建社会得到了发展。其中，作为封建社会职业道德主体的农民职业道德具有两重性。一方面，他们在长期的艰难的劳动生活中，养成了勤劳节俭、团结互助、富有人道精神和憎恶剥削、压迫等优良道德品质；另一方面，由于他们的经济地位和生产条件，又决定了他们自私狭隘、保守散漫、安于现状、崇拜偶像等弱点。在封建社会，除农民这个最主要的社会职业外，其他各行各业也较奴隶社会有进一步发展。西欧中世纪出现了各种行业的帮工行会。在中国，由隋唐到明清，也出现了各种各样的"行帮"，如手工业行帮、商人行帮等。在行帮内部的师徒之间、学徒之间、行帮会员以及同整个社会成员之间都形成了一些协调相互关系的职业道德准则。

进入资本主义的历史时期之后，职业道德获得了充分的发展。从分工的角度看，资本主义造成空前的生产力的社会劳动，表现为广泛的社会职业活动。在人和人的道德关系中，不但保持了工业、农业、商业、学者、医生、军队等古老传统职业及其职业道德规范，而且出现了诸如律师、工程师、新闻记者等新的职业，并形成了一些新的职业道德规范。职业责任这一独特理念，可以说是资本主义社会伦理的最重要特征，从一定意义上说，也是资本主义伦理文化的基础。

马克斯·韦伯在《新教伦理与资本主义精神》一书中论述了资本主义精神同职业伦理的内在关系，认为新教伦理中天职的观念，入世禁欲主义以及通过世俗劳作为上帝增加荣耀等信条，奠定了资本主义精神的基础，"在构成近代资本主义精神乃至整个近代文化精神的诸基本要素之中，以职业概念为基础的理性行为这一要素，正是从基督教禁欲主义中产生出来的"[①]。"只能通过完成神示的天职去寻求上帝之国，并且教会自然而又把严格的禁欲主义教规特别强加于一无所有的阶层，这一切，很明显，必定对资本主义意义上的'劳动生产力'产生极其有力的影响。把劳动视为一种天职成为现代工人的特征，如同相应的对获利的态度成为商人的特征一样。"[②] 清教的职业理念里所强调的重点，总是放在世俗禁欲主义所肯定的这种"明达事理"的理性辛劳。决定职业能否赢得上帝的青睐或欢心的标准，"主要的衡量尺度是道德标准"[③]。新教所锻铸的职业伦理为资本主义精神的形成奠定了基础。

---

① ［德］马克斯·韦伯：《新教伦理与资本主义精神》，于晓、陈维刚译，141 页，北京，生活·读书·新知三联书店，1987。

② 同上书，140 页。

③ 同上书，127 页。

资本主义职业道德在长期发展的历史中，包含着某些社会公共的道德因素。因此，对资本主义社会的职业道德，我们既要批判其中庸俗腐朽的东西，又要吸收其中某些合理的、有进步意义的因素。

3. 职业道德的特征

职业道德作为一定职业范围内道德调整的特殊方式，具有区别于社会公德、家庭美德的特殊性质。这些特殊性质，决定了职业道德具有以下基本特点。

首先，内容表达的专业特殊性。职业道德总是要鲜明地表达职业义务、职业责任的要求，表现特定职业的特定道德要求。涂尔干在《职业伦理与公民道德》中指出：每一种职业的要求都是不同的，"作为一名教授，我不必去履行商人的义务。企业家的义务和士兵的义务，士兵的义务与牧师的义务也迥然不同……在这样的联系中，我们可以说有多少种不同的天职，就有多少种道德形式"①。从事不同职业常常会使人们形成不同的道德人格特质，如人们常说的某人有"军人作风""工人性格""农民意识""干部派头""商人习气"等。

其次，表现形式的灵活多样性。职业道德总是从本职业的实践活动和要求出发，以简明扼要、具体生动、便于记忆、利于遵行等方式表达出来，采用制度、守则、公约、承诺、誓言、条例，以至标语口号予以颁布，以其为从业人员所接受，使职业道德规范成为看得见、摸得着、可操作的行之有效的准则规范。

最后，功能性用的成熟性。职业道德是社会道德在职业生活领域中的具体体现，同时又以自身独特的功能作用于社会生活领域，促使社会道德不断发展和完善。职业道德是成熟人群在特定职业生活中的道德创造和道德追求的集中呈现，以渴望在岗位上实现成功、职业上走向卓越来体现职业人自身的内在价值和社会价值。

职业道德是在各自的职业实践活动中产生的调整和激励职业关系的行为准则和价值观念。不同的职业总是以不同的活动内容和活动方式表达着对社会的责任；总是从本专业的特点出发，规定着本职业人员负有的特殊道德义务。职工的职业理想、职业态度、职业责任、职业纪律、职业良心、职业信誉等构成了职工职业道德的精髓。职业理想是人们在职业劳动和职业生活中所形成的理

---

① ［法］爱弥儿·涂尔干：《职业伦理与公民道德》，渠东、付德根译，7页，上海，上海人民出版社，2001。

想目标及所寄予的向往，是人们在职业生活中渴望成功、走向卓越的心理驱动力及其集中化体现。职业理想并不一定意味着要走上最高领导岗位，而是最能发挥自己的工作特长和潜能，成为"行家里手"和"岗位标兵"，大量情况下甘愿当"绿叶"和"小草"也不失职业理想的意义。职业态度是人们对职业和岗位所抱的态度，要求人们以严肃、认真、负责的态度对待自己的本职工作。职业责任是职业生活中所应承担的义务和责任，每一种职业和每一个岗位都有其特定的职责，要求从事此一职业和驻守这一岗位的人们敢于并善于担当。判断人们在职业生活中是否称职总是以其岗位职责的履职情况作为标准的。优秀的职工往往能够很好地承担职责并使其取得理想的效果。职业纪律是职业生活中必须而且应该遵循的各种纪律的总和，包括劳动纪律、操作规程、作息规则以及各项规章制度。职业良心是人们在职业生活中形成的职业责任感和对自己从事本职工作的自我评价能力，是对自己所从事的本职工作的社会价值和意义的认同以及由此所产生的良知、良情、良意等的有机统一。职业信誉是人们在职业生活中形成的职业荣誉以及维护职业荣誉所彰显出来的职业自豪感在社会公众心目中的反映，由职业的知名度特别是美誉度所构成，本质上是职业员工从业精神和职业操守的社会化体现。这些职业道德精神不仅对企业事业单位的生存与发展至关重要，而且也是职工立足本职工作、求得自身发展的根本。

二、社会主义职业道德的主要内容

社会主义职业道德是社会主义社会各行各业的劳动者在职业活动中必须共同遵守的基本行为准则及由此所形成的职业道德品质等的总和。它是判断人们职业行为优劣的具体标准，也是社会主义道德在职业生活中的反映。社会主义的职业是多种多样的，各种具体职业形式的职业道德都有其特殊的内容和要求，近年来，伴随着人们对职业道德建设的重视，人们越来越感到仅有各行业的具体的职业道德规范是不够的，整个社会还需要一个各行各业都能共同遵守的基本的职业道德要求，以便在一个较高的层次上规范人们的职业行为，扭转各行业不正之风，维护人民群众的利益。社会主义职业道德的基本要求，即"爱岗敬业、诚实守信、办事公道、服务群众、奉献社会"。这是社会主义社会各行各业都必须遵循的统一的道德要求。

爱岗敬业。是社会主义职业道德的基础和核心。爱岗就是热爱自己的本职工作，把自己从事的工作视为体现生命价值存在的方式。敬业就是用一种真诚严肃的态度对待自己的工作，勤勤恳恳，兢兢业业，忠于职守，尽职尽责。真正的敬业来源于认识到自己工作的社会意义，形成内在的自尊和追求自我实现。爱岗是敬业的感情铺垫和前提，敬业是爱岗的逻辑推演和具体体现。只有对自己的工作注入无限热爱，敬业才有了心理基础和依托。敬业才能爱岗，爱自己的服务对象，才能忠于职守，乐于奉献。从业者如果不认同自己职业的价值和意义，甚至看不起自己的职业，就不可能树立敬业乐业精神。爱岗敬业的具体表现为乐业、勤业、精业。乐业，就是喜欢自己的专业，热爱自己的本职工作。勤业，就是勤奋学习专业，钻研自己的本职工作。精业，就是不断提高自己本职工作的技术、业务水平，精益求精，成为专家。爱岗敬业的通俗表达是：干一行，爱一行，钻一行，精一行。在社会主义社会里，每个职业岗位上的服务者，在别的岗位面前都是服务对象。职业分工在人格地位上都是平等的，不存在高低贵贱和根本利害冲突。因此，在个人发展同事业发展之间，在实现人生价值的目的与手段之间，完全可以在爱岗敬业中统一起来。

诚实守信。即诚实劳动，守信用，讲信誉，信义为重，信守承诺。诚信是职业态度的起码要求。就是在从业者与服务对象之间，在同行及行业之间，以诚相待，互相尊重，自尊尊人，不弄虚作假，不搞坑蒙拐骗。诚实守信在职业行动中最基本的就是诚实劳动，遵纪守法，在服务中严格履行合同契约，说到做到。诚实守信不仅是做人的准则，也是做事的原则。对于企事业单位来说，诚实守信有助于树立良好的信誉，塑造值得信赖的道德形象。在职业生活中，只有诚实地劳动和创造，襟怀坦荡，光明正大，诚以待人，讲究信誉，才能实现崇高的职业理想和人生境界，才能促进事业兴旺发达，达到为人民服务的目的。

办事公道。是一切从业者在职业生活中所必须遵循的普遍性道德要求，也是千百年来为人们所称道的职业道德。它要求人们待人处世要公正、公平。即对人对事出以公心，办事公正合理，平等待人，不能从私心杂念出发，不能以权谋私，以岗谋私，假公济私，损公肥私，化公为私。办事公道的基本道德要求是客观公正和照章办事。客观公正，即遇事从客观事实出发，并能做出客观、公正的判断和处理。照章办事，就是按照规章制度来对待所有的当事人，做到正直无私，不徇情枉法、不徇私枉法。办事公道要坚持原则，坚持原则是办事公道的集中体现，不徇私情，公开透明是办事公道的内在要求。只有不谋私利，不计个人得失，不怕各种权势，对一切不公道的事和人进行抵制和斗争，才能真正做到办事公道。

服务群众。是社会主义职业道德的本质要求和基本规范，它鲜明地表达了社会主义职业道德的宗旨和根本性质。"在社会主义社会，服务不再是少数精英分子的良心发现或某些官员的仁慈义举，服务是每个职业劳动者的责任和义务，是一切职业行为的本质。'服务群众'的历史意义正在于，它把服务的权力归还于民，使服务具有了普遍性、平等性，使其道德内涵真正得到了弘扬。"① 满足群众要求，尊重群众利益，这是社会主义职业道德的目标、指向和最终归宿。服务群众要求坚持群众观点，从群众的利益和需要出发，急群众之所急，想群众之所想，便利群众，倡导便民政策，使群众得到更多的实惠。

奉献社会。任何职业都有对社会、对他人做出奉献的责任与义务。奉献社会就是要自觉履行对社会、对他人的义务，努力地为社会、为他人做贡献。它既是职业道德的出发点又是其归宿。奉献社会，要以"三个有利于"即有利于社会主义社会生产力的发展，有利于综合国力的增强，有利于提高人民的生活水平，为满足社会需要，促进社会全面进步作出贡献，把经济效益与社会效益统一起来，把社会效益放在首位，促进社会协调发展。这是每种职业实现其特殊社会职能，体现其社会价值和意义的根本要求。

社会主义职业道德是一种高度社会化的角色道德和主体道德，具有直接面对公众的公共性和示范性；同时，它又是随着职业活动的实践产生和发展而产生和发展起来的，它把为人民服务确定为职业活动的出发点和归宿，并实现了个人利益、职业集体利益和社会整体利益的根本一致，同时也体现了公民与义务相统一的精神和"我为人人，人人为我"的原则，所以是人类历史上一种先进的职业道德类型。

三、社会主义职业道德建设的意义

社会主义职业道德建设是社会主义道德建设的重要领域和方面，对贯彻主流道德精神和价值导向，形成良好的行业新风和社会风气，有着不可忽视的作用。

职业生活是人类社会最基本的实践活动，人们正是通过各种职业活动来践行"为人民服务"的社会道德要求的。一定社会的职业道德水平，实质上就是这个社会精神文明程度和总体道德风貌的"窗口"，所以，加强职业道德建设尤为重要。

职业道德建设是从业人员有效履行其职责的重要条件。从业人员能不能正确行使权力，科学高效地开展职业活动，不仅取决于其能力大小，也取决于其职业道德水平的高低。没有职业道德的人是干不好工作的。职业道德是人事业成功的重要条件，每一个成功人士都具有优秀的职业道德。那些最伟大人物无一不是经过严格的职业训练，无一不是历尽千辛万苦才得以取得辉煌成就的。

---

① 罗国杰主编：《道德建设论》，283 页，长沙，湖南人民出版社，1997。

从业人员如果没有明确为公共利益服务、为人民服务的价值取向，没有实事求是、忠于职守的道德品质，就不会产生对他人、国家、社会的强烈义务感和责任心，更谈不上会执著地去成就一番真正的事业；如果没有认真负责、团结协作、积极主动的道德素养，也就不能充分发挥自己的能力，更不会形成强有力的工作集体，因而也就不能高效地开展工作。

职业道德建设是提高全民族思想道德素质的重要途径。人的职业道德品质反映出人的整体道德素质。人内在的根本的道德价值观念，在人的整个道德素质中，处在核心和主导的地位，它控制、导向、左右和调节着人在家庭、单位和公共场合的各种道德行为表现。因此，人在任何场合的惯常的道德行为表现都反映出这个人的基本道德价值观念。由此，我们也可以由一个人在单位里的道德行为表现——职业道德品质，推定这个人的整体道德素质水平。提高职业道德水平是人格升华的最重要的途径。提高全民族思想道德素质是社会主义精神文明的一项重要任务。人特别是成年人道德品质的形成和道德素质的提高，主要是在职业生活中，通过长期的职业道德教育和训练实现的。人的一生有1/3 的时间是在职业生活中度过的，职业活动不仅为从业人员个人道德品质的形成和完善提供了锻炼的时间，也为其提供了实践的场所，对于每一个从业人员来说，职业道德建设的功效，在于改变或进一步提高他们在学校生活阶段和少年生活阶段业已形成的道德认识，使他们的道德品质逐渐成熟，同时指导从业人员在各自的职业岗位上确立正确的生活目标，选择正确的生活道路，形成高尚的职业理想。因此，职业道德建设就成为提高个人道德觉悟，提高全民族思想道德素质的重要途径之一。

职业道德建设是改变社会风气的关键环节。生活中各种职业都以自己特定的职业活动方式与社会和他人发生着联系，有的是直接面对公众，如服务业等"窗口"行业，有的则是以其最终产品或服务间接地面对公众。职业行为的公共性决定了职业道德具有示范性的特点，一种可以面对公众的道德行为，本身就含有"当前社会认可的道德是怎样的"示范意义。因此，职业活动中的缺德行为必然会污染社会道德空气，败坏社会道德风尚。试想，在路风、警风、政风等行业不正之风的情况下，在工商、税务、商检等部门自身道德素质不高的情况下，在医德、商德、干部道德等职业道德低下的情况下，能有良好的社会风貌吗？反之，如各行业风气正，人们自身素质好，道德水准高，社会风尚又岂能不好！加强职业道德建设，树立良好的职业道德新风，使每个行业的从业人员都养成良好的职业行为和职业习惯，将会极大地促进社会风气的改观。

职业道德建设是社会主义市场经济运行的重要保证。市场经济是讲规则的经济，如果没有市场经济的规则，如果人们的行为毫无规范可言，那么可以肯定地说，市场经济必然是变形的，处于无序状态和混乱局面。规范人们市场活动的规则既包括各种法律、法规，也包括各行业的职业道德，在强调运用法制来规范人们的市场经济活动时，也必须辅之以职业道德。因为法制的完备总是相对的，再完备的法制也会存在着某些"空隙"和"疏漏"。如果人们没有良好的职业道德的自觉约束，那就会想方设法搞投机钻空子，利用法制的某些不完备去做各种损人利己的事情。而且任何法律、法规都是要人去执行的，如果没有树立起职业道德观念，就会有法不依，执法不严，违法不纠，甚至知法犯法，破坏社会主义市场经济运行的正常秩序。法律的外力强制只有与道德的自我约束相结合，才能发挥出它的最大效力。建立良好的职业道德，有利于把企业单纯谋利的动机上升到一种社会成就感和社会责任感，使职工单纯的经济行为上升为高尚的敬业精神，把利己的经营行为上升为互惠互利的经营行为，把安逸享乐意识上升为追求生活价值和生活意义的高尚精神。

第三节　社会公德

社会生活有三大领域：家庭生活、职业生活、社会公共生活，因此，与之对应的就有家庭美德、职业道德、社会公德。社会公德是社会道德体系的基础层次，是人类在长期公共生活实践中逐渐积累起来的最简单、最起码的道德准则及其社会成员的公共道德观念和情感、品质的综合化体现。社会公德水平的高低，可以衡量出一个社会最基本的文明程度和道德程度，折射出社会成员最基本的文明素养。大力倡导"文明礼貌、助人为乐、爱护公物、保护环境、遵纪守法"的社会公德，对于建设社会主义道德文明，推进社会主义现代化建设事业，无疑具有重大的意义和价值。

一、社会公德的性质与特点

作为社会的人，要在社会中生存与发展，就需要与他人相联系，产生共同的活动，形成公共生活。公共生活是相对于私人生活来说的，是指全体社会成员都可以介入的公共活动内容及其生活方式。公共生活的领域是社会公共场所。公共生活具有开放性、透明性、与他人和社会的关联性。在公共生活中，正因为个人的行为必定与他人发生直接或间接的关系，会影响到他人，人们在公共场所的行为才必须遵守相应的公共生活规范。

1. 社会公德的定义与特征

社会公德不同于一般的国民公德，它是社会公共生活（与家庭生活、职业生活相对应而言）的道德，是一种最基础或最低层次的大众道德。国民公德或公民道德是一定社会或国家对其国民或公民所提出的主要的道德要求。这些道德要求往往以立法的形式加以固定和推行。国民公德带有阶级、国家或社会制度的色彩，它往往与一定政治目标和主流意识形态联系在一起。近代梁启超在《新民说》中提出的"公德"即具有国民公德的意义，他说"公德者何？人群所以为群，国家所以为国，赖此德焉以成立者也"，"故公德盛者其群必盛，公德衰者其群必衰。公德者诚人类生存之基本哉"①。在梁启超看来，"公德"主要体现在爱国主义的观念，权利与义务观念以及利群观念等方面，并通过独立与合群、自由与制裁、自信与虚心、利己与爱他等关系的处理表现出来。1949年《中国人民政治协商会议共同纲要》将"五爱"视为国民公德的主要内容，并作为主流道德加以提倡。2001年《公民道德建设实施纲要》将"爱国守法，明礼诚信，团结友善，勤俭自强，敬业奉献"确立为新时期我国公民应遵循的基本道德规范。

社会公德是社会道德体系的基础层次，是人类在长期社会实践中逐渐积累起来的最简单、最起码的公共生活准则和一般道德要求。社会公德涵盖了人与人、人与社会、人与自然之间的关系。大略而言，可以将社会公德区分为公共角色道德、公共场所道德、公共交往道德和公共环境道德。公共角色道德是与职业角色道德和家庭角色道德比较而言的一种公共生活的角色道德，比如，不管是哪个阶层的人，不管是从事什么职业的人，到了公园就是"游客"，到了商店就是"顾客"，到了图书馆就是"读者"，到了电影院就是"观众"，到了火车、汽车、飞机上，就是"旅客"，应当扮演好这些公共角色，遵行角色道德的要求。公共场所道德与公共角色道德密切相关。如果说公共角色道德是主体自觉遵守公共场所道德的要求而形成的人员和身份道德，那么公共场所道德则从客体方面向人们提出了必须遵循的道德要求，人们一旦进入公共场所就必须遵循有关规定，都要遵守这些公共生活对其对象的要求，如果破坏了这些公共场所的行为准则，就会造成社会生活秩序的混乱。公共交往道德是社会主体自觉协调与自身之间、客体之间、交互主体之间的交往以不断改善彼此关系、促进共同发展的行为准则和规范体系。从主体角度讲，公共交往道德是确保主体人的本质充分实现、个性充分发展的自律性和自为性规范；从社会角度讲，公共交往道德是确保整体共同利益和主体间协调友善的普遍性和社会性规范。

---

① 王德峰选编：《梁启超文选·论中国国民之品格》，89页，上海，上海远东出版社，1995。

公共环境道德是指在处理人与自然关系中所应遵循的以热爱自然、保护环境为主要内容的行为规范和准则体系。

相对职业道德、家庭美德而言，社会公德具有以下特征：

（1）社会公德是一种低层次的最基本的道德要求。社会公德是社会道德体系的基础层次，是每个社会成员都应遵守的最起码的道德准则，是社会为维护公共生活而提出的最基本的道德要求。每一个社会成员都应当具备社会公德素养。那些反映了人类维护公共生活秩序愿望和要求的公共生活准则，不具有明显的阶级性，是对一个合格社会成员在道德上的起码标准和最一般的要求。人类共同的社会生活，要求社会中每个成员都要共同遵守公共生活准则，养成自我约束的道德规范，这就是社会公德。社会公德大多是生活经验的积累和风俗习惯的提炼，往往不需要作更多的说明就能被人们理解，如讲礼貌、讲卫生、讲秩序等就是基本的生活共识，"不随地吐痰""不乱穿马路"等公德规范，更是简捷明了。

（2）社会公德具有广泛的群众基础和最大的继承性。社会公德是全体社会成员都必须遵守的道德规范，具有最广泛的群众基础和适用范围。在人们的社会生活中，维护社会公德，就会得到群众的支持和赞扬；破坏社会公德，就会受到群众的反对和谴责。任何一个社会成员，无论具有何种身份、职业和地位，都必须在公共生活中遵守社会公德。社会公德不仅对社会全体成员都是必要的，而且需要社会全体成员共同维护和遵守。社会公德的内容具有最大的继承性。千百年来，人类在共同生活、相互交往的过程中，形成了共同遵守的公共生活基本准则。这些准则凝结着人类的道德智慧，是社会公德的重要组成部分。如在人际交往中尊重他人、信守诺言，在公共场合注重礼貌、相互谦让等，无论在什么社会条件下，都是人们在公共生活中应当遵守的基本准则。

（3）社会公德具有某种超功利性和非功利性。社会公德的适用对象是社会公共生活，而社会公共生活与履行公德的主体之间的利益关系并不直接，甚至有时必须牺牲主体利益来履行公德。不破坏公共财物，不破坏公共秩序，这对主体的利益并无损害，但也不见增加；而见义勇为、奉献社会的行为却是以牺牲个体利益为代价的，有时还得牺牲生命。履行公德的行为不如履行职业道德那样能带来经济效益，也不如履行家庭美德那样可以拥有一个和睦温暖的家庭。这也正是社会公德尽管简明、最基础却常又很难坚持和很难落到实处的内在因由。

此外，社会公德的行为是面向社会、面向公众、面向"陌生人"的，因此，一个人是否履行社会公德，社会对他的道德监督作用并不明显和具体。一个人履行了社会公德，并不能立即受到表扬和鼓励，一个人不履行社会公德，或者违反社会公德，也往往不是立即就会受到谴责。这也正是一些人往往遵循家庭美德、职业道德而不讲社会公德的缘故。社会公德行为对象的宽泛性带来监督舆论的弱化和赏罚的非直接化，说明了社会公德既容易遵循而又难于遵循的特质，这也从某种意义上彰显出了加强社会公德建设的必要性和紧迫性。

　　2. 社会公德与底线伦理

　　社会公德是每一个社会成员必须自觉遵守的最基本的道德规范，是人类基本良知的最低防线，是公民道德伦理的底线。公民道德建设的目标，是要"引导人们在遵守基本行为准则的基础上，追求更高的思想道德目标"。雨果在小说《悲惨世界》中指出："做一个圣人，那是特殊情形；做一个正直的人，那却是为人的常轨。"个人是否去"追求更高的思想道德目标"，能否达到大公无私、舍己为人的境界完全属于个人的信仰或精神追求，社会只能积极倡导而不能强求。如果有人追求道德崇高和圣洁，那他须从基本义务走向崇高，从履行自己的本分走向圣洁。

　　"底线伦理"是每一个社会成员都必须而且应该自觉遵守的最低限度的道德规范。德国哲学家阿多诺曾著《最低限度的道德》，认为我们虽然不能指出什么是正确的生活，但我们却能够认识什么是错误的生活；我们不能肯定什么是绝对的善，但我们却可以否定不道德的恶。基于此他提出了"最低限度的道德"的概念，并认为人类文明社会几千年积淀下来的、并得到人类各民族共同认可的"谦虚""责任"等道德准则就是人类社会必须坚持的最起码的道德底线，它的基本精神就是：我们应当不断地进行自省和自我反思，不盲目认为自己有理，他人无理，同时还要把这种反思的权利也给予他人。在阿多诺看来，最低限度的道德不像历史上某些道德论那样至善，它所规定的界限很宽，水准很低，但这个要求却是人类必须遵守、须臾不能离开的道德伦理的根基，它体现了维系人类存在所必需的最基本的规则和秩序。[①] 我国学者从普遍主义和基本义务角度来解说底线伦理，认为底线意味着一种普遍性，这种普遍性是"底线伦理"的题中必有之义。"基本义务"是指这种普遍主义的伦理不再把人们对"好的生活"或"至善理想"的价值追求纳入道德原则规范的范畴之内。底线伦理的这两个方面是相互联系、相辅相成的。底线伦理在道德约束的范围上比较普遍，在道德要求的程度上比较一般，但这并不意味着在"底线伦理"中

---

　　① 谢地坤：《道德哲学的问题》，见［德］阿多诺：《道德哲学的问题》，谢地坤等译，7～8 页，北京，人民出版社，2007。

就没有"崇高"。① 底线伦理是对人们最普遍的基本道德要求,你可以做不到舍己为人,但你不能损人利己;你可以不是圣贤,但你应该认同道义和人性;你攀升不到道德的最高境界,但道德最低下限你必须坚守,因为那是人类道德的最后屏障。我们应该倡导守住"底线"道德,让公民从最基本的社会公德做起,爱护公物,遵纪守法,文明礼貌,在此基础上,把"底线"与崇高结合起来,全面提高公民的思想道德素质。

二、社会主义社会公德的主要内容

社会主义社会公德是建立在社会主义经济基础之上、继承了历史上社会公德的优秀传统并以共产主义道德理想为前进方向的道德准则和价值导向系统。社会主义社会公德是以文明礼貌、助人为乐、爱护公物、保护环境、遵纪守法为主要内容的观念和行为准则体系,反映着社会主义精神文明和道德文明的内在要求,成为社会主义道德体系的重要组成部分。

1. 文明礼貌

文明礼貌是社会交往中必然的道德要求,是调整和规范人际关系的行为准则,与我们每个人的日常生活密切相关。文明礼貌是打开心扉的钥匙,是交流思想的窗口,是沟通感情的桥梁,它反映着一个人的道德修养,体现着一个民族的整体素质。我国是一个具有悠久历史的文明古国,素有礼仪之邦的美誉。《说文解字》中说:"礼,履也,所以事神致福也。"意思是说礼就是通过使用一定的器皿,按照一定的仪式来祭祀神灵以乞求福祉。可见,礼源于我们祖先祭祀神灵的原始仪式,并逐渐演化定型为以封建统治阶级的伦理道德观念为思想基础的政治制度和人际交往的礼节。礼的内容很丰富。从大的方面来看,有邦国之礼,治世之礼;从人际关系来看,有尊老敬长之礼,待人接物之礼;从个人角度来看,有仪态之礼、言谈举止之礼;从日常生活来看,有婚丧庆典之礼,等等。可以说从衣食住行到婚丧嫁娶,到治国安邦,礼无处不在、无时不有,成为历朝历代统治者维护社会秩序、规范人民行为举止的重要法宝。礼的核心内容是敬与让,敬是对他人人格和尊严的敬重,对社会上高尚道德行为的敬佩与敬慕,以及对价值(真善美圣)和价值目标的敬意和追求。让,即谦让、礼让,包含了人们在人我关系对待方面先人后己以及在个人利益与他人利益关系处理中将他人利益放在优先地位考虑等因素,它是尊重他人、敬重他人的具体体现。

---

① 何怀宏:《底线伦理的概念、含义与方法》,载《道德与文明》,2010(3)。

今天，倡导和普及文明礼貌，是继承和弘扬中华民族传统美德、提高人们道德素质的迫切需要，是尊重人、理解人、关心人、帮助人，形成团结互助、平等友爱、共同前进的新型人际关系的迫切需要，也是树立中国人良好国际形象的迫切需要。

2. 助人为乐

助人为乐是我国的传统美德，也是社会主义社会公德的基本内容和要求。我国自古就有"君子成人之美""与人为善""博施济众"等广为流传的格言，把帮助别人视为自己应做之事，看做自己的快乐，这是每个社会成员应有的社会公德，是有爱心的表现。马克思在《青年在选择职业时的考虑》一文中讲道："人只有为同时代人的完美、为他们的幸福而工作，自己才能达到完美。如果一个人只为自己劳动，他也许能够成为著名的学者、伟大的哲人、卓越的诗人，然而他永远不能成为完美的、真正伟大的人物。"[1] 在马克思看来，只有那些为大多数人带来幸福的人才是最幸福的人，历史把那些为人类谋利益的人称为最伟大的人物。一个人只有把为大多数人谋利益，为大家作出牺牲作为自己的人生理想和价值目标时，他才会享受到真正的快乐。助人为乐是社会主义社会人们应当遵守的最起码的道德规范，是为人民服务精神的直接体现。任何人都是社会的人，都不能脱离他人的帮助而存在，也不能脱离他人的关心而生活。人与人之间需要相互关心，相互帮助。助人为乐是一种高尚的文明行为，同志之间、同事之间、朋友之间、邻里之间、亲友之间，都应该有助人为乐、相互支持的高尚风格。

3. 爱护公物

爱护公物是社会公德的基本内容，对社会共同劳动成果的珍惜和爱护，是每个公民应该承担的社会责任和义务，这既显示出个人的道德修养水平，也是整个社会文明程度的重要标志。爱护公物要求公民要关心、爱护和保护国家财产，同一切破坏公共财物的行为作斗争，同一切浪费公共财物的行为作斗争。社会的公用设施得到妥善保护并保持良好状态，是使公共生活有序进行的基本保证，也有利于每个人的工作和生活。如果每个社会成员都能珍惜、爱护公物，就意味着全社会的公共财物能够物尽其用，用有所值。如果社会公共财物遭到破坏，社会利益就会受到损害。所以，每个有责任心的公民，都应当自觉爱护公共财物。

---

① [德]马克思：《青年在选择职业时的考虑》，见《马克思恩格斯全集》第 1 卷，459 页，北京，人民出版社，1995。

4. 保护环境

保护环境是社会主义社会公德的基本内容。保护环境主要是指保护自然环境，诸如水环境、大气环境、土壤环境、生态环境、矿产资源、动物资源等，也包括保护文物资源、文化资源、社会管理资源等人文环境。我们应当深刻认识到保护环境就是保护人类自己，就是保证子孙后代的幸福，树立"保护环境、人人有责"的观念，从自己做起，从身边的小事做起。保护环境，还要求我们改变不利于环境保护的生活方式和行为方式，培养符合环境道德要求的生活习惯和行为方式，如自觉节约能源，反对浪费，不乱倒垃圾、污水，不损坏各类环境卫生设施等。此外，还要积极参加绿化祖国的活动，自觉承担植树义务，爱护花草树木，保护绿化成果。

5. 遵纪守法

遵纪守法是维护公共生活秩序的重要条件，也是社会主义社会公德的最基本要求。对一个公民来说，是否自觉维护公共场所的秩序，纪律观念强不强，法制意识强不强，体现着他的精神道德风貌。遵纪守法同时也是保证社会健康、有序发展的基础。遵纪守法要求提高法律意识，增强法制观念，做到知法、懂法、守法、护法。要求严格遵守各项法律和纪律，不做任何违法违纪的事，将法律条文内容化作自己的自觉行动，使守法由"要我做"变成"我要做"。要求自觉遵守和维护公共秩序，如遵守交通规则，遵守乘客规则，购物、买票人多要排队，参观游览时爱护公共设施、保护文物，保持居住地环境整洁，不乱倒垃圾、乱堆物品，上下车扶助老、幼、弱者等。争做文明顾客、文明乘客、文明观众、文明游客、文明居民，使我们的社会秩序越来越好。要求坚决同一切违法违纪行为作斗争。对那些知法犯法、破坏社会秩序的少数"害群之马"，需要全体公民群起而攻之，同他们作坚决斗争，形成强大的社会舆论，让一切违纪违法现象没有市场。

三、社会公德的实践与养成

社会公德建设包含了实践和养成两大方面。社会公德建设重在实践，这种实践应以培养公民意识，弘扬公民精神为前提，注重建立健全各种规章制度，努力完善社会公德的教育机制、修养机制和评价机制。社会公德重在养成，重在把遵守社会公德的道德要求逐步转化为广大公民的道德习惯，这就需要广大公民树立自律观念，强化责任意识，形成从我做起，从现在做起，从小事做起的行为习惯。只有既重视行为实践，又重视习惯养成，才能真正推动社会公德建设深入持久地进行，并取得理想性的效果。

1. 我国当前社会公德的基本现状

我国社会公德建设取得了巨大成就。社会主义市场经济基础的发展使我国公共生活的领域进一步扩大，人们之间的交往更加频繁，一些新的社会公德规范和要求在实践中形成并被人们所接受。例如，人们在相互交往及公共场所活动时更注意礼仪规范，更加注意言谈举止得体大方；一些行为礼仪越来越为人们了解、接受并逐渐成为习惯；热爱自然、保护环境的公德意识越来越深入人心，人们对待自然的态度和行为方式发生了重大变化，等等。

各种形式的社会公德建设实践活动蓬勃开展。从20世纪50年代以"五爱"为主要内容的道德教育，20世纪60年代起在全国掀起"学雷锋活动"，20世纪80年代实行的"五讲四美三热爱"群众性精神文明创建活动，到20世纪90年代及以后，以"讲文明树新风"为主题的创建文明城市、文明村镇、文明行业等活动，都成为社会公德建设的良好载体，使人们通过亲身参与和体验增强了践行社会公德的自觉性。

当前，我国遵守社会公德的状况，总体是好的，但也存在着一些不尽如人意甚至令人忧虑的现象。

第一，一些人的社会公德观念比较淡薄，如肆意破坏公共设施，认为公共设施不是自己的私有财产，不必用心爱护，甚至将公共设施作为发泄情绪的对象。有的人丧失了起码的公共卫生和清洁的习惯与准则，对公共生活环境不予保护，随意损害。相反，对个人生活的空间却十分重视，为了整洁和舒适，不惜投入巨额资金，追求私生活的优越环境。这种巨大的反差，足以证明社会公德观念的淡薄程度。

第二，社会公共生活领域中的规章、制度、公约等不能得到普遍遵守。尽管各级政府、基层群众性组织、社会团体为了维护公共生活秩序的健康发展，制定了各种规章、制度、文明公约、乡规民约等，但其约束程度仍然有限，执行的效果仍不尽如人意，有些人视规章、制度、公约为儿戏，我行我素，不以为然，使得对公众有益的规章、公约成了摆设，难以发挥其应有的制约作用。

第三，对陌生人警惕，冷漠有余，关心、帮助不足，对与自己有亲情、友情的人，方可投入十分的热心，肯于关心和帮助。

第四，在人与人之间的交往上缺乏基本的诚信，只要对自己有利，就不顾及对方的权利，就可以违反契约、承诺、规则，交往中的结果往往是诚实的人成了被利用的对象，正当利益受到侵害，不诚实的人往往从中渔利，获得不正当的利益，诚实的道德价值自然得不到普遍的认可。

第五，在人与人交往中的礼仪规范受到明显的忽视，尊重他人的基本礼仪规范未能在日常生活中得到充分的展现，有人甚至以礼仪是一种道德虚伪为由，否定礼仪的道德价值，以粗鲁无礼为荣，表现出道德修养的缺失、对他人的不尊重。

2. 培育公民意识与增强公德观念

在现代社会，公民通常指具有平等人格和权利的个人。公民必须讲公德。你是一个领导者或国家的公务员，就要全心全意地为人民服务，干好自己的政务；你是一个公民，就要遵守法纪，尽劳动的本分，尽纳税的本分，尽保卫国家的本分；你是一个职工就要把自己的工作做得尽善尽美，等等，每一个人都干好自己的本职工作，我们这个社会必将变得更加美好。

公民意识、公共精神、公共文明是衡量一个国家公民素质高低和社会风气是否优良的重要杠杆。从公民意识到公共精神再到公共行为文明是社会公德建设的基本视角，也是建设现代公共文明的基本视角。增强公民意识是大力弘扬社会公德、建设现代公共文明的前提和基础；培育公共精神是大力弘扬社会公德、建设现代公共文明的关键和核心；养成公共行为习惯是大力弘扬社会公德、建设现代公共文明的目标和愿景。

从内在的意义上讲，公民的公德意识可分为"积极的"和"消极的"两种。所谓"消极的公德意识"，是指公民在特定的时间与地点，能够约束自己，遵守社会公德而不致违反社会公德。它具有迫于某种外在压力、非自觉性和非习惯性的特点，因而是一种浅层次的公德意识。而所谓"积极的公德意识"，则是指公民在任何时间、任何场合都能自觉地遵守社会公德，而且能积极地与违反公德的行为作斗争，它体现为高度的自觉性、习惯性和责任感，是一种高层次的公德意识。

一般来说，公民"消极的公德意识"比较容易培养和形成。因为大多数人都有荣辱心和从众心理，所以在特定的时间和场合，在大庭广众之下，要做到文明、卫生、礼貌、整洁等并不难。因此，它比较容易收到成果，而且这成果有时还是"十分显著的"。但是，有识之士绝不会为此欣喜不已，就此满足。须知，这种靠外在压力，靠公民"消极的公德意识"取得的成果并不是稳固的，一旦活动有所松懈，规章制度超越了既定时空，结果会大不相同，相去甚远。那么，解决问题的关键在哪里呢？我们认为，关键是要培养并提高公民"积极的公德意识"。它要求每个公民时刻铭记自己是生活在社会群体之中的，克服自私自利思想，努力提高文明素质，久而久之便会养成遵守社会公德的自觉性。过去，中国人在人际交往之中讲究一种差序格局，即按血缘、亲缘、地缘等讲究远近、亲疏有别，对熟人、朋友或老乡与对陌生人奉行不同的处事规则。所谓"与人为善"，多指在熟人圈子里，而对陌生人，一些人"与人为善"的动机则可能大大削弱。而社会公德意识的核心，强调的则是超越眼前、个人利益之上的为公意识，是无须旁人监视下的自觉自愿，即一种"慎独"的境界。说到深处，公德意识体现的是一种渗透到人的血脉的教养。到那时，越来越多的人的"积极的公德意识"养成了，就可以产生强大的社会感召力，形成一种广泛的社会监督氛围，都能对极少数有违社会公德的行为作斗争，从而推动全体公民公德意识的提高，使整个社会的精神文明建设向着更高的目标前进。

3. 践行公德规范与完善公德机制

社会公德的培植是一个渐进的、长期的、润物细无声的过程，但它又不是自发生成的。它不仅需要社会舆论的积极引导，同时也离不开相关制度的保障。激励起每一个公民心中向善的热情与欲望，应该是一个和谐社会的内在品质。努力培养社会公德意识，树立遵守社会公德的良好形象，争做践行社会公德的模范，以实际行动推动我国社会公德建设。

（1）从小事做起，践行社会公德规范。社会公德所规范的行为包括社会公共生活中最微小的行为细节，这些细节极容易被人们忽略，而它一旦被社会群体中的大多数人所忽视，往往就可能形成不良的社会风气。因此，社会公德意识要在点点滴滴的日常小事中培养，"合抱之木，生于毫末。九层之台，起于累土"。勿以善小而不为，公德建设正是应该从一点一滴小事做起，人们只有遵守了最基本的道德规范，具备了最基本的道德品质，才有可能向更高的道德目标攀登。一个人如果不能达到起码的道德要求，要想让他成为道德上的"圣人"是根本不可能的。社会公德所规范的行为包括社会公共生活中最微小的细节，这些细节极容易被单个社会个体所忽视，而它一旦被社会群体中的大多数所忽视，形成不良的社会风气，就会造成如污染环境，破坏公物，不维护社会公共生活秩序，扰乱人们日常生活，甚至更为严重的后果。可见，社会公德教育必须也只能从小事抓起。

（2）完善社会公德的创建机制，充分发挥典型示范的作用。以"讲文明树新风"为主题的创建文明城市、文明村镇、文明行业活动，各级党政机关开展的争先创优、依法行政、公正执法、做人民满意公务员活动，以及社会各界组织的"希望工程""送温暖""志愿者""手拉手""幸福工程""春蕾计划""扶残助残"等公益活动，是社会公德建设的有益尝试，需要在实践中总结并将其制度化、规范化，完善社会公德的创建机制，形成全社会广泛参与、共建共享的局面。

(3) 完善社会公共生活的制度建设，控制公共生活中的失范行为。在一个社会、一个国家范围内，人们的思想文化、道德水平的层次性、差别性必然存在。因此，完善公共生活中的制度建设，控制失范行为，尤为关键。制度的强制性控制作用在维护公共生活正常秩序方面能发挥重要作用。如我们常见的违反公德的罚款规定，公共场所的管理细则规定等就很好地发挥了规范公众行为的作用。但随着现代社会公共生活领域的扩大，公共生活制度建设滞后的现象也日益严重。如原有的制度对公共场所中公众行为的规范多，而对公职服务人员行为的规定就不严格；涉及一些公共新场所的制度未能及时出台，等等，都需要我们加强对公德制度的建设。制度的控制性作用最终服务于提高公民的社会公德意识。用制度来强制性规范人们的行为，并不是公德建设的最终目标，以制度为必要的辅助性手段，通过调控人们的行为，进而培养公民的公德意识，才是其落脚点。

此外，完善社会公共生活设施建设，为社会公德提供物质基础。社会公德水平取决于社会经济发展的整体状况，其中一个重要的表现即能否为社会公共生活提供完备的设施。

【思考与练习】

1. 什么是爱情？爱情的基本特征有哪些？恋爱道德的要求是什么？

2. 社会主义婚姻道德的基本规范和要求何在？

3. 社会主义职业道德的主要规范有哪些？怎样认识和加强职业道德建设的重大意义？

4. 社会公德的基本特点有哪些？怎样加强社会主义社会公德建设？

第九章　德心、德行、德性与道德人格

社会道德的外在规范如何内化为个人的德心，显现为德行，进而形成德性，凝聚为道德人格？这是由规范伦理转化为德性伦理或实践伦理的核心问题，也构成了我们对伦理道德研究从理论走向实践、从静态走向动态的关键所在。在化规范为德心、化德心为德行，化德行为德性，最后形成道德人格的过程中，个体道德的自律和主体意识不断彰显，精神境界得以提升，从而为践履社会道德原则规范并使之发挥应有的作用奠定了基础。个体道德从其结构上讲是德心、德行和德性以及道德人格的完整统一。德心是对道德的认识、体验及其由此所形成的道德心理，包括道德意识、道德情感和道德意志等因素。德行是具体的道德行为及其选择，"德行"是"德心"的外化形式，"德性"是"德行"的积累。德性是个体在道德活动中表现出来的优秀特征和品格，具有稳定一贯的特点。德性与道德人格密不可分。从某种意义上说，德性的方向化组合与整体集结即形成道德人格。道德人格是道德品格的集中彰显和有效推进，体现着道德品格的特质、力量和要求。

第一节　道德心理

道德心理，亦称"德心"，是指人们在长期的道德实践过程中形成的对道德的认识、感受与选择能力，是一种来源于道德行为并能指导和支配道德行为的心理意识和价值观念。中国古代的孟子认为性在于心，为人之性的仁义礼智四端，都蕴藏于人的心中，"君子所性，仁义礼智根于心"。性根植于人心，尽心则能知性，"尽其心者，知其性也，知其性则知天矣"[1]。北宋张载提出"心统性情"的命题，指出"合性与知觉，有心之名"。南宋朱熹承此说，指出："心主于身，其所以为体者，性也；所以为用者，情也，是以贯乎动静而无不在焉。"[2] 又说：

---

① 《孟子·尽心上》，见《四书五经》，111 页，北京，中华书局，2009。

② （南宋）朱熹：《答何叔京二十九》，见《朱文公文集》卷四十。参见陈来：《宋明理学》，189 页，北京，生活·读书·新知三联书店，2011。

"性者心之理也，情者心之用也，心者性情之主也。"① 宋儒的"心性之学"涉及道德心理问题。在西方，20 世纪以来，以皮亚杰、弗洛伊德、马斯洛、科尔伯格等为代表的学者致力于道德心理的研究，逐步发展起了一门以研究道德心理为主要内容的道德心理学。我国自改革开放以来道德心理也成为伦理学研究中一个十分重要且取得重大成果的领域。

一、道德心理概说

道德心理，简称"德心"，是个体对道德的体认、感受、思考、反省等的综合体现，反映着人们的道德价值观与人生观，也是形成德性的基础并表现为德行的支点，是成就道德人格的心理依托。

西方对道德心理现象的探究可上溯至古希腊的柏拉图、亚里士多德等人，中世纪的基督教伦理学从宗教信仰的角度对基督徒的道德心理做了深入研究，以康德、黑格尔为代表的近代伦理学家侧重于从理性本质层面探讨道德心理问题。真正现代意义上的道德心理学研究则首推弗洛伊德，他从精神分析的角度探讨了本我、自我、超我之间的关系，认为人格由本我、自我和超我组成，本我在人格结构中处于主导地位，由先天的本能和原始的欲望组成，按"快乐原则"行事；自我由本我派生而来，是人格中理智的、现实的成分，按"现实原则"行事；超我处于人格的顶层，是内化的"自我理想"与"良心"，按"道德原则"行事，以限制本我种种非理性的冲动。他通过对隐含于人格结构中的心理机制的研究，深入说明了人类心理疾病的根源，指出本能冲动是人类的罪恶之源，人类文明的生成过程就是在作为道德理想的"超我"的引领下实现"自我"对"本我"欲望的压抑。人的心理健康离不开道德力量的控制。与弗氏将性本能视为人类行为的根本动力不同，阿德勒用"追求优越""自卑与补偿""社会兴趣"等概念描述人类行为的目标与动力特征，并认为有无"社会兴趣"——一种与他人和谐相处、建立美好社会的先天需要，是衡量个体心理是否健康的主要标准。而"社会兴趣"本身就包含了丰富的伦理内涵。

马斯洛的动机—需要理论，则从人的生理需要、安全需要、归属需要、自尊需要、自我实现需要五个层面为道德心理学的发展提供了一个值得参照的图式，极大地丰富了有关人类道德行为价值的解释。瑞士著名心理学家皮亚杰从儿童道德思维发展的阶段性出发，深入分析了儿童道德经验的主体建构过程，揭示了儿童道德发展经由前道德到他律道德再到自律道德的发展历程，创立了

---

① 朱熹：《元亨利贞说》，见《朱子文集》卷六十七。参见陈来：《宋明理学》，189页，北京，生活·读书·新知三联书店，2011。

儿童道德认知发展阶段理论。美国心理学家科尔伯格进一步丰富、充实了皮亚杰的研究成果，提出了著名的"三水平六阶段"道德认知发展理论，建构了一套完整、系统的儿童道德认知发展理论模式。

20世纪下半叶，道德心理学对人的心理健康特别是道德健康十分关注，不仅提出了道德健康的概念，而且赋予道德健康以道德心理的动力功能和导引功能。从人的健康的整体论视角来看，人的心理健康绝不是独立于人的整体健康之外的，它与人的躯体健康、道德健康、社会适应之间始终处于有机的、复杂的联系之中，各个部分虽然有一定的独立性，但这种独立性是相对的、有条件的，本质上它们之间是相互包含、相互影响、相互制约的关系。人的心理健康与否，归根到底是与人的道德健康紧密联系的。一个道德健康的人，他的需要以及满足需要的方式必然是符合道德的。而一个道德不健康的人，他的需要以及满足的方式必然也是不符合道德的。由此可见，心理健康的内在前提就是道德健康。道德健康不仅与心理健康不可分割，而且还是心理健康的内在前提。

二、道德认识与道德智慧

道德是个人在社会生活中通过认识人际关系或接受社会现成的道德规范的结果。一个人只有形成了道德认识，懂得什么是善与恶，知道应该怎样行动，为什么要这样行动，才会自觉地产生相应的道德行为。

道德认识是对道德现象、道德关系、道德原则和规范的认识，包括道德经验的积累，道德价值概念的形成，道德理论知识的学习，道德判断力的提高、道德信念的确立、道德推理能力的发展诸环节。道德认识既是对道德知识的了解或掌握，也是运用这些道德观念去分析道德情境，对人对事作出是非、善恶等道德判断和评价。

道德认识是人对社会道德现象的一般的、本质特征的反映，有一个从感性道德表象的积累到道德知识的理解、道德观念的形成的发展过程。感性道德表象是指由直接道德经验所形成的对道德规范的感性认识。它是形成道德概念的基础。早期道德经验的积累所形成的感性道德表象，对一个人的品德发展影响很大。感性道德表象不是对道德规范的一般的、本质特征的反映，还需要经过道德知识学习，理解道德规范的实质，才能形成正确的道德概念。

道德智慧需要道德知识的支撑，但是，道德智慧不等同于道德知识，也不是所有的知识都可能产生智慧。没有智慧引领的道德知识是肤浅的，缺少智慧的道德教育是苍白无力的。智慧是指对事物能认识、辨析、判断处理和发明创造的能力，是一种认识事物、分析事物、判断事物并在实践中遵循事物规律，实现行为目的的能力。道德智慧是从道德领域的角度对传统智力概念的革命性建构，是对生命内在质量的尝试性把握和描述。它是建立在普遍智慧基础之上的一种具体智慧。所谓"道德智慧"也就是人们运用道德知识、道德经验和能力对自己和他人、社会、自然关系的积极的道德审视，并对他人、社会、自然给予历史的、未来的多种可能性关系的明智的判断和选择。[①] 道德智慧源于道德生活实践，又超越具体的道德生活，透视并把握道德生活的实质，形成一种日趋稳定的道德智慧结构。

"道德智慧体现着人的本质。"[②] 道德智慧是道德主体在各种复杂情感、复合经验的作用下对道德原则规范和道德理论进行判断、择取、整合、内化并在道德生活中加以运用的能力，它是对生活本身规则的总结，是一种令人愉快的处事艺术和生活智慧。道德智慧引导着个体的道德行为，即每一外显的道德行为都隐含着个体的道德智慧。道德智慧不表现在投机钻营的技巧和权衡得失的"聪明"上，它是一种大智大睿，是一种最大限度地完善自己和他人的品德的能力，是一种把握隐藏在纷繁复杂现象之间的道德必然性的本领。当一个人具有较高的道德智慧时，就会在处理人与人、人与社会和人与自然的各种利益关系，尤其是面对很难的道德抉择时，表现出一种平淡恬静、从容自如的睿智。有较高道德智慧的人，往往站得高，看得远，为了实现更高的道德目标，不惜牺牲眼前的利益，因此，在一般人看来似乎愚不可及，实为"大智若愚"。道德智慧既可从日常生活中把握道德的规律，又能将自己对道德的认识转化为道德实践活动。[③] 道德智慧，指向人的生存和道德自由，指向人的道德生命的生长，让人热爱生活，热爱人类，让人懂得感激，追求崇高，充溢着一种幸福感和责任感。高水平的道德智慧可以使人成为道德完善的人。

三、道德情感及其类型

道德情感，是指在一定的道德认识指导下，一定的道德主体在道德实践中产生的对道德客体或其他主体的一种爱憎好恶的情绪反应和内心体验。道德情感是伴随着道德认识所产生的一种内心体验，是人在心理上所产生的对某种道德义务的爱慕或憎恨、喜好或厌恶等情感体验。道德情感在内容上是极其丰富多样的，如责任感、义务感、集体荣誉感、爱国主义和国际主义情感、自尊感，等等。

---

① 张茂聪：《道德智慧——道德教育的核心和灵魂》，载《教育研究》，2005（11）。

② 吴安春：《回归道德智慧——转型期的道德教育与教师》，9页，北京，教育科学出版社，2004。

③ 李桂英：《论道德智慧》，载《学前教育专业》，2006（4）。

　　道德情感区别于美感、理智感等社会情感的地方在于，它是对一定道德原则规范的体认与感受，是对一定道德价值的感知与把握，表现了人们对良善生活和优秀品格的倾慕与向往。道德情感具有动力功能、感染功能、调节功能、信号功能以及激励机制功能，它一般表现为同情、羞耻、尊重、自尊等形式，其中，同情心是最基本的道德情感，羞耻心是人格的衡量标尺，尊重与责任感相联系，自尊与荣誉感相关联。亚当·斯密认为，同情是一种基于想象的、视他人痛苦为自己痛苦的高级情感，这种情感是一切道德行为产生的前提，也是人的本性所具有的，"无论人们会认为某人怎样自私，这个人的天赋中总是明显地存在着这样一些本性，这些本性使他关心别人的命运，把别人的幸福看成是自己的事情，虽然他除了看到别人幸福而感到高兴以外，一无所得。这种本性就是怜悯或同情，就是当我们看到或逼真地想象到他人的不幸遭遇时所产生的感情"①。同情作为人类原初的道德感情就是把自己和别人等同起来，使自己分有别人的感觉、情绪或感情，或者说是使人们设身处地，并同他人分担由环境所激发起来的感情的人类天性。同情"通过想象，我们设身处地地想到自己忍受着所有同样的痛苦，我们似乎进入了他的躯体，在一定程度上同他像是一个人，因而形成关于他的感觉的某些想法"②，形成与被同情者的"情感共鸣"。情感共鸣使人们跳出狭隘的自我圈子，将自己与他人、与社会生活有机地联系起来，不仅找到了"人同此心"的共同感情，而且嫁接起主体与他人之间心灵的桥梁和道德关系的纽带，成为人们道德行为的原动力，并促进人们在道德上共同进步。羞耻心也是一种重要的道德情感。羞耻心是一种以自尊心为基础的自己对自己不良道德行为感到内疚、惭愧、汗颜和难过的道德情感。孟子指出："羞恶之心，义之端也。"有了羞耻的心，就知道自己应该做什么不该做什么了。孟子又说："人不可以无耻，无耻之耻，无耻矣。"人不可以没有羞耻之心，没有羞耻之心的无耻是最大的无耻。人如果没有羞耻心，干什么都无所谓，久而久之，人就会沦为衣冠禽兽，就会导致一系列祸败乱亡事件的发生。此即"不耻则无所不为。人而如此，则祸败乱亡，亦无所不至"。

　　道德情感可以区分为积极的道德情感和消极的道德情感。积极的道德情感是指一个人做了符合道德的事情后所产生的踏实、满足、喜悦、自尊和崇高感。消极的道德情感是指一个人做了违反道德的事情后所产生的不安、自责、内疚、紧张、担心或道德焦虑。道德焦虑是让人采取道德行为并避免不道德行

---

① ［英］亚当·斯密：《道德情操论》，蒋自强等译，5页，北京，商务印书馆，1997。
② 同上书，6页。

为的最关键因素。例如，当一个人要做违背良知的事情时，如果他具备适度的道德焦虑，他就会有担心、害怕、不安、自责等情绪反应，而这一系列负性情绪反应便足以产生约束作用，使其在采取不道德行为之前终止行动。但是他的道德焦虑不足以及时控制自己的不道德行为，那么事后他就要付出许多心理上的代价，如不安、紧张、自责、悔恨等。为了降低这种心理上的不舒服感，他就会为自己的劣行或过失找出种种理由以安慰自己的良知，或者做很多好事以弥补所犯的过失或心理的愧疚。

道德情感是个人道德行为的内部动力之一。不管道德生活如何复杂，也不管人的道德水准达到何种程度，人的道德行为和道德实践始终与道德情感联系在一起并且受道德情感的深刻影响的。因此，如何陶铸道德情感始终是个体道德培育的重要任务。

四、道德意志与道德信念

道德意志是指人们在履行道德义务或决定道德行为的过程中自觉、自愿地作出抉择所表现出的克服困难的顽强力量和坚持精神，是在自觉执行道德义务的过程中，克服所遇到的困难和障碍时所表现出来的意志品质。道德意志表现为人利用意识的能动作用，通过理智的权衡去解决道德生活中的动机冲突并采取相应的行动。对符合道德规范的动机，自觉地、坚决果断地付诸行动；对不符合规范的动机则自觉地、果断地抑制，表现为坚强的自制力。"没有完全意志力的人，不可能获得足够的力量去达到自己的目的。"① 道德意志在道德动机转化为道德行为的过程中，起着十分重要的作用。道德意志既受道德认识和道德信念的影响，又反映了道德认识的深浅和道德信念的强弱。当人们把道德要求变为个人的行为原则，并坚信其正确性和正义性时，就会在内心形成一种坚定不移地实现道德义务的信念和实现某种目的的精神力量。

道德信念是坚信道德规范的正确性并伴有情绪色彩与动力性的道德观念，是与道德情感、道德行为紧密联系的一种坚定的道德观。道德信念是道德认识高度发展的结果，是道德动机较高级的形式，是道德认识转化为道德行为的强大动力，是品德形成的关键因素。

道德信念的形成离不开道德意志。当人们的道德认识建立在牢固坚实的基础上，并具备了炽热的道德情感、顽强的道德意志时，就形成了坚定的道德信念。道德信念是道德认识的最高表现形式，是道德认识、道德情感和道德意志

---

① ［英］斯迈尔斯：《品格的力量》，宋景堂等译，197～198页，北京，北京图书馆出版社，1999。

三者的"结晶",是品德内化的标志。一个人形成道德信念后,就可以从自己的社会义务和社会责任出发,有效地实行道德的自我控制,独立地给自己规定职责,要求履行这些职责,并对自己的行为做出自我评价。

道德认识、道德情感和道德意志三种心理成分是彼此联系、互相促进的。其中,道德认识是基础,是道德情感和道德意识产生的依据,并对道德行为具有定向调节的作用,道德情感与道德意志是构成道德动机和道德信念的重要组成部分,是道德认识向道德行为过渡的中间环节。

第二节　道德行为

"道德心理"的积淀和外在表现,形成"道德行为"。道德行为,亦称德行,是道德认识、道德情感和道德意志的外在具体表现,又凝结为比较稳定、持久的"德性",构成道德人格的基座。一个人的道德行为整体表现其道德品质状况,一个社会的前提或绝大多数成员所共有的道德行为体现该社会总的道德风尚。

一、道德行为的含义与特征

一切具有善恶价值并应承担道德责任的个人活动即道德行为。它受一定社会条件制约并具有某种社会倾向,是人们按照一定道德原则和规范,在个人利益与他人利益、个人利益与社会整体利益关系上,从个人意志出发自主选择的行为。

1. 什么是道德行为

道德行为,亦称"德行",是指在一定的道德意识支配下表现出来的对待他人和社会的有道德意义的活动。它是人的道德认识或道德心理的外在具体表现,是实现道德动机的手段,是与"非道德行为"相对而言的。包括道德的行为和不道德的行为两大类。所谓"道德的行为",亦称"善行",是指出自善良动机,对他人和社会有利的行为;所谓"不道德的行为",亦称"恶行",是指出自非善或邪恶的动机,不利于或危害他人和社会的行为。

道德的行为和不道德的行为不仅存在着质的不同,而且存在着量上的差异。这就要求人们在进行道德行为研究时,既要注重定性研究,又要注重定量分析。一般说来,道德的行为在量上的差别表现为好、比较好、最好,可以表述为正当、良好、高尚这三个概念;不道德的行为在量上也可分为不好、比较不好、最不好,可以用不正、较恶、极恶加以反映。因此,人们评价某一道德行为，一方面要在性质上予以确定，划分出是道德的行为还是不道德的行为；另一方面又要在数量上予以分析，区分出道德的行为的价值量或不道德的行为的价值量。既不能把一个善行误认为是恶行，也不能把一个正当的善行过高地评价为高尚的善行，或者把一个极恶的恶行过低地评价为不正的恶行。

2. 道德行为的特征

道德行为，是指在一定的道德意识支配下，由行为主体自觉选择而发生的有利于或有害于他人或社会的行为。它具有以下几个方面的基本特征：

（1）道德行为具有自知性。自知性是指行为者知道自己行为的性质、意义和价值，也指行为者在行为之前就有对人我、己群关系的自觉认识，知道自己行为于他人、社会的影响及其后果。道德行为一定出于对他人和社会利益的某种自觉的态度。没有这种自觉态度，就不能构成道德行为。

（2）道德行为具有自主性。自主性是指行为者依据自知性而自觉自愿的行为，是发自内心而并非出于强制的行为。因此，道德行为是主体精神的自律，是自己为自己立法，是意志自由的行为。

（3）道德行为具有自择性。道德行为必须是行为主体根据自己的意志做出的选择，是行为主体对如何处理利益关系的自愿选择的结果。只有基于行为主体的意志，经过自愿的选择而做出的行为，才具有道德意义，负有道德责任。反之，如果与主体意志无关，或在不可抗拒的外力强制下，行为主体无法控制或无能为力，在这种情况下行为主体的行为就不具有道德意义，不能进行善恶道德评价。因此，道德行为必须是自愿选择的行为。

（4）道德行为具有利益相关性。在社会生活中，只有涉及他人和社会利益的行为，才具有道德意义；与他人和社会利益无关的行为，则无所谓道德与不道德，不构成道德行为。因此，是否同他人或社会发生了有利或有害的关系，对其造成有利或有害的影响，是区分道德行为与非道德行为的主要依据。

二、道德行为的冲突与选择

道德行为的选择是人们道德活动的一种形式，是人们在遇到各种社会矛盾时，按照自己的道德信念和道德标准，作出或者符合社会的，或者符合自己的道德原则的行为决定。一个人选择什么样的道德行为总是受自己的道德标准、道德原则等道德观念支配的。道德作为调整人们相互之间以及个人与社会集体之间的行为规范和价值准则，其核心就是利他，即为了他人的利益而行动。道德行为应是每一个人的理性选择。

1. 道德冲突的定义与类型

道德冲突，又叫做"两难处境"或"两难选择"，指在道德行为选择中因价值观和价值量的不同而发生的善恶矛盾和对立状态。即行为者面临这样一个处境：不同道德原则和道德规范对同一行为提出不同的要求，迫使行为主体在两者之间做出抉择。此时此地，行为者不能同时遵守两者的要求，必须为执行某个道德原则或规范而放弃另一道德原则或规范，为了实现某种道德价值而牺牲另一种道德价值。

道德冲突包括同一社会不同道德价值体系之间的对立冲突和同一道德价值体系内部不同价值量之间的冲突两种形式。前者表现为善与恶、正与邪的冲突，后者则表现为大善与小善、高层次的义务与低层次的义务之间的冲突。在社会道德生活中，除了占主导地位的统治阶级的道德体系外，还会存在各个阶级的道德体系和历史上遗留下来的各种道德传统和习惯。这些道德在本质上是对立的，在内容要求上也是互不相容的，它们同时作用于人们的道德选择过程。要求人们在不同道德价值之间进行取舍。即使在同一道德体系内部，往往存在着由低到高不同层次的道德要求，这些要求在本质上是一致的，但在特定情境中又会出现矛盾，这就要求人们在大善与小善之间进行取舍，从而构成了道德冲突。

道德冲突并不是指道德要求本身的冲突，而是指行为者在具体情境下难以同时践履多种道德要求时出现的困境，这种困境又可以称为"准则冲突"。所谓"准则"是主观化了的原则。当道德原则被个体认可、接受了之后，就会转化成他的准则。一个人总会形成各种准则，在具体情境下，不同准则的要求会令他无所适从，出现了准则冲突。但正是在解决冲突的过程中，个体的道德能力得到锻炼，道德水平也得到了提高。

人们在现实生活中常常遇到这种情况：一种行为符合某种准则，可同时又违反了另一准则。这就要求道德主体在相互冲突的准则之间进行自主的选择，亦即选取其中一个准则，舍弃另一个准则，从而实现自己所追求的某种道德目的。当几种道德价值不可兼得而又必须做出选择时，道德主体往往处于一种非常为难的窘境。人一方面可以自主选择；另一方面又必须对选择负责，这样，伴随着道德冲突中的自主选择，道德主体的内心常常会体验到种种难言的孤独、焦虑、不安和痛苦。

从行为价值目标的角度看，准则冲突可分为：其一，由于社会历史条件或自身条件的限制而导致的个人在价值目标选择上的困境。自由、尊严、富足、事业、爱情、家庭、友谊等都是构成幸福人生的要素，缺少任何一项，都将带来人生的缺憾。然而它们常常不可兼得，我们不得不在这些都值得追求的目标之间作出痛苦的取舍。其二，在生活中经常会发生利益选择上的困境。由于社会历史条件的限制，个人与个人、个人与集体、个人与国家之间经常发生利益冲突，个人的长远利益与眼前利益也时有冲突。其三，基本道德原则之间发生尖锐冲突。如忠孝不能两全。其四，面对强大的邪恶势力，生命价值与自由、尊严以及其他信念之间发生尖锐冲突。这种冲突使人面临最严峻、最残酷的选择：维持信念必须以舍弃生命为代价，选择生命则必须以背弃人之为人最宝贵的东西为代价，等等。

人的道德成长是在不断解决道德冲突的过程中逐步实现的。真实的道德冲突对人们提出明确的道德行为方面的要求，对他们的切身利益提出明确的挑战。道德冲突的解决，要求人们有明确的善恶观念和较强的选择能力，能遵循一定的价值次序和价值等级，做到"两利相权取其大，两害相权取其轻"。

2. 道德行为选择中的必然与自由

道德行为选择，是人们在一定道德意识支配下，在善恶之间、不同道德价值之间进行取舍的一种特殊的道德活动。道德行为选择是一种价值取向，是人们为达到某一道德目标而主动作出的取舍；它把主体内在的价值观念、道德品质等以心理活动和行为活动的形式呈现出来；道德行为选择渗透于人类道德的一切领域，不仅包括行为动机、意图、目的的选择，而且包括行为的方式、过程、结果的选择；不仅表现为外在的行动、交往、调节等道德实践活动，而且表现为认知、情感、意志等道德精神活动；不仅泛指善与恶不同道德性质的常规选择，而且涵盖善与善、大善与小善等同类道德性质的两难抉择。

人们在选择道德行为时，涉及必然与自由或者说客观制约性与个体意志自由之间的关系。在伦理思想史上，预定论和环境机械决定论者，把人的一切行为归因于上帝或神的预设，或者形而上地认为人是环境的傀儡，完全否定了人的行为选择的自由，从而直接否定了道德责任存在的基础。绝对自由论者则把人的选择自由绝对化，并无限夸大了人的责任，鼓吹"人要为一切负责"。结局只有两种：一是责任扩散，人人都要承担所有责任，实则是人人都没有任何责任；二是责任回避，自由已成了"生命之不能承受之轻"，人们只会逃避自由，逃避责任。绝对自由论者间接否定了人的道德责任。

马克思主义伦理学反对绝对意志自由论和道德宿命论，坚持从必然与自由的辩证关系来认识和把握道德选择问题。恩格斯提出："如果不谈谈所谓自由意志，人的责任，必然和自由的关系等问题，就不能很好地议论道德和法的问题。"① 所谓"必然"是指客观事物发展变化的内在规律性。所谓"自由"是

---

① ［德］恩格斯：《反杜林论》，见《马克思恩格斯文集》第 9 卷，119 页，北京，人民出版社，2009。

指人们认识客观规律而获得的意志和行为的自主自择和自如的能力。必然确定自由的界线和限度，自由则在于对必然性的认识和改造。人在客观必然性面前不是无能力的，它可以通过认识和把握必然性去获取行为选择的自由。人们对必然性的认识越深刻，获得的自由就越大。自由不排斥必然，而是包含必然。掌握客观规律，按客观规律办事并达到一定目的时，必然就转化为自由。必然与自由只有在创造性的实践过程中才能不断转化和发展。

道德选择的自由包含社会自由和意志自由两个方面。社会自由，亦称外在自由，是指客观社会环境为人们道德选择提供的可能性范围，也是道德选择的客观前提。道德选择的社会自由是由社会发展内部结构和具体环境构成的。社会越发展，为人们提供选择的可能性就越丰富多样，选择的自由度也就越大。反之，社会越不发达，社会生活越原始贫乏，社会关系落后单一，人们所选择的可能性就越少，选择活动受到的束缚就越多，选择的自由也就越小。可见，社会自由和外在自由规定了人类道德选择的可能性范围。这种外在的可能性在何种程度上得到实现，又受制于人的意志自由。人的意志自由是道德选择的内在自由，也是实现道德选择的主体前提。意志自由是指主体在多种可能性中根据自己的需要、意志、信念、理想和素质进行选择的能力。意志自由不仅体现在主体认识能力方面，而且体现在实践能力方面，是人所特有的精神和行为自由。人的意志自由不是抽象的自由，不是摆脱了一切欲望、冲动、需要、知识、能力等束缚的纯粹精神性的自由，也不是只存在于幻想之中的虚无缥缈的境界，而是具体的现实自由。这种现实的自由是人的认识能力、实践能力、情感能力的集合体，也就是主观与客观、历史与逻辑的统一体。

3．道德行为选择中的目的与手段

行为方式上的准则冲突能否圆满解决，取决于是否正确处理目的与手段的关系。所谓"目的"，是指主体在一定道德动机支配下预定通过道德行为选择所要达到的结果。目的是道德行为选择的灵魂，规定着选择方向。所谓"手段"，是主体为了实现目的所采取的方法。手段是实现目的的方法、途径和方式，具有客观多样性。

在目的与手段的关系问题上，有两种片面观点，即目的决定论和手段决定论。目的决定论者认为，只要目的是合乎道德的，不必考虑手段是否正当；目的决定一切，目的可以为任何手段辩护；为了达到目的，可以不择手段，因为"目的总是证明手段是正确的"。手段决定论者主张，手段就是一切，手段是因，目的是果，手段是脱离目的而独立存在的。他们往往不分目的的是与非、正义与不正义，单纯评判手段的善恶性质，甚至对于手段要达到什么目的都不予考虑。在这种观点看来，对社会邪恶势力，对犯罪分子的种种不法行为，不应该采取暴力手段进行斗争，而只能采取人道、和平的教育手段来对待，否则就是不道德的行为。这种"勿以暴力来抗恶"的观点，是一种抽象的人道主义，容易造成对恶势力的让步和纵容。

目的决定论和手段决定论的观点都是形而上学的片面观点。前者片面夸大目的的作用而否定手段的作用；后者片面夸大手段的作用而否定目的的作用。两者都不能客观地、全面地正确理解道德行为选择中的目的和手段的辩证关系。

马克思主义伦理学认为，目的与手段的关系是辩证的。离开目的的手段是不存在的，离开了手段的目的是无意义的。只有从两者辩证统一的关系出发，才能作出正确道德选择。目的与手段之间是一种交互关系。一方面，树立正确的道德目的，是解决两者冲突的前提。目的需要手段，目的决定手段。"目的为了它的实现，需要手段。""一切德行的活动，都涉及手段。"有什么样的目的，就有什么样的手段。如何表现自己，用什么手段表现自己，也是目的本身所规定了的。目的的道德性质决定着手段的道德性质，不与目的相联系的手段就难以评价它的道德性质。目的规定和制约着手段，道德的目的通常采取正当的手段就能达到。另一方面，手段也制约着目的的实现，手段正当与否直接关系到目的能否实现以及实现的程度。在道德选择中，手段是一种积极能动的力量。目的必须依靠手段实现。没有手段的目的只是一种主观的观念。在目的面前，手段不是消极的，完全听命于目的的。手段对目的的反作用力表现为：手段可以增加或减缓，以致改变选择目的的价值。因此，手段的选择也是道德选择的重要环节。

在目的既定的情况下，手段选择正确与否对目的实现具有极为重要的意义。第一，正确的选择手段可以促使目的尽快实现。手段、目的在道义性质上的一致性，可以加快目的实现的速度，增加目的实现的社会效益。第二，手段可以强化道德选择的责任。目的是作为主观的东西存在的，对它们的选择经常是在观念中进行的，是一种思想斗争。这种选择对于形成人的品质虽然极为重要，但由于它还有尚未表现出来的行为，所以选择的责任尚不明确。只有经过手段选择之后，选择目的才开始由观念形成向现实形态转化，从而才表现出一定的道德责任。第三，选择手段可以锻炼主体的自由能力。选择自由是人的一种能力，但这种能力不是天生的，而是由不断积累选择经验而形成的。在现实生活中，选择手段比选择目的更为丰富多样，在众多的手段之间进行抉择，既表现了选择者现有的意志自由，又为选择自由的增长奠定了基础。从长远来看，正当的手段能够促进目的的实现，而不正当的手段不但不能达到预期目的，反而会歪曲以致篡改目的的性质，妨碍目的的实现。手段的性质不仅直接影响到目的的性质，而且手段的价值也会增加、减少以至改变目的的价值。当然，这并不排除生活中会出现"歪打正着"现象。要解决目的与手段造成的冲突，手段的正确选择就成为关键。在手段的选择中要坚持如下两个基本原则：选择有效的手段，使手段具有道德上"善"的价值，手段的有效性是道德自主选择成为现实的关键。

第三节　道德品质

德心外化为道德行为，道德行为凝结为德性或道德品质，道德品质的整体建构即道德人格。德性或道德品质是连接道德行为与道德人格的一座桥梁。道德品质的形成过程是行为主体在与社会环境的交互作用中，对行为自觉认识和选择的过程，是主体内部思想矛盾斗争的过程。它要经过一个由道德认识到道德实践，由道德观念到道德信念，由道德行为到道德习惯的发展过程，亦即一个将外在道德观念内化为人们内心道德信念的过程。

一、道德品质的内涵与特征

道德品质，简称"德性"或"品质"，是人们在长期的道德实践中所不断追求并逐渐形成的，通过人们自身的思想意识和行为方式所表现出来的稳定的道德倾向和特征，是一定社会或阶级集团的道德原则规范在个体身上的体现与凝结。

道德品质既包括人们主观上对一定的道德原则规范的认识，也包括人们基于这种认识所产生的具有稳定性特征的行为习惯，它是主观上的道德认识和客观上的道德行为的统一。道德品质是在道德行为的基础上形成的，又通过道德行为得以体现。此外，形成了的道德品质对道德行为有指导和支配作用。道德品质一旦形成，它又反过来对人们的行为起着导向和定位作用。

道德品质是人们道德意识和道德行为的凝结和内化，熔铸着人们的道德认知、道德情感、道德意志诸成果，是人们长期道德实践的结晶和产物。道德品质是社会道德原则规范在个体成员身上的内化，同时又修正和充实着社会的道德原则规范。借用康德的一句名言："没有品质的原则是软弱的，没有原则的品质是盲目的。"[1] 每一道德原则都有与之相适应的道德品质，每一道德品质都有反映其要求的道德原则。道德品质既具有普遍性的要求，又具有特殊性的

---

[1]　［美］弗兰克纳：《伦理学》，关键译，136 页，北京，生活·读书·新知三联书店，1987。

特点，是普遍性与特殊性的辩证统一。道德品质既具有相对的稳定性和一贯性，又具有一定的可变性或变动性，是稳定性和可变性的统一。道德品质既表达着道德追求的先进性，又表达着道德追求的广泛性，是先进性与广泛性的统一。道德品质与道德原则规范和道德理想一样，都属于实体性道德，成为判断一个社会和人们有无道德和有怎样的道德的重要判据。如果说古希腊罗马伦理思想主要是关于道德品质或德性的学说，那么中世纪伦理思想则是关于神的道德诫命以及社会道德准则的学说，近代伦理学把道德理解为"既是人类个体的内在属性，又是超越个人的社会现象"①，规范伦理学和德性伦理学即是围绕社会的道德原则规范和人们的道德品质所发展建构起来的。

二、道德品质的层次与类型

道德品质可以区分为"常德""美德"和"圣德"。

常德是对社会成员的基本要求，通常应当是被全体社会成员实践的，具有基础性，诸如正直诚实、公正守法、尊老爱幼、互尊互助、不损人利己、不损公肥私等皆属于常德规范。美德是常德的提高，被多数社会成员认同，诸如仁慈博爱、助人为乐等皆属于美德范畴。圣德则为美德之升华，是具有导向性质的远大目标，诸如忘我牺牲、无私奉献等则属于圣德或崇高道德范畴。就其实现的难度而言，常德是人们能够踮起脚尖摘到的果子，美德是需要跳起来够到的果子，而圣德则是需要搭上梯子才能采到的果子。② 由常德向上到美德再到圣德，所赖以生成的心理基础是不同的，个人道德实践的难度也是不同的。实践常德则一般并不损害个人利益；它是依赖感性或理性觉悟的道德规范，往往表现为习惯性的个人品行。它主要存在于常态社会环境中。实践圣德需要牺牲个人利益；它是建立在理想信仰基础上依赖意志行为的道德规范，是一种非常态社会环境中的人格品行。对于遵守常德的多数人来说，正因为他们不能经常实践美德和圣德，所以那些勇于舍己牺牲的英雄便是他们美好崇高的楷模。西方伦理学家早已认识到这一点的："既然我们知道成为英雄和圣人是不可能的，所以，我们并不想和英雄、圣人恰好一样……如果我们努力使自己有一点点象他们，那也就足够了。"③ 因此，美德、圣德的社会功能就在于它们对常德原

---

① ［苏联］古谢伊洛夫、伊尔利特茨：《西方伦理学简史》，刘献洲等译，6页，北京，中国人民大学出版社，1992。

② 降大任：《常德、美德与盛德——社会主义道德三层次论》，载《晋阳学刊》，1997（3）。

③ ［美］汤姆·L.彼彻姆：《哲学的伦理学》，雷克勤译，230页，北京，中国社会科学出版社，1990。

则的强化，对群体或社会最高利益的维护，在一般情况下，它们不应也不可能作为常德普及。

休谟把"自我与他人之间的对称性"当作美德品质的一个关键判据。在《道德原则研究》中，休谟清楚地写道："个人价值完全在于拥有一些对自己或他人有用的或令自己或他人愉悦的心理品质。"[①]"心灵的每一种对自己或他人有用的或令自己或他人愉快的品质都传达给旁观者一种快乐，引起他敬重，并被冠以美德或价值的美名。"[②] 这些断言不仅反映了休谟倡导世俗生活的主张，而且反映出他对美德的功能的理解，即美德既意味着"利己"也意味着"利他"，是"利己"与"利他"的统一。亚当·斯密在自己所著的《道德情操论》一书中专门探讨了美德问题，认为同情心是美德之源，人皆有之，即使是在恶棍罪犯的身上，同情心也不致全然泯灭。同情心要求我们推己及人，但完全从当事人的角度做出判断难免有所偏颇。有鉴于此，斯密在他的伦理学中引入一个重要概念——"公正的旁观者"。斯密反复强调说，人性中有的激情是自私而原始的，在它们的作用下，一个人自己的毫厘得失会显得比陌生人的最高利益更为重要。但是这种消极的激情在社会生活中很不得体，我们不会给予道德上的赞同。它们如不受限制，对人对己都造成危害。每个人都应该超越自我中心的狭隘心理，力求像一个"公正的旁观者"那样公平合理地看待自己的利益和他人的利益。亚当·斯密并不否认人的自利和对个人利益的追求，认为每个人生来都有偏爱自己的趋向，而且比任何其他人更适合关心自己。然而斯密更强调一旦这种自利不受抑制就会极度膨胀，就会变为卑劣自私的消极情感。斯密认可自利的呼声，但是谴责完全损人利己的行为。他说，这样的恶行给人带来的是"内心的耻辱，是永远铭刻在自己心灵上的不可磨灭的污点"。斯密区分了美德与品德，指出："一如平常的智力之中无才智可言，普通的品德中也无美德可言。美德是卓越的、决非寻常的高尚美好的品德，远远高于世俗的、一般的品德。和蔼可亲的美德存在于一定程度的情感之中，它以其高雅、出人意料的敏感和亲切而令人吃惊。令人敬畏和可尊敬的美德存在于一定程度的自我控制之中，同以其使人惊异地优越于人类天性中最难抑制的激情而令人吃惊。"[③] 可见，美德是道德品质系统中同卓越与高雅相关的优秀品质，它是人类情操的集中体现和美好心灵的呈现，是个体道德生活的灵光。

① ［英］休谟：《道德原则研究》，曾晓平译，121页，北京，商务印书馆，2001。
② 同上书，129页。
③ ［英］亚当·斯密：《道德情操论》，蒋自强等译，26页，北京，商务印书馆，2008。

三、道德品质的基本范畴

古希腊提出了智慧、勇敢、节制、公正的四主德。发展到中世纪，又有基督教的三主德，即博爱、信仰、希望。现代以来，美德伦理学或德性伦理学获得了新的复兴。斯洛特将基于行为者的美德伦理学划分为三种类型：作为内在力量的道德（morality as inner strength）、作为普遍仁慈的道德（morality as universal benevolence）以及作为关怀的道德（morality as caring）。斯洛特把作为内在力量的道德称作基于行为者的美德伦理学的"冷观点"，而把作为普遍仁慈的道德和作为关怀的道德称作"热观点"。因为"仁慈"与"关怀"两种品质都十足意味着行为者替他人着想、为他人付出，因而，以此为动机，将首要地表现为令人温暖的利他主义。与此同时，出于仁慈或关怀而行动的行为者，也能够通过利他的举动而增进他们自己所关心的伦理价值。[①] 所以，作为普遍仁慈的道德和作为关怀的道德同样有助于实现自我与他人之间的对称。

在中国历史上，德性伦理一直被人们所瞩目，有"智仁勇"三达德，"仁义礼智信"五常德，还有礼义廉耻，忠孝仁爱信义和平"四维八德"，等等。道德品质在历史的发展进化中会发生一定的发展变化，但是也有一些道德品质因为深契道德生活的真谛，反映人们安身立命和为人处世的内在要求，有着相对恒定的持久性和普遍性，能够穿越历史的时空不断激励人们"做一个好人"。这里，我们综合中外各种德性论或品德论的研究成果，认为最基本的道德品质主要有以下几种：

仁爱。"仁"字从"人"从"二"，本义是指如何处理好二人之间的关系。每个人只有建立合理的爱的授受关系才能获得爱与被爱的满足感。人类的生命在爱中诞生，在爱中成长并渴望在爱中生活，在爱中去世。人类心灵最本质的欲望是爱，这种对爱的欲望及敏感性是人类最内在的渴望和情感性的诉求，并且是人性和人格结构中最核心的要素。所以，每个人只有将无形的爱的道德和精神文化价值注入自己和他人的生命与生活之中，其生活质量才会越高，生命价值也会越高。仁爱蕴涵了道德自我与主体德性在性善、良知的潜隐和可能性基础上的自觉提升和推展，仁者爱人，爱亲人、爱友人、爱他人。仁，对父母体现为孝，对兄弟体现为悌，对朋友体现为信，对他人体现为关心。爱父母兄弟是最基本的仁，很难想象一个连父母兄弟都不爱的人会爱其他人和物。关心民众、热爱国家、爱护大自然等，则是仁的扩展。池田大作在与汤因比的对话

---

① Michael Slote，Marcia Baron，Philip Pettit，*Three Methods of Ethics*：*A Debate*，Malden，Mass.：Blackwell，1997，p. 227.

中指出，现代社会最缺少的是深刻的人类之爱，人类要想避免集体自杀的途径即恢复和倡扬真正的仁爱品质。①

忠诚。忠诚是指人们对某人、某种理想、某种职业、某个国家、政府或组织等的忠实状态或程度。现代社会讲的忠诚主要指的是一种对事业和理想的忠诚及其愿意为之献身的态度和行为信念，它强调要端正行为动机，纯化道德目的，并能以全身心的力量甚至终生的追求为之付出。与忠诚品质相对立的品质是背叛和不忠。而背叛和不忠往往是极端利己主义的突出表现。快速发展和流动性空前加强的现代社会呼唤忠诚品质，这无论对于一个国家、一个单位乃至一个家庭而言都是如此。

勇敢。包括行善的胆气魄力，不惧怕恶势力与困难，一往无前的精神，指人们在真理和正义面前敢于挺身而出，为了维护真理和正义愿意献出自己的一切。张岱年指出："非勇无以自立，非勇无以克艰，非勇无以猛进，非勇无以抗暴。舍生以维正义，杀身以卫邦国，非勇何济乎？"② 培养勇敢的品德，有助于砥砺国民的意志，形成不怕困难和勇往直前的开拓进取精神，弘扬社会的正气。

正义。包括对公道、合宜、正当的追求以及在各种利益关系中处理得当等，是人们对待各种社会关系和社会现象应有的一种伦理品质。正义作为美德，在亚当·斯密、罗尔斯、诺齐克、桑德尔、麦金泰尔等人那里均有过深刻的论述，其基本内容包含了公正地对待任何一个人，公正地分配权利、义务与好处，等等。

谦逊。作为个体道德的一种重要品质，包含谦虚、谦和、谦让等含义。俗语所谓"满招损，谦受益""谦虚使人进步，骄傲使人落后"，反映了"谦"作为一种美德已得到人们的普遍认同。谦逊谦让是中华民族的传统美德，也是现代社会所必须光大弘扬的基本道德品质。"虚心而不自满，尊重别人的平等人格，荣利不争，享乐居后，谓之谦让。"③ 人之所以需要谦虚，是因为"个人智能实极有限，纵有所成，亦甚细渺，学问无穷，进德无止，岂容骄慢，岂可自满？"④ 个人的德行才能实在有限，每一个人都有自己的局限、缺点、弱点

---

① 参见［英］汤因比、［日］池田大作：《展望二十一世纪》，荀春生等译，424 页，北京，国际文化出版公司，1985。

② 张岱年：《真与善的探索》，233 页，济南，齐鲁书社，1998。

③ 同上书，232 页。

④ 同上。

和不足，因此每一个人都有一个向他人学习的问题，彼此取长补短，才能共同进步。谦让凸显了向别人学习而又不与人争利的优秀品质，因此是一种最可宝贵的德行或达德。

宽容。宽容是一种非凡的气度和宽广的胸怀，是对不同性格和不同意见的人的容纳和宽待，是吸纳他人长处，充实自我，创造自我价值的良好思维品质。人无完人，金无赤金，所有人都有缺点、弱点，所有人都会犯错误，关键是对待错误的态度。如果我们总是对别人所做的错事、所讲的错话，斤斤计较，吹毛求疵，苛求别人，如果别人也以牙还牙，以其人之道还治其人之身，如此冤冤相报，何时可了呢？宽容，不仅有益于身心健康，而且还能赢得友谊、保持家庭和睦、婚姻美满，获得支持与帮助，促成事业的成功，提升生命价值与意义。

敬畏。敬畏是对生命最原始的一种尊敬和畏惧之情，人类只是大千世界中渺小的一根会思考的芦苇，而生命是生生不息，周而复始的，对生命持有敬畏之情才得以看到生命的高贵和美丽。学会敬畏，我们才会对任何人和事有所敬重和忌惧，才会不忘乎所以，不得意忘形，才能立于不败之地。人类的敬畏思想经历了漫长的不自觉阶段，包括无意识的恐惧、有意识的自为敬畏以及所谓的"无畏"阶段。道德敬畏，植根于人类天性和内心深处的道德情感。从老子的道法自然到康德对无尽星空和内心道德法则的敬畏；从宗教之敬畏上帝或天神到现代社会人们对普通生命敬畏的回归，道德敬畏几乎伴随人类产生和发展的整个过程。它对于个人的道德成长和整个社会道德价值秩序的维系都具有十分重要的作用。道德敬畏是指人们对道德法则，对善的事物及其社会价值与根源的强烈的崇敬和畏惧的道德情感体验。在人类道德发展史上，人类的道德敬畏大致经历了无知型的道德敬畏、形而上的道德敬畏和理性自觉的道德敬畏三种形态。道德敬畏的指向主要有四种，即敬畏自然、敬畏上帝、敬畏生命和敬畏规则。道德敬畏的功能和作用主要体现在：它是个体道德意识产生的重要的情感因素，是道德信念的重要组成部分和激励道德行为的内在动力。

感恩。感恩是一种生活态度，是一种思想境界，是一种善于发现生活中的感动并能享受这一感动的情绪体验，也是一种懂得欣赏世界和他人的优秀品质，表现着人们对诸种道德关系的深刻认识和热情把握，是一种对万事万物的友善态度和积极心理。怀感恩之心的人，有颗美好的心灵。感恩父母，感恩亲人，感恩朋友，感恩生活，感恩命运……感恩逆境与敌人。感恩让生命的每段历程充满温馨，懂得感恩，就会珍惜每粒收获；懂得感恩，就会笑对亲人朋友。只要人人多一份感恩之心，我们的社会就会变得充满温情，也更加和谐。

此外，尊重与关怀，奉献与创造等也是我们这个时代所需要的道德品质。我们所处的世界一个充满了创造的世界，我们所处的时代也是一个呼唤创造的时代。著名教育家陶行知先生说："处处是创造之地，天天是创造之时，人人是创造之人！"美好的生活要求我们勇敢、主动地去开拓、去创造，只有生生不息的创造力才能托起我们民族振兴的未来和祖国繁荣富强的希望！

第四节　道德人格

德性伦理集中讨论的是成人问题，成人作为德性伦理的目标，不仅是对人格完善的肯定，也是主体德性境界不断提升的最终要求。德性并不仅仅表现为互不相关的品格或德目，它所表征的，同时是整个的人和人格。道德人格是德心、德行与德性的集中化彰显和综合化体现，表征着人的整个道德素质、道德品质和道德行为。在道德人格的建树与追求中，充满着理想的激励和对未来的向往，并凸显出至善、不朽和终极关怀的精神感召，不断地敦促人超越现有的局限，向着道德的发展与完善迈进，揭开了人类道德生活史"极高明而道中庸"的辉煌篇章。

一、人格、尊严与志节

伦理学意义上的人格是人之所以为人的内在规定性，是人的价值、品质、尊严和气节等的综合化表现。它既是既往和现实道德追求的积淀，又是日后道德追求的目标或理想化呈现。

1. 人格

人格（personality）是个古老的概念，它具有社会学、哲学、心理学多方面的多重含义。"格"字在汉语中，有"标准"和"式样"之义，如"合格""聊备一格"。按字面解释，"人格"就是人的标准和人的式样，可引申为人的资格。我们可以将人格界定为人之所以为人的主体性资格或位格，是人的性格、气质、能力等特征的总和。

"人格"（personality）一词源自古希腊语"persona"。"persona"最初指古希腊罗马时代的戏剧演员在舞台演出时所戴的面具，与我们京剧中的脸谱类似。而后指演员本人，一个具有特殊性质的人。现代心理学沿用"persona"的含义，转意为人格。其中包含了两个意思：一是指一个人在人生舞台上所表现的种种言行，人遵从社会文化习俗的要求而做出的反应。即人格所具有的"外壳"，就像舞台上根据角色的要求而戴的面具，反映出一个人的外在表现。

二是指一个人由于某种原因不愿展现的人格成分，即面具后的真实自我，这是人格的内在特征。心理学意义上的人格，是指一个人在社会化过程中形成和发展的思想、情感及行为的特有统合模式，这个模式包括了个体独具的、有别于他人的、稳定而统一的各种特质或特点的总体。弗洛伊德认为，人格是由本我、自我和超我三部分组成的。本我是与生俱来的，是由本能与基本欲望组成的潜意识部分；自我是根据外部现实的情况有控制地使本我找到出路或受到压抑的意识部分。超我是通过自居作用所形成的自我理想和接受外界规范要求所形成的"良心"，它是用来监督行为和指导自我去限制本我冲动的意识部分，或说是"道德化了的自我"。本我与现实、超我与现实之间经常会发生矛盾，若是自我占优势，这种冲突就可以缓解，使人做出较合理的行动，否则就会破坏平衡，出现变态心理或失常行为。

伦理学意义上的人格是指人之所以为人的内在规定性，是人对自己做人的位格、品格的尊重及其所形成的尊严意识和气节操守的总和，是人的道德主体性、目的性和社会性的集结和综合化表现。考察道德人格，有两个基本维度：一是其内在的、自由的发展之维度，它关注的是个人选择的结果对于人格健康、个人幸福的作用；二是人格发展的责任维度，它聚焦于个人选择需承担的道德义务与社会责任，强调人格发展与社会共同体关系的协调。

道德人格是人们通过道德生活意识到自己的道德责任和道德义务以及人生的价值和意义，从而自觉选择自己做人的范式，培育自己的道德品质，丰富和完善自己的内心世界，体现出人之区别于动物的内在规定性。作为人的内在精神世界之建构，道德人格是由道德理性因素与道德非理性因素组成的，是二者的有机组合和整合。道德人格中的道德理性因素是道德行为的向导，个体在道德行为上应该去做什么，为何而做，如何去做，是人理性思考的结果。没有道德理性，就不可能有正确的道德行为。道德人格中的道德需要、道德动机、道德情感、道德意志等非理性因素构成了个体道德行为的动力系统。没有道德需要、动机、情感、意志等，也就不可能有对高尚道德的追求。它以其独立自主性、自我同一性、崇尚高贵性和不可剥夺性为特征，体现出对人的地位、价值和权力的尊重以及对人的生存、发展、完善的关心与追求，是人性、人的本质、人的价值和人的道德品质诸因素的整合与统一。

2. 人格尊严

每一个人都应当作为"人"而享有"尊严"。因此，每一个人都有权要求其他任何人尊重他的人格、他的生命健康以及他的私人空间；相应的，每一个人对其他任何人也必须承担相同的义务。人的"尊严"是一种绝对价值，即使相对于"自由"和"生命"价值而言也是如此。对于实施犯罪的坏人可以限制其人身自由，甚至剥夺其生命，但是不能侮辱其人格。尊重人格尊严没有例外，任何人在任何情况下都具有完全相等同的尊严，无质量等差之分。

人格尊严是人的尊严的集中表现，指人格因其代表人所内蕴的位格和目的性价值具有值得尊重和不可侵犯的威严性质，需要以礼敬的态度予以尊重和以严肃的情致予以捍卫。人的人格具有内在神圣性和严肃性，不能被随意处置和侮辱对待。尊严是人的生命价值的内在体现并构成人的生命脊梁，有尊严地活着是人生价值的最高体现。人人皆生而有做人的资格，故而人人皆有人格并且不受侵犯，人格的这种不可侵犯性、不可凌辱性就是人格尊严。人格尊严不可辱，侮辱者必将受到道德的谴责，承担相应的法律责任。维护自身人格尊严是我们的权利，尊重他人的人格尊严是我们的义务。

人格尊严作为道德主体性的自觉挺立之结晶与确证，要求人们建立起码的自尊和尊人，并在尊重自我与他人中彰显自己的人格尊严。人应该而且必须自尊。为了成为一个真正的人，人们首先应该尊重自己："没有自我尊重，就没有道德的纯洁性和丰富的个性精神。"① 同时，人格尊严也表现在对他人人格的尊重与维护中。因为尊重别人是尊重自己的证明。一个不尊重别人的人，也很难有健全的自我尊重。

人格尊严是人的生命的内在标记，也是生命外在的旗帜。它包含着一个人是否存在的事实，代表着一个独立的人格，它可以证明你就是你而不是其他人或者是某一类群体。人格尊严是不可被征服的，它排斥权力、金钱、地位和知识，它就是你平等、独立地存在于这个世界上的证明！维护人格尊严既是法律规范也是道德规范，它既要依靠国家的强制力来保证，又要通过社会舆论、风尚、人的良知来倡导。

人格尊严的实现更多的要靠自己的不懈努力，用自己的汗水与成就、用自己的人格魅力去赢得，并且只有这样的尊重才是真正意义上的尊重，才更为持久，更有力量，更具有建设性意义。

3. 德操与气节

德操与气节是表示人格尊严和道德操守的特殊范畴。所谓"德操"是指人们在长期的道德实践和道德行为中所形成的道德操守及对道德所持的坚定信念。荀子指出："权利不能倾也。群众不能移也。天下不能荡也，生乎由是。死乎由是。夫是之谓德操。德操然后能定。能定然后能应。能定能应。夫是之

---

① ［苏］苏霍姆林斯基：《教育的艺术》，27～28 页，长沙，湖南教育出版社，1983。

谓成人。天见其明。地见其光。君子贵其全也。"① 德操亦即道德操守,是对道德原则的捍卫与信守和对道德人格的尊重与维护,显示出道德人格的至上魅力。一个人有了坚定的德操与信念,就有了安身立命的精神支柱和精神动力,就有了战胜一切艰难险阻的勇气和力量,就能为捍卫真理和正义而抛头颅洒热血,历经磨难而不衰,屡遭坎坷而不馁;就能无坚而不摧,无往而不胜。

气节是志气与节操的融合统一,指人们在道德生活中能遵循道德原则,坚守道德信念并能不为任何外力所屈服,充满着不可战胜的凛然正气和铮铮傲骨。朱自清在《论气节》中说:"气是敢作敢为,节是有所不为","气是动的,可以变化。我们常说志气,志是心之所向,可以在四方,可以在千里,志和气是配合着的。节却是静的,不变的,所以要'守节',要不'失节'。"讲道德责任感,必须树立和拥有这种道德操守。当意大利国王迫使帕斯卡纳侯爵放弃自己挚爱着的西班牙事业时,侯爵的妻子维多利亚·科伦纳写信给他:"千万不要丧失自己的气节,崇高的气节胜过万贯家财,胜过国王的王冠;气节重于山岳,显赫的名号不过是过眼烟云,夫君,你千万不要为浮名利诱所动。你的凛然气节将是我的最大荣耀,也是你留给后代的最珍贵的财富。"②

中华民族崇尚气节、德操的思想,起源很早,大约成书于西周初年的《周易古经》蛊卦说:"上九,不事王侯,高尚其事。"《象传》云:"不事王侯,志可则也。"这里以"不事王侯"为高尚。"不事王侯"即不屈于王侯,亦即保持人格的独立。这是最古的关于人格尊严的思想。孔子认为,一个真正的君子、仁人,应该具有独立的志节与人格的尊严。他说:"三军可夺帅也,匹夫不可夺志也"③;要具有追求仁德的坚定意志与操守,"君子固穷""君子谋道不谋食""君子忧道不忧贫"④。无论在多么艰苦的条件下,仍然要"志于道""乐于道"。孔子赞扬伯夷叔齐说:"不降其志,不辱其身,伯夷叔齐与!"所谓"不降其志,不辱其身",即保持人格的尊严,不屈服外在的势力。⑤ 孟子继承了孔子"三军可以夺帅,匹夫不可夺志"的思想传统,进一步突出了人的独立意志与人格。孟子说:"夫志,气之帅也;气,体之充也。夫志至焉,气次焉。"志既然是主体的最高统帅,那么它首先必须是独立而有威信的,体现在

---

① 《荀子·劝学》,见《荀子新注》,13页,北京,中华书局,1979。
② [英]斯迈尔斯:《品格的力量》,宋景堂等译,195页,北京,北京图书馆出版社,1999。
③ 《论语·子罕》,见《四书五经》,22页,北京,中华书局,2009。
④ 《论语·卫灵公》,见《四书五经》,35页,北京,中华书局,2009。
⑤ 张岱年:《中国古代关于人格尊严的思想》,载《光明日报》,1999-07-02。

人格内涵中，则为独立意志和人格尊严。孟子的独立意志和人格尊严，表现为鄙视趋炎附势者，敢于藐视权贵、大人物。孟子提出"立位"观念，认为每人应确定自己在天下的位置，也即肯定自己的人格尊严。这"位"不是官位，而是人格的地位，孟子亦称之为"天爵"。他说："有天爵者，有人爵者。仁义忠信，乐善不倦，此天爵也。公卿大夫，此人爵也。"天爵即是人的道德成就。孟子又引述曾子之言说："曾子曰：晋楚之富，不可及也。彼以其富，我以吾仁；彼以其爵，我以吾义，吾何慊乎哉？……天下有达尊三：爵一，齿一，德一。朝廷莫如爵，乡党莫如齿，辅世长民莫如德。恶得有其一以慢其二哉！"[①]孟子这一观点，其实质是肯定品德高尚者的人格尊严，认为有道德的人决不屈于权势。基于对人格尊严的维护，孟子颂扬"乐道忘势"的圣贤之士。他说："古之贤王好善而忘势，古之贤士何独不然？乐其道而忘人之势，故王公不致敬尽礼。"[②] 这种乐己之道，忘他人之势的风范，体现了"大丈夫"不卑不亢、刚强不屈的品格。孟子将"道"树之于"势"之上，认为人的内在道德价值，高于功利价值，实际上是对人的价值的张扬，是对人格尊严的高扬。

德操、气节，是道德人格的集中表现，是人们在道德生活和道德实践中所形成的一种坚不可摧的道德信念和守义不移的道德恒持心，也是保持高尚人格和伟大德性的内在精神力量。

二、道德理想与理想人格

理想是人类精神生活的产物。道德理想集中反映了人们在道德上趋赴的目标和价值追求，以及人们做人的理想，彰显了人们在道德上不断攀越的心志和使自己不断完善的信念，是道德生活的灯塔和道德行为的动力源泉。

1. 理想是人生活的意义所在

理想是人们在实践中形成的具有实现可能性的对未来的向往和追求，是世界观在人生奋斗目标上的表现。理想作为一种社会意识，是人们对客观现实发展趋势的超前反映，即人们在认识客观规律基础上给自己设计的未来美好蓝图。因此，理想不是人们主观的臆造，不是空想或幻想，而是经过努力可能实现的符合科学的目标。理想反映的是科学和理性，代表的是思考和追求。理想来源于现实，又高于现实，成为人们追求美好未来的动力。

人既是一个现实性的存在，又是一个理想性的存在。人所生活的世界与动

---

① 《孟子·公孙丑下》，见《四书五经》，75 页，北京，中华书局，2009。

② 《孟子·尽心上》，见《四书五经》，111 页，北京，中华书局，2009。

物完全不同，它不只是如动物那样生活在"给定"的"事实"世界中，人还生活在"理想"的可能的世界中。作为一种未定性的生命存在，人最典型地体现了人既是其所"是"，又是"未是"的统一。"是"与"应是"统一，这正是人之为人的类本质之所在。动物是一种"生存"的生命活动，而人则是一种"生活"的生命活动。如果从"人与世界"的关系去看，"生存"与"生活"的区别，就在于动物的"生存"活动是一种纯本能、纯自然的活动，所以它表现的是动物与世界的直接的、肯定的关系，也就是动物在它的自然而然的活动中实现动物与世界的统一。与此相反，人的"生活"的生命活动，恰恰是一种超越自然的活动，改变自然的活动，把自然而然的世界变成人所要求的世界，把理想变成现实的活动。人虽然生活在给定的环境之中，但现实状况对人的局限和束缚，又使得人产生超越现状、追求理想的力量，使人走向"应然"的理想境界。人正是拥有一个可能的世界而超越了其现实的世界，并把现实的世界置于可能世界的背景来对照，从而使人的现实活动获得了意义与价值。人是一种超越性的存在，超越其所是的存在，是一个创造性的存在。这种超越性的、创造性的存在，意味着人是一个理想性的存在。

人生理想具有以下基本特点：

（1）现实性。人生理想深深地根植于人的需要之中。人类历史是人的需要不断产生和发展的历史。所以，有人说，不满足是神圣的，但是人们不断追求满足自己需要的实践活动，跟动物是根本不同的，它是自觉和自由的活动，是立足于现实的科学分析。正像列宁所说：理想只能是现实的某种反映，因此，它必须由事实来检验，必须归结为事实。

（2）激励性。理想对于现实实践活动的人有激励的作用。车尔尼雪夫斯基说：人的活动如果没有理想的鼓舞，就会变得空虚而渺小。由于理想反映了社会历史发展的客观规律，凝结了人们的意志和愿望，所以理想具有感人的魅力，它会成为激励人们奋进，敦促人们不断追求的动力，所以人生理想具有激励性的特点。

（3）超前性。由于人生理想既来源于现实，又具有超越现实而实现未来的奋斗目标，所以，人生理想具有超前性的特点。它意味着：人生理想不是眼前的现实，是只有通过艰苦的甚至长期的努力才能呈现出来的现实。理想好比泥土中生长出来的花。它虽生长在泥土中，但它又不是泥土。所以理想看起来常常是美丽的，而现实社会则看起来是丑恶的。理想是现实中的美丽之花，它与现实是有距离的。如果看不到理想与现实的距离，把生活的理想等同于现实的生活，这是幼稚的表现。超前性是人的自觉能动性的表现，它使人能够在把握现实必然的基础上，创造更高的人生价值，没有超前思维或没有理想的人生，不过是碌碌无为、平淡无奇的人生。超前性又不可离开现实性，两者的辩证统一才体现人生理想的认识意义和实践价值。

（4）时代性。人生理想是随着人的成熟而逐步形成的。理想受一定社会经济关系的制约，受一定社会的政治意识形态和传统文化氛围的影响。不同的社会，生产力水平不同；不同阶级，不同个人所处的社会地位也不同。他们的人生理想也就必然打上不同社会、时代和阶级的烙印。

理想源于现实，又高于现实，是现实合乎规律的发展，是有可能实现的明天的现实。今天的现实就曾是昨日前人的理想，或者说是前人理想的部分实现。现实需要理想来引导。理想就是对现实的超越与对未来的向往。它根源于人的实践活动。

理想是人生不可缺少的精神支柱，是促使人前进和奋斗的精神动力。它像一朵明亮的火花，点燃人们的激情，激发人们的才智，焕发人们奋发向上的勇气。"理想是石，敲出星星之火；理想是火，点燃熄灭的灯；理想是灯，照亮夜行的路；理想是路，引你走到黎明。"人生一世，应该有崇高的理想追求，否则，人生就没有意义。德国哲学家奥伊肯在《生活的意义和价值》一书中这样写道："倘若人不能依靠一种比人更高的力量努力追求某种崇高的目标，并在向目标前进时做到比在感觉经验条件下更充分地实现他自己的话，生活必将丧失一切的意义与价值。"[①] 人之所以不同于动物，是因为人是一种意义和价值的动物。人不仅有现实物质享受的需要，而且也有追求精神享受的需要，有牺牲自己物质需求而利人利他追求人性完善的需要。诚如雨果所言："人有了物质才能生存，有了理想才能生活。"理想是人们所向往、信仰和追求的奋斗目标。树立崇高理想是确立正确人生观、价值观的必然要求，也是人们健康成长的客观需要。有伟大理想的人，生活永远富有意义并闪耀着光芒。

2. 道德理想的内涵与本质

所谓"道德理想"，就是人们根据一定社会或阶级的道德原则和道德规范，所向往和追求的完善的道德关系或社会道德风尚，以及道德上的完善典型或理想人格。通常包括两方面的含义：一是人们把一定的道德原则和道德规范加以概括和融会，并以此作为自己做人的价值标准；二是人们把体现这种道德原则和道德规范的典型人物当作自己的楷模。道德理想比较集中地反映了人们在社

---

① ［法］奥伊肯：《生活的意义和价值》，万以译，41页，上海，上海译文出版社，1997。

会生活中所选择的做人标准，激励人们向往、追求并力求实现的完美人格的高尚品德。道德理想是引领人不断向善、趋善，以致超越个人有限存在的状态，达到"至善""至诚"的动力所在。因此，树立高尚的道德理想，对个人、对社会都有重大的意义。

道德理想是人类历史发展的产物和现实道德关系的反映。在原始社会里，道德意识中并没有自觉表达的道德理想。从奴隶制时代开始，由于实际的道德和应有的道德状况经常处于矛盾状态，道德理想便作为一种自觉表达的愿望包含在一定社会或阶级的道德意识中。各个时代、各个阶级的道德理想都同当时社会的现实需要或现实矛盾密切相关，它往往既是一定社会或阶级激励人们在道德品质和社会道德关系方面所追求的目标，又是一定社会或阶级反对异己势力和现存不合理现象的手段。它以当时社会或阶级的基本道德要求为其内容。道德理想能不能成为人们热忱向往和执著追求的目标，能不能激励人们改善个人道德品质和现实道德关系，最终要看它是否正确反映了现实社会道德发展的趋势，是否符合伦理文明发展的内在要求。

3. 理想人格及其类型

理想人格，亦即道德上的完美典型，是一定社会的道德要求和道德理想的最高体现。不同的时代和社会有不同的理想人格。在各种形式的神话、传说、寓言中，也可以看到不同类型的人物塑造，这种人物在某种意义上也可以看做是一定时期道德理想的人格化。

"圣人"是儒家崇尚的最高道德标准和人格理想。圣，指的是一个人通过格物致知、正心诚意等修身功夫，建立了卓挺的主体道德意识，达到了内在修养的极致。孔子自述生平希望成为仁人乃至圣人，但又自谦"若圣与仁，则吾岂敢"。孔子的理想人格是"仁人君子"，这是他人生理想的人格化产物。"仁人君子"，从理想人格的外在表现看是"礼"，从理想人格的内在实质看是"仁"，因而完美的人格就是"仁"与"礼"的统一。

宋明理学推崇圣贤气象。所谓"圣贤气象"，即圣贤风度、圣贤风范，是做人的最高境界。圣贤，即圣人和贤人。贤人，指有德才之人。圣人，指最有德才之人，常用于地位极崇高的人士。"圣贤气象"是个体修养至天理至善和人生之乐后在仪礼举止、视听言动上呈现出来的精神风貌，体现了道德境界与审美境界的完美结合。《近思录·圣贤气象》认为程颢是最具有圣贤气象的人物。"先生资禀既异，而充养有道。纯粹如精金，温润如良玉。宽而有制，和而不流。忠诚贯于金石，孝悌通于神明。视其色，其接物也如春阳之温；听其言，其入人也如时雨之润。胸怀洞然，彻视无间。测其蕴，则浩乎若沧溟之无际；极其德，美言盖不足以形容。"① 宋人圣贤气象的精华，核心是崇尚道义，粹然而善，是大道大德的践行者，彰显出一种征服人心的独特力量。

马克思主义理想人格理论是既科学又先进的人格理论，它以历史唯物主义为基石，以全面人性论为理论前提，以全面自由的"个性"发展为终极关怀，以人与世界关系在社会实践中的全面展开为实现理想人格的唯一途径。马克思主义的人格设计是与人类社会发展的美好理想分不开的，因而把"全面发展的人"作为人格完善的标准。人的全面自由发展是指每个人个性能力的全面自由发展，在内在性上是人的素质、潜能、个性与德性、人格的全面和谐发展，在外部性上是每个人亦即人与人、人与社会以及人与自然关系的和谐发展。人的全面发展实质上是指每个人按照自然界和社会发展的客观规律全面地改造自己，丰富自己的需要，提高自己的能力，抛弃过去造成的一切鄙俗的享受趣味，成为面向未来的时代新人。

任何一个时代的理想人格，都是那个时代关于人的生活意义和人生价值的表现，都是时代精神的反映。理想人格本身规定的内在超越性，实际是一种不断创造的人生理念，是对有意义的人生的构建。它诠释着人是什么，引导着人该怎样去做，以丰富人类对自己的目的性、可能性和潜在力的认识，使人的全面发展获得持久的精神动力。理想人格的一个重要特征，就是具有高度的历史责任感，它激励人们以崇高的道德责任感去履行自己的社会义务和道德义务，指导人们克服世俗偏见和甘于平庸观念，鼓励人们自强自爱，在各自的工作岗位上建功立业。

三、至善、不朽与终极关怀

人从其自然或生物意义来说，其实是非常渺小而又十分脆弱的，"一口气，一滴水就足以致他死命了"。但是就人的精神生命和群体生命而言，人又是十分伟大而又充满无穷力量的。"纵使宇宙毁灭了他，人却仍然要比致他于死命的东西更高贵得多；因为他知道自己要死亡，以及宇宙对他所具有的优势，而宇宙对此却是一无所知。""因此，我们全部的尊严就在于思想。正是由于它而不是由于我们所无法填充的空间和时间，我们才必须提高自己。因此，我们要努力好好地思想；这就是道德的原则。"② 人在思想中展开对生命意义的反思与追寻，对道德价值的希冀与向往，包括对人生不朽、至善与终极关怀等问题的深入思考，以此拓展出人生超越性、理想性乃至伟大性的一面，使短暂的人生有了道义和价值的支撑，获得了走向超越和永生的伦理意义。

---

① （宋）朱熹、吕祖谦：《近思录》，斯彦莉译注，198 页，北京，中华书局，2011。

② ［法］帕斯卡尔：《思想录》，何兆武译，158 页，北京，商务印书馆，1985。

1. 止于至善的永恒冲动

什么是至善？至善即是最高和最好的善，是不含任何负面因素的理想的善或最好的道德生活画面，是人类道德生活追求和向往的理想目标。"至善就是那由于自身的缘故而被人类普遍追求的东西，它具有绝对的价值"，"个人和社会生活的保存和发展是至善，是人类的目的"①。对至善的理解可以有多重角度，但从其抽象性来看，一个事物的善在于它特有性质的实现，每一种生物的目的或目标是要实现它那区别于其他生物的特殊本质或使之明显起来。人的特殊本质不单纯是有肉体存在，或带有欲望的感觉，行使植物和动物的职能，而是有理性的生活。因此，人的至善是全面和习惯地行使那种使人成为人的职能。现实的人因其心中有了至善的目标去追求，他才感受到人活着的意义，从而才获得其人生价值。人生在世是不能没有至善目标的追求的，否则便无以获得其人生价值，就会觉得活着没有意义。

"至善"是人类的永恒追求。《大学》开宗明义："大学之道，在明明德，在亲民，在止于至善。"作为我国最早的教育纲领，它提纲挈领、目的鲜明，将教育的目标直指"道德"之"至善"，实则奠定了中国古代教育的道德理想主义的基础。朱熹通过对《大学》三纲领中的"止于至善"一语的诠释来切入对至善问题的思考，认为至善涵盖了性质和数量两方面的意思。就性质而言，"至善，只是十分极处。至善，犹今人言极好。凡曰善者，固是好。然方是好事，未是极好处。必到极处，便是道理十分尽头，无一毫不尽，故曰至善。"②就数量而言，"至善"是指"最好"。"至善是个最好处。若十件事做得九件是，一件不尽，亦不是至善。"③ 因此，至善具有"最高善"和"最完整的善"的意思。朱子所理解的至善既是一个总体性概念，此时它是最高善和最完整的善的合一；也是一个分殊性概念，它可以和所有的道德行为联结。一件道德行为做到最好，这种弱意义上的至善可以说是"至善"的第一层含义。这种至善固然是朱熹所称道的，但它又是明显不足的，而还需要把一切道德行为都做到最好，这种强意义上的至善可以说是"至善"的第二层含义。但在这两种情况下，朱子的至善概念都未上升到最高。对于儒家和朱熹来说，还存在着一种真正意义上的、第一位的至善，即"内圣外王"，这是"至善"的第三层含义。

① ［美］梯利：《伦理学概论》，何意译，185页，北京，中国人民大学出版社，1987。
② （宋）黎靖德编：《朱子语类》卷十四，267页，北京，中华书局，1994。
③ 同上书，268页。

"明德，新民，便是节目；止于至善，便是规模之大。"① 人们应当在"明德"和"新民"两大领域都促进至善的实现。"明德"属于"内圣"的个人道德修养层面，而"新民"则属于"外王"的社会政治层面，将"明德"与"新民"有机地结合起来，便是"内圣外王"，即是最高层次的至善。

古希腊不少思想家把实现"至善"作为理想的政治状态，主张城邦政治以伦理道德为基础，将美德和善作为人们公共生活追求的目标。并把"至善"看成是幸福与道德的匹配一致。他们的至善目标之所以会被古希腊人所认同，是因为它无形中契合了人类本性对当下的"实然"世界与理想的"应然"世界的双重渴求。在亚里士多德看来，至善即最高善不但是完善的，它还是自足的。至善包括两方面的内容：第一，从性质上来看最值得欲求，其他善事物的地位比它都要低；第二，从数量上来看自身就是无所缺乏的、自足的和完整的，拥有了它就别无所求。

德国古典哲学家康德认为，至善既是最高无条件的善，又是绝对完满的东西，因此必须把幸福与德行包含于其中。至善理念由德性和幸福两部分组成：德性（Tugend）乃是"出于对法则的敬重而生的合法意向"；而幸福（Glueckseligkeit）就是"世上的一个有理性的存在者在其整个实存过程中一切都称心如意的那种状态"。这两个要素组合起来成就至善。"德行（作为得到幸福的配当）是所有向我们显现为值得想望的东西的无上条件，从而也是我们对于幸福的全部追求的无上条件，因而也就是无上的善……为了成就至善，还需要加上幸福，这不仅在将自己当作目的的人那有偏私的眼里是需要的，而且在将世界上一般之人视作目的本身那无偏私的理性判断之中也是需要的。"② 人既通过道德自律臻达"善"与"德"，又受幸福之自然律支配，人性的完善就是实现德性和幸福、理想与现实的统一，最终趋于"至善"。

马克思主义在确认以往的阶级社会只有至善的理论而没有至善的现实的同时，更指出人类的发展就是一部不断渴求至善、探寻至善并在追求至善的过程中不断地发展至善和人自身的历史，从而认同了个体由来已久的对至善的追求。③事实上，正因为人类历史上有无数的个体，怀抱着对道德人格的至善追求，憧憬着人生幸福的实现，前赴后继，人类才由此而显得壮美与伟大，人类也才得以在历史长河中不断保持并弘扬作为万物之灵的崇高与荣光。一个人的

① （宋）黎靖德编：《朱子语类》卷十四，260页，北京，中华书局，1994。
② ［德］康德：《实践理性批判》，韩水法译，121页，北京，商务印书馆，1999。
③ 郭广银、杨明：《当代中国道德建设》，200页，南京，江苏人民出版社，2000。

道德目标越崇高，他的心胸就会越宏阔，一个人的道德目标越深远，他的眼界也会越宽广。

2. 德性不朽的意义建构

在转瞬即逝的时间之流中，人总想抓住些永恒的东西。美国现代哲学家詹姆士在《人之不朽》一文中曾这样讲："不朽是人的伟大的精神需要之一。"人的肉体生命是短暂的、有限的，可是人的精神生命却有一种对无限性的追求和向往。"对于不死的渴望，对于个人不朽的渴望，对于使自身能无限存在的努力，是人类精神面对一次性、暂在性生命的最为悲壮、最为惊心动魄的努力与渴望。"① 思想家和人们所关注的"不朽"，大体上有灵魂不朽、精神不朽和道德不朽等类型。

西方历史上灵魂不朽的信念源远流长，这种信念认为人是由肉体和灵魂构成的有形复合体，健全的个体是灵魂与肉体的完美组合，灵魂是存在于每个人身上的精神实体，是能感知、能思维、有梦想的精神存在。灵魂是人的神性的载体。肉体为有形之物，其存在是有限的；灵魂为无形之物，其存在是无限的。所以，灵魂是不朽的。

中国历史上亦有自己的灵魂不灭学说，这种思想在佛学中有生动而深刻的反映。对中国人和中国人的道德生活影响最为深远的是"立德、立功、立言"的"三不朽"理论。

春秋时鲁国的叔孙豹与晋国的范宣子曾就何为"死而不朽"展开讨论。范宣子认为，他的祖先从虞、夏、商、周以来世代为贵族，家世显赫，香火不绝，这就是"不朽"。叔孙豹则以为不然，他认为这只能叫做"世禄"而非"不朽"。在他看来，真正的不朽乃是对社会和历史的贡献与影响，即为人类社会和未来立德、立功、立言式的人物。"太上有立德，其次有立功，其次有立言，虽久不废，此之谓三不朽。"② 唐人孔颖达在《春秋左传正义》中对立德、立功、立言三者分别作出界定，"立德谓创制垂法，博施济众"；"立功谓拯厄除难，功济于时"；"立言谓言得其要，理足可传"。在后人对"三不朽"的解读中，"立德"一般是指道德操守而言，"立功"指事功业绩而言，"立言"指把真知灼见形诸语言文字，著书立说，传于后世。当然，无论"立德""立功"或者"立言"，其实都旨在追求某种"身后之名""不朽之名"。而对身后不朽

① 龚群：《人生论》，213页，北京，中国人民大学出版社，1991。
② 《左传·襄公二十四年》，见（清）洪亮吉：《春秋左传诂》下，567页，北京，中华书局，1987。

286

之名的追求，正是古圣先贤超越个体生命而追求永生不朽、超越物质欲求而追求精神满足的独特形式。

斯迈尔斯在《品格的力量》一书中论及精神和品格的不朽。他说："一个伟人的生涯就是一座人类力量的不朽的纪念碑。伟人虽然已经逝去，但是他的思想和行为依然常存，在人类历史上打下了不可磨灭的烙印。因此，他的精神将会永远地延续下去，作为思想和意志的楷模，在将来人们的品格的形成中发挥作用。那些品格最为高尚的人，是人类进步的真正的灯塔。他们就像高山之巅的灯光，在自己的周围营造了一种良好的道德氛围；而且他们的精神之光也继续照耀着一代代后来者的心灵。"又说："体现在思想和行动之中的品格是永垂不朽的。一个伟大思想家个人的思想会数百年扎根于人类的心灵，并最终在人们的日常生活和实践中发生作用。它会跨越时间的长河，仿佛是一个来自逝者的声音，影响相隔数千年的人们的心灵。"① 德性的不朽意味着那些真正为人类所需要的德性自会穿越历史的风云而具有恒久的价值，永远活在人们的心灵中，并成为激励人们前行的价值之源。

3. 终极关怀的精神追求

终极关怀不同于临终关怀（hospicecare）②。临终关怀是指为临终病人及其家属提供全面的照护，包括医疗、护理、心理、精神等方面，以使临终病人的生命受到尊重，症状得到控制，心理得到安慰，生命质量得到提高，同时也使患者家属的身心健康得到维护。临终关怀是生命伦理学意义上的对临死者的关怀，是关怀者本着人饥己饥、人溺己溺、感同身受的心怀，协助病患在人生落幕时的身心安顿，让人生结束的刹那能够了无遗憾，安详、和谐、平静地走完应走的过程。

终极关怀（ultimate concern）是人对人生价值和生命意义的终极性思考和关切，是人类超越有限追求无限以达到永恒的一种精神渴望。"终极关怀"不但指人们的关心和期待，而且有生存性的意义参与其中。蒂里希说，关怀"意味着我们涉足于其中，意味着我们带着心思参与了它们"③。"终极关怀"一词指出了关怀的两个方面：被关怀的对象和他的关怀之过程的关系。从被关怀的

---

① ［英］斯迈尔斯：《品格的力量》，宋景堂等译，20页，北京，北京图书馆出版社，1999。

② 对"hospicecare"，我国内地与港台学者的译文略有差异，香港地区学者译为"善终服务"，台湾地区学者译为"安宁照顾"，但其内涵都同出一辙。

③ Paul Tillich, *The New Being*, SCM Press Ltd, 1956, p. 153.

对象意义来说，终极是一种存在，一种作为关心和期待的目标的对象性存在。这是关心和期待的前提。没有它，就没有作为过程和关系的关怀的存在。从关怀的过程和关系来看，终极本身指的就是一种无止境性，一种作为无限过程的存在状态。它总是处在奔向目标的过程和关系之中。没有它，也就没有作为对象和目标的关怀存在。关怀的对象和关怀的过程是两个带有无限性质的绝对。终极关怀是人们不能随便超越和选择的，是人们不能不关涉的关心。对于人来说，此关心是无条件的，是人的根源性关心，是其他一切关心行为的出发点和归宿。这样的一种关心，可以称为"终极关怀"①。对生命本源和死亡价值的探索构成人生的终极性思考，这是人类作为万物之灵长的哲学智慧；寻求人类精神生活的最高寄托以化解生存和死亡尖锐对立的紧张状态，这是人的超越性的价值追求。只有终极关怀才能化解生存和死亡、有限和无限的紧张对立，才能克服对于生死的困惑与焦虑。终极关怀就是人的存在意义的决定者。若不是对我们的存在具有提供生存力量的本源性基础，就不能成为人类的终极关怀。终极关怀是人类超越生死的基本途径。

人类的终极关怀有三种类型：宗教意义上皈依上帝的终极关怀，哲学形而上学意义上返归本原的终极关怀，伦理学人生哲学意义上发扬人生之道的终极关怀。

宗教是宇宙与人生最先与最终的关怀，是以教义为起点，以生命为中心，关键在于敬虔。信仰活动关注终极生死的问题，以获得生命的真知，体会生死的智慧，以便能在精神上超越死亡，彻底解决生死问题，进而追寻具有永恒、绝对、无限、不朽的终极实体或终极世界（如上帝、天国，等等）。蒂里希指出："宗教，就这个词的最广泛和最根本的意义而言，是指一种终极的眷注。"② 因为宗教指向人类精神生活中终极的、无限的、无条件的一面，它居于人类精神整体中的深层。皈依上帝的终极关怀就是把宗教信仰作为基础，以上帝为最后的精神寄托，用臆想的彼岸世界来吞没现实世界以消弭生死的矛盾，将生死完全委付给神，使生命完全屈从于神，使有限的卑微的个体以与神同在，以成为上帝的仆从的方式获得无限和永生。

哲学是宇宙与人生最根本问题的思考，是以问题为出发，以思想为中心，关键在于理性。通常哲学的根本问题是终极的问题。从古希腊巴门尼德提出"存在"的哲学命题，到莎士比亚笔下的哈姆雷特说出"生存还是毁灭，这是

---

① 参见王珉：《论蒂里希的终极关怀思想》，载《学术月刊》，2000（3）。
② ［美］蒂里希：《文化神学》，陈新权等译，7页，北京，工人出版社，1988。

个问题"的经典名句，"存在"的问题曾经引发多少思想家的睿智思考。"存在"的问题是西方形而上学中最为复杂和最为核心的问题。人不仅对自己为什么存在感到惊异，同时也对自己最终要走向的那个幽暗的"非存在"感到震骇。这样的人类情结，深深地萦绕在人的精神深处。人类所追寻的精神的原乡，就是终极的关怀。返归本原的终极关怀就是追溯世界本原，以抽象的道来代替虚拟的上帝作为人类精神生活的最高寄托，如哲学通过建构理性世界以观照现实世界的方式来消除有限与无限的矛盾。

发扬人生之道的终极关怀把道德看得比生命更高贵、更重要，追求天人合一、内圣外王乃至为万世开太平成为精神世界的真正依托。蒂里希认为："人最终关怀的，是自己的存在和意义。'生，还是死'这个问题，在这个意义上是一个终极的、无条件的、整体的和无限的关怀的问题。"[1] 人生于世总有各种各样的价值追求，对于每一种价值和意义追求，人们都可以问一个"为什么"，而对于每一个"为什么"还可以继续追问"为什么"。"这一连串追问的结果，就追问到了最根底处。这个最根底处，就是人生的终极价值，或者说就是人生的终极根基。人们对人生终极价值的思考和关切，就是终极关怀。"[2] 按海德格尔的说法，死亡并非是在遥远的终点等待我们的坟墓。生与死，一体两面，同在我们的生命之中。非存在并非单指人的死亡。毁灭人的另外两柄利斧远比人的自然死亡要锋利得多。一为生存的无意义，二为人对未来的绝望。为了化解人生的种种无意义，人类必须超越个体的狭隘性和有限性，从类存在中找到存在的意义，建构人生的价值体系，其中包括挺立爱的伦理精神，从生命的终极关怀上凸显对人类整体乃至对天地万物的爱。这其实就是将小我寓于大我之中，通过对大我的关怀确立生命的意义。亦即一滴水只有放进大海里才能永远不干，一个人只有将其与他所从属的群体连接起来并归于同一才能真正超越个体的无意义或价值的缺失。爱他人、爱群体、爱人类成为人们终极关怀的丰富内容。

这三种类型的终极关怀对生死矛盾提供的解决方式在某种程度上都是有效的，都在追索人生最高价值的过程中以不同的方式实现了生死的超越，但无疑都是抽象的。

现代人常常沉溺在物质和欲望的世界，忽视甚至失去精神和心灵的终极关

① Paul Tillich, *Systematic Theology*, Volume 1, The University of Chicago Press, 1951, p.14.

② 沈晓阳:《关怀伦理研究》，141 页，北京，人民出版社，2010。

怀，因而导致了现代人的种种精神扭曲、心灵冲突和信仰灾难。社会大众有必要重新关怀"终极"，让人们透过哲学伦理学的"终极关怀"的实践，使人们的精神生活具有崇高的目标，追寻生命的理想，使"精神""灵魂"恢复其原有的崇高与神圣。终极关怀的实践是人生中一辈子的追寻，需要从哲学伦理学等方面来努力。终极关怀对于开拓、发展人的精神世界，发挥其本体论承诺的价值目标、提升真善美的人生境界、为人类寻求精神家园，都具有显著的现实和理想的作用。

【思考与练习】

1. 什么是道德心理？如何把握道德智慧与道德知识的关系？

2. 什么是道德行为？道德行为的特征是什么？

3. 什么是道德品质？当代社会所最为需要的道德品质有哪些？

4. 什么是理想人格？怎样理解德性的不朽？

第十章　道德评价、道德教育与道德修养

个体道德实践以道德行为及其选择为基础，以道德品质的形成和锻铸为重点，以道德评价为中介，进而诉诸道德教育和道德修养，目的是培育理想人格，追求高远境界。道德行为、道德品质和道德人格都是反映个体道德的范畴，属于"德性论"或"美德论"系统，而道德评价、道德教育、道德修养则属于"功夫论"或"方法论"范畴，其目的在于激励道德行为，锻铸道德品质，培育高尚人格。从某种意义上讲，道德行为、道德品质与道德理想人格，属于个体的实质道德，而道德评价、道德教育和道德修养则属于形式道德或工具道德。

道德评价、道德教育与道德修养，整体上可归属于个人道德的功夫论或工具论。它们是形式理性或工具理性，指向的实质理性或价值理性只能是人的德行、德性与道德人格，是为人的德行、德性和道德人格服务的。

第一节　道德评价

道德评价是社会道德活动的重要方式之一，它通过对道德行为的善恶性质的判定和道德责任的划分，通过对善行的赞扬、褒奖和对恶行的谴责、贬斥，激起人们的荣辱感和道德责任心，从而使人自觉地向善避恶、扬善抑恶。在社会生活中，道德评价是一定社会或阶级的道德原则和规范发挥作用的重要杠杆，对于发挥道德的功能和作用、调节人与人之间的关系，对于个人道德品质的形成、社会道德风尚的改善，以至对道德从实有到应有的转变等都具有重要意义。从某种意义上说，没有道德评价就没有道德。

一、道德评价的含义、特征与作用

在社会生活中，每个人总是要和他人或社会发生这样或那样的关系，总要在个人利益与他人利益或社会利益中，作出这样或那样的选择，总是自觉或不自觉地根据自己的道德观点去评价别人的行为，衡量自己的行为，进行着道德评价。

1. 道德评价的含义

道德评价是人们在社会生活中依据一定的道德准则规范体系，通过社会舆

论、传统习俗和内心信念等方式，对自身、他人或群体的行为、品质等各种道德现象，作出的善或恶、正或邪、道德或不道德的价值判断。道德评价的实质，在于通过对人们的行为进行道德上的善恶判断，向人们传递关于其行为价值的特殊信息，使他们感受到道德上的谴责或赞许，自觉地调整自己的行为，从而影响整个社会的道德风尚，充分发挥道德原则、道德规范和道德要求的社会功能。道德评价的形成往往不仅来自对行动、条件的判断，而且来自感情—意志上的反应，来自准则性的命令。"道德评价可以向人们传递关于他们行为价值的特殊信息，迫使他们在一样的心情上共同感受道德谴责或道德赞许。"①道德评价常常借助于道德谴责或道德赞许表现出来。一般来说，道德谴责是对不符合道德准则的现象或行为的批评、抨击和情感上的嫌憎与愤怒，道德赞许则是对符合道德准则的行为或现象的肯定、表扬和情感上的接纳与认可。

从"应然"的角度而论，道德评价主要有三方面的任务：第一，判明各种社会道德现象的善恶是非，形成关于什么是善、什么是恶、什么道德、什么不道德的社会舆论和社会心理，在人们心中确立起某种道德标准。这一任务，是完成其他任务的前提。第二，确认人们行为的责任，促使人们形成强烈的道德责任感，这种责任感使人对善的行为作出心灵的赞许，对恶的行为及其不良后果产生发自内心的反省，还使人对自己行为的道德后果的关心成为一种深入内心的力量，形成正确评价和选择自己行为的指南和动力。第三，判断人的行为的道德价值。通过对人的行为的道德价值的高低、正负的认定，判断一个人的道德水准和品质，以扬善抑恶，淳化社会风气。

2. 道德评价的特征

道德评价是人类社会活动中一种特有的评价活动，与其他社会评价相比，具有自身的特点：

在评价对象上，道德评价以人具有道德意义的行为作为评价对象。在现实生活中，人们的行为是广泛多样的。各种社会行为都是特定的社会评价活动的对象，而道德评价的对象则是人们生活中那些具有道德意义、有利或有害他人或社会的行为。当然，由于人们的行为具有多方面的意义和性质，道德行为往往和其他行为相互结合、相伴而生。因而对同一行为的评价，可以从不同角度、不同侧面进行多方面评价，而道德评价则是从行为本身所具有的道德意义方面进行评价，那些不具有道德意义的行为，则不能成为道德评价的对象。

---

① ［苏联］季塔连科主编：《马克思主义伦理学》，愚生、重耳译，120 页，上海，上海译文出版社，1981。

在评价标准上，道德评价以善恶标准作为评判人们行为的最一般标准。道德评价作为一种价值判断，不同于一般的事实判断。事实判断只是对事实作出陈述，客观地反映事实对象自身的性质和状态，结论是"真"或"假"。道德评价则不仅仅是陈述事实，更重要的是从评价主体的需要或价值观出发，对一定事实的性质和状态进行价值分析，结论是"应当"或"不应当"，"善"或"恶"。善恶是道德评判人们行为的最一般标准。当然道德评价离不开相应的道德事实，它总是以科学的事实判断为基础和前提的，事实判断的真假、对错总会这样或那样地影响和规定价值判断的性质和方向，离开了事实判断的价值判断必然会陷入主观唯心主义的深渊。

在评价方式上，道德评价以社会舆论、传统习惯、内心信念等方式对各种不同行为进行评价。通过采用社会舆论、传统习惯、内心信念等方式，道德评价一方面使社会道德原则和道德规范内化为人们的内心信念，形成一定的道德意识和道德品质；另一方面，使个体的道德意识和道德品质外化为一定的道德行为，形成一定的道德习惯，实现道德从实有到应有的转化。

在调节范围上，道德评价是一种具有广泛影响力的社会精神评价。道德评价作为一种客观存在的精神力量是看不见、摸不着的，但却无处不在、无时不有。它不仅渗透到社会生活的各个方面和层面，而且也贯穿于人类社会发展的各种社会形态之中。道德评价与其他社会评价不同，它是依据一定社会的道德准则，运用善恶范畴，对人一切有道德意义的行为进行价值分析，确定人们行为的善恶性质，从而达到扬善抑恶的目的。它不仅可以调节人与人（人与他人、人与群体、人与社会）之间的一切社会活动关系，甚至还包括人与自然、人与自身的各种关系，因而道德评价对人们行为的调节作用和影响力，要比政治评价，法律评价等社会评价广泛得多、深刻得多。

3. 道德评价的作用

道德评价对道德行为进行全面考察并作出裁决，分析判断哪些行为是善的、哪些行为是恶的；对善的行为给予赞扬、褒奖，对恶的行为加以批评、谴责，进而帮助人们明确自己承担的道德责任。它可以揭示一个人行为的善恶价值，判明这些行为是否符合一定的道德原则和规范，是否符合道德理想，从而通过社会舆论和内心信念，形成一种巨大的精神力量，弃恶扬善，以调整人与人之间以及个人与社会之间的关系。

其一，道德评价是一定社会或一定阶级倡导的道德规范的实践基础。追溯人类道德活动的历史，人们不是先有了道德规范，才进行道德评价活动的。相反，人们是在自身行为、品质和思想的善恶是非的反复判断过程中，逐步形成关于什么是善、什么是恶、什么是道德、什么是不道德的价值观念和社会舆论，才进而确立起一定社会或阶级的社会准则和行为规范的。所以道德评价是一定道德规范形成的实践基础。

其二，道德评价是使一定的道德原则和规范发生作用的"杠杆"，是使道德规范转化为道德行为和道德品质的重要环节。道德作为调整人与人之间行为规范的总称，它在社会生活中的调节、激励、教育作用，主要是依靠道德评价来实现的。一定社会的道德原则、规范只是向人们提出了行为的价值目标和行为准则，要使道德原则和准则变成行为者的内在信念，实现从他律向自律的转换，就必须通过道德评价。一方面，道德评价本身就是一种道德活动，是社会舆论、传统习惯、内心信念这些维护道德原则规范的力量的实现；另一方面，道德评价通过对人的行为进行道德价值的认定，可以激励人们按照道德原则去行动，从而使道德原则和规范不致停留在观念形态上，而是可以转化为道德行为和品质。因此道德评价的过程，既是人们推行、宣传、灌输道德原则和规范的过程，也是人们接受一定道德要求的过程。一定社会的道德原则和规范被人们所接受的程度，及其发挥作用的大小，直接取决于人们的道德评价的自觉性和能力，以及道德评价的深度和广度。没有道德评价，就没有道德作用的发挥。

其三，道德评价是裁决判明行为与品质的"道德法庭"。道德评价的首要任务，就在于判明人们行为的善恶价值。它主要是通过社会舆论和内心信念来实现的，前者可看作是"公审"，后者可看做"自审"。道德评价对于行为善恶的裁判，特别是个人在自己的内心信念已成为强烈的责任感时，对行为善恶的自我判断，往往比真正法庭对行为有罪无罪的裁判，要严厉得多、公正得多、深刻得多。因此，广泛地开展道德评价活动，要比一般地传授道德认识更有利于提高人们识别善恶的能力，增强人们的善恶观念。

其四，道德评价是倡导良好社会氛围的有力手段。道德评价是通过扬善抑恶的功能反作用于社会群体，为社会群体树立道德典范和道德榜样，促使人们对善的行为产生道德上的向心力，自觉养成良好的道德行为习惯，面对恶的行为及其不良结果进行批评和谴责，使社会正气得到扶持和鼓励，歪风邪恶受到抵制和打击，从而净化社会风气，淳化社会道德环境。因此，道德评价是改造社会风尚、提高社会道德水平、形成良好社会风尚的有力武器。

在现实生活中，正是通过道德评价，人们才懂得什么是善，什么是恶，什么是应该做的，什么是不应该做的，从而肯定善行，坚持善行，否定恶行，消除恶行。所以，道德评价既具有激励人、鼓励人多做善事的功能，又具有规劝人、使人自觉抵制各种不道德行为和思想的作用。同时，道德评价还能深入人们的内心，引起良心内省，唤起人们的道德责任心和荣誉感，从而促使人们自觉地调整自己的行为，逐渐在分清善恶是非的基础上培养高尚的道德品质，形成高尚的道德人格。

二、道德评价的类型与手段

道德评价的类型可以分为自我评价和社会评价，手段包括社会舆论、传统习惯和内心信念。

1. 道德评价的类型

按照道德评价中主体和客体的关系，可以把道德评价活动划分为社会评价和自我评价两大类型。

道德的社会评价是指社会、集团依据当时社会或阶级的道德原则、道德规范体系对行为当事人的道德行为进行善恶判断与道德裁决的过程。它以一定道德规范或传统习俗为依据，以社会风尚，以发生的具体行为、人们活动表现出来的品质，甚至可感知的活动意向为对象，通过对这些现象表示褒贬、毁誉的群众舆论或活动，向当事人传递善恶信息。在社会性评价中，行为当事人作为被评价的客观对象，与作为评价主体的社会、群体、他人处于不同的角色地位。

道德的自我评价是指行为者本人依据自己的道德信念，对自己已发生的或即将发生的行为以及自己的内在动机进行自我检查，作出善恶判断。"在进行自我评价时，个人以一定程度的彻底性和清醒的头脑使自己面向自己用之于别人的那种评价。"[①] 自我评价的主要特点就在于行为当事人既是评价的主体，又是评价的客体，是一种"自己跟自己打官司"或"自我审判"的道德自律活动。

道德的社会评价和自我评价是相互联系、相辅相成的。自我评价可以从社会评价中，得到善恶的价值信息，产生或增强责任心和荣辱感，提高识别和判断善恶的能力；社会评价，只有为社会成员的自我评价所认同，并在行为当事人内心引起情感的共鸣，才能发生有效的作用。为此，在现实道德生活中，将社会评价和自我评价两者有机地结合起来，是发挥和提高社会主义道德评价作用的关键。

---

① ［苏联］季塔连科主编：《马克思主义伦理学》，恩生、重耳译，120 页，上海，上海译文出版社，1981。

2. 道德评价的手段

道德评价的实现途径或方式，主要包括社会舆论、传统习惯和内心信念。相对于被评价的行为当事人来说，社会舆论是来自于外部的因素；内心信念是自身内部的因素；而传统习惯则既可能是行为当事人之外的因素，也可能属于行为当事人自身的因素，它们共同地、分别地实现着对特定道德现象的社会的和自我的道德评价。

（1）社会舆论

所谓"社会舆论"，就是针对特定的现实客体，一定范围内的"多数人"基于一定的需要和利益，通过言语、非言语形式公开表达的态度、意见、要求、情绪，通过一定的传播途径，进行交流、碰撞、感染，整合而成的、具有强烈实践意向的表层集合意识，是"多数人"整体知觉和共同意志的外化。社会舆论是社会意识形态的特殊表现形式，指相当数量的公民对某一问题的共同倾向性看法或意见。往往反映一定阶级、阶层、社会集团的利益、愿望和要求。其精神内核是群体意识。其现象外观是议论形态。往往以拥护或反对、赞扬或谴责的方式对某一公共问题作公开的评价。

社会舆论有两种主要形式，一是主导性舆论，即人们常说的官方舆论；二是自发性舆论。所谓"自发性舆论"是社会群众个体之间在一定的范围内，直接凭借传统经验及个人特定观念自发表达和流传的对某些事物的评价性看法和倾向性态度。

（2）传统习惯

传统习惯主要指人们在长期社会生活过程中逐步形成和积累起来的，已被人们普遍认可和熟悉的一些日常的、稳定的道德经验、道德常识、道德情感、道德行为方式及道德观念等。风俗是特定社会文化区域内历代人们共同遵守的行为模式或规范。人们往往将由自然条件的不同而造成的行为规范差异，称之为"风"；而将由社会文化的差异所造成的行为规则之不同，称之为"俗"。"俗"的地区性差异，主要因"风土"因素造成，故俗常与"风"相系，《新论·风俗篇》云："风者气也，俗者习也；土地水泉气有缓急，声有高下，谓之风焉；人居此地，习以成性，谓之俗焉。"[1] 此即所谓"千里不同风，百里不同俗"。如果说"风"是指因水土、气候、物产等自然条件而形成的"风气""风尚"，那么"俗"则是指由于社会生活条件（饮食、衣着、语言、人情）而

---

[1] 桓谭：《新论·风俗篇》，见《中国风俗通史》"序"，1~2页，上海，上海文艺出版社，2003。

形成的行为习惯或习俗。风俗，是在一定地区范围内传承、流播及于其社会族群或集约人群的、在相对社会历史条件下自发约定、重复习行的生活风尚和习惯。

　　传统习惯，即传统习俗，是人们在长期的生产生活实践中自发形成的具有相当稳定性和传承性的风俗习惯，渗透在人们生活的各个方面，并成为制约其行为的重要力量。"这一传统与他们的任何其他行动和信仰一样生动且富有生命力。它是现存的过去，但它又与任何新事物一样，是现在的一部分……人们会把传统当做理所当然的东西加以接受，并认为去实行或去相信传统是人们该做的唯一合理之事。"① 传统习惯不是从外部灌输或强加给人们的，而是来自人们在生活过程中的直接体验和行为积累。它存在于社会生活的每个角落，并对人们日常行为予以约束或激励，给人们启蒙教育及生活习惯以促进或制约。它是社会发展的动力器，也是人们意识根深蒂固的纽带。传统习惯无处不在，无时不影响着人们的生活现状和行为模式。

　　（3）内心信念

　　人们内心形成的对某种观点、原则和理想等所具有的热忱和强烈责任感，被称为内心信念。内心信念是人们在一定的认识基础上，对某种思想理论、学说和理想所抱的坚定不移的观念和真诚信服与坚决执行的态度，是一种综合的精神状态，是认识、情感和意志的融合和统一。在本质上，内心信念表达的是一种态度和精神状态，强调的是情感的倾向性和意志的坚定性，它超出单纯的知识范围，有着更为丰富的内涵，成为一种综合的精神状态。

　　内心信念是人们的一种内在的需要，在此支配下，人们必然遵循道德原则、规范，履行道德义务。同时它又是人们评价自己行为的唯一精神力量。从道德评价的方式看，社会舆论和传统习俗属于社会性评价力量，对个人来讲，是一种外在的影响；而内心信念则是一种发自内心的道德评价方式，是从人们内心所产生的对某种道德义务的真诚态度和责任心，是道德认识、道德情感、道德意志在个人意识中的统一。内心信念是人们对于自己行为进行评价的重要方式和内部力量，常常以良心的形式表现出来。良心作为人们在履行道德义务的过程中所形成的道德责任感和自我评价能力，能够使人在行动之前自觉地选择对人民对社会有益的行为，在行为过程中监督勿要偏离既定的方向，在行为之后对自己行为效果进行评价，以此来指导自己的行为，自觉地避恶从善，与

① ［美］爱德华·希尔斯：《论传统》，傅铿、吕乐译，13页，上海，上海人民出版社，2009。

一切错误言行进行斗争。

在道德评价活动中，社会舆论、传统习惯和内心信念这三种手段是相互凭借、相互转化、相互促进的。

三、道德评价的依据

道德评价的标准是善恶，那么依据什么来判断善恶呢？伦理学史上产生的动机论和效果论即对判断善恶依据的回答。马克思主义既不赞同动机论，亦不赞同效果论，主张以动机和效果的辩证统一来判断行为的善恶。

1. 动机论与效果论

动机和效果是行为过程中的基本要素，是判断行为善恶的基本根据。所谓"动机"，在伦理学意义上，是指行为主体在同社会和他人的关系中，自觉追求一定目的的自觉愿望或意图，是道德行为的思想动因。在现实生活中，动机是由人们的利益需求所决定的，常常以兴趣、欲望、理想、爱好等形式表达出来，它是行为主体促使、激发、指导和维持其自身行为的一种内在的心理状态、思想情感、道德认识和精神力量。所谓效果，在伦理学意义上，是指在一定的动机支配下，行为主体的个别的或一系列的实践活动，对社会或他人产生的客观结果或后果。

对人们行为的评价，究竟应根据动机，还是根据效果？抑或动机和效果的统一？对此，中外伦理思想史上进行了长期的争论，形成了动机论和效果论两大派别的对立。

动机论是一种与"效果论相对"的关于道德评价根据的一种学说，认为人的行为的善恶只取决于行为的动机，而与行为的效果无关；动机是评价善恶的唯一根据。在西方伦理思想史上，康德是动机论的著名的代表。他在《道德形而上学原理》一书中盛赞善良意志，指出："善良意志，并不因它所促成的事物而善，并不因它期望的事物而善，也不因它善于达到预定的目标而善，而仅是由于意愿而善，它是自在的善。并且，就它自身来看，它自为地就是无比高贵……自身之内就具有价值。"① 评价一个行为是不是善的、道德的，就看它是否出于纯粹的善良动机，至于行为的结果如何，则是无关紧要的。

与动机论截然相反，效果论认为，只有行为的实际效果才是道德评价唯一真实的根据。在西方伦理思想史上，近代英国的功利主义者边沁和密尔是著名的效果论代表。密尔认为，产生好的效果的行为，不管动机如何，都是好的；

---

① ［德］康德：《道德形而上学原理》，苗力田译，43页，上海，上海人民出版社，1985。

反之则是坏的行为。他举例说，有人下水救起了溺水的小孩，这一行为的客观效果是好的，无论救人者的动机是出于道德良心，还是希望因此得到他人的回报或感谢，救小孩这一行为都是道德的。就此而论，一个行为之所以是善的、道德的，就在于它带来了好的效果，而与行为的动机是否善良无关。

动机论和效果论，看起来极其尖锐对立，实际上，在认识论上犯有同样的错误，这就是：把复杂的善恶根据简单化，把道德行为过程的某一因素绝对化，没有认识到动机和效果之间既相区别又相统一的辩证关系。

2. 动机与效果的辩证统一论

马克思主义伦理学克服了动机论与效果论的片面性，科学地阐述了动机与效果的辩证关系。毛泽东指出："我们是辩证唯物主义的动机和效果的统一论者。为大众的动机和被大众欢迎的效果，是分不开的，必须使二者统一起来。"[①] 动机和效果既相互区别、相互对立，又相互联系、相互统一。

就其区别而言，动机是趋向一定目的的主观意向或愿望，效果是行为主体的道德实践活动所产生的客观结果或后果。在特定范围内，动机和效果有明确的界限，动机是行为的起点，效果是行为的终点；动机是行为的主观动因，属于意识范畴，效果是行为的客观结果，属于物质范畴；动机不仅产生在行为结束之前，而且也存在于行为之中，效果则产生在行为结束之后；动机可以预测行为的过程，效果则体现行为发生、发展的过程。

就其联系而言，动机和效果是相互包含、相互依存的。动机是效果的行动指导，人的任何行为都是由一定的动机引起的，没有无动机的活动。人们无论做什么事情，其活动本身就内含着对某种效果、目的的期望和追求。只要是正常的人，其行为就要受动机的支配。同时，效果是动机的行动体现，任何效果都是在一定动机的支配下，通过一定的实践活动达到的。

动机与效果统一的基础是实践。动机和效果在实践基础上相互转化。在一定条件下，动机可以转化为效果。动机作为主观的东西，一定要转化为相应的效果，才能完成动机的作用。事实上，只要一定的动机见诸行动，而行动又必定造成一定的结果或后果，那么动机就必然转化为效果。同样，在一定条件下，效果也可以转化为动机。在人们的道德实践中，行动获得了效果，满足了人的某种需要，这一能满足人的需要的效果，就会转化为下一次的动机。而下一次行为动机又会转化为新的效果，新效果又会产生新的动机。因此，动机和

---

① 毛泽东：《在延安文艺座谈会上的讲话》，见《毛泽东选集》第 3 卷，868 页，北京，人民出版社，1991。

效果总是相互转化的,总是沿着动机——效果——动机——效果的路线不断发展、不断前进。

当然,在现实的道德生活中,动机和效果的统一是充满着各种复杂差异和矛盾的统一。我们不能将动机和效果割裂开来,犯动机论和效果论的错误;但也不能教条式地看待动机和效果的统一,而将这一统一视为静态的、径直的,不具有实践基础的统一。在复杂的社会生活中,面对各种动机和效果或在质上,或在量上不一致的情况,要坚持在实践的基础上,全面、细致、深入、长远地考察行为的动机和效果。既坚持动机和效果的辩证统一,又坚持道德评价活动中有所侧重,具体问题具体分析、具体对待,才能作出公正和正确的评价。

第二节　道德教育

社会发展到今天,道德教育已成为人们的一种生活方式。无论是"我要道德"或"要我道德",道德教育都发挥着重要的功能效用。道德教育在素质教育、成人教育和人文教育中所起的作用越来越明显。"道德教育学之父"埃米尔·涂尔干在波尔多大学给学生讲授《道德教育教程》时说:"我现在以道德教育问题作为讲课的题目,其原因不仅因为道德教育历来被教育者看成是一个最重要的问题,还因为道德教育问题在今天特别迫切需要予以解决。"[①] 从某种意义上说,不重视道德教育,就难以培养真正的优秀人才和推动社会的道德进步。

一、道德教育的内涵、本质与特征

道德教育是主客体相互作用、相互影响的过程,也是社会道德个体化和个体道德社会化的过程。它本质上是一种引导、规劝和督促的养成式教育,渗透于人们心理的知、情、意、行等各要素之中。

1.道德教育的含义

道德教育是指一定社会或者阶级为了使人们遵循其道德原则和规范,自觉地履行相应的道德义务,而有组织、有计划地对人们施加系统的道德影响的活动,是教育者按一定社会或阶段的思想道德要求,对受教育者进行观念上、心

---

① 参见张人杰主编:《外国教育社会学基本文选》,389页,上海,华东师范大学出版社,1989。

理上的教育和影响，把一定的道德观念、道德要求、行为规范转化为受教育者的认识、观念、思维方式、品格和行为的社会活动。

道德教育不同于社会生活的其他领域，它是以对人的精神成长产生影响为目的的，以对人社会生活观念的改变与形成宗旨的社会活动。道德教育一方面要对学习者进行一定社会的道德观念、意识和道德要求的教育，在认识方面进行引导和教育；另一方面对学习者心理活动相关的需要、动机、性格、个性心理等方面进行积极的影响。在道德教育中，观念的引导与心理上疏导、影响，二者是相辅相成的。此外，道德观念、思想意识和道德要求等外部要求要被接受，必须通过学习者的心理活动才能内化，如果不注重对学习者心理的疏导、影响，观念无法内化，也就不能达到预期的目的。

道德教育是教育者和学习者双方共同活动的过程。教育者对思想道德教育所设计的教育目标、内容，包括道德观念、道德要求、行为规范等，要通过教育活动转化为学习者的认识、观念、品格、思维能力和行为，才可谓完成了教育的全过程，达到了预期的目标。道德教育的目的是综合性的，它强调人的全面发展，达到思想观念的现代化，具备健全的精神和高尚人格、培养有科学的思维方式与合乎社会规范的行为方式。只有把一定社会的要求，转化为个体的认识、观念、品格、思维能力和行为，促进了个体的综合发展，即个体个性化和社会化，才达到了道德教育的目的。

道德教育是人的社会化和社会生活的集中反映，受到社会存在和社会物质生活条件的深刻影响和制约。首先，社会存在是道德教育的基础与前提。人类的社会存在，人类的社会实践和物质生产是道德教育主体和客体赖以存在的前提。没有社会存在，道德教育就没有了它产生的物质基础。其次，一定社会的要求决定了道德教育的目的和内容。道德教育受社会道德、经济、文化的制约，又推动社会道德、经济、文化的发展，必然有十分鲜明的时代特征、地区特征和民族特征，与不同时代，不同社会的道德、经济制度以及文化、习俗相适应。最后，道德教育的目的、内容随着社会的发展不断地更新。道德教育是个体与群体生活的共同需要，是实现人的社会性价值的中介。从个体的角度，个人获得必要的社会生活观念，养成所在群体能够宽容或提倡的行为方式，个体才能被群体接纳，同时满足自己归属与尊重的需要；对于社会群体而言，只有社群的人员之间能够在某些观念上达成一定的共识，群体间的交往与合作才能成为可能。

道德教育的目的就是要培养出既有能力改造自身，又有能力改造环境和社会的新人。这就是说，道德教育既要重视培养个人的道德，同时还要关注社会的变革，以使受教育的人具有促进社会变革的能力。道德教育的目的不能仅仅要求学生接受几条道德规范，道德教育目的必须面对日益复杂的信息环境，培养学生的道德判断和选择能力，这种能力是学生优良道德品质的集中体现。道德判断和选择能力依赖于学生道德主体性的发展水平。道德主体性是比道德判断和选择能力更高层次的素质，具有道德主体性的个体不仅在面对复杂的信息时能够进行判断和选择，而且具有创新的能力，即敢于提出新的行为准则，这种行为准则是现有社会准则不曾有的，并将被其他人所仿效。所以，学生的道德主体性一是指在各种道德准则面前的主体性，即在各种不同道德准则发生冲突时能作出正确的判断和选择，采取正确的行动；二是学生在面对道德困境时提出新行为准则的能力和勇气。道德教育的目的应定位于培养学生的道德主体性。

2. 道德教育的本质

道德教育的本质与道德的本质密切相关，它也具有自己的主体性本质和实践性本质。道德主体性本质决定了道德教育必须是主体性的教育，没有主体对社会道德的服膺与信服，就没有主体自觉自愿地接受道德的约束，更谈不上达致慎独的境界。主体性的发挥离不开主体的道德自由。自由意志与自我意识是道德存在的基本前提。因而，生活化的道德教育应是人性化的教育和自由精神的教育，应从"服从""听话"式教育转向服务生活的做人教育和个性培养。因为德性在自我发展的意义上是超越，而在生活意义上是做人，学会做人才是生活的根本，才能唤起被教育者对道德的内在渴望和真切向往。内蕴生活旨趣的道德教育，不仅强调对道德义务的自觉，而且强调对道德权利的支配，它给被教育者更多的道德思考空间、道德判断和选择的权利。道德的发展不是表现为个体能够被动地接受道德制约或内在本能地充分发育，而是表现为对道德的主动把握、建构以及自主地实践道德生活的能力。

道德的实践性本质决定了任何一种知识性的或理论性的道德教育方式要想发挥作用，最终达到影响个体德性的目的，都务必化为主体的活动或实践，通过活动或实践才能产生教育的效果。所以，不仅道德教育的理论课程要通过学生的实践活动实现其价值，而且其他各学科的"教育性""思想性"也只能通过学生的实践活动才能实现。

道德教育的主体性本质与实践性本质揭示出道德教育与生活的内在联系，意味着道德教育是扎根生活、呈现生活并以提升和完善生活为主旨的德化教育。生活不仅是道德教育的丰厚土壤、主体内容，是道德生命成长的田园和道德教育必须时时依托的基础或母体，而且也呼唤道德教育，渴望道德教育，赋予道德教育以内在意义和价值，并成为推动道德教育的动力源泉。道德教育是生活中道德目的和道德要求的体现，它使人的生活具有道德的韵味，塑造的是道德的生活。道德教育，旨在对生命中善、卓越和幸福的追求，这种追求的过程，就是生命展现的过程，即追求优雅生活和高尚生活的过程。

3. 道德教育的特征

道德教育是社会道德调控中一种最主要的形式。它相对于社会赏罚具有更大的广泛性和正面性，相对于社会道德评价具有更加明确的目的性和系统性。道德教育是采取合乎道德的方式以有价值的内容使受教育者达到善良目的并培育其优秀品德的活动。

道德教育具有强烈的实践性特征。道德教育主要不是形成一种知识体系，而是要形成一种道德的信念以及与此相应的行为方式、生活方式，要使学生过一种良好的、健康的道德生活。虽然知识的获得、道德认知能力的发展对于这种生活的理解和质量有重要影响，但其本身还不是道德生活，其对道德生活的价值最终要落实到道德生活的改进上，因为过一种好的道德生活意味着现实地履行自己的道德信念。

道德教育必须表现为生活世界和科学世界道德教育的整合。道德教育源于日常生活世界，是从日常生活世界中分离出来的，同时，它只有以日常生活世界为基础，才会有意义。道德教育包含了道德灌输，但是道德灌输并非道德教育的唯一方式。道德灌输不可能完成完整的道德教育任务，因为道德灌输常常缺乏对被教育者主体需求的真切理解和应有尊重。认知性的道德教育课程，只能教给学生知识性的道德概念，受教育者把道德理论、规范、准则作为知识掌握，获得的是"关于道德的观念"，而非内在于人的"道德观念"。即便是通过认知模式，形成了道德的认知、区分善恶的道德选择和判断能力，但这本身也消解了道德教育的实践性，导致"言""行"分离，甚至有"言"无"行"。真正的道德教育应当立基于主体实际的道德需求之上，重视日常生活世界的道德教育。

道德教育要直面生活中的问题，联系生活，贴近生活。道德教育要走出课堂，走出学校，弥散于被教育者生活的各个空间。因此，道德教育的语言要富有情感，富有生活、时代的气息。人们在完整的生活中，获得德性完满的、自由的发展，以此实现道德教育的目标。

二、道德教育的基本规律

道德教育是人类传承自身类本质的行为，也是个体成为真正人的必由之路。道德教育有自己独特的规律。开展道德教育，必须尊重道德教育的基本规律。道德教育的基本规律主要有主客体交替互动规律，道德教育过程的有机性与渐进性辩证统一规律，道德教育的规范性和引导性有机结合的规律。

1. 道德教育主客体交替互动规律

道德教育的过程既是教育者教授的过程，也是受教育者学习的过程，教育者与受教育者间主客体的交替互动成为道德教育的规律之一。就教授过程而言，教育者是教育的主体，其能动性的发挥直接影响到教育的成效。受教育者是教育活动的客体，它虽是活动主体的指向目标，但并不是被动的接收器。就学习过程而言，受教育者是学习活动的主体，主体的需要、兴趣、认知能力、价值取向、教育程度等对主体的学习主动性、选择性起着关键的制约作用。相对于受教育者的主体地位，教育者就是客体，它的能动性发挥调动着学习主体的积极性。为此，他们互为主客体，互为存在的条件。他们各自同时是这一活动的主体，又是另一活动的客体。这一规律意味着教育主客体应以平等性为基础，道德教育的有效性最终取决于学习主体与学习客体的相容程度。

主体与客体的相互关系是道德教育中最重要、最基本的关系。它贯穿于道德教育的全过程，存在于道德教育的一切活动中，决定着道德教育的方式与成效。一般而言，道德教育的主体是道德教育的发动者、组织者、承担者、实施者，是对一定客体进行教育活动的主体，具有主动性、主导性、创造性和超越性；道德教育的客体是道德教育的受动者和接受者，是教育主体的作用对象，表现为受动性、受控性和可塑性。作为有思想、有情感、有意志的人，教育客体同时也具有接受教育的主动性，甚至一定条件下具有进行教育与自我教育的主体性。

真正的道德教育是一种对话伦理，它将教育者和被教育者理解为交互主体，双方在对话和交往中形成的是"主体间性"，探求的是主体间的共同性和共通性。由于达成共识，对话伦理的真实意蕴是教育者和被教育者之间的道德对话。"对话的本质并非用一种观点来反对另一种观点，也不是将一种观点强加在另一种观点之上，而是改变对方的观点达到一种新的视界。"① 所以，对话是道德知识和观念得以被理解的终极背景。因为道德对话有助于更好地理解他人的境况和需求，以提供更好的建议；也可以在价值思想对话中互相学习，共同认知，最终达成满意的意见。道德教育向生活世界回归，是以生活为一致

① ［美］大卫·雷·格里芬：《后现代精神》，王成兵译，7页，北京，中央编译出版社，1998。

的平台，消弭对权威道德话语的盲从，以平等的心态在未来的维度上重建人与人之间的理解，让道德教育重新焕发人性的光辉与生命的活力。"交互主体性"反映了民主个性的本质，是现代道德教育的基本指向和基本规律。

2. 道德教育过程的有机性与渐进性辩证统一规律

道德教育过程的有机性体现在教育内容的系统全面上，也体现在诸教育要素的有机结合上。如道德教育目标、内容、手段与方式和反馈等之间的有机影响。道德教育过程的渐进性正是道德教育有机性的运动形式，它强调道德教育的展开要符合人的身心发展规律及认知规律。一方面，道德教育的切入点必须与特定对象的认识起点相同步；另一方面，道德教育的过程必须把握目标的"全面性"与阶段的"片面性"的关系。

坚持道德教育的有机性与渐进性辩证统一的规律，要求将显性教育与隐性教育、纵向教育与横向教育、校内教育与校外教育等有机地结合起来，以形成一个有机统一的整体。显性教育是一种公开的、直接的教育，它强调教育的灌输性和鲜明性，如学生上课、下课安排时间集中，便于集中、统一进行教育活动等；隐性教育是一种隐蔽的间接的教育，它强调教育的渗透性和艺术性，如同春雨润物，"随风潜入夜，润物细无声"，如实行学分制后，学生很难集中时间、空间进行道德教育，但可因人因时因地制宜，开展丰富多彩的渗透性教育活动。所以，现在更需要注重显性教育与隐性教育的结合。

3. 道德教育功能的规范性和引导性有机结合规律

道德教育的规范性，即强调个体对社会"标准化"的适应、服从。尽管不同的社会、不同的历史时期，社会的标准和法式是不同的、变化的，但任何时候、任何社会都不可能没有规范。道德教育的目的是促进个体的社会化，即从受教育者个体的成长成才的实际出发，通过道德教育，使受教育者将所学习、了解和掌握的社会道德规范内化为自己的思想认识和道德品质，然后付诸实践，外化为自身的行为和行为习惯，这实质上是将一个自然人逐步转化为适应社会环境、参与社会生活、履行社会义务的社会人的过程。在这个意义上，道德教育要发挥向个体传导社会规范的功能是必然的。

道德教育的引导性即强调对个体自主、自觉性的激发与疏导，要求应从传授道德知识和灌输现成结论，转移到培养学生的道德发展能力，全面满足学生的道德发展需要上，使其在纷繁复杂的社会现象面前，有能力自行判断和处置所面临的各种道德问题，学会自己去面对人生，自己去创造生活。尽管不同的个体所达到的水平、程度是不同的，但是，以激发个体能动性为前提的引导是教育，尤其是道德教育功能的重要方面。

完整的道德教育应当是规范性与引导性的有机契合，任何一种残缺和片面都会引致整体的破坏。

三、道德教育的载体与方法

道德教育作为改造人自身的一种活动，不仅需要教育者坚持和奉守道德教育的基本规律，而且要求有合适的载体和科学的教育方法。

1. 道德教育的载体

道德教育的途径包括正规化的与非正规化的途径两种，它们具体通过家庭教育、学校教育、职业教育和大众传播媒介等社会组织形式来进行。道德教育不是一种无需外部条件的抽象的、孤立的活动，它总是通过家庭、学校、社会三种基本载体对教育对象实行有计划、有组织的道德影响活动。

家庭作为个体和社会联系中出现最早的群体，是个体道德教育的摇篮。个体道德规范、道德观念的获得，人生态度、行为评价的初步形成等都源于家庭教育，父母是个体的第一任启蒙教师。由于家庭教育的早期性、家庭成员关系的密切性、父母对子女了解的深刻全面性等特点，使家庭在对个体道德教育中存在着特殊的影响力。第一，家庭教育对个体道德人格形成的影响是持久不间断的。个体道德认知、道德情感、道德意志和道德行为的养成是个长期不间断的教育过程，家庭教育天然的连续性为其提供了重要保证。第二，面对面的互动使家庭对个体的道德教育具有及时性和针对性。个体生活的基础在家庭，长期的朝夕相处使个体在家庭中的言谈举止是真实自然的。在日常生活中，父母可以针对子女的状况无时不在，有的放矢地进行道德教育。第三，家庭对个体的道德教育是以情感方式导入的，具有较强的感染力。家庭是个体以血缘为基础结成的亲密组织。在家庭中教育者与受教育者之间不仅存在着不可分离性，而且有着十分亲密的感情联系。这种亲密性有助于形成个体的道德情感。第四，家庭实施道德教育的最大奥秘在于"潜移默化"。在日常生活中，家庭教育通过家庭的风俗习惯、生活方式等形式传递给个人，个体在不知不觉的情况下接受了父母的道德观念和行为方式。这种"不教而教"是在潜移默化的方式中进行的。第五，家庭教育具有其他教育难以达到的广泛性。家庭是社会的基本细胞，人人都生活在一定的家庭中。人们常用"家喻户晓"来形容一种教育的广泛和深入。如果我们把全国所有家庭的力量都调动起来关注道德教育，形成人人行动、家家参与的良好局面，从一定意义上说，就是把全社会的力量都动员起来了。正是家庭在个体道德教育中的这种特殊影响力，所以，努力提高家庭素质，完善家庭教育的观念，重视父母的身教等，就显得特别重要。

学校教育是狭义上的道德教育。它是家庭教育的延伸和继续，是唯一有组织、有计划、有步骤的教育。学校是实施道德教育的专门机构，它更侧重于知识的传授和道理的讲解，更能集中地调动人的创造性和能动性。从学校教育的特点来看，它有不同于家庭教育、社会教育的社会主导性、系统性和可控性。①学校教育具有明确的社会主导性的特点。即学校的道德教育是按照一定社会统治阶级的要求来进行设计和控制的。学校首先要把社会对教育的要求内化为学校教育系统的要求；其次把系统的要求内化为各类各级学校办学的具体方案；再次把学校的总方案内化为每个教师的方案；最后把教师提出的对学生的要求内化为学生的自觉要求。②学校教育具有系统性的特点。学校教育由于具有明确的社会目标和相对确定的教育对象，故呈现出系统性的特点。在道德教育的内容与方式上，学校教育要根据完整教育的基本目标和要求进行系统的设计和安排；在道德教育与其他教育的关系上，学校教育必须考虑与其他知识教育相辅相成的系统性；从道德教育的过程看，道德教育的设计和安排必须考虑道德教育的连续性和序列性，例如，小学、中学、大学德育的衔接和序列。③学校教育的第三个特点是可控性。学校道德教育不是经验性、偶然性的堆积，而是一种有组织、有计划的活动，无论是教学活动还是实践活动都是在计划的目标下进行的，并且，人还可以根据认识、实践的变化调整和修改计划。在这个意义上，学校教育具有很强的可控性。学校道德教育的这三个特点既决定了它与家庭、社会道德教育的区别及独特联结，又在一定程度上体现了学校教育在道德教育中的主渠道地位。

社会教育是家庭教育、学校教育的源流、依据和背景。与家庭、学校道德教育的较为确定的"主体"相比，社会教育是通过其存在的方式、关系及其运动过程对人们产生道德影响的，故社会道德教育的主体是流动的，不确定的，这种流动性和不确定性决定了其产生的影响力往往具有较强的交叉性和复合性。社会对人的影响是多触角、全方位的，把握好社会环境因素对人的道德影响力是十分必要的。社会环境是泛指在人所生存的社会中各种独立于人之外的社会因素，包括政治的、经济的、文化的以及各种性质的社会关系等。因此，社会环境对人的道德影响是一种以综合的形式表现出来的。如果以范围作为划分的标准，社会环境则可分为大环境和小环境。大环境主要是指个体所处的时代，包括政治经济制度、社会发展水平等；小环境是指与个体直接发生联系的社会环境，包括家庭、社区环境，学习或工作单位的环境等。其实，任何一个正常的人，其生存和发展不能离开一定的社会环境。社会环境相对于人而言，它具有某种不以人的意志为转移的客观性。从社会大环境的角度来看，它对人的道德影响主要表现在：一定程度上制约着人对道德认识可能达到的水平，一定程度上决定社会主导道德的性质及价值；一定程度上影响不同道德风尚的形成等。从社会小环境的角度看，它对人的道德影响主要表现为对个体道德心理、道德选择的直接感染性和群体示范性。由于社会环境的各种因素处在不断的变化中，因而社会道德教育较之于家庭和学校德育不可能有较强的规划性、目标的确定性，而且可控性是最小的。

家庭、学校、社会作为道德教育的社会载体，有时其价值基础并非完全一致的。如家庭教育具有自我功利性，父母是以"使孩子将来生活得更好"为原则来进行教育的；学校教育则是一种理想化的教育，"它以人应当如何生活"为原则来进行教育引导；社会教育则因社会的现实复杂性而具有世俗性，即它是以存在的合理性为基础，对人的道德形成发生作用。因此，在现代社会发展的新的历史阶段上。为提高道德教育的效果，我们必须对家庭、学校、社会作为道德教育基本社会载体的各自的地位、功能及其相互联系有个客观的认识。

2. 道德教育的方法

历代教育学家和伦理思想家，都非常重视对于道德教育方法的研究，并提出过许多具体的方法。现代社会在呼唤和创新道德教育的实践中，也逐渐形成了一些科学的方法。具体来说，主要有：

(1) 传授知识与引导实行相结合的方法

道德教育要向受教育者传授道德认识，把道德理论、道德原则和道德规范等知识讲清楚，帮助人们正确理解和把握这些知识，形成内在的道德意识。由于道德品质的形成更有赖于道德信念的树立、实际道德行为的确定与道德习惯的养成，所以，仅有道德知识的传授是不够的，还必须引导受教育者亲自实践，进行实际的锻炼和体验，并不断地总结经验，做到实际与理论的一致，知与行的统一。要做到这些，关键是要在讲清道德知识的基础上，激发受教育者实践道德原则和履行道德义务的内在要求，并具体指出落实到行动的途径和办法。

(2) 热爱尊重与严格要求相结合的方法

道德教育过程中，把对学生严格的要求与爱护、尊重、理解、信任结合起来。爱护、尊重和信任学生。这是一个优秀教师的基本品德。只有爱护、尊重和信任学生，才能充分调动学生的主动性和积极性，激发他们进行自我教育的自觉性。严格要求是尊重、爱护学生的必然要求。教育是从提出要求开始的，"没有要求也就没有教育"。严格要求出自于对学生的殷切期望，出自于对学生的充分理解和高度信任。教师对学生的要求应明确、具体、适度、可行，一经提出，便不能朝令夕改或姑息迁就。对学生存在的缺点错误，既要严肃批评，又要热忱帮助，严禁体罚或变相体罚，杜绝冷嘲热讽、揶揄挖苦等伤害学生感情的做法。

（3）个人示范与榜样诱导相结合的方法

个人示范就是教育者要以身作则。凡是要求受教育者应该做到的，教育者本人首先应该做到，做出榜样，并始终如一。教育者的个人示范不仅能为受教育者提供直接现实的榜样，而且还能增强他们所讲授的理论的感染力，使得受教育者更乐意接受他们的道德知识的教育。教育者的个人示范是一种具有很大说服力和影响力的教育方法。榜样诱导也是一种直观有效的教育方法。现实生活中的绝大多数人都是仰慕、向往和追求符合时代要求的理想人格的，对英雄、模范和革命领袖都怀有敬佩的感情，并总在自觉或不自觉地以他们的光辉形象激励自己，作为自己做人的楷模。在道德教育的过程中，若能针对人们的这种心理特点，恰当地运用历史上和现实生活中的真实典型，或文艺作品中的典型，启发教育受教育者，一定会取得更好的教育效果。榜样是一种时代精神和时代特征的体现，无数古今中外的榜样激励着一代又一代年轻人追求真理、完善人格、实现理想。榜样教育作为道德教育和理想教育中的一种教育形式，把抽象的道德和理想具体到了某个活生生的人物上来，从而激励人们尤其是青少年树立起学习和奋斗的目标，或者在榜样成长的经历中探索出适合自己的人生发展道路。应该说，时代赋予了榜样崇高的身影，而榜样也承担了道德和理想教育的使命。

（4）舆论扬抑与集体影响相结合的方法

舆论扬抑是利用社会舆论的各种形式，通过对社会上出现的人和事进行客观的道德评价，明确表示赞成或反对的态度，以激发人们的情感共鸣，进而引导人们认识自己行为的性质，调整自己行为的一种教育方法。在道德教育的过程中，若能对现实生活中发生的典型事例，包括受教育者的道德行为进行实事求是的道德评价，并加以倡导或斥责，鼓励或鞭挞，造成健康的社会舆论，促使人们反省自己的思想和行为，则一定能大大提高道德教育的效果。运用舆论扬抑的方法还可以与发挥集体影响结合起来。受教育者集体中的成员，虽觉悟水平各有差异，兴趣爱好也各不相同，但他们所从事的实际活动，面临的社会关系，以至所具有的心理状态和基本的价值观念，一定会有许多相同或相似的地方。因而，他们对于自己的集体和集体中的其他成员，总会产生一定的情感和认同意识，对自己集体的活动和所表现的价值意义更易于投入和接受。因此，在道德教育中，通过积极组织与引导，在集体中造成健康向上的整体气氛，就更能促进成员之间的相互关心，相互帮助和共同的进步。

从"教会接受"向"学会选择"的转变，本质上是从知识德育向生活德育的转变。它强调道德教育以生活为基础，道德教育过程即生活的过程，道德教育为了生活；它关注人的当下的现实生活，进而引导人走向更理想的生活。

第三节　道德修养

道德教育在个体身上的内化并以自身的努力表现出来即道德修养。"个人的道德修养乃是某种道德要求深刻地和有机地体现在他的行为、生活方式中到何种程度的证明。道德修养既揭示一个人的行为的客观道德意义，也揭示对这一行为的主观满足。"① 道德修养既同一个人的伦理教养和思想品德素养密切相关，也在一定程度上促进和提升着人的学养、教养和涵养，是人自我改造、自我发展和自我完善的重要内容和环节。修养的核心内容和宗旨是使人更好地成为人，成为真正的名副其实意义上的人，即拥有健全道德人格和道德品质的人。

一、道德修养的内涵与实质

道德修养不同于政治修养、审美修养和科学修养，它是人对自己言行举止、仪容仪表乃至整个人格的修养，浸润着人对自己的认识、正视、改造以及发展、完善的因素，体现着人的道德主体性和人对人自己的人生态度。注重道德修养的人必定能正确认识人与自我的关系，形成"自重""自尊""自爱""自省""自警""自励""自强"的观念或品质，拥有自己的操守、志节和理想人格，并不断地向着理想的人生目标迈进。

1. 道德修养的含义

"修"在古汉语中有"修整""治理""改正"等含义，"养"有"长育""涵养"等含义。"修犹涵育熏陶，养犹切磋琢磨。""修养"合起来指的是一种对事物或行为进行修正治理和打磨培养的功夫和活动。用于人们的自我学习和改造，"修养"主要是指人们为了一定的目的所进行的勤奋学习和涵养锻炼的行为，以及在某些知识能力和思想品质方面所达到的水平。人来到这个世界，是有着许多不完整性和不确定性的，是一个未完成和待完成的方程式，因此人

---

① ［苏联］季塔连科主编：《马克思主义伦理学》，愚生、重耳译，280 页，上海，上海译文出版社，1981。

需要奋斗、学习和修养。

所谓"道德修养"，就是社会成员依据一定的道德原则和规范在道德认识、道德情感、道德意志、道德行为等方面所进行的自我教育、自我反省、自我完善，从而锻炼自己的道德品质，提高个人精神境界的道德实践活动。道德修养是人们为实现一定的道德理想而对自己的品行进行锤炼和陶冶的功夫。有时也指经过这种长期努力所形成的道德情操和精神境界。

"修养"一词，源出于《孟子》的"修身""养性"。孟子说："存其心，养其性，所以事天也。夭寿不贰，修身以俟之，所以立命也。"①《荀子》有《修身》一文，对治气、养心之道作了专门的探讨。《大学》《中庸》从多方面论述了修身的意义与价值。北宋理学家程颐第一次正式使用"修养"这一概念，认为"修养之所以引年，国祚之所以祈天永命，常人之至于圣贤，皆功夫到这里则有此应。"②中国先秦时期的儒家就十分重视道德修养，以后经过历代思想家的继承发挥和不断完善，形成了源远流长、内容丰富、自成体系、独具特色的道德修养理论。这一理论把个人的道德修养同齐家、治国、平天下结合起来，认为"物有本末、事有终始"，一切都要从修养个人的品德做起，只有修身才能齐家，然后才能达到治国平天下的目的。

马克思主义伦理学认为，道德修养对于纯洁人们的道德意识、培养人们的道德品质、形成人们的道德行为，进而达到理想的道德境界，具有重要意义。共产主义道德的一个基本任务，就是要使其原则和规范转化为人们的内心感情和信念，并付诸实践。道德修养是促使这种转化的最重要的道德活动。

2. 道德修养的必要性与可能性

中国古代的修养论是建立在人性论基础上的，只有合理地回答了人性善恶问题，道德修养的可能性和必须性才是题中应有之义。正因为如此，自先秦以来，从孟子的性善论、荀子的性恶论、韩愈的"性情三品"说到宋明理学家们通过区分天命之性、气质之性而做出的解释等，都从人性善恶的角度回答了道德修养何以可能，现实中何以有恶，道德修养何以必须的问题。

马克思主义继承了历史上关于道德修养之必要与可能探讨的成果，从革命斗争和社会主义事业需要以及改造主观世界、实现人自身的发展完善等角度阐发了道德修养的必要性与可能性问题。

道德修养的必要性在于人本身是不完善的和人所从事的改造自然改造社会

---

① 《孟子·尽心上》，见《四书五经》，111页，北京，中华书局，2009。
② 《河南程氏遗书》卷第十五，见《二程集》上，150页，北京，中华书局，2004。

活动的实际需要。人要追求完善的目标和成为完善的人，就必须进行道德修养。人要比较好地胜任改造自然和改造社会的工作，也必须进行道德修养。刘少奇在论述共产党员为什么要进行修养时指出："革命实践的锻炼和修养，无产阶级意识的锻炼和修养，对于每一个党员都是重要的，而在取得政权以后更为重要……为了支持我们无产阶级的先锋战士的纯洁，提高我们的革命品质和工作能力，每个党员都必须从各方面加强自己的锻炼和修养。"① 我们共产党人，承担着神圣而繁重的历史使命，我们要完成自己的历史使命，必须加强自身的道德修养。

道德修养的可能性在于人具有主体性的需求和潜质，能够通过学习和实践不断促进自己的进步和发展。人具有改造自身的能力。人类在和自然界的不断斗争中，不断地改造自然界，同时也不断地改造着人类自己，改造着人们彼此间的关系。人们在改造自身的过程中不断地超越自身的局限，朝着理想的目标不断前进，因此人是可变的、发展的，"士别三日，当刮目相看"，说明人能够依靠自身的修养"继善成性"。孔子说："仁远乎哉？我欲仁，斯仁至矣。"他并没有为人们设立一个不可逾越的边界，而是强调了主观能动性在道德修养上的重要性。孟子讲的"人皆可以为尧舜"，就是对孔子这一思想的继承和发挥。

道德修养对于每一个人来说不仅是必要的，而且是可能的。我们应当认识其重大意义，并在现实生活中努力为之，这样就一定能够使自己的道德修养成为改造自己、发展和完善自己的人生实践，不断提升自己的精神境界和道德水平。

3. 道德修养的实质

道德修养的实质，就是现实社会中两种或多种道德势力的冲突和斗争，在人们内心的反映，是一种基于自我完善自我发展的要求而进行的自我改造、自我陶冶、自我解剖的活动，是一种通过对自己内心世界及其行为的反省、检查，吐故纳新，培养新的道德情感和道德信念的行为过程。道德修养的内驱力来源于个人内在的道德需要。道德修养主体所展开的自我批评和自我斗争，是由自我内在道德需要所启动的自主、自为、自觉、自愿的行为，而不是迫于某种外在的压力。

道德修养是人类自身依据社会的道德要求在道德素质方面的自我改造和自我完善，是人类所能从事的最高级的精神活动和社会实践，体现了人类主体的

---

① 刘少奇：《论共产党员的修养》，见《刘少奇选集》上卷，103页，北京，人民出版社，1980。

高度自律性。正确的自我意识是进行道德修养的关键。自我意识就是作为主体的人把自己当作客体来认识。现代心理学研究表明：在自我（self）的内心世界里，有"主体我"（I）和"客体我"（me）之分。"I"是积极主动方面，"me"则是自我已形成的一系列理性概念、观念和范畴体系。由于社会生活的复杂情况，每个人意识中的自我分化呈现出多种状况。例如，理想的我与现实的我、现实的我与历史的我、积极的我与消极的我、理性的我与情感的我、"大我"与"小我"、"自我"与"非我"等。"主体我"与"客体我"的矛盾运动，便构成了自我意识的实在内容。在道德修养活动中，这种矛盾集中体现在以下两方面：一方面，是一定的社会道德要求与修养者个人的道德选择能力、道德践行能力之间的矛盾。进行道德修养，就要不断抑制原本的消极我、"小我"、情感我，克服自己的情欲、意志、行为习惯等方面的弱点，改变和提高自己的素质，与道德的要求达到一致，实现积极的我、"大我"、理性的我。另一方面，就是自身受消极道德因素影响而形成的低下的道德品质与先进社会道德所要求的道德品质之间的矛盾，即受不良道德因素影响而形成的现实消极的"我"和积极理想的"我"之间的矛盾和斗争。道德修养的过程就是人们正确地进行自我意识的过程，就是正确、积极的"主体我"与现实、消极的"客体我"进行斗争，促使"小我"逐渐接近于"大我"，"客体我"逐步等同于"主体我"，从而达到新的积极的自我同一。道德修养是通过提高对社会道德体系及其要求的认识，在社会实践中不断提高自身的道德选择能力、道德践行能力，不断地解剖自己、反省自己，不断地更新自我、超越自我和完善自我的过程来解决这两个矛盾的。

二、道德修养的路径与方法

马克思主义认为，道德修养源于实践，成于实践。在实践中磨炼，是进行道德修养的根本途径。离开了这一根本途径，任何美妙的道德修养方法都不可能培养出优秀的道德品质和高尚的道德人格。

1. 社会实践是道德修养的根本路径

"纸上得来终觉浅，绝知此事要躬行。"诚然，道德修养也需要闭门思过，面壁居敬，但是如果闭门思过、面壁居敬不与社会实践结合起来，就没有什么意义和价值。所以，社会实践是道德修养的根本路径。马克思主义主张投身于火热的生活实践，在大风大浪中锻炼成长，在改造客观世界的过程中改造主观世界。

（1）社会实践是道德修养的前提和基础。人们之间的利益关系，是道德关系的核心内容。如何对待和处理这种关系，是评价行为善恶和考察道德品质状况的根本依据。而这种利益关系是在社会实践中产生出来的，也只有在社会实践中才能表现出来。所以，它本质上就是一种实践关系。离开了社会实践，人们的利益关系无从产生，行为的善恶也无法表现和判断，当然也更谈不上道德修养的必要性。人们只有在社会实践产生的利益关系中，才能认识相互间的道德关系，才能暴露自己的思想矛盾，才能认识自己行为的利己利他性质，才能认识进行自我道德修养的必要性。并且，也只有在社会实践中，才能确定自我修养的方向、途径和方法，继而进行实实在在的修养和改造，实现道德修养的目的。

（2）社会实践是道德修养的目的和动力。进行道德修养，培养优良的道德品质，是为了更好地进行改造客观世界的实践活动，为人类社会的进步事业作出更大的贡献。我们只有把社会主义道德的理论、原则和规范运用到社会实践中去，对照、检查自己的言行、改正不正确的东西，才能不断地形成自己的高尚品质。否则，就是为修养而修养，失去了修养的意义。社会生活在发展，人们之间的利益关系也在不断地发生着新的变化。这就决定了人们已有的道德认识、道德经验和道德水平并不总能使他们对现实的道德关系有一个正确的认识和作出正确的行为选择。新旧道德观的斗争，利益关系变化中产生的新矛盾，在客观上会起着提高人们对加强道德修养重要性的认识和推动人们不断地进行道德修养的作用。人们只有把道德认识付诸道德实践，然后再从自我反省中获得新的道德认识，再付诸道德实践才能不断战胜旧的道德影响，提高道德选择能力，进而提高自己的道德品质。

（3）社会实践是检验道德修养的客观标准。伦理学是知行统一的科学，道德的意义体现在行为的价值上。一个人如果只是知道一些道德的理论、原则和规范，但并不按照道德原则和规范的要求去实行，那肯定不能说他已是一个有道德的人了。要是自己觉得已经按照道德的要求去进行道德修养了，也确实有具体的行为表现，能否可以说道德修养就取得了好的效果呢？肯定不能这么说。因为，判断一个人的道德修养效果的有无和大小，既不能听他口头上讲什么，也不能单纯看他有没有具体的行为表现。而是要看他修养的方向是否正确，方法是否对头，主观努力的程度如何，客观效果怎样。而这些只有通过社会实践才能得到检验，只有把自己理解和掌握了的道德原则和规范运用到实践中去，指导自己的行为活动，并产生出有利于他人和社会的客观效果，促进了个人思想品质的提高，才能说这样的道德修养收到了较好的客观效果。

2. 道德修养的主要方法

关于道德修养的方法，中外伦理思想史上，人们做了很多探讨与论述，概括而言，主要有以下几种：

(1) 立志乐道，学思并进

立志乐道的修身方法，要求人们确立人生的远大理想、奋斗的宏伟目标，把握前进的方向，坚定不断进取的信念。立志是修养的第一步，人生贵在有志。苏东坡有言："古之成大事者，不惟有超世之才，亦必有坚韧不拔之志。"要成为道德君子，首先要"立乎其大"，培养自己的理想人格，做一个以天下为己任、追求道德完善的人，只有这样，才能真正实现自我的道德价值。王阳明将"立志"视为修养功夫的根本。他说："志不立，天下无可成之事。虽百工技艺，未有不本于志者。"[1] 道德修养离不开立志，凡立志为君子，自当从事于学，而学之不勤必定是其志之未笃的缘故。立定远大志向是道德修养者必备的。

学思并进是主张将道德学习与道德思考结合起来。孔子说："学而不思则罔，思而不学则殆。"这既是一般的读书求学的方法，也是道德修养的方法。学，在古代不仅是知识的范畴，而且也是道德修养的范畴。就学的本义来说，是悟和效的意思。古人对于学，在主要意义上是把它视为道德修养方法，即通过学习，养成良好的德性，这就叫做学以成性。虚心学习、善于思索，是人们分清是非善恶、获得真理和善良健康知识的重要方法。道德学习是一种接受、内化社会规范，通过获得、体验、综合建构等途径，形成并完善道德信念与行为的价值性学习。作为人的生命发展过程中的人格养成，道德学习所学的"不是物之理，而是人之理，也不是人之所是之理，而是人之应是之理"，它不能仅仅依靠认知来获得抽象的道德知识，它需要的是基于生活经验之上的人对人的理解、人与人的交往，人对生活的认识、反省以及对生命价值的体验和感悟。道德反思是以自我意识为核心，通过调动自我认识、自我体验和自我控制等多种心理因素，发展反观自我的主体能力，增强批判意识，以促进自律精神，实现自我完善的一种自我认识方式。

(2) 积善成德，见微知著

积善成德是说高尚的道德品质和思想境界，不是一夜之间就能养成的，它们需要有一个长期的积累过程，需要我们在道德修养上努力坚持，日积月累地

---

[1]　（明）王阳明：《教条示龙场诸生》，见《王阳明全集》下，974 页，上海，上海古籍出版社，1992。

提高。这一方法强调道德品质的修养要从点滴做起，勿以善小而不为，要持之以恒，不能一曝十寒。中国古代许多思想家都把"德""性"与"修""养""化"联系在一起。如老子说："修之于身，其德乃真。"孟子说："存其心，养其性，所以事天也。"荀子讲："化性而起伪。"这些是讲优良的道德品性的形成，都需要育人的主观努力，而且不是一蹴而就的，需要有一个"修""养"和"化"的过程，即都是积累的结果。积跬步，以至千里；汇小溪，以成江海。我们要善于由大及小，从大处着眼，从小处着手，绝不要以微小而不足道，细小而不足为。

见微知著是说由小可以观测到大，由量变可以观察到质变，中国人经常讲的"一叶落而知秋"，即这个道理。它强调道德修养必须重视小节或细微处，我们每个人都要时刻牢记"勿以善小而不为，勿以恶小而为之"的古训。《文子·微明》说："所谓心欲小者，虑患未生，戒祸慎微，不敢纵其欲也。故圣人之于善也，无小而不行，其于过也，无微而不改。"现代文明也常有"细节决定成败"的忠告。"泰山不拒细壤，故能成其高；江海不择细流，故能就其深。"在当今世界，想做大事的人很多，但愿意把小事做细的人很少；我们不缺少雄韬伟略的战略家，缺少的是精益求精的执行者。我们必须而且应当改变心浮气躁、浅尝辄止的毛病，提倡注重细节、把小事做好。在社会生活中，任何事物的发展变化都有一个从小到大、由量变到质变的过程。祸福常积于忽微、智勇多困于琐溺。只有常敲警钟，防微杜渐，才能保持头脑清醒。善之德行好比种子，需要长久呵护、培育方可使之生根发芽并不断成长，最后方臻至"至善"。

（3）克己内省，慎独诚意

克己内省的核心是反求诸己，意即从自身找原因，主动积极地自我检查，见贤思齐，见不贤而自省。通过自我检查、自我反省、自我批评、自我提醒，不断完善自我的道德修养。孟子说："仁者如射：射者正己而后发，发而不中，不怨胜己者，反求诸己而已矣。"[1] 孟子以射箭作比喻：箭射出而不中的，不要埋怨获胜者，而应反省自己，找出不中的原因，以提高自己的射箭技术。在道德修养上也应是如此。孟子认为任何行为如果没有得到预期的效果，都要反躬自责，从自己身上查找原因。反求诸己的过程实质上是一种自我批评、知耻改过的精神状态，是不断扬善祛恶，逐步培植优秀思想品德，树立高尚情操的过程。不怨天，不尤人，凡事要从主观自身找原因，这样才能有所进步，有所

---

① 《孟子·公孙丑上》，见《四书五经》，74 页，北京，中华书局，2009。

发展和完善。

慎独诚意，就是不欺骗自己，在独自行事时，即在他人和社会监督不到、法律和道德舆论管不到的地方也不做坏事。"慎独"最早是由荀子提出来的。他说："君子至德，嘿然而喻，未施而亲，不怒而威。夫此顺命，以慎其独者也。善之为道者，不诚则不独，不独则不形。"① "诚"与"独"既是一种因果决定关系，同时也是一种内外关系。《大学》云："所谓诚其意者，毋自欺也，如恶恶臭，如好好色，此之谓自慊，故君子必慎其独也。"② 一般说来，在众目睽睽之下，除那些"恶行昭彰"的人外，人们一般会注意检点自己的言行。但在无人监督的情况下，在做了坏事也不可能有人知道之处，往往会有不少人对自己的要求有所放松，甚至肆无忌惮。《中庸》强调："道也者，不可须臾离也，可离非道也。是故君子戒慎乎其所不睹，恐惧乎其所不闻。莫见乎隐，莫显于微，故君子慎其独也。""慎独"要求我们在个人独处的情况下小心谨慎，坚持自己的道德信念，自觉按照道德原则和规范行事，不可恣意妄为，更不可须臾离道。在任何场合都对道德不离不弃，是"慎独"的精微所在。君子修德即使在别人看不见、听不见的时候和地方，也应该小心谨慎，严格要求自己，不使自己的言行超越道德规范。现代社会生活的一个重要特点，就是"熟人社会"的范围越来越小，而"陌生人社会"的范围却越来越大，这就需要"慎独"，要求在没有外在监督的情况下，个体仍能坚持自己的道德信念，自觉按道德要求行事，不因为没人管你、无人监督而恣意妄行。"慎独"是一种有相当难度和高度的道德修养方法。因此，能够做到"慎独"，说明道德修养已达到了一种很高的境界。

（4）谨言慎行，知行相资

谨言慎行是说言语行动小心谨慎，在需要用行动和语言来表达自己思想感情的时候，不冲动、不武断，做到三思而后行。凡事"预则立，不预则废"，蛮干和莽撞往往是"南辕北辙""差之毫厘，谬以千里"。在道德修养过程中，说话做事都应当负责任，切忌信口开河，行动鲁莽冲撞，以致造成不可挽回的损失。说话要用脑子，做事要考虑后果，这是为人处世很重要的一点。我们每一行动都要谨慎小心，多思多想，充分考虑前因后果，做一件事之前要先想后果，谨慎再谨慎，以求避免对他人的伤害。孔子说："敏于事而慎于言"，"听其言而观其行"。荀子曾说："不足于行者，说过。不足于信者，诚言。"胡宏

---

① 《荀子·不苟》，见《荀子新注》，32页，北京，中华书局，1979。
② 《大学》，见《四书五经》，47页，北京，中华书局，2009。

《知言》更有"行慎则能坚其志，言慎则能崇其德"的说法，强调谨言慎行的道德价值。谨言慎行是与说话做事认真负责联系在一起的，并不是不言不行，事事都保持沉默或无为。

《中庸》提出"博学之，审问之，慎思之，明辨之，笃行之"，肯定了行是道德修养的重要内容。孔子反对言行不一，强调修身要落实在行动上。"君子耻其言而过其行"；"君子欲讷于言而敏于行"。荀子提出"学至于行而止"的命题，认为行是学的目的和归宿。"二程"强调道德修养不能离开"致知""力行"二事。道德修养不仅在于培养坚定的道德信念，而且应当把对天理的信念付诸实践行为。王阳明提出了"知行合一"。他说："知是行的主意，行是知的功夫，知是行之始，行是知之成"①，以为"圣学只是一个功夫"，知行本不可离，两者乃同一过程，即所谓"知行合一并进之功"。人们的道德修养，不仅要懂得修身的重要性及各种社会伦常，更重要的还在于"行"。只有让一切道德知识最终落实在行动上，才能说他是个有道德的人。

作为一个当代人，身处经济全球化、价值多元化和市场化、信息化的时代，面临着许多人生的挑战与诱惑，如何抵抗诱惑，化解人生的风险，是挺立人生、成就自我的核心要义。只有自觉加强道德修养，常修做人之德，常思贪欲之害，常怀律己之心，坚持做到自重、自省、自警、自励和慎初、慎欲、慎微、慎独、慎终，才能确保自己的言行符合道德原则规范的要求，也才能使自己像莲花那样"出淤泥而不染，濯清涟而不妖"，保持人格的独立和心灵的纯净。只有自觉加强道德修养，才能始终保持蓬勃朝气、昂然锐气和浩然正气，始终坚持用高标准激励自己，追求远大的人生目标和崇高的人生境界，胜不骄、败不馁，知难而进，百折不挠，务实工作，殚精竭虑，鞠躬尽瘁，为党和人民的事业做出自己的贡献。

三、道德修养与精神境界

精神境界，是人在寻求安身立命之所的过程中所形成的精神状态。它指人的精神世界或精神品质的层次、水准和境域。精神境界以超越为前提，境界的生成依赖于人在实践中对宇宙、人生的把握或觉悟程度。精神境界是"无功利——功利——既功利而超功利"三个阶段或层次的渐次超越与提升，它在每个人身上的表现则是复杂的、变动不居的。道德修养是对一定精神境界的向往和追求。哲学伦理学史上，思想家们对人生境界给予了高度的关注，并发表了

---

① （明）王阳明：《传习录》上，见《王阳明全集》上，4页，上海，上海古籍出版社，1992。

许多精湛深幽的看法，成为人们从事道德修养的理论资源。

1. 不同的精神境界决定着人们对世界和人生的不同态度

境界这一概念，在中国思想史上，最早是指"地域""疆界"的意思，后来引申为人们所处的境况，以及在某一领域中学识、技艺、智慧等所达及的程度。哲学伦理学视阈中的境界，一是指学问、事业的阶段、品位；二是指人的精神境界、心灵境界，或者说人生境界。一个人的精神境界，表现在他内在的心理状态，中国古人称之为胸襟、气象，表现为他外在的言谈笑貌、举止态度和生活方式，中国古人称之为气象、格局，又称之为"生活风格"。胸襟、气象、格局，作为人的精神世界，好像是虚的，是看不见、摸不着的，实际上它是一种客观存在，是别人能够感觉到的。

什么样的精神境界，决定着什么样的人生走向；多么高的精神境界，决定着多么高的人生成果。15世纪一个宗教改革家在自己所写的一本书中讲述了一个关于搬砖的故事，他说有一天他路过一个烈日炎炎下巨大的工地，所有人都在汗流浃背地搬砖。他去问第一个人说，你在干什么呢？那个人特别没好气地告诉他，你看不见啊，我这不是服苦役——搬砖吗？他又把这个问题去问第二个人。这个人的态度比第一个人要平和很多，他先把手里的砖码齐，看了看说，我在砌堵墙啊。后来他又去问第三个人。那个人脸上一直有一种祥和的光彩，他把手里的砖放下，抬头擦了一把汗，很骄傲地跟这个人说，你是在问我吗？我在盖一座教堂啊。这三个人的回答表现出对搬砖的三种不同的态度或层次：第一种人的态度可以称之为悲观主义的态度。他可以把我们所做的每一件事情都看做生活强加给的一份苦役，他关注的是当下的辛苦。第二种人的态度可以称为职业主义的态度。他知道自己在砌一堵墙，这堵墙是一个局部成品，他知道要对得起今天的岗位，要对得起他的一份薪水、一个职务和职称，所以他的态度不低于职业化的底线。这就是孔子所说的"器"的境界，作为一个容器的存在他合格了，但是他没有更高的追求。而第三种人的态度可以称为理想主义的态度。也就是说，他看到眼前的每一块砖，每一滴汗，他都知道这是在通往一座圣殿和教堂。他知道，他的每一步路都是有价值的，他的付出一定会得到最终的成全。此时，他所做的事情绝不仅仅作为一个器皿，而是关系到我们的生命，我们的梦想，关系到我们最终能不能建筑起一座教堂。而同时，因为有了这个教堂梦想的笼罩，也成就了这样一个超出平凡的个体。

一个人精神境界的高低，决定着他人生的高度。人生境界的问题是中国传统哲学中十分重要的一个问题。一个人看事物肤浅、狭隘、片面，是因为他的精神境界太低。孔子、老子、释迦牟尼佛等伟大的圣人之所以有崇高的精神境界，能够心包太虚，是因为他们回归了万物的本体，觉悟了宇宙万物的本质和真相。

2. 人生境界与自身的追求和觉解有关

人生境界源于人们对世界的认识和对人生的感受，同人们的价值追求和意义觉解密切相关。

冯友兰在《新原人》中提出了人生四境界说，认为我们每个人都是不同的个体，由于才命、心性的约束，具有不同程度地关注物象，具有不同的经验认识，所以我们每个人的世界都不同，每个人的境界也因此不同。"人所可能有底境界，可以分为四种：自然境界、功利境界、道德境界、天地境界。"① 前两者是自然的产物，后两者是精神的创造。自然境界最低，往上是功利境界，再往上是道德境界，最后是天地境界。它们之所以如此，是由于自然境界，几乎不需要觉解；功利境界、道德境界，需要较多的觉解；天地境界则需要最多的觉解。道德境界有道德价值，天地境界有超道德价值。生活于道德境界的人是贤人，生活于天地境界的人是圣人。

自然境界是一种最低层次的境界，其对人生意义和价值的觉解几近于无。就像小孩和原始人那样，他做他所做的事，然而并无觉解，或不甚觉解。这样，他所做的事，对于他就没有意义，或很少意义。"自然境界的特征是：在此境界中底人，其行为是顺才或顺习底。"② 人的行为只不过是按照他的本能或者社会的风俗习惯，觉解程度最低。"在自然境界中底人，可以说是天真烂漫。""天真烂漫是一失不复得底。自然境界，亦是一失不复得底。"③ 但这并不是理想的人生，因为理想的人生是能够觉解其乐，能够觉解其觉解。而在自然境界中，"以自然境界为可欲者所想象底那一种乐，在自然境界中底人，不知其是乐。不知其是乐，则对于他即不是乐"④。

功利境界是一种比自然境界高一层次的境界，它对人生意义和价值已有一定程度的觉解，但这种觉解却是不全面的。在此境界中的人，"其行为是'为利'底。所谓'为利'，是为他自己的利"⑤。英雄、才人往往属于这一境界，普通人也往往属于这种境界。因为"大多数人的行为，或普通人的大多数行

---

① 冯友兰《新原人》，见《贞元六书》，554 页，上海，华东师范大学出版社，1996。
② 同上。
③ 同上书，572 页。
④ 同上书，571 页。
⑤ 同上书，555 页。

为，都是以求他自己的利为目的底。人于有以求他自己的利为目的底行为时，其境界是功利境界"①。功利境界中的人以及行为足以维持社会的秩序以及存在。

道德境界是一种比功利境界高一层次的境界。它对人生意义和价值的觉解则是比较全面、合理的。在道德境界中的人，则其行为是为他的。"利己为我底行为，不必是不道德底行为，但不能是道德底行为。有此等行为者的境界，是功利境界。利他为人底行为，是道德底行为。有此等行为者的境界，是道德境界。"② 道德境界并不纯粹是灭绝人欲的假道学，而是有着活生生的人生感情的。"在道德境界中底人，亦有情感，不过其情感之发，亦常是为公底。"③ 道德境界的最突出表现是尽伦尽职，而"尽伦尽职，与一个人于尽伦尽职时所作底事的成败，亦没有联带关系"。因为，道德价值的实现，正如"兰生幽谷，无人自芳"，有人知与否，对于别人有影响与否，与其自芳与否，是没有"联带关系"的。另外，道德境界并不是在什么特殊的环境下实现，而是"随时随地，于其日常行事中求之"④。

天地境界是人生最高的境界，它对人生意义和价值觉解得最为深刻和全面。在天地境界中的人，则其行为完全是"事天"的。"在天地境界中底人有更进一步底了解，他又了解这些规律，不仅是在人的'性分'以内，而且是在'天理'之中。遵守这些规律，不仅是人道而且亦是天道。"⑤ 除此之外，天地境界还具有以下特征："其一，其中的人既是无'我'底，亦是有'我'底；其二，在天地境界中底人，即至末见至本，即至费见至隐；其三，在天地境界中底人的最高底造诣是，不但觉解其是大全的一部分，而且自同于大全；其四，在同天境界中底人，却真可以说是'人人有一太极'；其五，同天底境界，是不可思议底；其六，在天地境界中底人的道德行为，不是由一种特别有意底选择，所以行之亦不待努力。"

冯友兰的人生境界说是"新理学"体系的完善和升级，体现了对宋明理学的"接着讲"精神和特点，它以世界存在模式和理性人类学观念为哲学根基，定位于人的存在，对人的生存状况和价值观念作了逐次超越和渐次提升，在

---

① 冯友兰：《新原人》，见《贞元六书》，593页，上海，华东师范大学出版社，1996。
② 同上书，611页。
③ 同上书，618～619页。
④ 同上书，620页。
⑤ 同上书，627页。

"觉解"程度最高的"天地境界"中，人与宇宙大全相合一，从而打通了天道与人道、本体世界与人的存在，建立了本体论与价值观的联系。不仅具有较高的理论价值，而且具有深刻的思想启迪。但是，冯友兰的境界说毕竟只是理学精神的完善，体现的是其本身的信仰和"圣人情结"，具有鲜明的唯心主义和理性主义特色；同时四种境界过于简单，还不能完全概括实际存在的、丰富多彩的人生境界之全部内容，限于时代条件，他对功利境界的正面作用肯定得太少，这也是有失偏颇的。

3. 当代道德境界的划分与层次

道德境界是人们遵循一定的道德原则和观念，在处理个人与他人、个人与社会的关系中所形成的道德觉悟程度及一定的道德品质状况和情操水平，它是一定时代的阶级道德原则规范在个体意识中的综合反映，也是一个人的世界观、人生观和道德观的集中表现。当我们说一个人达到了某种境界的时候，不仅包括他以属于该境界的道德要求为指导，具有该境界的道德行为选择能力和践行能力，而且也包括他的与此相应的对于这种道德和自己行为意义的了解，包括他处于这种状态的思想感情和情操。在所有这些方面都达到了一定的造诣，并能使之和谐一致，即实际地形成该层次上的道德人格，才算达到了这种境界。

道德境界是人们在道德追求和道德行为上所达到的标准和体现出的道德精神境界和道德思想水平，不仅凝结着既往人们道德修养的成果，也彰显出人们现实道德生活所达致的状态及其所处的阶段。道德境界是人们在某个时期内所实际达到和意识到的某种道德品质要求程度，人们在履行道德义务中的自觉性和觉悟程度的高低，往往是衡量道德境界高低的尺度，人们越能自觉履行道德义务，自己行为的道德境界也就越高。道德境界的高低，与个人的主观努力、自我修养关系很大。道德境界与人们的社会生活实践又有密不可分的联系，受到不同社会因素和个人因素的影响和制约，道德境界的内容总是一定社会条件、阶级立场、个人生活条件的反映，总是一定社会或阶级的道德品质体系的具体表现。确立和评价人们的道德境界，必须紧紧围绕个人和社会整体的关系这一道德根本问题，即以人们在对待和处理个人与社会、个人与他人关系中的精神状态和实际表现为依据，来全面考察人们的道德品质是属于哪一类社会或阶级的品质体系，在这一类品德体系中又是哪一级层次要求的内容，人们对这种道德品质的觉悟程度又是如何，这样，我们就能较好地把握住人们在一定时期内道德境界的特征。道德境界一经形成，在或长或短的时期内，是具有相对稳定性的。因此，每一个人在道德修养过程中，应当经常客观地估量自己的道德境界，并自觉意识到这种境界的性质，及时改变努力方向。

现阶段人们的道德境界大致可分为五个层次：

一是自私自利的境界。生活在这个境界中的人，认为自私自利是人的本性，把个人利益放在高于一切、大于一切的地位，为了个人利益而不顾一切，甚至不择手段地损害他人利益和社会利益。处于这一道德境界的人，虽然是属于少数，但危害和影响很大，积极引导这一部分人加强道德修养，既是提高全社会道德水准的需要，也是改善社会风气的重要环节。

二是先私后公的境界。这种道德境界来源于小生产者的道德残余影响，资产阶级"合理利己主义"本质上也属于这种道德境界。处于这一境界的人，遇到问题先考虑个人利益，在与他人、与集体、与社会交往中斤斤计较个人得失，把个人利益放在第一位。但这一境界的人，一般来说，不愿损害他人和社会的利益，当个人利益与他人、与社会利益发生矛盾时，有时也会放弃个人利益，但还不是自觉的或情愿的。

三是公私兼顾的境界。毛泽东说："我们历来讲公私兼顾。"公私兼顾不是损人利己，而是既要考虑公共利益，又要照顾私人利益，使个人利益与公共利益得到兼顾或者均衡发展。国家要富强，社会要文明，提高国民的素质尤为重要，每个人要对社会有责任心，同时不要做损害社会和他人的事情。现代社会倡导的是公私兼顾，即在为社会和他人做贡献的同时，也满足了自己的愉悦和需要。

四是先公后私的境界，先公后私的道德境界也可称为社会主义的道德境界。这种道德境界的特点是关心社会整体利益比关心个人利益更多、关心他人利益比关心自己利益更多，在谋求社会公共利益发展中，谋求个人的正当利益。必要时，为了社会公共利益毫无抱怨地克制和牺牲个人正当利益，他们为社会或他人做了有益的工作和事情，也不拒绝相应的物质和精神报偿，但不计较报偿的多少。这种境界的人占社会成员的多数，正是他们日益完善和发展着社会主义道德水平。

五是大公无私的境界。这种境界是共产主义道德品质的最高境界。处于这种境界的人，毫不利己，专门利人，对工作极端负责任，对人民极端热忱，他们心里想着的全是人民、集体、社会和共产主义事业，他们毫不计较个人的安危和得失，为了社会的进步，为了人民的幸福，为了共产主义事业的发展，呕心沥血，鞠躬尽瘁以至不惜牺牲个人的生命。共产党员和先进分子应该具有这种道德境界，这种境界代表社会主义道德发展的方向，是全社会追求的道德理想。

在社会主义社会，我们对这五种道德境界的态度究竟怎样呢？对第五层次，应当积极宣传大力提倡；对第三、四层次，应当普遍教育力求做到；对第二层次，应当正确评价，引导提高；对第一层次，应坚决反对，严格抵制。大公无私的道德境界，是共产主义道德品质的理想境界。我们说它是"理想境界"，当然意味着它是未来共产主义社会成员的道德境界，但是，更主要的还是指它是共产主义者所追求的"理想人格"的道德境界，即完美人格的道德境界。

实现个人道德境界的改变和升华，是一件不容易做到的事情。作为一种革新性的、创造性的努力，它需要通过创造和获得一系列主客观条件才能达到，实现道德境界的改变和升华，对于社会主义社会条件下的每一个人来说，既是时代发展的客观必然性提出的崇高要求，又是一个完善道德人格的艰巨任务。只要我们遵循了客观必然性，又努力提高和充分发挥了个人道德选择能力，在通往理想境界的征程上不断攀登，我们就能不断使自己的道德境界得到改变和升华。

【思考与练习】

1. 什么是道德评价？道德评价的依据和标准是什么？
2. 什么是道德教育？道德教育的目的是什么？
3. 什么道德修养？道德修养的原则和方法有哪些？
4. 什么是精神境界？当代道德境界主要有哪些层次？

第十一章　伦理学发展的新领域

　　伦理学随人的生活实践的拓展深化和人们对各种道德关系的认识而不断发展。古代的伦理学主要是关于人伦关系和人的德性形成培育的学问，近代伦理学关注人与人、人与社会关系的和谐相处，规范伦理学获得了长足的发展。现代以来，在西方，与分析哲学和实证主义相适应，元伦理学（分析伦理学）和描述伦理学一度成为人们关注的重点。20 世纪下半叶以来，随着元伦理学步入困境，特别是由于科技革命带来的人类生产和生活方式的变化，出现了许多迫切需要伦理学来解释和判断的问题，应用伦理学应运而生，并形成了许多新兴的应用伦理学学科，其中经济伦理学、政治伦理学、科技伦理学和生态伦理学已广泛地介入并影响着今天的社会生活。

第一节　应用伦理学的兴起与特点

　　应用伦理学是一门与规范伦理学和理论伦理学相对而言的伦理学新兴学科，是伦理学的基本原理、原则和道德规范应用于现实道德问题并在实践中验证和发展规范伦理学的实践伦理学学科。它是一门以伦理学原理为依据，着重研究和解决现实中的道德问题，以使伦理学更好地发挥自身作用的综合性、边缘性伦理学学科。应用伦理学的兴起是时代和伦理学自身发展的内在必然。

一、应用伦理学的兴起

　　应用伦理学是哲学领域一个新的学科生长点和一门发展最为迅速、最具生命力的新兴学科，它起源于 20 世纪 60 年代末至 70 年代初的欧美世界。自 20 世纪 70 年代以来，应用伦理学研究迅猛发展，形成了一个"应用伦理学运动"（美国著名哲学家 James Rachels 语），不仅哲学界聚焦于应用伦理学领域，而且还有许多其他学科的学者介入其中，应用伦理学已经成为当代的"显学"。我国应用伦理学的研究是从对国外学术成果的追踪、译介开始的。随着中国改革开放和现代化事业的飞速进步，在西方社会中作为应用伦理学产生之动因的伦理冲突、道德悖论在我国也不断产生，促进和催生了我国应用伦理学的兴起。

　　1. 伦理学发展的必然要求

　　应用伦理学是与规范伦理学的现代复兴相伴相生的一门新兴学科，是适应现代社会道德实践问题不断涌现，迫切需要人们予以认识并作出回答的要求而产生的，表达了现代社会分化对伦理学提出的挑战和伦理学自身问题域的转变以及伦理学研究方法和研究范式的应用转向。西方应用伦理学的产生与发展，体现了伦理学反思从单纯的理论构造、规范论证过渡到关注实践这样一种历史性的转变①，是英美哲学家不满元伦理学研究路径和研究范式，试图另辟蹊径求索伦理学发展新路的一个直接后果。

元伦理学从狭义上讲就是分析哲学在伦理学领域的一种表现形式，它不研究某一行为、某一规则及规则的标准在道德上的善恶内蕴，而仅仅关注道德陈述的语言形式及道德词汇的意义，关注对道德概念与判断的内涵与逻辑的分析。摩尔等人开始的元伦理学，其主要特征就是强调对道德语言的研究，忽视对现实道德问题的研究，使其研究领域越来越狭窄，同社会生活的距离越来越远，受到许多关心现实道德问题人士的批评。

英国哲学家威廉姆斯（Bernard Williams）对元伦理学展开了最为激烈的批判，他倡导了一种所谓"反理论"的运动，宗旨就是反对一切以建构抽象的普遍原则为目的的道德理论。哈贝马斯认为，西方元伦理学直觉主义混淆了"真实性"和"正当性"两种不同的有效性要求，情感主义和规定主义从个体独白的角度研究规范性陈述，它们都会导致道德上的怀疑主义。为了克服西方元伦理学这三个流派的缺陷，哈贝马斯一方面提出规范性陈述具有"类似真理性"的主张；另一方面通过在商谈中引入"普遍化原则"，说明规范陈述的非任意性和主体间性，并据此建构起一种"商谈伦理学"。

罗尔斯于 1971 年出版的《正义论》，是应用伦理学形成过程中具有重要意义的事件，标志着英美哲学界开始把伦理视角转向现实的道德生活。其后，黑尔于 1972 年出版的《道德哲学的应用》以及彼得·辛格 1979 年出版的《实践伦理学》推动了应用伦理学的形成。与此同时，各种由哲学家组成的应用伦理学研究中心或研究机构也纷纷成立，逐渐成为英美大学哲学系从事伦理学研究的主要机构。在这样的情况下，新一代伦理学家终于不再封闭于逻辑分析和语言分析的象牙塔中，他们开始以直面现实的态度去思考、关注现实的道德争论，并在公共论坛中发出自己的声音。于是，一种反叛分析伦理学的伦理学出现了，这便是应用伦理学（applied ethics）。

2. 社会现实对伦理学的要求与呼唤

西方应用伦理学之所以在 20 世纪六七十年代兴起研究的热潮，是有其深

---

① 甘绍平：《应用伦理学前沿问题研究》，2 页，南昌，江西人民出版社，2002。

刻的社会背景的。应用伦理学作为系统化、学科化的伦理学学科是 20 世纪下半叶经济、政治、科技发展的产物，同经济市场化、政治民主化和科技革命以及国际关系的建构等密切相关。20 世纪 60 年代的美国政治文化以及科学技术的进步，为应用伦理学的兴起提供了重要的现实前提。20 世纪上半叶，特别是两次世界大战以来，西方的社会生活发生了巨大的变化。经济危机引发的大萧条，两次世界大战带来的社会动荡，战后经济的迅速发展，科学技术的突飞猛进，社会生活的日益复杂，这一切变化带来了一系列社会问题。诸如经济社会发展中的环境保护与生态平衡；社会公共生活中的制度设计及其公正；社会财富分配中的公平与效率；生命过程中的堕胎与生命权；基因与个人隐私与人格尊严与生命安全保障；微电子技术和信息工程技术普遍应用所引发的虚拟世界中的虚拟交往关系，等等。这些问题是亟待人们解决的现实问题，同时又在已有的伦理学理论中无法直接找到解决方案的问题。生活迫使人们直面现实，回应生活实践本身所提出的严峻课题。在美国，由于对"越战"的争论，对少数民族权利以及对公民权利的道德基础的争论，引发了学术界对社会政治—法律制度的道德反思，出版了大量关于制度平等、公民政治义务的道德基础以及关于战争、堕胎等社会问题的大量学术论著，促成了应用伦理学的产生。

我国应用伦理学研究的兴起也是我国现实社会发展的迫切需要。随着我国改革开放和现代化事业的飞速发展，作为西方应用伦理学产生动因的社会伦理问题在我国也不断出现：诸如经济伦理中公平与效率的冲突问题、企业的诚信和社会责任问题、弱势群体的权益问题，生命伦理中知情同意问题、医疗资源的公正分配问题，科技伦理中真与善的关系问题、技术的价值负荷问题，媒体伦理中公众知情权与个人隐私权的冲突问题，环境伦理中自然的内在价值问题、动物的道德地位问题、环境正义问题，等等，这些日益突出的社会伦理问题需要人们从应用伦理学角度作出解答与回应，也引发了许多学者的关注与思考。由中国社会科学院应用伦理研究中心连续主办的十届"全国应用伦理学研讨会"和主编的系列出版物《中国应用伦理学》为繁荣我国的应用伦理学研究起到了积极的推动作用。陈瑛、丸本征雄主编的《应用伦理学的发轫》（1997）是国内出版的第一本应用伦理学文集。卢风、肖巍主编的《应用伦理学导论》（2002）可谓国内第一部真正的应用伦理学教材，涉及应用伦理学的性质、特征和基本原则诸问题，内容涵盖应用伦理学的各个分支领域，资料翔实，分析透彻。该书的第二版（2008）经过修改后，内容更为丰富，是国内目前最具学术价值的应用伦理学教材。在应用伦理学的基础理论研究方面，甘绍平的《应用伦理学前沿问题研究》（2002）是一部颇具创发性和奠基性的著作，该书对科技伦理、生命伦理、政治伦理、国际伦理等领域中的前沿问题予以系统论述，对应用伦理学的性质、原则作出深刻探讨，对推动我国应用伦理学研究的深入发展产生了持续的影响。

二、应用伦理学的研究内容

应用伦理学主要研究伦理道德在人类各个实践领域中的具体应用。但它并不是一般的伦理学原理的简单延伸和套用，而是借助于各具体学科的知识、方法和手段，对存在于人类广泛的实践领域里的伦理道德问题进行理论思考。它具有新的对象、新的视角、新的方法，是从最新的科学研究实践出发所形成的伦理学理论。应用伦理学不同于理论伦理学的简单应用或单纯的理论伦理学原理的应用和推广，而是对现实的道德冲突、道德悖论或道德难题的再研究、再创造和再构建的过程，它致力于解答人类的价值原则和行为准则在实践中发展、完善的问题，研究如何使道德规范在现实的道德难题中发挥作用并得以创造性的发展，探讨如何使道德要求通过社会整体的行动规则与行为程序得以实现。

1. "应用"什么

应用伦理学"应用什么"关系到应用伦理学可资利用的资源问题。对于伦理学理论的应用有两种主要的方式：体系的和部分的。前者如蒂洛把人本主义伦理学应用于各个应用领域，罗尔斯把一种契约主义伦理学应用于社会的基本制度和人的目的——价值体系。后者是现代人们大量使用的，即部分地运用伦理学的理论，而不是把一种体系用于所有应用场合。例如，在不同人群的权利问题上应用罗尔斯的差别原则理论，在生命伦理学问题上应用人本主义或宗教伦理学的生命价值理论，等等。部分应用理论的模式总体上有更大的灵活性，可以根据不同应用主体的性质援引不同体系中的有关理论作为持某种立场或政策主张的论据。所以，部分地应用伦理学理论的实践自然地引向混合的伦理学理论应用方式。

卡拉汉（Joan C. Callahan）指出，从事应用伦理学并不是简单地应用传统规范伦理学的理论和原则，而是在应用过程中又有新的发现和研究成果。"虽然应用伦理学借鉴了道德价值论、道德义务论和元伦理学的洞见，但从事应用伦理学这一任务并不仅仅在于理解现存伦理学理论的应用。毋宁说，它要试图发现目前具有现实紧迫性的道德问题的可接受的解决办法。"① 应用伦理

---

① See Patricia H. Werhane & R. Edward Freeman (ed.), *Blackwell Encyclopedic Dictionary of Business Ethics*, Blackwell Publishers Ltd., 1998, p. 22.

学在应用传统规范伦理学理论和原则的同时也在修正、充实甚至创新着规范伦理学的理论和原则。它的形成和发展既源于传统的规范伦理学,又有不同于传统规范伦理学的一些特点,它大大拓展了伦理学的研究范围与空间,并为规范伦理学提供了新的视角和养料。

2. "应用"于什么

应用伦理学"应用于什么"涉及应用伦理学的研究主题和努力方向。应用伦理学的研究主题具有"现实应用性",它的主要工作是把道德理论应用到具体的道德问题和道德情境之中,而且理论和应用处于互动的过程之中。

具体来说,应用于什么主要有三个方面:应用伦理学首先应用于行为。这种行为不是私人的行为,而是与伦理学原则相关的行为、与生命评价相关的行为、与环境相关的行为、与经济相关的行为、与科学技术相关的行为等;其次应用于制度。应用伦理学讨论的大都是制度层面的问题,如市场制度、企业制度、税收或财产转移制度、教育制度和医疗制度等;最后应用于某些事件。事件常常是伦理学评价相关的对象,而且在一个事件中,相关的行为者与相关的制度的作用是交织在一起的。也有人主张应用伦理学应用于什么大体可以表现为四大关系领域,如人与自身关系领域、人与人关系领域、人与社会关系领域以及人与自然关系领域,由此形成自我道德、人际道德、社会道德和自然道德。

3. 如何"应用"

"如何应用"涉及应用伦理学的方法论和操作系统问题,实质是怎样运用伦理学原理或原则去解决具体情景中的特殊道德问题。它所问的实际上是应用伦理学的应用模式是什么。综合学界研究成果,大体有以下两种应用模式和方法:

工程模式。在西方应用伦理学中最流行的应用模式是所谓的"工程模式","它把伦理学中的应用看成是工程中的应用和应用科学中的应用"[1]。这种模式的逻辑顺序是:(a) 把普遍原则公式化并从理论上加以阐述;(b) 经验地描述特定的社会背景或制度背景,包括体现在个人动机和目的之中的制度习惯结构;(c) 推导把道德原则应用于此背景下可能出现的行为选择过程。[2] 这种应用模式具有逻辑严谨性,在应用伦理学中占有重要的地位,人们觉得工程师和

---

① [美] 德马科、福克斯编:《现代世界伦理学新趋向》,石毓彬、廖申白等译,260页,北京,中国青年出版社,1990。

② 同上书,263页。

应用科学家在按照这种模式应用知识，故"只要把自己表现成与其它科学、技术领域的专家差不多的哲学专家，就能够为自己创造一种既熟悉又受到尊重的形象"①。但"工程模式"所预设的"方法价值中立论"，中立于实质性伦理观点的设定，受到了麦金泰尔等人的批评。另外，"工程模式"设定伦理学原理是只被用作推理前提的定论，它们不必接受实践的检验，这也是不正确的。实际上，应用伦理学是一个双向互动过程：一方面用理论伦理学的原理去理解、说明、评价现实中的具体道德行为或制度设计；另一方面也让理论伦理学的原理接受不断变化的现实的检验。②

"反思平衡"方法。罗尔斯为调和抽象理论与具体情境的冲突而提出了"反思平衡"的方法。在罗尔斯看来，"反思的平衡"是一种确定道德观念合理性的方法，其运作过程是：理论与直觉互动，理论被直觉承认，直觉被理论认可，理论与直觉共同承认的规范、原则，就是道德原则。"反思的平衡"有"狭义的反思的平衡"和"广义的反思的平衡"两种，"狭义的反思的平衡"就是把以道德原理的形式通过归纳所选择的过程，就是说，把判断与原理进行比较的同时，使二者整合。"广义的反思的平衡"是原初状态中公平的全体成员一致同意某些原则的过程。总体上，"广义的反思的平衡"比"狭义的反思的平衡"更合理，它促进了"生活、伦理、科学三者之间的联合"，因而具有比"狭义的反思平衡"——判断与原理的整合——具有更大的现实合理性。"反思平衡"作为应用伦理学一种应用模式，既反对过分强调道德情境的具体性和相对性，又反对过分强调理论原则的普遍性和绝对性，而追求理论原则和具体道德情境的平衡兼顾。在应用伦理学中，不存在唯一正确的、可以一劳永逸地解决所有伦理道德问题的统一的理论原则，伦理原则和具体道德情境总是处于互动的关系之中。

应用伦理学的决策程序并不是一种个人性的决策行为，而是一种集体性的决策程序，它要求调动全社会的智慧通过协商和讨论对道德冲突的各种层面及因素进行周密的权衡，从而求得理性论证基础上的道德共识。

三、应用伦理学的学科性质与特点

阿尔蒙德（Brenda Almond）认为，应用伦理学与传统道德哲学在风格和方法上有很大不同，主要表现在："首先，应用伦理学对道德问题所产生的背

---

① ［美］德马科、福克斯编：《现代世界伦理学新趋向》，石毓彬、廖申白等译，261页，北京，中国青年出版社，1990。
② 甘绍平：《什么是应用伦理学》，载《自然辩证法研究》，2004（8）。

景以及各种情境的详细结构给予了较大的注意；其次，应用伦理学的方法在一般意义上更具整体主义色彩，也就是说，它在考虑问题时更乐意包容心理学、社会学的洞见以及其他的相关知识领域；应用伦理学的实践者愿意和其他人——特别是和专业人士以及其他领域中的有经验者———起工作以达到对完全是由相关事实所表现的道德问题的解决。"① 根据阿尔蒙德的观点，应用伦理学对道德问题的细致把握和其所涵盖的广泛知识领域是传统的道德哲学所无法比拟的。

在关于应用伦理学的学科性质和本质特征这一问题上，我国伦理学界形成了"基本价值观论""程序共识论"和"原则应用模式论"三种观点。

"基本价值观论"坚持认为应用伦理学是理论伦理学基本价值观在各种具体领域中的应用，强调应用伦理学的深层关注与终极关怀，认为应用伦理学不应满足于充当一种狭隘的工具性道德或一种现代化的行为技术伦理，不应仅仅局限于讨论当代人类面临的各种具体问题，还应在更深层次上关注当代人类生存状况的改善，给人类如何生存提供基本的规范和总体的导向，把人类普遍幸福的实现作为终极价值目标。

"程序共识论"坚持认为应用伦理学的目的是达致程序性的共识，应用伦理学不是寻求某种作为绝对知识的、可以解释一切的终极的道德真理体系，而是对现存的不同立场进行调解，通过交往对话而达成道德共识。应用伦理学首先体现为一种具体的道德实践和一种使各种观点与见解都能得以顾及的操作程序，一种对任何可能发生的冲突都具有高度的应变能力的开放的预警系统。② 应用伦理学的运行模式不是大胆的"工程模式"，而是"判例模式"，即通过一定的程序，在先前的与现实的道德事件的比较权衡中来解决道德困境，做出道德决策。

"原则应用模式论"是相对于"理论应用模式论"而言的，认为应用伦理学是理论伦理学在各种具体领域中的应用，这种应用不应该是简单的"理论应用模式"，它比理论应用模式的应用伦理学更适合于合理多元主义的伦理学对话背景。

我们认为，应用伦理学的基本特征在于它既是一种基本价值观，又是一种

---

① See Brenda Almond（ed.），*Introducing Applied Ethics*，Blackwell Publishers Ltd.，1995，p. 3.

② 甘绍平：《应用伦理学前沿问题研究》"序言"，10页，南昌，江西人民出版社，2002。

程序共识，还是一种"原则应用模式"，此外，它还是具体领域具体伦理道德问题的应对与思考。

（1）应用伦理学具有基本价值观的特质。应用伦理学不仅要有深刻的元伦理学和规范伦理学基础，还要有深刻的本体论和认识论基础。应用伦理学除了认可民主、人权、不伤害这些根本性的价值诉求外，还参与对具有世界观意义的道德理想的传承和建构。应用伦理学必须而且应该坚持并传播那些持久影响着人类心灵的不同伦理学传统已经达成共识的伦理原则。应用伦理学的目的是把哲学伦理学所确立的一般价值原则和基本行为准则延伸到或应用于个人和社会生活的各个领域，确立不同领域的具体价值原则和具体行为准则。

（2）应用伦理学具有程序共识论的特点。当代以来的社会伦理问题的复杂化和伦理主体价值倾向的多元化则为"程序共识论"提供了必要性。因为对于那些高度复杂的社会伦理问题来说，价值观各不相同的伦理主体已经无法通过简单的道德演绎达成共识，他们所需要的是公平的程序平台，以及在这一程序平台上的平等的协商对话。① 应用伦理学的任务在于分析现实社会中不同分支领域里出现的重大问题的伦理维度，通过伦理委员会的建构为这些问题所引发的道德悖论的解决创造一种对话的平台，从而为赢得相应的社会共识提供伦理上的理论支持，同时也力求使道德决断在一种严密的集体性的理性决策程序中获得质量保障。

（3）应用伦理学具有对现实道德状况予以反思和批判的特点。应用伦理学应善于质疑一个时代所公认的基本假定，针对大多数人视为理所当然的想法，进行批判性的思考，争取使自己的见解成为明天多数人的共识，从而在市场经济社会无信仰或信仰危机的精神氛围中发挥应有的价值导向作用。应用伦理学的批判、反思是双向性的：一方面，在批判现实和潮流的同时，批判反思引导潮流、形塑现实的思想观念；另一方面，又要经常反省自己的思想出发点。应用伦理学既不承认凡流行的都是合理的，也不认为有什么不容修正的万古不变的教条。②

（4）应用伦理学具有对具体领域具体问题伦理认识和应对的特点。应用伦理学"不仅要把'程序共识'作为方法论引入伦理学，不仅要继续坚持基本价值观的一端，而且还要更加深入地研究和理解程序平台上的另外一端——当代社会的具体领域，以及具体领域中的具体问题"。理解具体领域（及其具体问

---

① 强以华：《再论应用伦理学的学科性质》，载《道德与文明》，2009（4）。

② 卢风：《应用伦理学的批判性》，载《自然辩证法研究》，2004（8）。

题）的本质特征却是正确理解应用伦理学学科性质的必要条件。只有深入理解具体领域（及其具体问题），才能真正把握应用伦理学的学科性质和基本特征。随着社会生产力的发展和现代技术（例如计算机和互联网）作为手段的广泛应用，各种不同的社会领域的划分不仅在广度上不断拓展，而且在深度上不断延伸，最终形成了一个又一个规模极其庞大、组织极其复杂，并且内部存在着重重叠叠的子系统的"自组织"系统。而且其中包含着非常专业而又十分特殊的伦理道德问题。我们不仅要对具体领域的专业问题进行正确认知，而且还要在两种正当利益诉求之间进行权衡，不能仅仅为了一方的利益而完全忽视、甚至损害其他具体领域的正当利益。①

　　应用伦理学产生的时间很短，本身还不成熟，特征还在成长中。我们既要看到应用伦理学突出的"程序方法"和"分析工具"性质，反对权威主义独断论，同时又要坚持应用伦理学的基本价值观性质，反对激进的道德多元论；既注重寻求具有现实性和可操作性的道德共识，又不放弃对普遍价值和共同理想的追求。应用伦理学不仅着眼于对现实问题的理论反思，而且也着力于对它的实际解决。

第二节　经济伦理学

　　在古代的人类知识与智慧学说中，经济与伦理在原始样态上是自然结合的。此后，适应社会发展和学术发展的需要，经济学与伦理学向着各自的方向发生了分化，而到了社会生活日趋综合的现代，二者的结合或重新结合变得日益迫切。经济伦理学就是在经济学和伦理学之间进行联系、沟通、搭架桥梁，使其最终融合起来的边缘性学科和综合性学科。

一、经济伦理学界说

　　经济伦理学是一门研究社会经济领域、经济行为主体的道德现象及其伦理问题的应用伦理学分支学科，是经济学与伦理学交叉渗透的产物。经济伦理学是以社会经济生活中的伦理道德现象为研究对象，揭示经济活动中道德的形成、发展和发挥作用的规律，为社会和个人的经济行为确立道德价值准则和道德理想的科学。经济伦理学有广义和狭义之分。狭义的经济伦理学即企业伦理学，而广义的经济伦理学是一门研究经济制度、经济政策、经济决

---

　　①　强以华：《再论应用伦理学的学科性质》，载《道德与文明》，2009（4）。

策、经济行为的伦理合理性，并研究经济活动中的组织和个人的伦理规范的学科。关注的是宏观层面上对市场经济过程及其相关机构的基本论证，它探讨的是理应普遍适用的游戏规则。企业伦理学探讨的是微观行为层面上的"企业行为的社会责任"，由于市场和法律存在着调控上的局限性，自我负责在日趋全球化的现代工业社会中已成为一种越来越重要的制度因素。企业伦理学承担了使经济活动与社会和生态和谐的使命。特别是在不同的文化背景下，企业伦理学可能成为多种文化相互理解的促成共同价值观的准则。现今人们已经习惯于对经济伦理学作广义的理解，把企业伦理学视为经济伦理学的一部分或分支学科。

经济伦理学是经济学与伦理学相互联姻的边缘学科，经济学和伦理学是经济伦理学的共同学科基础，没有经济学或没有伦理学的理论支撑，经济伦理学的学科大厦是绝不可能建立起来的。但是，经济伦理学也不是经济学和伦理学的简单叠加，而只能是经济学与伦理学的有机结合。必须从经济现象本身出发去寻找道德问题，而不是把道德哲学的一般原理机械地挪过来解释经济现象；同理，也必须从道德现象本身出发去寻找经济的根源，而不是把经济学的一般原理机械地挪过来解释道德现象。

经济伦理学以经济伦理和经济道德为研究对象，揭示经济与伦理的内在联系及其经济道德的形成发展，探讨经济伦理的特质与现实应用。经济伦理是现代伦理的重要组成部分，并且引领着现代伦理发展的潮流。在当今世界，一切真正关心伦理建设的人们无不孜孜致力于经济伦理的求索与建设。经济伦理既与世界范围内的经济全球化和跨国经济活动密切相关，也与中国市场经济模式的选择与建设及以发展作为第一要务的战略抉择密切相关，与众多企业自觉地寻求共生互赢的价值理念并开始有意识地摆脱纯经济主义的纠缠密切相关。

当今的世界已经进化到一个不重视经济伦理就不能很好地发展和前进的时代。尽管在当今的经济生活领域违背道德和不讲信用的现象还大量地存在，但它已引起了社会各界高度的忧思和不安，人们在心灵深处呼唤经济诚信和经济道德，而这也为经济伦理的盛行提供了社会心理和大众意识的基础。政府领导人、企业家和广大的消费者在经济伦理问题上迅速地形成价值共识，并且都强烈地感受到市场经济应该是有道德的经济，经济活动和经济行为不能没有伦理道德的规范与约束。离开了伦理道德规范、约束和引导的经济行为和经济活动必然远离人类的幸福与完善，同时也将给人类带来危害与灾难。

经济伦理作为人们在经济活动和经济生活中所形成的道德准则和道德素

质，本质上是经济与伦理相结合的产物，反映着既要重视和发展物质利益、提高经济效益等的要求，也要遵循和讲求道德、注重社会效率和公平等的要求。

二、经济伦理学的兴起与发展

经济伦理的思想古已有之，中外历史上的经济伦理思想可谓源远流长，自近代英国伦理学家兼经济学家亚当·斯密提出"经济人"和"道德人"的概念以后，各种经济学说都包含有丰富的经济伦理思想。20世纪初德国著名社会学家和经济学家马克斯·韦伯，致力于考察"世界诸宗教的经济伦理观"，在思想史上最先提出了"经济伦理"的概念。1927年德国基督教伦理学家冯施出版了《新教经济伦理学》一书，全面阐释了新教经济伦理学的观点。为了回应冯施的《新教经济伦理学》，天主教伦理学家席林于1933年推出了《天主教经济伦理学》一书，并对天主教中的经济伦理学观点作了较为全面的介绍。但作为一门独立化、系统化和对社会生活有重大影响的应用伦理学分支学科，经济伦理学创立于20世纪70年代的美国，同美国20世纪60年代兴起的走出"经济非道德神话"及"达尔文式的生存竞争丛林"的经济伦理运动密切相关，反映了企业家对经济与道德关系的认识成果，以及将伦理引入经济活动的努力。德·乔治著的《经济伦理学》标志着现代意义上的经济伦理学学科的正式形成。20世纪80年代以后，国外经济伦理学进入了全面发展的新阶段。经济伦理学从美国和日本扩展到了加拿大、西欧、澳大利亚和东南亚等地，各个国家根据本民族经济文化的特点，建立了不同的经济伦理模式。特别是随着几位荣获诺贝尔经济学奖的大师有关经济伦理学著作和论文的广泛传播，如布坎南、缪尔达尔、科斯、诺思、阿马蒂亚·森等人关于经济伦理的著述，随着各级经济组织重视经济伦理并将经济伦理运用于自己的经济实践活动，目前的经济伦理学已成为受到社会各界高度关注并在社会生活中发挥日益显著作用的热门学科。

我国的经济伦理学萌芽于改革开放之初，在建设社会主义物质文明和发展社会主义商品经济的进程中孕育成熟，经过社会主义市场经济的洗礼，而今已有相当的发展，取得了不少可观的成就。1978年至1984年为经济伦理学的萌芽时期，它同工作重心的转移、农村经济体制改革的兴起以及对全民所有制企业的放权让利等紧密地联系在一起，表现为对经济与道德关系的重视和对有关经济生活中的伦理道德现象和问题开始关注。1984年至1992年为形成时期，它与改革开放由农村扩展到城市，社会主义商品经济和初级阶段理论开始成型等有着最为直接的关系，表现为对社会主义商品经济中的伦理道德现象予以系统的研究，并对管理伦理、劳动伦理、儒家经济伦理等展开了颇有成效的研究。代表性的成果主要有张鸿翼的《儒家经济伦理》、许崇正的《伦理经济学引论》，以及张婉如、王福霖主编的《财经伦理学概论》、王昕杰、乔法容合著的《劳动伦理学》等。1992 年至今为发展时期，它与社会主义市场经济模式的选择和确立，与实现第二步战略目标、实施可持续发展战略和科教兴国战略等密切相关，表现为从宏观、中观和微观三维空间对社会主义市场经济中的伦理道德问题作全面系统的研究，有中国特色社会主义经济伦理学的学科体系得以形成并日趋完善，经济伦理学受到社会各界的关注并产生积极而重大的社会影响。王小锡的《中国经济伦理学——历史与现实的理论初探》不仅对中国历史上德性主义、功利主义、理想主义、三民主义和新民主主义的经济伦理思想作了较为全面的介绍和科学的评析，而且关注中国社会现实生活中的经济伦理问题，对企业伦理及其应用作了重点阐述。该书是我国经济伦理学研究进程中一本重要的学术著作，标志着中国经济伦理学学科的正式形成。刘光明的《经济活动伦理研究》、陆晓禾的《走出丛林——当代经济伦理学漫话》、陈泽环的《功利·奉献·生态·文化 ——经济伦理引论》三书在 1999 年 5 月至 6 月间相继问世，将经济伦理学研究推向高潮，三书综合地看不仅建立了一个颇有中国特色的经济伦理学体系，而且宏微合论，史思诸重，中外兼顾，将经济伦理学的总体研究与具体研究有机地结合起来，纵论横议，观点与材料融为一体，标志着中国的经济伦理学研究在理论上有了一定程度的突破，并进入了一个日趋繁荣兴旺的发展阶段。

三、经济伦理学的基本内容

经济伦理学是经济学和伦理学的双向交融。其研究内容既有"主义"，又有"问题"。"主义"是涉及伦理价值、经济学理论体系的东西，"问题"是联系实际的经济现象、伦理困惑。

德·乔治先生认为，经济伦理学主要包括五个方面的内容。"第一个方面是一般伦理学原理在经营活动的具体案例与事件中的应用……第二个方面是元伦理性有关内容……第三方面内容是对企业预先假设前提的分析……第四，对经济伦理学的研究有时会超出伦理学的范畴而涉足于哲学、经济学或组织理论等其他知识领域……最后一项内容是对值得推崇的道德标准和典范式道德行为的描述。"[①] 经济伦理学的基本问题是经济价值与伦理价值、标准、要求的关

---

① ［美］理查德·T·德·乔治：《经济伦理学》（第五版），李布译，32～33 页，北京，北京大学出版社，2002。

系问题，基本任务是发现、找到伦理学与经济学两者的结合点、重叠点，由此找到解决两者冲突的基础和原则。

1. 经济伦理结构体系

经济伦理结构体系有宏观、中观和微观三个层面：①宏观层面，主要涉及经济制度、经济体制、经济政策建立的道德基础及其道德合理性问题，以及所提倡的范导整个社会经济活动的道德理念；②中观层面，其实质是企业中的伦理问题。它包括生产伦理、分配伦理与交换伦理三个方面；③微观层面，它包括个体职业角色道德，个体的消费道德等。

经济伦理结构体系可以依据人类经济活动的四环节分为生产伦理、交换伦理、分配伦理与消费伦理。

生产伦理是企业或个人在产品生产中必须遵循的行为准则的总和，一般来说它总是要求企业生产符合社会需要、保质保量的产品，不仅追求企业自身的经济效益，更要考虑社会效益。社会效益凝结和表达着社会的道义精神，它与经济效益的关系实质就是一个义与利的关系。企业的经济效益就是企业的生产经营活动投入与产出的比例，企业每生产一定单位的成品或支出一定服务性劳务所消耗、占用的劳动越少，经济效益就越高，反之则越低。对于一切商品生产者来说，讲求经济效益是至关重要的，它直接关涉商品生产者在市场竞争体系中的地位，关涉其生存与发展。因此，一切商品生产者不能不重视经济效益，亦即不能不考虑利润或利益问题。同时，商品生产者的生产不仅是一种为自己的生产，而且也是为他人和社会的生产。商品生产者自身经济效益的实现离不开他人和社会，不能不考虑社会效益。没有社会效益的经济效益是很难持久的，而且往往会自断财源，自绝财路，只有注重社会效益，才能确保自身经济效益的合理实现。

交换伦理是人们在交换过程中所产生的用以调节交换关系的伦理原则规范及品德，它的最基本的价值律令是自由买卖和等价交换，要求人们讲求企业信誉，信守契约合同，注重货真价实，实现商品交换与情感交换的有机统一。商品交换不可能不考虑利，双方各为利而来，各因得利而去，因此，商品交换本质上是一种利益交换，商品生产者让渡使用价值获得价值，商品购买者支付价值获得使用价值，彼此各因商品交换实现着自己的利益。同时商品交换又不能不需要义，双方利益的兼顾与协调即义，信用信实信誉更是义的生动表现，此外，"买卖不成仁义在"说明义不仅在交换之内更延伸到了交换之外，提醒人们除了利益的交换外还有一种情感和精神的交换，没有理由不去进行这种情感和精神的交换，也许商品交换在现代市场经济条件下还常常依赖并取决于这种情感和精神的交换呢!

分配伦理是指在产品和社会财富分配过程中所建构起来的并指导和统协分配的价值准则和伦理理念,贯穿于生产资料的分配和消费品的分配、初次分配和再分配之中。分配伦理的基本要求是公平正义,它不是表现在分配结果的收益或财富拥有方面,而是表现在占有社会稀缺资源的权利平等、参与经济竞争的机会均等和分配中使用的标准同一及对分配对象的一视同仁方面。分配伦理反对不讲奉献付出只讲结果公平的平均主义,肯定人们由于劳动和智慧所形成的收益差别的合理性,但并不站在纯功利主义的立场完全地认同现实条件下的利益分配机制或将功利等同于公平,绝不是认为谁在现实中获取的利益越多谁的德行就越好,主张对现实的利益分配机制作适度的调整,使其更能体现公平正义的要求。

消费伦理是支配人们的消费心理、调整人们的消费行为和消费活动的道德规范和价值体系,适应人们的消费需要而产生并随人们的消费指向而发展,它的最一般要求是适度消费、合理消费,使消费活动真正有益于人们的身心健康和社会的文明进步。消费伦理反对那种有损于人们身心健康和社会风气的黄色消费和黑色消费,抨击纵欲主义和享乐主义的价值观,主张对人们或社会的消费活动给予正确而科学的引导,培育健康、积极、文明的消费观念,建立健全、有效的社会生活风范。同时,消费伦理也反对那种苦行主义和禁欲主义的价值观,认为人们或社会的消费活动只要适度、合理就应当被肯定,生活水平的提高并不必然地反道德,在历史和现实生活中也可经常看到"温饱并至而能不为善者稀","饥寒并至而能无为非者寡"的现象,"为富不仁"的人有,但"既富既仁"的也大有人在,关键是要给予正确的引导和教育。

2. 企业社会责任与企业伦理

企业伦理学是经济伦理学的重要组成部分和分支学科,是经济伦理学微观研究的集中表现,是一门研究企业经营活动过程中的伦理道德问题及企业伦理文化等的学问。企业伦理学的研究内容具体包括五大方面:①企业的社会责任;②企业与消费者的"应然"关系以及企业对消费者履行道德义务的方法和手段;③企业与其员工的"应然"关系以及企业对员工履行道德义务的方法和手段;④企业所有者与经营者之间的道德关系;⑤企业经营管理活动中涉及的其他有关道德的问题。企业伦理依据主题可以分为对内和对外两部分。内部伦理包括:劳资伦理、工作伦理、经营伦理;外部伦理包括:客户伦理、社会伦理、社会公益伦理。

　　企业功能的利益化所形成的各种利害关系构成了企业社会责任和道德责任的基础。由于企业的自然本性是为投资者赚取利润，客观功能是为社会提供产品和服务、为员工提供就业机会、薪酬等，因此，企业在生产、经营与管理过程中，与其员工、投资者、供货商、经销商、顾客、政府、社会环境保护、所在社区等不可避免地会发生各种利益关系，使得员工、投资者、供货商、经销商、顾客、政府、债权人、社区居民等成为企业的"利益相关者"，因此，企业对这些"利益相关者"必须而且应当承担一定的道德责任。企业的经营理念、经营战略、竞争策略、企业活动等无不是企业集团意志的体现，企业的有意识的谋利行为使企业成为道德责任的伦理主体。[1]

　　企业伦理学作为研究企业道德和对企业进行道德评价的实践学科，"它通过激发道德想象、促进道德认识、整合道德与管理、强化道德评价等手段培养企业中个人的道德推理能力，最终达到澄清和化解企业活动中存在的利益冲突的目的"[2]。不仅如此，企业伦理学还要探索新颖的、既符合企业道德又能给企业带来利益的经营管理模式，造就有道德的企业和员工，促进企业价值观和伦理文化的形成和良性发展。

　　3. 公共政策伦理

　　经济伦理的范围并不限于经济行为本身的伦理性和伦理问题，更牵涉引导经济行为发展方向的公共政策和制度的伦理问题。是把最大差别原则还是把最小差别原则作为公共政策制定与制度安排的价值原则，直接决定着稀缺性的自然资源、可配置性的社会资源的分配方式和分配结果。公共政策凭借着公共权力的使用，对社会资源与价值进行配制，而且要求社会成员服从其利益选择与利益分配。

　　公共政策在利益的选择与利益的综合过程中，要对那些处于社会劣势的弱势群体有意识地偏向，使政策的最终结果让他们的利益得到最大的考虑与安排；公共政策的利益安排要使社会上绝大多数人的利益得到合理的重视，而不是仅仅只照顾部分人的利益，特别是在社会资源中占据支配地位的少数人的利益。公共政策通过提取性、分配性、管制性与象征性功能，为公众提供福利、安全、秩序与自由，这是公共政策的根本使命。只有完成了这一使命，公共政策才算是承诺了对社会公正的伦理要求。

---

　　①　王淑芹：《企业道德责任论》，载《伦理学研究》，2006（6）。
　　②　吴新文：《国外企业伦理学：三十年透视》，载《国外社会科学》，1996（3）。

4. 国际经济伦理

当今世界，经济全球化已成为一种趋势和潮流，许多经济组织都在从事跨国商业行为，人们希望他们能遵守所在国的规范和伦理标准，这对管理者来说是提出了一个难题，因为国家和文化之间的规范和标准是存在重大差异的，并且可能与母国的伦理标准和价值观念发生冲突，这个问题在北半球跨国公司和发展中国家之间的关系中尤其尖锐，因此，在经济伦理领域中，针对跨国商业运作中管理者个人、企业和经济体制中的伦理议题，出现了大量的理论和案例分析文献，尤其是对不同社会中伦理期望和标准的比较分析，以及环境问题、贿赂和腐败、劳工权利等议题进行了广泛的讨论。[①] 随着各国之间政治、经济、文化和教育方面的交流与沟通日益加深，各国与各民族事实上已经接受并共享着许多共同的价值观念（如联合国颁布的一系列关于人权的宣言）。各民族国家的发展和机遇也前所未有地受到各种国际制度安排的影响，影响人类前途和命运的许多全球性问题（如全球金融秩序的稳定、全球气候变暖、国际和平等）都必须要通过国际合作、国际层面的制度创新才能得到解决。而只有以国际正义为基础的国际制度安排，才能获得伦理辩护并为各国所接受。作为国际制度安排之指导原则的国际正义，不应当是作为互利的正义，而应当是作为公平的正义。只有以这样一种国际正义原则为基础的国际秩序（包括国际金融秩序）才是稳定而可持续的。国际正义理念既为我们反思和批判现行的国际经济体系提供了重要的制度伦理视角，也为重建并完善国际经济体系提供了可靠的制度伦理基础。

21 世纪以来，经济伦理学作为应用伦理学的"显学"，其研究领域不断拓宽，研究问题不断深化，形成许多热点和焦点问题，引起人们广泛关注和热烈讨论，不仅推动了经济伦理学的发展，也对解决现实经济伦理问题作出了贡献。

第三节　环境伦理学

环境伦理学，是一门介于伦理学与环境科学之间的新兴的综合性学科。它的诞生，是在人类生存发展活动和生存环境系统出现尖锐冲突后，为满足协调人和生存环境系统的关系，求得人类和生存环境协调发展、和谐共处的社会需要的产物。

---

① 郑若娟：《经济伦理理论研究动态：美国经验》，"中华经济学习网"，2010-08-08。

一、环境伦理学界说

环境伦理学（Environmental Ethics）是在生态伦理学的基础上发展起来的应用伦理学学科，是一门以人与自然关系中的伦理道德问题和环境道德为研究对象的新兴学科，是由环境科学和伦理学相互渗透而综合形成的交叉学科。"一般地说，环境伦理学旨在系统地阐释有关人类和自然环境间的道德关系。环境伦理学假设人类对自然界的行为能够而且也一直被道德规范约束着。环境伦理学的理论必须（1）解释这些规范；（2）解释谁或哪些人有责任；（3）这些责任如何被论证。"[1] 它根据生态科学和环境科学揭示的自然和人类相互作用的规律性，以道德为手段协调人与自然之间的关系。其研究任务是探讨生态环境的伦理价值和人类对待生态环境的道德态度，确立与制定协调人与自然关系的道德原则与道德规范，以维护生态平衡和人与自然关系的和谐，使人类在良好的生态环境和自然条件下生存发展。

环境伦理学是一门运用多种学科知识，综合研究人类个体与自然环境系统之间、人类个体和社会环境系统之间及社会环境系统与自然环境系统之间伦理道德关系的科学，包括研究环境伦理学的产生、环境伦理的道德体系、环境伦理道德行为规范、准则、评价、教育和个人环境道德修养等环境伦理道德行为主体和客体相互作用关系的学说。

环境伦理学对人、社会、环境三者间的伦理道德关系研究，具有很强的现实性和实践性特征。传统伦理学过去所着重研究的人类个体间的伦理关系，它的恶化一般只会导致人类群体内部人们互动行为的失范，导致社会生活和谐度的下降，一般不会导致人类群体结构（社会）的整体崩溃及灭亡。但当个体环境道德行为失范并演化成整体社会行为后，环境系统的反馈便具有导致社会文化整体消亡的力量。

二、环境伦理学的兴起与发展

环境伦理学产生于 20 世纪 40 年代至 50 年代，它是由法国哲学家施韦泽（1875—1965）和美国著名环境保护主义者利奥波德所创立的。1923 年，法国哲学家施韦泽发表论文《文明的哲学——文化与伦理学》，在人类思想史上提出了"敬畏生命"的道德原则思想，并认为在大自然中所有的生命都是平等的，凡是维护生命、发展生命和完善生命的行为都是合乎道德的和善的，他还

---

① ［美］戴斯·贾丁斯：《环境伦理学》，林官明等译，12 页，北京，北京大学出版社，2002。

首次提出了创立生态伦理学的设想。美国著名环境保护主义者利奥波德于 1933 年发表《保护伦理学》一文，主张伦理学的对象应从人与人的社会关系领域扩展到大地即自然界。1949 年，利奥波德出版《沙郡年鉴》一书，首次提出"大地伦理学"一词，被公认为第一部系统的生态伦理学著作，它的出版标志着生态伦理学正式成为一门相对独立的学科。此后，生态伦理学在西方各国迅速发展起来。当代西方生态伦理学的研究更深入地探讨了人与生态、人与自然的关系，并形成了"深层生态伦理学"，其代表人物有罗尔斯顿、迪施、科兹洛夫斯基等。罗尔斯顿先后出版了《存在一种生态伦理学吗?》（1975）、《哲学走向荒野》（1986）、《环境伦理学：自然界的价值和对自然界的义务》（1988）等著作，提出自然规律与人道相结合的环境伦理学构想。辛格《动物解放》和罗尔斯顿《环境伦理学》可谓现代环境伦理学的代表作。彼得·辛格在 1975 年出版了《动物解放》一书，认为人与动物在道德上应该是平等的，我们应该把关心所有当事人利益这一伦理原则扩展到动物身上，动物也能感受苦乐，我们有义务停止那些给动物带来痛苦的行为。以雷根为代表的动物权利论者从康德的道义论出发，认为我们之所以要保护动物，是由于动物和人一样，拥有不可侵犯的权利。罗尔斯顿基于生态科学的环境整体主义观点，建构了一个完整的环境伦理学理论体系。20 世纪 60 年代由西方各国发起的环境保护运动迅速发展为一项全球性的运动，并从"浅绿色运动"发展为"深绿色运动"，提出代内公平与代际公平相结合的口号，联合国先后召开了多次关于环境问题的世界性会议，确立了可持续发展战略，环境伦理学成为东西方伦理学界的研究热点。

我国环境伦理学研究起步于 20 世纪 80 年代初。当时随着我国经济建设规模的扩大，生态环境问题日益突现出来，引起了一些思想敏锐的学者的关注，中国环境伦理学的研究由此起步。1992 年 3 月，刘湘溶出版了国内第一部研究生态伦理的学术专著《生态伦理学》，对生态伦理学的研究对象、学科特征、研究任务和主要内容进行了较为全面系统的理论分析和论证，对生态道德的结构体系作了深入的阐释与揭示，初步建立了一个生态伦理学的学科体系，从而揭开了我国生态伦理学研究的一个崭新的局面。1995 年余谋昌撰写的《惩罚后的觉醒：走向生态伦理学》一书，以大量的事实和数据充分说明了保护环境、维系生态平衡的重要性，对生态伦理学的理论特征和现实意义等作了全面深入的论证与分析。不久，余谋昌推出了《生态伦理学》一书，分 14 章全面论述了生态伦理学各个方面的问题，建构了一个比较严谨的理论体系。该书的问世标志着我国生态伦理学的研究进到了一个新的发展阶段。

三、环境伦理学研究的主要内容

环境伦理学主要研究以下三方面的内容：

1. 环境价值观

环境价值观属于环境伦理学理论研究领域，它涉及如何对待自然生态价值以及我们应选择怎样的环境价值观的问题。在环境伦理学界，一直存在着人类中心主义与非人类中心主义两种观点。

人类中心主义是指以人类为关注的中心，把人类的生存和发展作为最根本目标的思想和观念体系。"这个术语源于古希腊的'anthropos'，它意指人类。人类中心主义意味着使人类居于中心位置。人类中心主义者采用了一个只以人类为中心的关注视角。"[①] 它要求人的一切活动都应该遵循这一价值目标。人类中心主义把人类的利益作为价值原点和道德评价的依据，认为只有人才是价值判断的主体。在人与自然的关系中，人永远是主体，自然永远是客体，价值评价的尺度必须掌握和始终掌握在人的手中，任何时候说到价值都是指对于人的意义；人类的一切活动都是为了满足自己的生存和发展的需要，如果不能达到这一目的的活动就是没有任何意义的，因此一切应当以人类的利益为出发点和归宿。人类中心主义观点主要有强人类中心主义和弱人类中心主义。

非人类中心主义是一种不将人类置于中心位置的环境伦理思想和观念体系，"它意味着对非人类生命与生活形态的关注是为了它们自身而不是我们的利益"[②]。它强调人对大自然的义务是一种直接的义务，其出发点是为了保护大自然而保护大自然，完全排除了人的自身利益。非人类中心主义包括生物中心论、动物权利论和自然价值论等。[③]

2. 环境伦理的基本原则

环境伦理学不仅要研究人们对待自然的态度问题，确立新的环境价值观，还要研究环境伦理的原则和规范，为人们提供在环境意义上的人的道德行为准则。

"敬畏生命"的伦理原则。环境伦理学的创始人施韦泽在《敬畏生命》一书中写道："成为思考型动物的人感到，敬畏每个想生存下去的生命，如同敬

---

①　［美］彼得·S·温茨：《现代环境伦理》，宋玉波等译，16页，上海，上海人民出版社，2007。

②　同上书，18页。

③　［美］罗尔斯顿：《环境伦理学——大自然的价值以及人对大自然的义务》，杨通进译，3～12页，北京，中国社会科学出版社，2002。

畏他自己的生命一样。他如体验自己的生命一样体验其他生命。他接受生命之善：维持生命，改善生命，培养其能发展的最大的价值；同时知道生命之恶：毁灭生命，伤害生命，压抑生命之发展。这是绝对的、根本的道德准则。"①在施韦泽看来，善是保存和促进生命，恶是阻碍和毁灭生命。如果我们摆脱自己的偏见，抛弃我们对其他生命的疏远性，与我们周围的生命休戚与共，那么我们就是道德的。

众生平等原则。中国历史上的儒释道三家均坚持所有生命出自一源，万物生于同根。世界是一个生命共同体，是一个息息相关的大家庭。这个家庭的每一个成员都具有自身的价值，因此，主张尊重生命、爱护生命。在道家看来，"道"乃"天地之根""万物之母"，天地万物都不过是"道"之子。物与物之间、人与人之间、人与物之间都是"道"之子之间的关系，没有高低贵贱之分，都是平等的。因此，庄子在《庄子·秋水》中提出："以道观之，物无贵贱。"佛教认为佛性存在于一切生命之中，一切众生都具有相同的佛性，主张众生平等。禅宗不仅肯定人和动物具有佛性和价值，而且肯定一切生物如草木等低级生命也有佛性和价值，因而明确要求人类要像爱护动物一样爱护植物。

环境正义原则。环境正义就是所有人不论其世代、国籍、民族种族、性别、文化、城乡差异、贫富，等等，都平等的享有利用自然资源的权利以及享有清洁、安全、健康的环境的权利。环境正义最本质的含义有三层：①人类有权利享用大自然提供的丰富资源，同时有义务维护和尊重大自然生态系统的和谐；②人类各群体之间有权利分配自然资源，同时有义务保障分配的合理、公平、公正，并且强势群体有义务对弱势群体进行关怀和补偿；③当代人有权利利用自然资源谋求自身的生存和发展，同时又有义务关怀后代的生存权利。环境正义根源于人的三重属性的存在。由于人具有类、群体和个体三种存在样态，相应的，环境正义也有不同的实现形式。人的类属性与种际环境正义相对应；人的群体属性对应的则是群际环境正义，包括代际正义（当代人与后代人之间）、代内正义。代内正义既有国际环境正义问题，其中主要是发展中国家的生态权利问题，又有国内环境正义问题，主要是弱势群体和不发达地区的环境权利问题。代际正义涉及上一代与下一代之间的正义问题。人类只有一个地球，前代人不能无限制地开发和消耗后代的环境资源，应该给后人留下一个好的地球。

---

① Schweitzer, *Out of My Life and Thought*, p. 131. 参见［美］贾丁斯：《环境伦理学》，林官明等译，153 页，北京，北京大学出版社，2002。

3. 生活实践中的环境伦理问题

环境伦理学确立了新的自然价值观和环境伦理的基本原则，其目的就是要指导人们的生活实践，因此，现实生活实践中的环境伦理问题便成为环境伦理学研究的又一重要任务。它包括可持续发展的环境伦理问题、人口与环境伦理问题、科学技术中的环境伦理问题、环境保护中的环境伦理问题、消费方式中的环境伦理问题以及提高全球的环境意识问题等。

中国提出生态文明发展战略，是对人与自然关系理性思考的产物及合理应对、解决现有人与自然关系乃至创新未来人与自然关系的有效路径。生态文明发展战略的提出，要求我们以一种发展的眼光来制定人类的道德规范，寻求促进生态文明发展的社会约束与评价机制。生态文明伦理体系的构建，在环境伦理学看来，就是必须紧紧围绕人与自然的关系，以实现人与自然的协同进化为中心，建立适应生态文明的道德原则体系，即尊重生命、善待自然的生态道德目标体系、生态道德内容体系和生态道德实施体系，以及生态道德评价体系。在合理的生态文明的伦理体系支持下，践行科学发展观和生态文明观，调整生态行为，实现人类与自然的和谐共处。

第四节　生命伦理学

生命伦理学是 20 世纪 60 年代首先在美国随后在欧洲产生发展起来的一门新学科，也是迄今为止世界上发展最为迅速、最有生命力的交叉学科，是一门研究与生命相关的所有伦理学问题的交叉学科。生命伦理学是传统医学伦理学的现代拓展。医学伦理学主要研究医学和医疗保健领域的伦理学问题，分为临床医学伦理学和制度医学伦理学，前者主要关系到医患界面的伦理学问题，例如知情同意或者放弃治疗。制度医学伦理学审查医疗实践的结构或制度背景，如健康保健政策问题或者医疗资源分配问题。生命伦理学的范围比医学伦理学更为宽阔，包括在技术、医学、生物学对于生命的应用时所遇到的各种伦理学问题。在那些影响人的生死、人性以及人们生命质量的生物医学领域决定人们应当如何行为。

一、生命伦理学界说

生命伦理学是一门关于人的生命本质和价值及其相关的道德问题的应用伦理学分支学科，它依据一定的道德价值和伦理道德原则，系统研究现代生物医学和生命科学中的人类行为，研究干预和控制人的生命物质、生命存在方式时所发生的种种伦理道德问题。生命伦理学最显著地体现在生物医学和生命科学的发展中，生命伦理学一词也很自然地与医学和生物学结下不解之缘。狭义地说，生命伦理学是因当代科学和科技革命而兴起的一门应用伦理学分支学科，它特别强调研讨医学科学和生命科学所带来的种种伦理道德问题。但从广义上看，生命伦理学又是一门具有广阔的文化视野的综合性边缘学科，它使人们强烈地注意到人类生活与伦理道德之间的复杂关系，正视生命科学所带来的种种伦理道德挑战，涉及的对象和领域包括社会的经济状况、政治制度、公共政策、法律体系、宗教传统、哲学理念以及环境保护、医疗健康等各方面。"生命伦理学是研究产生于生物学实践领域（包括医学、护理、兽医在内的其他卫生保健职业）中伦理学问题的学科。它的研究范围很广，除了生物科学研究中的伦理学，还包括环境伦理学（包括环境污染和人与动物和自然界中其他部分之间的关系）、性、生殖、遗传和人口中的伦理问题及各种社会政治道德问题，如失业、贫穷、歧视、犯罪、战争和迫害对人群健康的负面效应。此学科中涉及的人员也很广，有医生、护士、生命科学家、患者、受试者。此学科涉及的学术领域也很广，包括哲学、道德神学、法学（这是生命伦理学中的三大学科）、经济学、心理学、社会学、人类学和历史学等。"①

生命伦理学是传统医学伦理学的现代拓展。医学伦理学主要研究医学和医疗保健领域的伦理学问题，这可以进一步分为临床医学伦理学和制度医学伦理学，前者主要关系到医患界的伦理学问题，例如知情同意或者放弃治疗。制度医学伦理学审查医疗实践的结构或制度背景，如健康保健政策问题或者医疗资源分配问题。生命伦理学是从医学伦理学基础上发展起来并多有扩展的一门以探讨生命科学和解决公共卫生保健中的伦理道德问题的新兴学科，它比医学伦理学的研究范围更为广阔，包括遗传生物学、现代医学、环境生物学以及人口健康领域的伦理道德问题，在技术、医学、生物学对于生命的应用时所遇到的各种伦理学问题，以及在那些影响人的生死、人性以及人们生命质量的生物医学领域决定人们应当如何行为的问题，等等。

生命伦理学的生命主要指人类生命，但有时也涉及动物生命和植物生命以至生态，生命伦理学研究可以分为两大层面，其一为学术理论层面，研究生命伦理学作为一门学科的思想学术基础和理论框架，以及研究论证的方式和方法；其二为实践、规范和政策层面，研究医学实践、人体实验，以及所有与生

---

① 王文科：《走进生命伦理》，11页，北京，人民出版社，2008。

命相关的伦理政策和道德规范，这也是生命伦理学作为一种应用研究的集中体现。① 作为一门应用规范伦理学，生命伦理学不谋求建立体系，而以问题为取向，其目的是如何更好地解决生命科学或医疗保健中提出的伦理问题。伦理问题的出现可能有两种情况：一种情况是由于采用了新技术，出现了新的伦理问题；另一种情况是，本来应该做什么是不成问题的，但由于新技术的应用，重新提出了应该做什么的问题。

二、生命伦理学的兴起与发展

"生命伦理学"（bioethics）一词为威斯康星大学的肿瘤学家波特（Van Rensselaer Potter）于 1970 年所创造。在次年出版的《生命伦理学：通向未来之桥》一书中，他明确提出"生命伦理学"旨在建立一个综合生物学知识与人类价值体系的新学科（1971）。几乎与波特同时，希瑞福（R. Sargent Shriver）等人在筹建一个旨在结合生物学与伦理学研究的研究所时，也自然地将这两个词组合在一起（bio-ethics）。因此，《生命伦理学的诞生》（1998）一书的作者琼森（Albert R. Jonsen）认为，"生命伦理学"一词是"两地生"（bi-located birth）。还有学者把生命伦理学的起源追溯到 1947 年审判纳粹医生后提出的"纽伦堡准则"。1978 年，华盛顿乔治城大学肯尼迪伦理学研究所组织编写出版了四卷本的《生命伦理学百科全书》。此后，北美、西欧、日本等国家及地区的大学出现了越来越多功能的生命伦理学研究中心，各国和国际的有关生命伦理学的学术活动连绵不断，大量论文和专著相继发表和出版，推动着生命伦理学这一学科蓬勃发展。恩格尔哈特 1986 年推出的《生命伦理学基础》一书，深入地剖析了生命与死亡、健康与疾病等生命伦理问题，并就生命伦理学的基础和原则予以全面系统地论述，建立起了一个面向后现代的生命伦理学体系。该书被誉为"自从生命伦理学这一学科诞生以来最重要的一部书"②。

生命伦理学的产生与生物医学和生命科学的迅速发展密切相关，也与当代社会的价值危机、社会多元化密切相关，同时与当代社会人们权利意识的扩展密切相关。

20 世纪 80 年代初，我国学者开始引介西方生命伦理学。邱仁宗教授首次在中国提出"病人的权利"，并于 1987 年出版了《生命伦理学》一书，该书系我国第一部生命伦理学著作，标志着我国生命伦理学学科的形成。在《生命伦

---

① 卢风、肖巍主编：《应用伦理学导论》，170 页，北京，当代中国出版社，2002。

② 参见［美］恩格尔哈特：《生命伦理学基础》"译者前言"，范瑞平译，北京，北京大学出版社，2006。

理学》基础上，邱仁宗教授潜心研究生命伦理学诸问题，相继推出了《生死之间：道德难题与生命伦理》、《生育健康与伦理学》（主编）、《艾滋病、性和伦理学》、《21世纪生命伦理学难题》（主编）、《生命伦理学概论》（与翟晓梅合编）、《生物医学研究伦理学》（与陈元方合著）等著作。在实践上，他为妇女、同性恋者、艾滋病患者的合法权益奔走呼号，推动"生命伦理学"走入大众视野，为中国生命伦理学的兴起和发展作出了杰出的贡献。

三、生命伦理学的研究内容

生命伦理学的研究对象界定为现代生物医学和生命科学中提出的一系列伦理道德问题，具体来说包括基因工程中的道德行为和道德现象，生殖技术中的道德行为和道德现象，器官移植中的道德行为和道德现象，以及生物医学和行为研究中的道德问题，环境与人口中的道德问题，动物实验和植物保护中的道德问题。

生命伦理学研究的内容主要有：

1. 理论生命伦理学

理论生命伦理学是对生命、健康、疾病、死亡诸问题的理论思考以及伦理沉思的产物，涉及人们如何看待生命与死亡问题。在生命伦理学领域，人们对生命的思考以及如何评判生命的讨论产生了生命神圣论、生命质量论和生命价值论。生命神圣论认为人的生命具有最高道德价值，人的生命是神圣不可侵犯的、是至高无上的、极其重要的。生存权是最基本的人权。生命质量论指根据人的生命素质的高低、优劣，来决定医疗处置的生命伦理观，强调的是人的生命质量与人的健康、智力、交往和社会交往能力、心理平衡等构成的生命素质的不可分离。生命价值论指根据生命对自身、他人和社会的效用如何，来决定医疗处置的生命伦理观。生命价值论涉及人的生命行为价值取向的伦理标准选择。关于生命价值和质量的深度研判，常常有道义论与后果论的争论。

在西方，生命伦理学的理论建构主要来自传统伦理学，如康德的义务论和功利主义。此外，许多普遍接受的基本道德原则，如自律原则、不伤害原则、仁爱原则、公正原则和一般的道德守则，如说真话、保密、尊重病人自主等，也被用以分析或论证某一问题解决方案的合理性，其中以20世纪70年代比彻姆（Tom L. Beauchamp）和查尔德斯（James F. Childress）提出的原则主义为主流理论。该理论试图把道义论、功利主义和西方哲学与神学中重视"爱"的传统结合在一起，提出了自主、不伤害、有益和公平四个原则。同时，他们还在这四个基本原则之外，辅以若干低一层次的道德规则，如知情同意、诚实、守信、尊重隐私等一般道德规则，用以分析和判断生命伦理的问题和案例，从而使这些道德原则和规则为各种伦理学所共同认可。而且，由于采用多条原则可以避免单一原则所引起的过于抽象、不易应用和单一化，因此可回应道德争议中的多元现象。20 世纪 80 年代以后，其他一些伦理学理论，如德行伦理学、关怀伦理学或女性主义伦理学等，也被用于分析和论证生命伦理学问题。

2. 临床伦理学

临床诊疗工作在医学整体中占很重要的地位。在临床诊疗工作中，医务人员的道德水平，直接影响到疾病的正确诊断与治疗。各临床科室的医务人员每天都会面对临床工作提出的伦理问题，尤其是与生死有关的问题，例如，人体器官移植、辅助生殖、避孕流产、产前诊断、遗传咨询、临终关怀等问题。病人健康利益第一原则是临床诊疗工作中最基本的原则。所以，医务人员在诊疗工作中必须做到一切为了病人，一切方便病人，一切服务于病人，始终把病人的利益放在首位。在临床诊疗工作中要维护病人的医疗权利。在临床诊疗过程中，要一视同仁地对待各种病人。在诊疗过程中，对损害病人利益和不尊重病人的现象要敢于抵制和批评，随时维护病人的生命和健康。最佳诊疗方案原则是指在选择诊疗方案时以最小的代价取得最大效益的决策原则。它要求在保证治疗效果的前提下，采用的诊疗措施应尽可能地减轻病人的痛苦，诊疗效果从当时当地医疗技术水平来说是最佳的，其中包括治疗方案最佳，选用药物最佳，手术方案最佳等，医务人员在诊疗工作中，必须注意诊治技术的两重性，在效果相当的情况下，应选择安全、可靠、伤害最小的诊疗方案，对必须使用有一定伤害或危险的诊疗时，要尽可能使伤害减少到最低程度。医务人员在选择诊疗方案时，要考虑病人的经济负担和社会医药资源的消耗，用较少的经费能达到治疗效果。知情同意原则是指医务人员要为病人配合诊治提供其做决定所需的足够信息（如诊疗方案、预后及可能出现的危害等），让病人在权衡利弊后，对医务人员所拟订的方案做出同意或否定的决定。在得到病人明确同意后，才能确定和实施诊治方案。在我国，知情同意权代理被选择的先后顺序为：家属——亲属——单位同事——负责医师以外的其他医务人员。代理人必须有行为能力，能够理智判断问题，与病人无利益或情感上的冲突，能够真正代表病人的利益。

3. 研究伦理学

生命伦理学的本质决定生命科学研究的目的是探求和揭示生命和疾病发生发展的过程及其规律，推动生命科学的进步，保障人类的健康，促进人的全面发展。人体实验是生命科学研究中的一个极为重要的方面，很多生命科学成就都是通过人体实验而取得的。凡以人为实验对象的生物医学研究工作均称为人体实验。人体实验不仅指医学意义上的研究，如在个体或群体中进行的预防、诊断或治疗研究，而且还包括超出卫生保健的，非生理侵入性研究，如社会调查、查阅过去的病历作回顾性的统计分析，等等。人体实验必须以维护病人利益为前提，应尊重受试者捍卫其人身安全的权利及个人秘密。人体实验需经专家集体讨论通过，并由领导批准。任何个人，未经一定程序的审批，不得私自在人体上做实验。在人体实验前，应首先在动物身上做实验，以验证人体实验的可行性。经过充分的实验研究，在掌握了可靠的科学依据后，方可进行人体实验。在一般情况下，实验应取得受试者和家属的同意。关于试验的目的、方法、预期好处、潜在危险，以及可能带来的损伤，都必须告知受试者和家属，以取得他们的同意和配合。最小风险是生物医学研究伦理学方面的一个关键概念。最小风险的概念在对研究的伦理审查中起着十分重要的作用，在维护人类受试者安康和权益方面扮演着一种警戒值的道德阈值机制的关键角色。

4. 政策和法制生命伦理学

政策和法制生命伦理学涉及公共卫生和健康政策的制定和法律的推行，属于宏观意义上的卫生制度和公共安全生命伦理学。食品药品安全伦理考量要求政府加大政策法制建设和查处力度，政府应当完善食品药品安全立法，加大执法检查和违法打击力度，建立全社会齐抓共管的食品药品安全维护体系。卫生资源和医疗保障体系亦是政策法制生命伦理学的重要内容。应当坚持社会公正原则，使全社会成员享有基本的卫生保健权利。把健康作为社会发展的目标，使健康与经济和社会发展相协调。最大限度地促进社会成员健康，防止医学技术的片面发展和歪曲利用。卫生决策的道德化以及伦理道德的政策化，必将有利于人们控制生物医学技术对个人保健的无节制使用，实现医疗卫生资源的合理分布和公正分配，保障生命科学知识和技术的应用趋利避害，为当代和后代造福。

5. 文化生命伦理学

启蒙运动以来，人们天真地以为，随着经济的增长和物质财富的增加，人类将普遍过上幸福美好的生活。可是，现实却往往与愿望相违，随着技术主义和工具理性的高歌凯旋，人被异化为"单向度的人"，成了物质的奴隶，机器的工具。这样，人的权利何在？尊严何在？尤其是多数弱势人群，更难以获得公正的对待和和自身的尊严。于是，人的文化生命意识再一次觉醒，并被拉到首要位置。联合国教科文组织《世界人类基因组与人权宣言》庄严指出："人类基因组研究"应充分尊重人的尊严、自由与人权，并禁止基于遗传特征的一切形式的歧视。生命伦理学从本质上说是对人的权利和尊严的价值关怀。离开了为人类造福的根本宗旨，离开了人文关怀的主线，不可能把握生命伦理之真谛。任何个人、群体和社会都有一定的文化归属，文化也影响哲学和伦理学，当然也会影响生命伦理学。

在 21 世纪，伴随着人类基因组研究的重大突破，基因技术伦理和基因伦理学必将得到极大的发展。人类基因组研究所取得的重大成果被视为继"曼哈顿原子弹计划"和"阿波罗登月计划"之后的人类科学史上的又一次伟大革命，它所产生的不可估量的商业价值和社会影响必将引起人类伦理道德观念的变革和伦理学的反思。目前，人类基因组研究已将伦理学等的综合研究列入该计划的主要目标中。基因技术伦理和基因伦理学研究的主要问题包括：基因研究和人类的尊严，遗传信息的隐私权及获知权，基因组图谱的信息使用与人的社会权利，基因资源的专利与资源争夺，基因决定论还是非决定论，人类长寿所带来的一系列伦理道德问题，基因组信息和医学解释与人类的心理压力及名誉损害等问题。基因伦理学的研究必将对其他的科技伦理学及社会伦理学产生深远的影响，成为促进伦理学发展的重要力量。

第五节 网络伦理学

网络伦理学是研究电子信息网络中出现的社会道德问题并寻求合理性解决的一门新兴学科。它涉及网络技术的开发和应用，网络信息的生产、储存、交换和传播等领域中许多广泛而复杂的伦理道德问题。随着信息网络技术的迅速发展，与信息网络技术密切相关的网络伦理学和计算机伦理学已成为引起全球关注的前沿伦理学学科。

一、网络伦理学的定义

网络伦理学是应用伦理学的一个分支，是随着国际互联网的产生和发展而出现的一门新兴的、以网络道德为研究对象和范围的伦理学科。网络道德是关于人与网络之间关系，以及在网络社会（虚拟社会）中人与人的关系问题的道德意识、行为准则和实践活动的总和。网络伦理学研究的对象和范围涉及虚拟社会及生活在其中的虚拟人。所谓虚拟社会是指现代信息社会所特有的一种社会现象，即基于"Internet"的计算机网络所形成的虚拟空间。这个空间既是虚拟的，又是实实在在地存在于现代社会之中。它不仅给人们提供了免费的信息资源，大大缩小了人与人之间的物理空间距离，也对传统文化和传统道德产生了巨大的冲击。凡是在这个虚拟的空间里发生的道德现象和问题，都属于网络伦理学研究的范围。

现代信息与网络技术的开发与应用是一把"双刃剑"，它在借助电脑高智能化、信息交换与传播的快速、便捷和时空压缩等优势给人们带来工作学习和生产生活极大方便的同时，也把人们带入一个全新的生存和发展的技术与人文环境中，使人们面临着技术上的"可能"与伦理上的"应该"的严峻挑战。以计算机技术为核心的互联网正在创造一个全新的、对人们说来还是陌生的人类生活新环境。在这个新环境中，人们原有的道德经验与价值观念受到挑战。如何应对这一新技术引起的新的伦理道德问题，逐步确立新的价值观念和道德规范，合理调节新技术境遇下人与人、人与社会的利益冲突，使道德秩序从无序走向有序，是网络伦理学理应担当的重要使命。

摩尔在《计算机伦理的理性、相对性和责任》一文中指出：计算机伦理学之所以必要，是因为普通的伦理学不足以解决产生于计算机技术应用的许多规范性问题。他认为：为解决计算机伦理问题，"常规伦理学"和"文化相对主义"是不够的。他指出：常规伦理学是误入歧途的，因为它低估了计算机伦理问题对传统概念框架的挑战。文化相对主义是错误的，因为它低估了某些普适人类"核心"价值的意义。他还展望了计算机伦理学理性和有限相对性并存的可能性。① 在《什么是计算机伦理学》中，摩尔认为：之所以要研究计算机伦理学，是因为在计算机技术创造新可能性的周围，存在着传统伦理学不能直接回答的一系列道德新课题。当我们面对何时和怎样使用计算机时，我们面临着新的道德选择，"存在一个道德政策的真空"。摩尔认为：新技术要求人们对许多公共政策和道德标准进行重新思考，"计算机伦理学的中心任务，是去抉择我们应当做什么，道德政策应当如何确定。它包括考虑个人与社会两方面的道德政策"②。

戴博拉·约翰逊在《计算机伦理学》一书中认为：计算机被广泛应用到工商、民用、管理、教育、司法、医疗、科研等方面。在每一个环境中，存在着

---

① [美] 詹姆斯·摩尔：《计算机伦理学中的理性相对性与责任》，载《上海师范大学学报》（哲学社会科学版），2006（5）。参见王正平：《美国计算机伦理学研究与计算机职业伦理规范建设》，载《江西社会科学》，2008（12）。

② Moore, James H., "What is computer ethics?" *Metaphilosophy*, 1985, p. 266-275.

人们的目的与利益、机构目标、人际关系、社会规范的矛盾与冲突。研究计算机伦理学，是为了理解计算机信息技术引起的伦理道德问题。他指出："在这方面，计算机伦理学研究的出现，是为了研究人类与社会——我们的目标与价值，我们的行为规范，我们组织自我的方式，分配权利与责任，等等。"① 戴博拉·约翰逊认为：功利主义是为了每一个受到某一行为影响的人的最大幸福所必须遵循的道德原则。它把许多道德问题用自然的、常识性的方法进行处理，并尽可能考虑到各方面的利益，有利于人们在计算机应用的道德冲突中作出合理的道德选择。他们认为：康德道德义务论中的道德"普适性"原则和"永远把人当作目的，永远不把人仅仅看作手段"的原则，罗斯提出的守信、补偿、公正、仁慈、自律、感恩、无害七个自明的道德义务，在调节信息与网络技术条件下人与人之间的关系方面，具有十分重要的价值。这些道德义务可以转换成一些特定的"二级义务"，如避免用计算机伤害他人，尊重知识产权，尊重隐私权，对信息技术产品的性能和效用的宣传要诚实，避免不诚实的、欺骗性的和虚伪的宣传等。

戴博拉·约翰逊把霍布斯、洛克、罗尔斯以权利为基础的伦理学理论，作为计算机信息伦理学的第三种重要道德理论。他们认为：权利论是义务论的一种现代理论形式。这一理论强调权利是道德的基础。在信息时代，个人的法定权利、道德权利、契约权利应当受到特别的尊重。正当的行为是与尊重人的各种基本权利或自由的正义原则相一致的。在信息时代，每个人的信息权利应当受到道德上的尊重。每个人对私人信息的"非公开性""准确性""安全性"拥有权利。②

随着信息技术的迅猛发展，网络已经成为人们生活的重要内容，网络道德也成为人们必须遵守的社会公德的一个重要组成部分，而在实际生活中我们也越来越感到了网络道德的重要性和迫切性。网络道德在信息社会中的作用：网络道德能够促进信息社会生活健康发展；电子信息网络建设和使用中已经暴露出来的问题也到了我们不能坐视不管的程度；现代文明的发展方向决定了一个国家和民族在实现技术现代化的同时，必须建立与其现代制度相适应的现代精神文明。

---

① Johnson, Deborah G., *Computer Ethics*, 2nd Ed, Englewood Cliffs, NJ: Prentic Hall, 1994.

② ［德］瑞菲尔·凯普诺：《信息伦理学的本体论基础》，载《上海师范大学学报（哲学社会科学版）》，2006（5）。

二、网络伦理学的兴起与发展

网络伦理学最初始于计算机伦理的研究。从 20 世纪 80 年代起，随着计算机信息与网络技术在美国等西方发达国家的率先发展与应用，这一新技术引起的伦理道德问题引起西方哲学界的重视。1985 年，美国著名哲学杂志《形而上学》10 月号同时发表了泰雷尔·贝奈姆的《计算机与伦理学》和杰姆斯·摩尔的《什么是计算机伦理学》两篇论文。这成为美国计算机伦理学兴起的重要理论标志。此后，随着计算机信息技术的进一步发展，特别是 20 世纪 90 年代国际互联网的出现，计算机技术在应用中引起的社会伦理问题日渐成为西方哲学界、科技界和全社会关注的一个热点。20 世纪 90 年代以来，大卫·欧曼等著的《计算机、伦理与社会》（1990）、罗伊等著的《信息系统的伦理问题》（1991）、戴博拉·约翰逊的《计算机伦理学》（1994）、里查德·斯平内洛的《信息技术的伦理方面》（1995）、约翰·韦克特和道格拉斯·爱德尼的《信息与计算机伦理》（1997）等著作，深化和推动了计算机伦理学的研究。2000 年，里查德·斯平内洛的《计算机网络伦理：计算机网络空间的道德与法律》和罗伯特·贝亚德等主编的《计算机网络伦理学：计算机时代的社会与道德问题》以及贝卡·黑马奈等著的《黑客伦理规范与信息时代的精神》（2001）等将计算机伦理学与网络伦理学统合起来予以研究，标志着网络伦理学的正式形成。对计算机伦理道德问题和网络道德问题作出了专门性的探讨。计算机伦理学的确立和不断深化，为网络伦理学的形成与发展奠定了理论前提。网络伦理学从某种意义上说，其实就是计算机伦理学不断深化发展的产物。换句话说，网络伦理学实质上是计算机技术发展到更高阶段——网络化阶段上的计算机伦理学。

国内网络伦理学的研究于 20 世纪 90 年代中期后有了很大的进展。1998 年，严耕、陆俊和孙伟平著的《网络伦理》一书，可以说是国内网络伦理研究领域的较早著作。此后，又有一些学者相继出版了一些网络伦理学方面的著作，如《网络空间的伦理反思》《鼠标下的德性》等。近几年来，国内还发表了许多有价值的学术论文。总之，这些不仅展现了我国在网络伦理学研究领域的进程及取得的成果，也逐渐使网络伦理学的研究在国内成为一种独立的声音。

三、网络伦理的主要内容

网络技术引发了一系列伦理道德问题，涉及计算机软件的设计和编程、硬件的设计和制造、产品的销售和服务、网络的设置和运作、个人的应用和创作等广泛领域。

1. 网络道德意识、道德关系与道德活动

网络社会中的道德意识同非网络社会中的道德意识比较而言，显然更加淡漠，人性也趋于自然，而交往较少受社会因素的影响，并且摒弃了现实社会强加给人的各种限制。换句话说，一进入网络，一切都不同了，心灵得到释放，获得自由，人最大限度地去实现自己，成为自己。其特点是自律性及其要求增加，凸现个人修养和学识的重要性。网络道德关系与非网络道德关系比较而言具有不确定性、简单性和互动性等特点。这是网络社会在伦理学上提出的新问题。即人们之间可以没有现实中的交往，但是他们仍然可以拥有友谊、爱情以及信任、帮助，等等。当然，这种关系也可能维持得很短，但是应当承认，这种关系更多直接性，更少功利性。它克服了人们由于现实社会的各种压力而被迫放弃的各种交往关系。网络道德活动具有独特性、多样性、随机性、目的性。网络提供的是虚拟的空间，这种新型的空间发展了许多新型的活动。比如聊天（chat）、发贴子（post）、电邮（mail）、上/下载（upload/download）、网络攻击（attack），等等。在这些活动中，人们的交往均具有鲜明的目的性。例如，交友网站的增多，各种聊天工具的普及，等等。网络提供的即时通讯功能和匿名功能使人们的交往活动不必考虑空间距离和文化等因素的影响。因而活动又具有直接任意性。网络道德意识、网络道德关系和网络道德活动的特殊性决定了网络伦理学的独特性。

2. 知识产权、个人隐私与网络安全问题

信息网络时代遇到的一个重要道德问题是如何尊重和保护信息网络化的知识产权。由于信息技术的发展，借用、移植、复制他人的程序和某些信息变得十分方便，由于这种行为既很难发现，又很难判断，使这种行为成为一种普遍现象，这就严重侵犯了知识产权。因此，保护知识产权、处理好知识产权保护与知识公开合理利用成为相互矛盾的难题。在信息网络时代，个人隐私受到信息技术系统采集、检索、处理、重组、传播等信息处理，使某些人更容易获得他人机密及信息，个人隐私面临空前威胁。保护个人隐私是社会一项基本的伦理要求，是人类文明进步的一个重要标志。在信息技术高度发展的网络时代，如何保障公民的个人隐私权，应当引起全社会的关注。

网络信息是重要资源和需要重点保护的资产。谁盗取了网络信息技术或战略机密，谁就会取得强大的竞争优势。因而，网络信息与网络安全问题成为网络道德关注的一个焦点。由于因特网自身安全性差的弱点，网络上时常会非法潜入一些"黑客"进行破坏。常见的网络安全问题有网上盗窃、诈骗、电脑病毒的制作和传播，等等。信息网络技术的安全问题要求人们必须用道德和法律手段来规范人们的思想和行为。同时，信息网络的交流在不同国家、不同地区、不同群体之间出现信息垄断。目前，据有关统计，在互联网上，英语内容占据 90％左右，其他语种只占 10％左右，西方国家毫无疑问地占据着信息优势地位，这种优势地位又给其带来高额垄断利润。网络安全与信息垄断是网络伦理必须正视和研究的重大问题，它对网络的健康持续发展以及资源信息共享起着非常关键的作用。

3. 网络伦理原则

斯平内洛在《信息技术的伦理方面》一书中，依据功利主义、义务论、权利论等基本道德理论，提出了计算机伦理道德是非判断应当遵守的三条一般规范性原则："自主原则"——在信息技术高度发展的境况下，尊重自我与他人的平等价值与尊严，尊重自我与他人的自主权利。如，当计算机技术被用来侵犯别人的隐私权，便侵犯了别人的自主权。"无害原则"——人们不应该用计算机和信息技术给他人造成直接的或间接的损害。这一原则被称为"最低道德标准"。"知情同意原则"——人们在交换网络信息时，有权知道谁会得到这些数据以及如何利用它们。没有信息权利人的同意，他人无权擅自使用这些信息。[①]

综合网络伦理学研究成果，我们认为网络伦理原则主要有：

第一，信息共享共建原则。网络上的资源共享源于信息共享。包括软件、程序源代码等。凡是使用过网络搜索引擎的人都知道，搜索的过程，就是资源共享的过程，搜索结果就是大量免费的资源。而在一般的网络浏览过程中，资源共享也体现得淋漓尽致。只要上网，就可以得到大量的资源，这也许是网络社会中最大的特点。从另一个角度看，资源共享遵循的是"免费原则"。当然，这种免费具有约定性，它使用的是网络提供的默认值。如果超出约定的范围，这一原则就会受到挑战和限制。

第二，一致同意原则。它强调网络行为都应遵循一般的道义性，它必须是诚实的、公正的和真实的。尤其在那些通过网络交往的人中间。双方一般都被理想化成为具有上述优点的人，因而值得信赖。很显然，一致同意性被当作网络行为的前提和默认值而先入为主地存在于网络人头脑当中。虽然这种认识不具有客观性，但是并不妨碍它成为网络伦理学的原则。

第三，无害、行善和公正原则。即任何网络信息权利的实现应该尽可能地

---

① Spinell, Richard A., *Ethical Aspects of Information Technology*, Englewood Cliffs, NJ: Prentic Hall, 1995.

避免对他人造成不必要的伤害。相关利益群体在实现网络信息权利时应该做出一定程度的努力以使他人受益。网络信息权利分配应该体现社会平等，它是判断网络信息权利的实现是否合理的根本标准。

第四，自主、自律、自制原则，它强调个人能够自我决定如何支配其合法的网络信息权利。自律性是伦理学的目的。在网络社会中，由于个人具有充分的自由，缺少约束，要达成一致同意，或完全享有整个资源，显然是不现实的。这就要求每个网络人都遵循自觉性，遵守一般道义原则，才能够达到自己的目的。所以，自律性原则可以看做一种最终的道德诉求而和其他原则共同构成网络伦理学的基本原则。为了确保自主原则的真正实施，行使网络信息权利的主体应该使受到影响的相关群体尽可能充分地知晓其过程、潜在的风险和可能后果，再自主地做出抉择。

行业的自律和个人的自律是构建网络伦理道德的基础。行业自律应进一步完善自律规范体系，扩大行业自律参与面，把各类网站都纳入互联网行业自律体系中来。建立行业协会组织对网络业界进行自律管理，不但能够促进行业的健康发展，而且还会降低政府的行政成本。各级相关主管部门要帮助网络经营者成立不同层次、不同地区的行业协会组织，支持他们制定行业公约，完善行业规范，建立自律机制，将承诺切实落到实处。使网络行业形成合法经营、积极向上的良好风气。

4. 网民自我伦理的构建

网络生活首先是人面对机器独自生活，它应该是使自我能够自主地建构自身的生活，即自我生活，但网络自我生活需要一种自我伦理。自我伦理应该遵守两个基本原则：其一为自我伦理的目标原则——自我实现与自我幸福；其二为自我伦理的实践原则——自我反思与自我管理。网络自我伦理实践就是一种自我调适。网络自我调适应遵循自我选择、适度节制和虚实协调的精神，还可以采取免疫法、对话法、斋戒法等动态自我调适机制。要达到自我幸福必须遵守两个原则：其一为幸福的社会化原则，即自我的快乐并未有意或严重妨碍他人的快乐；其二为获得幸福能力原则，即当下的快乐不会减少今后的快乐。网民应自觉将适用于现实生活中的道德律令引入到网络环境中来，确保个人的网络行为不忽视他人的存在，不侵害他人的利益，网络主体之间应彼此尊重，尊重他人，尊重网络，也就是尊重自己的网络文化权利。同时应该将"网德"纳入公民道德建设的范畴，在公民道德教育，特别是在青少年和大学生道德教育中，增加"网德"教育的内容。要特别注意"慎独"教育，使网民在没有周围监督的网络空间里，也能自持而"不逾矩"。

　　加强"绿网"建设，占领网络舆论阵地。建设健康的互联网传播环境，"绿色"是最有效的途径。这就必须大力进行网上优秀内容建设，要发挥国家重点网站、专业网站和政府网站的作用，多提供生动活泼、积极向上的内容信息，用"绿色"内容占领网上阵地。

　　此外，政治伦理学、教育伦理学、体育伦理学、军事伦理学、国际关系伦理学等都是重要的应用伦理学分支学科。这些应用伦理学分支学科的出现，极大地拓展了伦理学的研究空间，也表明伦理学在当代获得了全新的发展，进入人们生产、生活、工作、学习等的各个方面，发挥着越来越重要的社会作用。

【思考与练习】

　　1. 试述应用伦理学兴起的理论背景。

　　2. 什么是经济伦理？经济伦理学的主要内容是什么？

　　3. 什么是环境伦理？环境伦理学的主要内容是什么？

　　4. 什么是生命伦理？当代生命伦理学的前沿问题有哪些？

　　5. 什么是网络伦理？如何加强新时期的网络伦理学建设？

第十二章　伦理学与人类社会的发展愿景

伦理学作为一门悠久古老而又永远年轻的哲学人文学科，始终以对人自身及其社会生活作为认识对象，探求人如何使自己生活得更美好的个中缘故，并提出种种前瞻性或引领性的观点与理论，故与人类社会和历史的发展有着最为密切的关系。人类社会和历史的发展既凝结着伦理学的智慧，也与伦理学的发展不足和认识缺失有一定的联系。历史的兴衰成败，社会的发展进化，与伦理道德的运行状况特别是统治阶级的道德价值追求常常呈现出某种高度密合的关系。《尚书》曰："七世之庙，可以观德；万夫之长，可以观政。"盛衰是历史之呈现的现象，而决定盛衰的原因除了那些客观外在的原因外，大量地与人们特别是统治阶级的道德状况关系极大。"以铜为镜，可以正衣冠；以古为镜，可以知兴替；以人为镜，可以明得失。"伦理学既有"以古为镜"来反思、总结人类既往道德生活经验教训的特质，亦有"以人为镜"来鉴别剖判人自身诸种弱点以更好地警醒世人之功能效用，还有将这种反思、警醒纳于未来之历史建构、理想追求的"藏往知来"之价值呼唤与渴盼，这就决定了伦理学必然担纲人类社会的发展愿景之神圣使命并具有与人类未来之前途息息相关的价值效能。承载人类社会发展愿景的伦理学也有许多自身的特殊要件或素质要求，并不是每一种伦理学都能理性而善美地设定人类社会的发展愿景，只有那种"致广大而尽精微"的伦理学亦即那种既扎根历史又正视现实且关注未来并以崇高、神圣和伟大、超迈为至善追求的伦理学，才能铸造人类社会的发展愿景，也才能敦促人类朝着德性优良、生活高雅和身心健康、人格完善的方向用功运演，才能将社会本身的改造、建设同人自身的改造、建设有机地结合起来，抒写人类文明发展的崭新篇章。

第一节　现代文明的挑战与伦理反思

肇始于西方进而扩展到全球的现代化运动及其现代文明致力于把人从各种束缚中解放出来，"从身份到契约"的现代转型使人的独立自主性和平等权利观念普遍高涨，向内挖掘潜能和向外征服世界的内外扩张，不仅使人获得了自由，使世界日益成为自由的世界和民主的世界，而且使人的能量最大限度地发挥了出来，极大地促进了世界的物质文明进步和科学技术革命，使世界日益成为富裕的世界、文明的世界。随着现代文明的快速发展及世界祛魅过程的完成，各种弊端、内在矛盾和危机接踵而至，人类面临着前所未有的挑战，过分刺激和鼓励对实利的自由追求，必然导致有限自然资源的迅速消耗乃至枯竭，必然导致为占有更多财富而引发的各种争斗乃至战争，从而必然导致人类整体面临日益严重的生存危机和人类个体面临日益严重的生存压力之可怕后果。因此，如何走出现代文明的困境，如何化解现代道德生活的危机，成为"探赜索隐"、幽深致远之伦理学责无旁贷的历史使命。

一、现代文明的进步与缺陷

西方现代性是一项以人类精神的启蒙为基础的伟大事业，它为人类设定了许多关于美好生活的价值理想。现代化运动就是以这些美好生活的价值理想诸如自由、平等、人权等为主题而展开的运动，现代社会即在追求和实现这些价值理想中所建构和发展起来的。

自文艺复兴、宗教改革和启蒙运动起，西方世界经历了由传统社会向现代社会的转型，开始进入了现代化的过程。在启蒙运动中，现代性的三大原则理念得以确立："一是反对封建专制主义，追求人道主义、自由民主的历史进步意识；二是反对宗教蒙昧主义，追求科学真理的理性批判主义精神；三是重视个人权利，谋求个性解放的个人主义价值观念，这三个理念概括起来就是人性至善、理性至上与个性至尊，三者共同催生了现代人的主体性理念。"① 在现代性理念和原则的促成下，西方现代化运动高歌凯旋，取得了历史性的伟大成就。在由启蒙运动肇始的现代化过程中，人性代替了神性，理性代替了信仰，科学代替了巫术，市场经济代替了自然经济，民族国家代替了封建王国，民主法治代替了君主人治，多元文化代替了文化专制。

在西方现代化的过程中，人们享受了它带来的种种成果，除了科技发展所带来的物质成果之外，更为重要的是人们从传统社会的体制桎梏和精神枷锁中挣脱了出来，实现了"从身份到契约"的转变，从臣民到公民的转变。这意味着社会从群体本位转向了个体独立，从义务优先转向了权利优先，从少数人的自由转向了普遍的自由，从不平等转向了平等。在梅因看来，现代化的特点是家族依附的逐渐消灭以及代之而起的个人义务的增长。"个人"不断地代替"家族"而成为民事法律所考虑的单位。用以逐步代替源于"家族"各项权利义务之上的相互关系形式的，就是个人与个人之间的"契约"。"在以前，人的

---

① 漆思：《现代性的命运》，14～15页，北京，中国社会科学出版社，2005。

一切关系都是被概括在'家庭'关系中的，把这种社会状态作为历史上的一个起点，从这一个起点开始，我们似乎是在不断地向着一种新的社会秩序状态移动，在这种新的社会秩序中，所有这些关系都是因'个人'的自由合意而产生的。"① 梅因这一被誉为"全部英国法律文献中最著名的"现代性命题，被亚伦（Carleton K. Allen）诠释为"个人自决的原则，把个人从家庭和集团束缚的罗网中分离开来；或者，用最简单的话来说，即从集体走向个人的运动"②。

　　现代文明从根源上切断了神圣性以及与神圣性本质的联系，"由圣入凡"的价值取向存在着过分刺激和鼓励追求实利的根本性缺陷，并由此导致了许多不良后果。物质生活的富庶和物质欲念的膨胀使得人们从高尚沦为世俗，从执著于过高尚的精神生活下沉为以积极的态度追逐于一种幸福的物质生活，"理性经济人"的观念深入人心并在实际的生活中演化成为趋乐避苦、计较利害得失、精打细算的工具理性追求。资本进入市场后，其高度的控制力和对资源的自由配置力，加之无孔不入的投机行径，颠覆了传统的市场游戏规则，对传统自由、平等、公平的原级市场理念与原则造成极大的破坏，而且这种破坏是以一种貌似正当的对自由的遵守，并"自由"地破坏自由的游戏规则的形式出现的。资本优先的正当性与合理性颠覆了社会优先的正当性与合理性，少数人的自由实现使大多数人的自由、平等化为泡影，造成了"自由""平等"的异化，最终导致普遍性的消解和个体差异性的分化。

　　现代文明以追求幸福和实现现代化的名义毫无节制地掠夺人类赖以生存的地球及其资源，使地球的生态系统受到严重破坏，环境污染和生态危机日益严重。为了追求利润最大化或中饱私囊，一些人和企业不惜采取对大自然杀鸡取卵、竭泽而渔的方式；为了一国之利，许多发达国家不惜对别国转移污染，以邻为壑。人类科学技术的进步、物质财富的增长可谓一日千里，但同时，忍受饥饿、营养不良乃至因贫困而疾病缠身、坐以待毙的人，被贫困剥夺去受教育机会的人，沉迷于吸毒、罹患艾滋病的人并没有因此减少。吸毒、暴力、自杀风等丑恶现象，像瘟疫一样蔓延在整个资本主义世界。现代人完全成了自己生活条件和技术的奴隶，他们为了自己的福利而丧失了自由和幸福。在过去的一百年里，战争与军备对世人的伤害与杀戮、世界贫富的两极分化以及地球生态平衡遭到破坏和污染的程度大大地超过以往任何时期，以至于有人说，20世纪人类的不幸甚至超过了以往历史上全部苦难的总和。

---

　　① ［英］梅因：《古代法》"导言"，沈景一译，110～111页，北京，商务印书馆，1995。

　　② 同上书，15页。

西方现代文明的弊端在 20 世纪暴露得最为充分，也引起了一些思想家的批判和警醒意识。20 世纪初，与尼采"重新估定一切价值"相对照的是对资本主义文明全面批判的升级，斯宾格勒在《西方的没落》一书中深刻揭露了资本主义文明的内在矛盾和危机，认为西方文明是一种正在走向没落并且难逃衰亡之历史宿命的文明。马克思·韦伯在《新教伦理与资本主义精神》一书中写道，大获全胜的资本主义不仅丢掉了使其得以发展的新教伦理，而且依凭理性主义铸造了"一只铁的牢笼"，"专家没有灵魂，纵欲者没有心肝；这个废物幻想着它自己已达到了前所未有的文明程度"①。西方马克思主义的代表卢卡奇、马尔库塞等人更是对之作出了全面系统的批判。卢卡奇认为，资本主义现代社会造成了人的普遍物化与异化，使人不成其为人，而只是成为工具或手段。马尔库塞认为，资本主义社会是一个"单面社会"，资本主义社会的人也已经成为"单向度的人"。霍克海默与阿多尔诺指出，资本主义社会日益成为一个压抑人性的"管制社会"，理性已经堕落为工具理性，科技成为新的意识形态，自由、平等、博爱的现代性启蒙理想已成了不折不扣的谎言。哈贝马斯指出："现代曾经从中获得自我意识和自己乌托邦期待那些增强影响力的力量，事实上却使自主性变成了依赖性，使解放变成了压迫，使合理性变成了非理性。"②资本主义的现代性统治出现了"合法化危机"和"生活世界的殖民化"等严重弊端。"生活世界的殖民化"即经济市场（金钱）和政治（权力）对生活世界的入侵和销蚀不断加剧，并引发了社会理想与人生意义的失落。货币和权力凭借其强大的支配力和影响力，直指生活世界的行为领域，使生活世界只能病态地挣扎在货币和权力的边缘，造成生活世界的非理性化和物化。在哈贝马斯看来，生活世界的殖民化是现代文明结出的毒瘤，是真正需要检视的时代困境。要走出现代性困境，就必须限制货币和权力的渗透，"改变自主的、自我组织的公共领域与由金钱和权利支配的行为领域之间的关系，易言之，要求在社会整合的维度内对权力进行新的划分。团结的社会整合力量将必须能够对自己宣称要反抗由金钱和权力媒介所驾驭的系统整合"③。

---

① ［德］马克斯·韦伯：《新教伦理与资本主义精神》，于晓、陈维纲等译，143 页，北京，生活·读书·新知三联书店，1987。

② ［德］哈贝马斯：《新的模糊性》，51 页，剑桥，政治出版社，1992。转引自汪行福：《走出时代的困境——哈贝马斯对现代性的反思》，28 页，上海，上海社会科学出版社，2000。

③ J. Habermas, *The Philosophical Discourse of Modernity*, Cambridge：Polity Press, 1987, p. 364. 参见李佃来：《公共领域与生活世界——哈贝马斯市民社会理论研究》，284～285 页，北京，人民出版社，2006。

二、世界祛魅所导致的价值迷失

现代性社会的突出表现就是世界的"祛魅"。马克斯·韦伯对现代社会有一段深刻的总结，他说："我们的时代，是一个理性化、理智化，总之是世界祛除巫魅的时代；这个时代的命运，是一切终极而最崇高的价值从公众生活中隐退——或者遁入神秘生活的超越领域，或者流于直接人际关系的博爱。"[1]"世界的祛魅"发生在西方国家从宗教社会向世俗社会的现代性转型中，它使人与世界的关系发生了根本性的颠覆与裂变，从此人不再是世界的一部分或世界的产物，而成为以自我量度世界、征服世界的独立主体。世界对于人来说不再是一个充满迷魅或巫术的存在，而只不过是人的理性完全可以把握的因果机制。"世界的祛魅"过程，实质上是世界从神圣化走向世俗化、从神秘主义走向理性主义的过程。[2] 祛魅总的来看是一个进步性的历史事件和发展过程，它不仅孕育了资本主义精神，"哺育了近代经济人"，创造了巨大的物质财富，而且发展起了实用理性和技术，使人们处于不断发展和创新不已的无限之中，极大地改变了世界的面貌和人们的观念。但是世界的祛魅也带来了一系列深重的问题和危机。

首先，世界的祛魅导致"诸神之争"，使价值多元化，人们面临诸多选择的困惑。现代社会，"有不同的神在无休止地相互争斗"，"那些古老的神，魔力已逝，于是以非人格力量的形式，又从坟墓中站了起来，既对我们的生活施威，同时它们之间也再度陷入无休止的争斗之中"[3]。人类所追求的价值与目标，不仅众多，不仅相互冲突而难以共存，并且由于缺乏一个共通的衡量尺度，根本无法在期间比较高下，以便排定先后顺序。"事实上，任何生活在现世的人都只能感到自己是在面对不同的价值之间的斗争，其中的每一种价值，单独看，似乎都在他身上强加一种义务。他必须选择他想要哪一种神，想为哪一种神服务，或者何时为其中一个神服务，而何时又为另一个神服务。但在任何时候，他都会发现自己置身于一场发生在此世中的诸神之争。"[4]"诸神之

---

① Max weber, *Essays in Sociology* , *Hans Heinrich Gerth and Charles Wright Mi-useds*., NewYork：Oxford University Press，1946，p. 155.

② 王泽应：《祛魅的意义与危机——马克斯·韦伯祛魅观及其影响探论》，载《湖南社会科学》，2009（4）。

③ ［德］马克斯·韦伯：《学术与政治》，冯克利译，117 页，北京，生活·读书·新知三联书店，1998。

④ Max Weber, *Political Writings*, pp. 78-79. 类似的说法参见 *The Methodology of the Social Sciences*，p. 17；"以学术为业"，39 页。

争"是"除魔的世界"中所必然要出现的状况，是"祛魅"或驱除巫魔所带来的必然结果。

其次，"世界的祛魅"导致信仰体系的解体，人生成为无意义的存在，再也不可能产生"尽享天年之感"。随着"目的论式的世界秩序"被摧毁，世界不具有任何目的，人生价值和目的这种"超验"的问题，由于不具有"工具"的意义，因而是完全非理性和无意义的。今天，只有在个人之间，才有一些同先知的圣灵相感通的东西在微弱地搏动，而在近代以前，这样的东西曾像燎原烈火一般，燃遍巨大的社会共同体，将许许多多的人们凝聚连接在一起，产生了巨大的群体激情，使人们如痴如醉。在世界祛魅之后或除魔的宇宙里，人们的价值观念越来越理性化，而理性化的价值抛却了神圣的意义和情感的躁动，人们只能对它们作出理性计算、比较与考虑，而这种理性计算、比较与考虑基于的依据往往是现实的利益和世俗的关怀，一切与此无关的所谓价值都在理性思考的大门之外。不仅如此，祛魅后的世界摧毁了终极价值，将一切价值置于无限发展的链条之中，尽显其有限性和自身的不完满，这是导致人们无法获得一种真正的价值依托而陷入意义缺失的内在原因。

最后，世界的祛魅导致价值理性日趋式微，工具理性片面发展并走向极致，人们沦为具有工具性的存在物。随着世界的祛魅，社会的主流思维模式从传统社会的价值理性逐渐转向现代社会的工具理性，人们考量生活和行动的重心，不再是衡量其有何终极性意义，而是作为达到特定世俗目的之手段，是否有效和合理。人的精神生活不再追求超越的意义，达到上帝的彼岸，或成为现世的道德圣人，而是看其在现实生活中占有了多少具有社会象征资本的稀缺资源。工具理性将精神性的一切价值从人们生活中的各种领域排除出去，并成功地用可计算的手段取代了不可度量的目的和论辩。人类可以通过系统的、有目的的、持续的理性化过程，一步步支配世界、转换世界，人们不再关心自己的命运和心灵趋向，仅仅关心需要的满足和消费的达成，个人消失在技术化的陷阱并被迫抛弃自己的个性。当实质性根据和绝对价值消失之后，代表着个人自由的个性也日趋消失，生命的意义也日趋枯竭，所剩下的就只是"资本和技术官僚的冷漠无情的统治"。

后现代思想家们揭示了现代人生活的内在矛盾和危机。在他们看来，历史就像是幽灵出没的戏剧，不断地延宕"没有弥赛亚主义的弥赛亚"的最后降临，文化世界作为生命符号的织物，呈现踪迹盘桓、根须蔓延、犬牙交错的千块高原，整个世界都解体了，一种丧失了意义的世界流转在人们面前，每一个人都生活在碎片之中。"这里的碎片，不仅是指现代原子式的个人孤独地生存在一个缺乏完整性的世界，而且是指精神世界的失落依存的悲苦状态。失落的是'给予'，涌动的是'欲望'，柏拉图'至善'之中所包含的意义世界就被分裂为两半。作为德性之永恒象征的'给予'被作为幸福之直接显示的'欲望'淹没了，这个世界成了一个由物品堆积起来、由景观展示出来的幻想世界。"[1]南希《世界的意义》一书继海德格尔"哲学的终结"、福柯"人的终结"、德里达"形而上学的封闭"之后揭示了"世界的终结"。他所谓"世界的终结"亦即"意义的终结"。"意义的终结"意味着没有方向感，"再也没有世界与大地，没有宇宙，没有我们借以立足、栖居和确定方位感的完美结构与秩序"[2]。意义的失落导致世界的终结，使身处世界之中的人们无不生发浓重的悲情。后现代世界是一片"无根的陌生人"栖居的地带，在这片正在漂失的土地上生活的人无法避免伦理的困惑和价值的冲突。当现代精神失落，意义、价值和精神家园均被解构或轰毁之后，人们成为无家可归的流浪儿，四处漂泊，为了生存下去，只有在悲哀中去追寻被摧毁的东西，努力去恢复过去的文化记忆成为现代人排遣痛苦、化解虚无的唯一通道。列维纳斯揭示了现代性价值的裂变，他提出的"无用的痛苦"的概念可谓悲由心生。所谓"无用的痛苦"，即没有意义和价值的痛苦，是既不可被主题化也不能语境化且不可慰藉的痛苦。"痛苦之不可慰藉，意味着这是一种过度的痛苦，平常的尺度无法度量的痛苦。"[3]　在列维纳斯看来，那些被战争剥夺了家园和生命的人，那些被群体地驱逐、被系统地杀害的人，那些在噩梦年月痛失亲人的人，都是一些"无辜的罹难者"，他们的痛苦是一种"无用的痛苦"，根本不可能在确定的立场上获得一种意义，如同《约伯记》中约伯突然之间失去儿女和财产之无比哀伤。

　　现代文明崇尚理性，然而，理性的局限性是很明显的，它不能解决生活中的一切问题，特别是精神需要和情感归属问题。在这个宣布"上帝已死"与诸神隐匿的时代，在这个因网络的普及而使地球缩小为村落、因基因的破译而使上帝的特权被世俗的亚当掌握的时代，在这个技术理性君临一切的时代，一切都变得技术化、世俗化或功利化，没有了崇高、神圣与超越，就连伦理道德也变得似乎只是一些约束人的外在规范，而对于人类内在心性理想已经越来越缺

①　胡继华：《后现代语境中伦理文化转向——论列维纳斯、德里达和南希》，3页，北京，京华出版社，2005。

②　Jean-Luc Nancy, *The End of the World*, *The Sense of the World*, Trans. And with a foreword by Jeffrey S. Librett, Minneapolis/London: University of Minnesota Press, 1997.

③　胡继华：《后现代语境中伦理文化转向——论列维纳斯、德里达和南希》，45页，北京，京华出版社，2005。

乏必要的理论耐心。当代世界出现的一系列问题，如拜金主义、媚俗亵圣、价值消解、意义迷失、主张潇洒地走、过把瘾地活等，正是社会日趋世俗化、理性化，道德世界"祛魅"造成的结果。

三、现代性道德的困境与危机

进入现代社会之后，随着世俗化的"祛魅"，宗教的权威既已被颠覆，神灵权威自然无法继续为伦理道德乃至政治权力提供合法性的基础。现代性的狂飙、理性的泛滥，并没有给我们带来预想的成功与喜悦，相反却出现了"道德谋划"的失败，现代人始终未能确立起现代道德精神的生长点。麦金太尔（Alasdair Macintyre，1927—　）指出：当代道德危机是道德权威的危机，人们无从找到这种合理的权威。而这种权威危机的一个深刻的现代社会根源在于：道德行为者虽然从似乎是传统道德的外在权威（等级、身份等）中解放出来，但是这种解放的代价是新的自律行为者所表述的任何道德言辞都失去了全部权威性内容①。在一个没有权威、没有神圣、没有信仰和信念的时代，必定是道德相对主义盛行，价值多元涌现，其合理性是值得怀疑的。

现代规范伦理的基本问题是"我应该做什么"，它的中心主题是人的道德行为和社会建制的正当性。它的前提预设是，做一个什么样的人是每一个人自己的事情，每一个人都有权决定自己成为一个什么样的人，任何人包括社会本身都没有权利干涉个人的这一权利；但无论一个人成为什么样的人，它的外在行为都必须符合社会的普遍道德原则和道德规范，都应具有道德上的"正当"。伦理学没有必要去关注和研究人的内在道德品质，它应当从社会生活的现实出发，研究和提出针对人的行为或社会制度的普遍道德原则和道德规范。只要人的行为或社会制度符合道德原则和道德规范，这个行为或制度在道德上就是好的，就是善的或正义的。这样，现代规范伦理便取代前现代社会的传统德性伦理，成为现代性道德的主导理论形态。

现代规范伦理离开了人类道德生活的文化背景和历史传统去解释道德，使这种解释成为无传统、无根源的主观解释；离开了人类道德生活的内在目的意义和品格基础，使道德成为纯粹外在的规范约束。事实也表明，现代规范伦理在很大程度上冲淡了道德的价值本性、历史本性和人学本性，产生了自身难以克服的理论困境和实践困境。这主要表现为，现代规范伦理在理论上以"普遍理性主义"为基本前提，试图把一种个人主义的自由主义道德法则推广为普遍

---

① ［美］麦金太尔：《德性之后》"译者前言"，龚群等译，9页，北京，中国社会科学出版社，1995。

适用的伦理原则；但由于历史和文化传统的多样性以及个人主义价值观的深刻影响，使得现代规范伦理学的"普遍主义"谋划成为遥遥无期的梦想。

现代伦理学与传统伦理学不同之处表现在它有十分明显而强烈的"理性崇拜"。认为人完全不需要传统的形而上学、宗教、上帝，靠人的理性直觉就可以确立道德上的对错是非与善恶，就可以建立一整套与人自身生活密切相关的道德规范体系。每人都要有勇气利用自己的理性来重新估定一切价值，重新判断传统的一切。以理性来建立伦理学体系。凡是不能经过理性考验的东西，都应被抛弃，至少是不该被坚持的。现代规范伦理代表着现代理性主义的价值权威诉求，它关注的是人的外在行为，关注的是社会基本层面的伦理规范和公共伦理秩序，甚至只是某种形式的可普遍化的"底线伦理"，它往往表现为某种齐一化的普遍性社会道德要求和外在约束，甚至常常诉求于社会对道德原则和道德规范的制度化安排。但因此，它也表现出伦理的形式主义或程序主义倾向，因为一种可普遍化的道德原则或道德规范所蕴含的要求不可能是一种具体的或特殊的实质性价值要求，在特定社会中，人们的各种特殊性价值要求总是多样的和有分歧的，为了达成某种可普遍化的道德原则或道德规范，就必须超越各种特殊化的实质性价值要求，寻求某种普遍的规范形式，以便作为整个社会道德共识的基础。道德原则和道德规范成为行为是否符合道义的基本评价标准，因而制定这种具有普遍有效性的道德原则和道德规范就成了伦理学的第一要务。从这种规范性的伦理中引出的道德养成方法只能是规约、他律、惩戒、群体实现等，它体现了道德的理性要求和理性形式，但忽视了道德的实质性价值要求，具有形式主义倾向。

现代规范伦理一方面力图以普遍道德理性构建各种形式的普遍伦理规范，以保障现代人的生活自由和价值追求；但另一方面，这种规范化的伦理约束又在客观上制约着个人自由，与现代性的自由主义和个人主义价值追求相悖，从而产生了现代规范伦理的内在矛盾，导致了一系列的"非理性"的道德实践效应。

现代人类道德危机的症结究竟何在？从表层上看，可以说是"一切从个人出发，一切以自我为中心，一切服从于自我价值的价值标准和评价体系"[①] 所导致的，而在"自我为中心的道德价值观念中，一切都被置于从属的手段或工具性的地位"[②]。那么为什么会把个人的利益置于他人、社会之上呢？为什么会把个人利益当作一切活动的基本出发点和最终的归宿呢？"从最根本的意义上说，人

---

① 万俊人：《寻求普世伦理》，22 页，北京，商务印书馆，2001。

② 同上书，23 页。

类社会及其道德生活的现代性特征在于现代人类的道德意识结构所发生的根本性变化：如果说，人类传统的道德意识结构是一种完整世界观和社会历史观指导下的道德人生观结构的话，那么现代人类的道德意识结构不仅恰好与之相反，而且呈现出不稳定或紊乱的结构状态。"① 这种道德意识结构转变的根本原因就是真正信念伦理的缺失和价值理性的失落。信念伦理的缺失和价值理性的失落使个人无法找到心灵的依归和价值的依傍，无法建构"终极关怀"，无法实现生命的根本转变，从而沉沦于各种欲望之中，永无休止，个人利益的追逐变成生命的唯一意义，自然也就无法、无暇正确认识自身存在于其间的整体世界和各种关系，无法获得完整的世界观、人生观。世界、社会、他人乃至人伦关系都仅仅成为达到个人利益的条件、工具、手段。个人由于丧失了和整个世界的丰富完整的联系而使自我成为单向度的占有财富的"挣钱机器"，道德危机也就在所难免了。哪里没有信念伦理和价值理性，哪里就没有真正的道德。因此我们可以把信念伦理的缺失和价值理性的失落看成是人类道德危机的深层原因。

真正担纲社会道义的伦理学应当对当代道德的危机有深刻的反思，应当对人类面临的各种问题进行诊断和治疗，并以此为契机，深入探究人类道德究竟向何处去以及如何重建符合人类需要、真正使人成为人的观念和学科体系，给人类如何生存、如何认识和对待自己提供基本的规范和总体的导向。伦理学不应只研究人类的思辨智慧，而且要研究人类的实践智慧；不仅要研究世界的本来面目，更要研究如何使人类走出目前的生存困境，使世界更美好，使人类更美好的问题。人类之所以需要伦理学，并不只是为了满足其好奇心，而是为了人类更好地生存以及站在时代的前头引领人类前进。伦理学的根本目的就是要从根本上和总体上认识和把握人生、社会、世界和宇宙及其相互关系，确立和论证对待它们和处理它们之间关系应有的根本理念、一般原则和基本准则，从而为人类更好地生存提供指导。

第二节 伦理精神、道德品质与文明盛衰的机理探析

一个民族不仅有着共同的文化创作与精神生活，而且有着依此在历史持续与世代绵延中，构成了他们共同的心理、性格、伦理、道德、风俗以及理想、信仰与信念，构成了他们共同的价值观、欲望、目的、要求及其取向，构成了

---

① 万俊人：《寻求普世伦理》，21 页，北京，商务印书馆，2001。

一种胡塞尔所说的"历史的内在目的论"。历史依文化和道德绵延而持续，文化和道德绵延构成了国家民族历史存在的基础。离开文化的认同与归属，离开德性的依持和伦理的约束，就谈不上国家民族的存在与统一，更形不成民族的凝聚力和向心力。

一、伦理文明是人类文明的核心与精髓

伦理学浸润着对自我的认识和对人性的改造以及对高尚人格仰慕敬佩的成果，充盈着对文化文明和良善秩序的深度关注和精神诉求，也是人从价值、应当、至善等尺度把握世界、洞察社会和历史进而彰显人的主体性和目的性的内在基质和力量源泉。

伦理学的发展，体现了人如何超越自己局限性的精神品质，既使人生活在现实世界又向人洞开了一个理想和超越的世界，日益使人同动物区别开来。但是，人毕竟又是一个自然的和现实的存在物，有自己无法超越的人性弱点，人性在德性上的不自足和非充盈状态，常常使人不能达致理想的伦理状态，演绎出一幕幕历史乃至文明的悲剧。这一尴尬的局面每每使人产生对伦理学的抵触乃至某种失望。但是，真正的伦理智慧又总是试图深契人性与文明的矛盾或背反状态，通过洞彻二者之间的内在勾连不断地提出人性教育和修养乃至改造的任务，即便是在现实惰性的驱使下难以见效也彰显出某种征服人心的特殊品质，这也正是它在受到某些世俗人生嘲讽的同时又能感召一批对生命作深度思考与追求之士的青睐与崇敬。置身于多元文化和开放时代的伦理学，虽然面临着工具理性和世俗化的诸多挑战，而"增强伦理学知识的技术操作性，更有益于增强道德伦理在公共社会生活中的普遍效力"，但是与其他人文社会科学有所不同，伦理学作为人类把握自身生活意义和规范社会秩序的特殊方式，作为一门行为价值与精神理想的人文知识或科学，伦理学永远也不可能像法律或政治制度系统那样趋于较为充分的实际可操作化水平[①]，对人类内在品格精神和终极价值的关怀向度使伦理学有着一种"机不容睿，情不容止"的内在惯性和学理诉求，民族伦理精神的开掘与提升始终由它担纲，超越性和崇高性和"止于至善"始终是真正的伦理学所要趋赴的价值目标。道德永远是一个社会、国家和民族所必须储存的无形资源和精神资本。也许，"自下而上"与"自上而下"的理论进路或方式，都不能单独地承诺伦理学的全部理论使命，如同单纯的目的论或道义论难以表达完整的伦理学知识图像一样。[②]

---

① 万俊人：《中国伦理学的知识状况》，载《光明日报》，2003-09-02。

② 同上。

人类文化的内核和精髓集中表现为伦理文化，从根本上讲，人类文化的内在价值判断和发展朝向，最终取决于其伦理设定和伦理目标的追求，人类文明的发展或停滞、进步或倒退，在很大程度上取决于符合人性需求的伦理共识的达成以及人对自己惰性乃至劣根性的抑制或克服，亦即人在何种意义上超越动物性而对人的本质的真正占有。诚如池田大作在与汤因比的对话中所说的："现代人类生存的危机是自己招致的。因此，解决这个危机的钥匙也掌握在人类自己手中。"① 其中最重要的是人对人自己的认识与态度，包括使"魔性的欲望"冥伏和扩充"本源的欲望"、培育良心、爱与尊严，等等。

洞观文明与历史，可以使我们惊讶地发现，其实历史的进步与人生的成功莫不有某种道德力量的支撑，而历史的退步与人生的沉沦又常常是从道德上的失守或某种崇高道德品质的堕落开始的。意大利诗人但丁论及德性与知识的关系时说："道德常常能填补智慧的缺陷，而智慧永远弥补不了道德的真空。"可见，道德对人生和事业的重要价值。

二、兴亡周期律渗透着道德的机理与精神

1945 年 7 月，抗日战争胜利的前夕，民主人士黄炎培先生以国民参政会参政员身份到延安访问。座谈的时候毛主席问他有什么感想。黄炎培先生说："我生六十多年，耳闻的不说，所亲眼看到的，真所谓'其兴也浡焉，其亡也忽焉'，一人，一家，一团体，一地方，乃至一国，不少单位都没有能跳出这周期率的支配力。大凡初时聚精会神，没有一事不用心，没有一人不卖力，也许那时艰难困苦，只有从万死中觅取一生。既而环境渐渐好转了，精神也就渐渐放下。有的因为历时长久，自然地惰性发作，由少数演为多数，到风气养成，虽有大力，无法扭转，并且无法补救。也有为了区域一步步扩大了，它的扩大，有的出于自然发展，有的为功业欲所驱使，强求发展。到干部人才渐见竭蹶，艰于应付的时候，环境倒越加复杂起来了，控制力不免趋于薄弱了。一部历史，'政怠宦成'的也有，'人亡政息'的也有，'求荣取辱'的也有。总之没有能跳出这周期率。中共诸君从过去到现在，我略略了解的了。就是希望找出一条新路，来跳出这周期率的支配。"毛泽东回答说，我们已经找到新路，我们能跳出这周期率。这条新路，就是民主。只有让人民来监督政府，政府才不敢松懈。只有人人起来负责，才不会人亡政息。黄炎培先生说："这话是对的。只有大政方针决之于公众，个人功业欲才不会发生。只有把每一地方的

---

① ［英］汤因比、［日］池田大作：《展望二十一世纪——汤因比与池田大作对话录》，荀春生等译，390 页，北京，国际文化出版公司，1985。

事，公之于每一地方的人，才能使地地得人，人人得事。把民主来打破这周期率，怕是有效的。"① 毛泽东从制度层面思考了打破兴亡周期律的问题，这无疑是根本的治本之策。但是兴亡周期律大量牵扯到人的德性特别是对崇高德性的坚守与把持。

兴亡周期律渗透着道德的机理和精神。大凡一个朝代或国家政权在道德上积极向上、向善和充满自强不息的精神时，往往是最富有生机与活力的崛起和兴旺时期，反之亦然。斯迈尔斯在《品格的力量》一书中深情地写道："哪一个民族缺少了品格的支撑，那么，就可以认定它是下一个要灭亡的民族。哪一个民族如果不再崇尚和奉行忠诚、诚实、正直和公正的美德，它就失去了生存的理由……如果那些良好的品格无可挽回地损失了，那么，这个民族也就没有什么可值得拯救了。"② 在斯迈尔斯看来，品格是世界上最强大的力量和最值得称颂的精神。高尚的品格是人性的最高形式的体现，是一个国家和民族的希望所在。在我国，早在先秦时期一些杰出的政治家和思想家即已认识到道德在天下兴亡、江山易姓中的独特作用。周公极为重视殷灭周兴之教训的总结，提出了著名的"殷鉴"理论。"殷鉴"理论的核心即是"敬德保民"，殷代的灭亡在于"不敬厥德"，所以"乃早坠厥命"。周代欲使自己的江山能够不断传承，其核心和精髓全在于崇尚道德，以礼义治天下，故他"制礼作乐"，实则是"为天下开太平"之举。儒家代表人物孟子总结历史，得出的结论是"得道多助失道寡助"，"三代之所以得天下也以仁，三代之所以失天下也以不仁"，故极力宣扬仁政王道。《左传》庄公十一年，鲁国大臣臧文仲说："禹、汤罪己，其兴也悖（淳）焉；桀、纣罪人，其亡也忽焉。"意思是夏禹和商汤这样的先古圣王在出现政治失误时每每责罚自己，国家因此勃然兴盛；而夏桀和商纣这样的昏暴之君在出现政治失误时总是归罪于人，政权于是迅速灭亡。商汤罪己，在《尚书·汤诰》中有记载。商汤灭夏后，不敢自满，仍然兢兢业业。他向臣民宣告："尔有善，朕弗敢蔽。罪当朕躬，弗敢自赦。"表现了严于自责的政治责任感。桀、纣罪人，历史也有记载。《尚书·汤誓》记载，夏桀荒淫无耻，有大臣劝谏他。他不仅不听，反而大言不惭地说："天之有日，犹吾之有民也。日有亡哉？日亡吾亦亡矣！"他的人民听到后，指着太阳喊："时日曷

① 孙秦安、李师贞：《毛泽东与名人》（上），90～91 页，南京，江苏人民出版社，1993。

② ［英］斯迈尔斯：《品格的力量》，宋景堂等译，29～30 页，北京，北京图书馆出版社，1999。

丧？予及汝皆亡。"这两个暴君荒淫无道，却自恃统治权力万无一失，肆意残杀敢于进谏的忠良，这就注定了他们迅速走向灭亡的命运。

唐初贞观时期，魏徵等人已经清醒地意识到一朝一姓往往善始不能善终的人性机理。《贞观政要》载魏徵谏唐太宗言："自古帝王初即位者，皆欲励精为政，比迹于尧、舜；及其安乐也，则骄奢放逸，莫能终其善。人臣初见任用者，皆欲匡主济时，追踪于稷、契；及其富贵也，则思苟全官爵，莫能尽其忠节。若使君臣常无懈怠，各保其终，则天下无忧不理，自可超迈前古也。"① 又说："傲不可长，欲不可纵，乐不可极，志不可满。四者，前王所以致福，通贤以为深诫。"② 江山社稷的持守与君主个人道德的持守有相当密切的关系。败德肯定会败江山。此正如唐朝诗人李山甫《上元寺怀古》所说："南朝天子爱风流，尽守江山不到头。总是战争收拾得，却因歌舞破除休。尧将道德终无敌，秦把金汤可自由？试问繁华何处在？雨花烟草石城秋。"司马光在《资治通鉴》中，从天下兴亡的角度探讨德性的价值，并与才智进行比较，指出："才者，德之资也；德者，才之帅也……才德全尽之谓'圣人'，才德兼亡之谓'愚人'；德胜才之谓'君子'，才胜德之谓'小人'。凡取人之术，苟不得圣人君子而与之，与其得小人，不若得愚人。"③ 他不是将德与才等量齐观，而是突出强调德对才的主导作用和优先地位，把德放在首位。并通过大量历史事件和朝廷命运来说明"恃德者昌，恃力者亡"的道理。德性是人类为了幸福、繁荣昌盛、生活美好所需要的特性品质。内在德性品质让一个人高尚并使其生存实践完美，是人之为人的内在规定，是人存在的基础。没有德性，也就没有人类的好生活，没有人类的幸福。远离了德性和道德，产生不出任何伟大的时代和民族。

国家民族的兴衰存亡不仅是一个历史问题和文化问题，更是一个伦理道德和人心向背问题。对历代王朝"其兴也勃焉""其亡也忽焉"周期律的考察，可以看到其中最关键的因素是民心的向背。古人常说："得民心者得天下，失民心者失天下。"这是历代王朝盛衰兴亡演变史颠扑不破的规律。历代王朝之所以无法摆脱"其兴也浡焉""其亡也忽焉"周期律的支配，从根本上说来，是因为历代王朝的统治者都是剥削阶级的代表。他们在刚刚登上历史舞台的初期，可能是生气勃勃的，是很有作为的。但是随着时间的流转，他们所固有的

---

① （唐）吴兢：《贞观政要·论慎终第四十》，418 页，北京，团结出版社，1996。
② 同上书，421 页。
③ （宋）司马光：《资治通鉴·周纪一》，4 页，长沙，岳麓书社，1990。

剥削阶级的劣根性或快或慢必然要滋长，阶级矛盾也会日益发展乃至激化，结果他们的统治"其亡也忽焉"也就不可避免了。

房龙在《宽容》一书中谈到古罗马的兴衰时不无深刻地指出："罗马征服了世界，同时也毁灭了自己。罗马帝国年轻战士的白骨，被扔在数以千计的战场上。在差不多五个世纪中，社会的精华都把智慧浪费在管理从爱尔兰海到黑海的殖民帝国这个巨大的工作中。最后，恶果出现了。以一城为邦统治全世界，这个不可能完成的事业在人力和脑力上把罗马拖垮了。随后，又发生了一桩可怕的事。人们逐渐厌恶了生活，失去了生活的热情。他们已经占有了所有的城乡住房，拥有了他们希望得到的全部游艇和马车。他们拥有了全世界的奴隶。他们尝遍了全世界的美酒，踏遍了绿水青山，玩遍了从巴塞罗那到底比斯的所有女人，世间所有的文字书籍在他们的藏书室里都能找到，他们家的墙上挂满了最美丽的图画。他们吃饭的时候有世界上最卓越的音乐家为他们演奏。他们在童年时曾由最出色的教授和教育家为他们上课，使他们学到了所有应该学到的知识。结果，所有的美味佳肴都失去了味道，所有的图书都变得乏味，所有的女人都失去了魅力，甚至生存本身也成为一种负担，很多人宁可获取一个体面的机会使自己丧生。剩下的只有一种安慰！对未知和无形世界的遐想。"① 一个人，失去了某种伦理精神的武装，是无法真正站起来，昂首阔步地迈向新目标、创造新生活的，他只会被自己的贪欲与惰性所摧毁与埋葬，演出的只能是悲剧，很少有正剧，更遑论喜剧了！

"以铜为镜，可以正衣冠；以古为镜，可以知兴替；以人为镜，可以明得失。"杜牧作《阿房宫赋》，最后一段论及如何总结历史教训的问题："呜呼！灭六国者六国也，非秦也。族秦者秦也，非天下也。嗟夫！使六国各爱其人，则足以拒秦；使秦复爱六国之人，则递三世可至万世而为君，谁得而族灭也？秦人不暇自哀，而后人哀之；后人哀之而不鉴之，亦使后人而复哀后人也。"② 历史的兴衰常常同人性和人的德性相关，如何在条件不好的情况下讲道德相对是比较容易的，而在环境渐趋好转或者已经富足的情况下讲道德又是比较困难的，它挑战着人性，特别是人的道德意志和操守，考验着人的自律能力和精神攀越性。在时下关于"富二代""富三代"伦理品质的讨论中，主要的忧虑是他们如何能够真正做到"致富思源，富而思进"。财富、家业乃至江山社稷的

---

① ［美］房龙：《宽容》，迮卫、靳翠微译，56 页，北京，生活·读书·新知三联书店，1985。

② （唐）杜牧：《阿房宫赋》，见《古典文学大观》，658 页，长沙，岳麓书社，1989。

持守需要一种精神和道德的力量，没有高尚的道德情操、坚定的道德意志、高远的道德追求是很难真正守住家业和财富的。这就是当代社会许多有识之士如此关注财富伦理和人生、家庭、单位乃至国家可持续发展的深层原因。

三、伦理学在迎接挑战中获得新的发展

20世纪英国著名的历史学家汤因比批判地继承了斯宾格勒在其《西方的没落》一书中以文化为单位研究历史的创见，提出以"文明"来研究历史的观点，并认为文明与进步即应战回答了挑战的结果。"社会的成长包括两个方面。对外，它表现为对于物质挑战的征服。对内，它表现为不断上升的精神'自决'。衡量实际进步的尺度，是看挑战和应战的行动从物质水平过渡到精神水平的程度。这种从宏观世界到微观世界的行动过程，是一种提纯的过程。征服物质挑战的重要性，只是在于它释放出精力，以供战胜精神上的挑战。这样逐渐积累起来，文明只有它自己在自己的内部战场上向本身提出种种挑战，才能最终赢得决定性的胜利。"① 汤因比的"挑战与应战"理论，包含有对"逆境美德"和"中庸之道"的论述。他认为文明的起源并不是由于生活环境条件特别好，而是相反，所以汤因比将其归纳为"逆境美德"。在《历史研究》中，他把环境的逆境分成五类：困难地方的刺激、新地方的刺激、打击的刺激、压力的刺激和遭遇不幸的刺激。许多自然环境与人文环境上的逆境，不仅没有给面临其境的人们带来不利，反而促使其在应战中取得成功。当然，并不能一味地说挑战越大，逆境越强，应战也就越大，其成果也就越多，文明也就越发展，其对应关系是有限度的，超过其限度，其效果反而走向反面。所以他提出了"中庸之道"的应对之策。"挑战与应战"是人类在前进途中遭遇某限度之内的困难的挑战，然后应战解决困难，再遇新困难，如此循环推进人类发展。汤因比所研究的文明兴衰，实际上是人的精力和精神应对环境变化以及精神如何对待自身的结果。这里既涉及人性的优点也涉及人性的弱点，涉及人在道德追求上的坚毅与持久。他还深刻探讨了文明的衰落或沦亡的原因，指出宿命论或决定论的解释是无济于事的，"人类的劣根性之一，就是喜欢把自己的失败归咎于那些完全超出人力控制以及难以为人类行为所及的各种力量了。这种精神伎俩虽使烦人的羞辱感转化为一种自负的新信念，以为宇宙这架庞大的机器处于运动当中就是为了干预人们的事业，但这其实不过是一种最隐蔽的'哲学

---

① ［美］艾德勒、范多伦编：《汤因比与历史》，见《西方思想宝库》，1167页，长春，吉林人民出版社，1988。

安慰'而已"①。他欣赏"人类最大的危险就是人自己","人类灾难的根源在于人类自身"等格言,把文明的衰败"归结于精神道德的败坏",指出:"我们人类似乎在取得伟大成就的次日便有了败坏的倾向,而我们本来并不是一定要屈从于它的。因此我们自己要为此承担责任。"② 伦理学源于人类认识自我、发展自我和改造自我的需要,发现和揭示人性的弱点,特别是沉溺于安逸和舒坦日子的颓废,以及以放纵自己来逃避精神追求带来的痛苦,等等,其实质亦如歌德笔下的浮士德必须不断地挑战自己才能成就自己。一旦放松对自己的改造和完善,人立即就会使自己沉沦与堕落。伦理学是在迎战道德问题、化解道德忧思并不断产生道德问题、新生道德忧思中形成和发展起来的。设想人类一劳永逸地解决道德问题永远只是个别道德"乌托邦"主义者的一相情愿。

世界天天都在发生变化,不同时代的人们必定会有不同的价值追求和人生目标。伦理道德也是不断变化发展的。身处全球化、信息化、城市化和知识经济时代的我们必须与时俱进,在追随道德潮流的同时亦应加入我们的思考与创造,我们不能全盘因袭旧有的道德规范和伦理标准,既要有所继承,也要有所创新。面对着现实生活中世风流弊、种种诱惑,人们该怎样对待呢?人摆脱不了现实,但人可以用善的修养来对待现实,以善的力量来克服现实的恶。自由主义的殷海光在《中国文化的展望》一书中亦不无深刻地提出"道义为之根"的论断,并说:"人类的社会文化的生活非设准道德不可。如果人类的社会文化的生活没有道德,那么势必归于萎废,甚至归于崩解。人类的社会文化生活,小无道德则小乱,大无道德则大乱,全无道德则全乱。"③ 在他看来,人类的道德力既脆弱又容易消失,但是技术的成就则十分强大。我们已经被技术所左右,无法返回到旧石器时代的水准。身处技术如此高超而道德力又极易消失的时代,"人类很容易变成自我毁灭的类族——所以道德问题的紧急千百倍于往古"④。所以,"今日中国社会文化里道德问题的紧急,丝毫不下于空气缺乏。今日中国社会文化之急需重建道德,正像缺乏空气的人之急需吸收空气一样"⑤。道德与人自身的发展和安身立命密切相关,道德建设的任务空前繁重,人类必须而且应该认识道德在当今社会中的重要地位,采取断然措施加大持守

---

①　[英]汤因比:《历史研究》,刘北成等译,127页,上海,上海世纪出版集团,2005。

②　同上书,125页。

③　殷海光:《中国文化的展望》,501页,上海,上海三联书店,2002。

④　同上书,529页。

⑤　同上书,502页。

与建设的力度，才能不断提升自己的幸福生活。

对道德的追求永远不会过分与多余。无论在道德上多么高尚和完美的圣贤，一旦停止这种追求，就会失却其圣贤的品味和精神实质，也就很难持守圣贤的人格。至善永远是远方的呼唤，人应当追求至善，但是人是很难真正达致至善的。人需要不断地发展和完善，伦理学也是在不断发展和完善中彰显自己的学术意义和对人的发展完善之价值引领和精神支撑的。

第三节　伦理学的发展趋势

伦理学的发展趋势历史性地与中国连在一起。当代中国立足于马克思主义伦理思想基础之上所形成的有中国特色社会主义伦理学不仅代表了中华民族伦理思想发展的最高水平，也是马克思主义伦理思想中国化产生的最新成果，它深刻地反映了人类道德生活发展的规律和趋势，体现着"致广大而尽精微""极高明而道中庸"的伦理品质，具有超越、整合、创造等多种伦理特质。

一、理论伦理学、规范伦理学与应用伦理学的统一

马克思主义以前的传统伦理学，从学科性质上讲主要是一种规范伦理学。这种规范伦理学致力于美德的探寻和人类行为原则和规范的制定，大量地表现为道德诫命的宣说和道德要求的张扬，而不太关注学理的阐发和义理的论究，因此相对来说，理论伦理学并未得到应有的拓展。20世纪初，在西方国家产生的元伦理学从对传统规范伦理学的批判起步，试图增大伦理学的理论含量，将伦理学改造成为一门如同数学和逻辑学一样严密的科学。在元伦理学的研究中，对道德概念和判断进行了颇有成效的分析，对传统规范伦理学的弊端也进行了深入的批判，但是元伦理学既不以经验的、历史的方法研究伦理学，也不重视经验或历史叙述的理论概括，更不提出人们行为的具体规范，严重地脱离了人类道德生活的实践，因而使伦理学面临着严峻的挑战。伦理学的发展必将突破元伦理学的樊篱，寻求自己的出路。整体地看，现代西方伦理学就是一种解脱困境的努力，但是由于其社会历史条件和阶级的局限，使得现代西方伦理学不可能真正走出自己的困境。

中国在马克思主义传入之前的伦理学本质上也是规范伦理学。尽管伦理学在中国古代同心性之学和义理之学密切相关，但是从总体上看特别是从其理论的表述系统上看，它是综合的而非分析的，是圆融的而非方智的，存在着许多内在的局限。马克思主义传入中国后使中国伦理文化发生了历史性的变革。经

过毛泽东等中国马克思主义者的理论创造，中国产生了具有中国特色的马克思主义伦理学。以邓小平、江泽民、胡锦涛为代表的中国马克思主义者在改革开放新的历史条件下把坚持马克思主义与发展马克思主义相结合，创造性地提出了建设有中国特色的社会主义伦理学的命题和任务，标志着伦理学发展的新阶段，也是对世界伦理学发展所作出的巨大贡献。

有中国特色社会主义伦理学本质上是马克思列宁主义伦理学特别是毛泽东、邓小平伦理学理论在当代的新发展，它凝聚着马克思列宁主义、毛泽东思想和有中国特色社会主义理论体系伦理思想的精华，同时又是面向现实、面向世界和面向未来的伦理学。从伦理类型学上讲，它是理论伦理学、规范伦理学和实践伦理学的有机统一。它克服了道德生活中的准则主义、科学主义和经验主义的片面性，强调从理论、规范和应用多方面去把握和理解道德，强调将这三者有机地结合起来。它是有准则和规范的，但是它的准则和规范既立足于客观的科学分析，同时又是指向道德生活的实践；它是有理论和自身的逻辑结构的，但是它的理论和逻辑结构始终为论证一定的道德原则和规范服务，并且同道德生活的实践和应用密切相关，既指导一定的道德生活实践又在经受道德生活实践考验的过程中获得发展与完善；它是突出和强调道德的实践和应用的，但是它所强调的道德实践和应用本质上是在一定的道德理论指导下对道德原则和规范的一种创造性应用和贯彻，具有向道德理论转化并提升和健全道德原则和规范的功能。正是这三者的完整统一和辩证结合，使得有中国特色社会主义伦理学不仅要对社会主义道德进行描述性的研究，总结和概括社会主义道德生活的伟大实践，而且要进行解释或分析性的研究，探讨社会主义道德建设的内在机理及其规律性，更要确立和健全社会主义道德的基本原则及其主要规范，建构社会主义道德的原则规范体系。

二、道义论伦理学与功利论伦理学的统一

人类以往的伦理学在基本的价值取向上总是各执一端，要么过分地强调义务而忽视功利与效用，要么片面地推崇功利效用而贬损义务或道德原则，从而形成了义务论与功利论的分离和对立。

所谓"义务论"，亦称道义论，是指以义务或道义作为行为的最高价值目标，强调正当、应当的道德价值并依此为道德评价的标准的伦理学理论。义务论有许多不同的类型，有行为义务论、准则义务论、绝对义务论、相对义务论、神学义务论、人学义务论之分，但其共同特点均强调以义务或道义作为行为的准则和标准。所谓"功利论"，亦称功利主义，是指以功利、效用作为人们行为的准则和价值并依此为道德评价的标准的伦理学理论。功利论属于目的

论的一种形式，可分为狭隘的功利主义、一般的功利主义、行为功利主义和准则功利主义等派别。功利论坚持利益对道德的优先性和决定性，使道德为利益服务，义务论则把道德提到利益之上，强调道德对利益的优先性和至上性。它们代表了道德与利益关系的两极，二者各有所长也各有所短，其合理之处值得肯定，其偏弊之处也值得防范和警惕。

有中国特色社会主义伦理学在基本的价值取舍和价值追求上理应超越功利论与义务论的对立，在新的基础上把功利论与义务论有机地结合起来，建立起一种义利并重的伦理价值观。它从利益与道德的辩证统一论出发，强调利益对道德的决定作用和道德对利益的能动作用，既肯定"人们奋斗所争取的一切，都同他们的利益相关"，认为"道德一旦离开利益，就会使自己出丑"，并由此而肯定发展社会生产力、创造物质财富、推动社会经济向前发展的重大意义，又强调发展社会的生产力和建设社会主义的物质文明离不开伦理道德精神的支持，社会主义伦理道德在社会主义现代化建设中起着非常重要的作用。社会主义现代化建设事业其本质就是要实现中国的繁荣富强，摆脱近代以来贫穷落后的状况，复兴我们的民族和国家，它肯定要凸显中国人民和中华民族的根本利益和集体利益，含有功利主义的因素。社会主义现代化建设内在地包含有社会主义的伦理道德建设，它要求人们树立社会主义道德和共产主义道德的观念，当个人利益与国家民族利益发生矛盾的时候，能够自觉地牺牲个人利益以维护国家民族利益，因此它又需要或者说离不开义务论。但是，社会主义的功利主义不同于资产阶级的狭隘的功利主义，它注重的是最广大人民群众的根本利益和中华民族的集体利益，同时又是与社会主义的道义论紧密联系在一起的。社会主义的道义论不同于封建主义的义务论和康德式的义务论，它始终是同社会主义现代化建设事业和国家人民的利益密切联系在一起并为其作伦理论证或理论辩护的。因此，有中国特色社会主义伦理学在超越了传统功利论与义务论对立的基础上必然要求将功利与道义二者有机地整合为一，实现功利论与义务论的统一与升华。这是它在理论特质上的根本表现，同时也确证着它的伦理学类型的先进性、科学性和完整性。

三、道德目的论伦理学与道德工具论伦理学的统一

与功利论和义务论的统一和升华相关联，有中国特色社会主义伦理学在对待伦理道德的态度和价值认识上是道德目的论与道德工具论的有机统一。

道德目的论和道德工具论对道德功能和作用的认识各执一端，各有所长亦各有所短，它们之间的利弊都同样明显。其实，它们只认识了道德功能和作用的一部分真理，而未能洞察其全部要义。从道德之为道德的根本意义上讲，道

德是目的与手段、目的价值与工具价值的辩证统一。没有没有目的的手段，也没有没有手段的目的，将道德的目的性价值与手段性价值割裂开来本质上是在割裂或肢解道德。真正尊重道德应该是将道德的目的性与手段性、目的价值与手段价值有机地结合起来，超越道德目的论与道德工具论的对立，对二者的合理因素作辩证的综合。有中国特色的社会主义伦理学学科建设，从对道德的认识和态度上讲，既不能简单地复兴道德目的论，亦不能重蹈道德工具论的覆辙，应当体现出对道德的全面理解和真正尊重，建构起一种道德目的论和道德工具论统一的道德理论。这种道德目的和工具合一论既有视道德为目的和内在价值的一面，也有视道德为工具和外在价值的一面。它在把道德视为目的和内在价值的同时不忘道德还有作为工具和外在价值的属性，在将道德作为工具运用的同时亦不忘它还有目的和内在价值的属性。道德目的的实现离不开道德手段的运用，道德手段的运用又是为了更好地实现道德目的。正因为如此，道德目的与非道德目的才不是彼此对抗的，它们的相互渗透与相互补充，拓展了人的目的的丰富性与全面性，使人成为真正意义上的理性动物或道德动物。道德目的和工具统一论是人与道德关系的科学求解，确证着人的道德或道德的人的地位、价值和尊严。道德是人的道德，道德渗入人的本质和内在心灵，构成人生所必须追求也应该追求的目的，并由此彰显出人与动物的本质区别；但道德又是人所创造并不断更新的，人既需要道德却又在不断地运用和发展道德，由此而论，人既是道德的主体亦是道德的客体，而且人的主客体地位常常是互相转化的。人作为道德的主体，总是能够表现出对道德的批判性审视、辩证性理解和创造性利用，显现出道德之为工具或手段的一面。同时，人作为被自己所创造出来的道德的客体，也有自己服从自己所订立的目标和规范的内在需要，有弘扬道德的内在价值，使道德更好地成为人的使命和义务。作为目的，道德无疑是人所应当追求和向往的，自有其神圣性和崇高性，因此人不能嘲笑和蔑视道德。嘲笑道德也就是嘲笑人自身，道德充实着人的内在心灵，提升着人的精神境界，也确证着人的价值和伟大。作为手段或工具，道德无疑是人所应当利用和把握的，自有其本身的功利性和实用性。将道德的目的性价值和工具性价值统一起来，要求人们既要崇尚敬慕道德和追求向往道德，又要学会运用驾驭道德和创造发展道德，使道德为人的自由、和谐、全面发展和完善服务，为实现中华民族的伟大腾飞和中国社会的进步服务。

结束语

我国是一个伦理思想源远流长、伦理智慧博大深厚，但伦理学科晚出的特殊国度，从某种意义上说，5000 年的中华文明史即一部伦理思想史，儒家、道家、墨家、法家、佛家，迨至宋明理学，都是以伦理道德的探求为主旨，由此形成伦理化的经济政治文化，彰显出道德文化的独特个性，并使"圆而神"的思维和智慧发展到高明广大的程度。但是，伦理学科由于长期浸润于泛伦理化的思想体系和社会框架中而得不到独立的发育与拓展。真正独立意义上的伦理学学科是适应新式学堂的开办和分门别类地教授需要而逐步发展起来的。刘师培的《伦理教科书》，蔡元培的《中国伦理学史》以及翻译的《伦理学原理》，谢蒙编写的《伦理学精义》，杨昌济撰写的《各种伦理主义之略述及概评》以及翻译的《西洋伦理学史》，代表了伦理学学科初创时期的研究成果。五四运动以后，在中国学术界形成了三大伦理思潮，即现代新儒家伦理思潮、自由主义西化派伦理思潮和马克思主义伦理思潮，伦理学研究与救国理想、民族解放和启蒙运动相互连接，并在争鸣、辩难中与时沉浮。截至中华人民共和国成立，影响较大的伦理学教材有江恒源的《伦理学概说》，谢扶雅的《伦理学》，温公颐的《道德学》，张东荪的《道德哲学》和《现代伦理学》，王雯荪的《伦理学导论》，汪少伦的《伦理学体系》，谢幼伟的《伦理学大纲》，张廷健的《现代伦理学》，高巩白的《伦理学纲要》等。这些教材大多以西方资产阶级的伦理学体系为本，参以中国传统伦理思想，知识的介绍多于理论与学科的研究。但却为中国伦理学学科的发展奠定了一定的基础。

中华人民共和国的成立，标志着中国社会的道德变迁和伦理文化建设进入了一个崭新的时代。与马克思主义在意识形态主导地位确立相适应的马克思主义伦理思想也成为伦理文化发展的主流。以往的伦理学总体上是封建地主阶级和资产阶级的伦理学，它或者为封建地主阶级的统治和利益辩护，或者为资产阶级的统治和利益辩护，但很少事实上也很难为劳动人民的利益辩护。只有建立在马克思主义基础上的新中国伦理学才根本扭转了伦理学发展的方向，将无产阶级和广大劳动人民的利益提到伦理思维中心的地位，从此，无产阶级和广大劳动人民成为新道德的主体，他们的道德观念和道德思想获得了充分的表现或表达的机会，伦理学发生了根本的转型并成为无产阶级和广大劳动人民建设社会主义新国家的价值指南和行为动力。当然，新中国伦理学也在前行的道路上经历过特有的曲折，1952年高等学校院系调整伦理学学科，将其作为一门资产阶级伪科学被逐出大学讲坛，此后直到1978年伦理学整体上处在被批判或日趋消沉的阶段，虽然20世纪50年代末60年代初，周辅成、冯定、张岱年、周原冰、李奇、罗国杰等人为伦理学的恢复或重建作出过极大努力，并发表过一些难得的研究成果，但是20世纪60年代中后期兴起的文化大革命则又将这种恢复打压下去，教训极为深刻。中国伦理学真正获得新生并实现赶超式的发展得益于改革开放的来临。改革开放30多年来，伦理学的发展书写了中国伦理文化发展史上最为壮丽而又辉煌的篇章，从草创、恢复到初步发展、比较发展再到进入全面发展取得重大成就，社会影响日趋扩大，伦理学可谓与时代同进步，与民族共呼吸，既见证了改革开放以来的辉煌，又参与伟大时代精神和民族精神的锻铸并立于时代潮流的前头为新造民族之道德慧命鼓与呼，担当了十分重要的角色。

21世纪是中华民族伦理文化全面振兴和复兴的伟大世纪，现在已经开始了这种伟大复兴的征程。如果说20世纪上半叶的中国伦理学主要是以救亡图存为主旋律的伦理学，20世纪下半叶的新中国伦理学主要是以社会主义革命和社会主义建设为主旋律的伦理学，那么21世纪的中国伦理学主要是以实现中华民族伟大复兴为主旋律的伦理学。21世纪中国伦理学的发展与建设既面临着严峻的挑战和考验，也充满着新的希望和无限光明的前景，需要我们从世纪之初就着力以求，在理论和实践诸方面作艰辛的探索和创造。

伦理学的真正复兴是一种立足本来、吸收外来、不忘将来式的综合创新，是一种以马克思主义为指导，在社会主义核心价值体系的指引下，着眼于社会主义和谐社会的建设和中华民族共有精神家园的建设，铸造经得起全球化、市场化、信息化时代大潮考验的国魂与民魂，以此促进中华民族伟大复兴和促进和谐世界的建设。

中国伦理学自古以"尊德性而道问学""致广大而尽精微""极高明而道中庸"① 著称于世，显示出"和而不同""厚德载物"的无限雅量、大度和品格。我们有理由相信，在经历了近代的苦难和现代的抗争与建设之后，中国伦理学更会懂得民族伦理精神挺立的意义，更会珍惜内蕴于民族伦理精神中的创造性价值，在21世纪创造无愧于伟大的国度和时代的新的伦理学，为世界伦理学的健康发展作出新的贡献。

---

① 《中庸》第二十七章。

主要参考文献

（一）

1.《马克思恩格斯文集》（第1～10卷），北京：人民出版社，2009。

2.《马克思恩格斯选集》（第1～4卷），北京：人民出版社，1995。

3.《列宁专题文集》（第1～5卷），北京：人民出版社，2009。

4.《列宁选集》（第1～4卷），北京：人民出版社，1995。

5.《毛泽东文集》（第1～8卷），北京：人民出版社，1993－1999。

6.《毛泽东选集》（第1～4卷），北京：人民出版社，1991。

7.《邓小平文选》（第1～3卷），北京：人民出版社，1993－1994。

8.《江泽民文选》（第1～3卷），北京：人民出版社，2006。

9.《十六大以来重要文献选编》（上、中、下），北京：人民出版社，2005－2008。

10.《十七大以来重要文献选编》（上、中），北京：人民出版社，2009－2011。

（二）

1. 罗国杰主编：《马克思主义伦理学》，北京：人民出版社，1982。

2. 罗国杰主编：《伦理学》，北京：人民出版社，1989。

3. 罗国杰主编：《道德建设论》，长沙：湖南人民出版社，1998。

4. 罗国杰：《罗国杰文集》，保定：河北大学出版社，2000。

5. 唐凯麟：《伦理大思路》，长沙：湖南人民出版社，2001。

6. 唐凯麟：《伦理学》，北京：高等教育出版社，2001。

7. 魏英敏：《当代中国伦理与道德》，北京：昆仑出版社，2004。

8. 魏英敏主编：《新伦理学教程》，北京：北京大学出版社，1993。

9. 万俊人：《伦理学新论》，北京：中国青年出版社，1994。

10. 万俊人：《寻求普世伦理》，北京：商务印书馆，1999。

11. 李奇主编：《道德学说》，北京：中国社会科学出版社，1988。

12. 周原冰：《共产主义道德通论》，上海：上海人民出版社，1985。

13. 冯定：《共产主义人生观》，北京：中国青年出版社，1956。

14. 黄建中：《比较伦理学》，济南：山东人民出版社，1998。

15. 刘师培：《伦理教科书》，见《刘申叔遗书》，南京：江苏古籍出版社，1997。

16. 张东荪：《道德哲学》，上海：中华书局，1931。

17. 张东荪：《伦理学纲要》，上海：中华书局，1936。

18. 汪少伦：《伦理学体系》，上海：商务印书馆，1944。

19. 高巩白：《伦理学纲要》，上海：龙门联合书局，1948。

20. 冯友兰：《人生哲学》，桂林：广西师范大学出版社，2005。

21. 章海山：《马克思主义伦理思想发展的历程》，上海：上海人民出版社，1991。

22. 张培强、陈楚佳主编：《伦理学概论》，武汉：武汉大学出版社，1985。

23. 张善城：《伦理学基础》，哈尔滨：黑龙江人民出版社，1983。

24. 陈根法主编：《心灵的秩序：道德哲学理论与实践》，上海：复旦大学出版社，1998。

25. 陈根法：《德性论》，上海：上海人民出版社，2004。

26. 何怀宏：《良心论》，上海：上海三联书店，1994。

27. 何怀宏：《底线伦理》，沈阳：辽宁人民出版社，1998。

28. 何怀宏：《伦理学是什么》，北京：北京大学出版社，2002。

29. 王海明：《新伦理学》，北京：商务印书馆，2001。

30. 江畅：《理论伦理学》，武汉：湖北人民出版社，2000。

31. 周中之主编：《伦理学》，北京：人民出版社，2007。

32. 郭广银主编：《伦理学原理》，南京：南京大学出版社，1998。

33. 倪愫襄编著：《伦理学导论》，武汉：武汉大学出版社，2002。

34. 田秀云主编：《伦理学概论》，北京：科学出版社，2009。

35. 徐向东：《自我、他人与道德——道德哲学导论》，北京：商务印书馆，2007。

36. 陈泽环：《道德结构与伦理学》，上海：上海人民出版社，2009。

37. 龚群：《现代伦理学》，北京：中国人民大学出版社，2010。

38. 赵汀阳：《论可能生活——一种关于幸福和公正的理论》（修订版），北京：中国人民大学出版社，2004。

39. 李建华：《道德情感论》，长沙：湖南人民出版社，2004。

40. 何建华：《道德选择论》，杭州：浙江人民出版社，2000。

41. 龚群：《人生论》，北京：中国人民大学出版社，1991。

42. 宋希仁主编：《道德观通论》，北京：高等教育出版社，2000。

43. 夏伟东：《道德本质论》，北京：中国人民大学出版社，1991。

44. 樊浩：《伦理精神的价值生态》，北京：中国社会科学出版社，2001。

45. 葛晨虹：《新中国 60 年。学界回眸：伦理学与道德建设卷》，北京：北京出版社，2009。

46. 韦政通：《伦理思想的突破》，成都：四川人民出版社，1988。

47. 卢风主编：《应用伦理学导论》，北京：当代中国出版社，2002。

48. 甘绍平：《应用伦理学前沿问题研究》，南昌：江西人民出版社，2002。

49. 甘绍平、余涌：《应用伦理学教程》，北京：中国社会科学出版社，2008。

50. 宋慧昌：《应用伦理学》，北京：中央党校出版社，2001。

51. 王小锡：《道德资本与经济伦理》，北京：人民出版社，2009。

52. 陆晓禾：《经济伦理学研究》，上海：上海社会科学院出版社，2008。

53. 邱仁宗：《生命伦理学》，上海：上海人民出版社，1986。

54. 王文科：《走进生命伦理》，北京：人民出版社，2008。

55. 余谋昌：《生态伦理学》，北京：首都师范大学出版社，1999。

（三）

1. 张岱年：《中国伦理思想研究》，上海：上海人民出版社，1985。

2. 张锡勤：《中国传统道德举要》，哈尔滨：黑龙江教育出版社，1995。

3. 程凯华等编著：《中国传统美德》，武汉：长江文艺出版社，2002。

4. 李承贵：《德性源流——中国传统道德转型研究》，南昌：江西教育出版社，2004。

5. 徐复观：《中国人性论史》，上海：华东师范大学出版社，2005。

6. 朱伯崑：《先秦伦理思想概论》，北京：北京大学出版社，1984。

7. 李中华主编：《中国人学思想史》，北京：北京出版社，2005。

8. 陈瑛等著：《中国伦理思想史》，贵阳：贵州人民出版社，1985。

9. 沈善洪、王凤贤：《中国传统伦理思想史》，北京：人民出版社，2005。

10. 朱贻庭主编：《中国传统伦理思想史》，上海：华东师大出版社，1989。

11. 张锡勤等：《中国伦理思想通史》，哈尔滨：黑龙江人民出版社，1996。

12. 张锡勤、柴文华主编：《中国伦理道德变迁史稿》（上下卷），北京：人民出版社，2008。

13. 李书有主编：《中国儒家伦理思想发展史》，南京：江苏古籍出版社，1992。

14. 焦国成：《中国伦理学通论》（上），太原：山西教育出版社，1997。

15. 樊浩：《中国伦理精神的历史构建》，南京：江苏人民出版社，1997。

16. 张岂之、陈国庆：《近代伦理思想的变迁》，北京：中华书局，2000。

17. 肖群忠：《中国道德智慧十五讲》，北京：北京大学出版社，2008。

18. 李春秋、毛蔚兰：《传统伦理的价值审视》，北京：北京师范大学出版社，2003。

19. 陈来：《古代宗教与伦理：儒家思想的根源》，北京：生活·读书·新知三联书店，2009。

20. 崔宜明等：《中国伦理十二讲》，重庆：重庆出版社，2008。

21. 唐凯麟、王泽应：《20世纪中国伦理思潮》，北京：高等教育出版社，2002。

22. 杨伯峻译注：《春秋左传注》，北京：中华书局，1990。

23. 杨伯峻译注：《论语译注》，北京：中华书局，1980。

24. 杨伯峻译注：《孟子译注》（上、下），北京：中华书局，1984。

25. 杨伯峻译注：《列子集释》，北京：中华书局，1979。

26. 朱谦之：《老子校释》，见《新编诸子集成》，北京：中华书局，1984。

27. 高明：《帛书老子校注》，见《新编诸子集成》，北京：中华书局，2004。

28. 王先谦：《庄子集解　庄子集解内篇补正》，见《新编诸子集成》，北京：中华书局，2006。

29. 王先谦：《庄子集解　庄子集解外篇补正》，见《新编诸子集成》，北京：中华书局，2006。

30. 王先谦：《荀子集解》，见《新编诸子集成》，北京：中华书局，2006。

31. 孙诒让：《墨子闲诂》（上、下），见《新编诸子集成》，北京：中华书局，2001。

32. 蒋礼鸿：《商君锥指》，见《新编诸子集成》，北京：中华书局，2001。

33. 马非百：《管子轻重篇新诠》（全二册），见《新编诸子集成》，北京：中华书局，1979。

34. 王先慎：《韩非子集解》，见《新编诸子集成》，北京：中华书局，1998。

35. 贾谊：《贾谊集》，上海：上海人民出版社，1976。

36. 司马迁：《史记》，北京：中华书局，1982。

37. 董仲舒：《春秋繁露》，北京：中华书局，1975。

38. 陈立：《白虎通疏证》，北京：中华书局，1994。

39. 黄晖：《论衡校释》（全四册），北京：中华书局，1990。

40. 司马光：《资治通鉴》，北京：中华书局，1956。

41. 朱熹：《四书集注》，北京：中华书局，2003。

42. 王阳明：《传习录》，上海：上海古籍出版社，1992。

43. 蔡元培：《中国伦理学史》，上海：商务印书馆，1910；影印版，1987。

（四）

1. 周辅成编：《西方伦理学名著选辑》（上下卷），北京：商务印书馆，1964、1986。

2. 万俊人主编：《20世纪西方伦理学经典》，北京：中国人民大学出版社，2004。

3. 章海山：《西方伦理思想史》，沈阳：辽宁人民出版社，1984。

4. 罗国杰、宋希仁：《西方伦理思想史》，北京：中国人民大学出版社，1985、1988。

5. 黄伟合：《欧洲传统伦理思想史》，上海：华东师范大学出版社，1991。

6. 万俊人：《现代西方伦理学史》（上、下），北京：北京大学出版社，1990、1992。

7. 宋希仁主编：《当代外国伦理思想》，北京：中国人民大学出版社，2000。

8. 包利民：《生命与逻各斯：古希腊伦理思想研究》，北京：东方出版社，1998。

9. 田海平：《西方伦理精神》，南京：东南大学出版社，1998。

10. 龚群：《当代西方道义论与功利主义研究》，北京：中国人民大学出版社，2002。

11. 龚群：《道德乌托邦的重构：哈贝马斯交往伦理思想研究》，北京：商务印书馆，2003。

12. 高国希：《走出伦理困境——麦金太尔道德哲学与马克思主义伦理学研究》，上海：上海社会科学院出版社，1996。

13. 姚大志：《现代之后——20世纪西方晚期哲学》，北京：东方出版社，2000。

14. 杨明等：《现代西方伦理思潮》，合肥：安徽人民出版社，2009。

15. 胡继华：《后现代语境中伦理文化转向》，北京：京华出版社，2005。

16. ［古希腊］荷马：《荷马史诗》（上、下），陈忠梅译，北京：国际文化出版公司，2006。

17. ［古希腊］赫西阿德：《工作与时日 神谱》，张竹明等译，北京：商务印书馆，2009。

18. ［古希腊］柏拉图：《理想国》，郭斌和等译，北京：商务印书馆，2000。

19. ［古希腊］亚里士多德：《政治学》，吴寿鹏译，北京：商务印书馆，1999。

20. ［古希腊］亚里士多德：《尼各马可伦理学》，廖申白译，北京：商务印书馆，2003。

21. 〔古希腊〕亚里士多德：《亚里士多德卷·伦理学卷》，苗力田编译，北京：中国人民大学出版社，1999。

22. 〔古希腊〕拉尔修：《明哲言行录》，徐开来等译，桂林：广西师范大学出版社，2010。

23. 〔古希腊〕伊壁鸠鲁：《自然与快乐：伊壁鸠鲁的哲学》，包利民等译，北京：中国社会科学出版社，2004。

24. 〔古罗马〕西塞罗：《论至善与至恶》，石敏敏译，北京：中国社会科学出版社，2005。

25. 〔古罗马〕西塞罗：《西塞罗三论：老年、友谊、责任》，徐奕春译，北京：商务印书馆，1998。

26. 〔古罗马〕塞涅卡：《强者的温柔：塞涅卡伦理文选》，包利民等译，北京：中国社会科学出版社，2005。

27. 〔古罗马〕塞涅卡：《道德和政治论文集》，袁瑜琤译，北京：北京大学出版社，2010。

28. 〔古罗马〕爱比克泰德：《爱比克泰德论说集》，王文华译，北京：商务印书馆，2009。

29. 〔古罗马〕奥勒留：《沉思录》，何怀宏译，北京：中国社会科学出版社，1989。

30. 〔古罗马〕奥古斯丁：《忏悔录》，周士良译，北京：商务印书馆，1987。

31. 〔意〕托马斯·阿奎那：《阿奎那政治著作选》，马清槐译，北京：商务印书馆，1982。

32. 〔意〕康帕内拉：《太阳城》，陈大维等译，北京：商务印书馆，1980。

33. 〔意〕马基雅弗利：《君主论》，潘汉典译，北京：商务印书馆，1997。

34. 〔荷兰〕斯宾诺莎：《伦理学》，贺麟译，北京：商务印书馆，1983。

35. 〔荷兰〕斯宾诺莎：《神、人及其幸福简论》，红汉鼎等译，北京：商务印书馆，1987。

36. 〔英〕培根：《培根论说文集》，水天同译，北京：商务印书馆，1981。

37. 〔英〕霍布斯：《利维坦》，黎思复等译，北京：商务印书馆，1995。

38. 〔英〕威廉·葛德文：《政治正义论》，何慕李译，北京：商务印书馆，1991。

39. 〔英〕斯密：《道德情操论》，蒋自强等译，北京：商务印书馆，1999。

40. 〔英〕休谟：《道德原则研究》，曾晓平译，北京：商务印书馆，2001。

41. 〔英〕密尔：《功利主义》，张建新译，北京：九州出版社，2007。

42. ［英］西季维克：《伦理学方法》，廖申白译，北京：中国社会科学出版社，1993。

43. ［英］西季维克：《伦理学史纲》，熊敏译，南京：江苏人民出版社，2008。

44. ［英］勒基：《西洋道德史》（6卷），陈德荣译，上海：商务印书馆，1937。

45. ［英］塞缪尔·斯迈尔斯：《品格的力量》，宋景堂等译，北京：北京图书馆出版社，1999。

46. ［英］乔治·爱德华·摩尔：《伦理学原理》，长河译，北京：商务印书馆，1983。

47. ［英］伯特兰·罗素：《伦理学和政治学中的人类社会》，肖巍译，北京：中国社会科学出版社，1990。

48. ［英］罗斯：《正当与善》，林南译，上海：上海译文出版社，2008。

49. ［英］黑尔：《道德语言》，万俊人译，北京：商务印书馆，1999。

50. ［英］沃诺克：《1900年以来的伦理学》，陆晓禾译，北京：商务印书馆，1987。

51. ［英］齐格蒙·鲍曼：《生活在碎片之中——论后现代道德》，郁建兴译，上海：学林出版社，2002。

52. ［英］齐格蒙特·鲍曼：《后现代伦理学》，张成岗译，南京：江苏人民出版社，2003。

53. ［英］汤因比：《历史研究》，曹未风等译，上海：上海人民出版社，2005。

54. ［英］布莱克本：《我们时代的伦理学》，梁曼丽译，南京：译林出版社，2009。

55. ［英］史密斯：《有道德的利己》，王旋等译，北京：华夏出版社，2010。

56. ［英］弗格森：《道德哲学原理》，孙飞宇等译，上海：上海世纪出版集团，2003。

57. ［法］伏尔泰：《风俗论》（上下册），梁守锵译，北京：商务印书馆，1995。

58. ［法］拉罗什福科：《道德箴言录》，何怀宏译，北京：生活·读书·新知三联书店，1998。

59. ［法］孟德斯鸠：《论法的精神》，张雁深译，北京：商务印书馆，1993。

60. ［法］孟德斯鸠：《罗马盛衰原因论》，婉玲译，北京：商务印书馆，1995。

61. ［法］卢梭：《社会契约论》，何兆武译，北京：商务印书馆，1996。

62. ［法］卢梭：《爱弥儿》，李平沤译，北京：商务印书馆，1978。

63. ［法］涂尔干：《道德教育》，陈光金等译，上海：上海人民出版社，2001。

64. ［法］涂尔干：《职业伦理与公民道德》，渠东等译，上海：上海人民出版社，2001。

65. ［法］勒鲁：《论平等》，王允道译，北京：商务印书馆，2005。

66. ［德］康德：《道德形而上学原理》，苗力田译，上海：上海人民出版社，2001。

67. ［德］康德：《实践理性批判》，韩水法译，北京：商务印书馆，1999。

68. ［德］费希特：《伦理学体系》，梁志学等译，北京：中国社会科学出版社，1995。

69. ［德］费希特：《论学者的使命人的使命》，梁志学等译，北京：商务印书馆，2005。

70. ［德］黑格尔：《法哲学原理》，范扬等译，北京：商务印书馆，2009。

71. ［德］黑格尔：《历史哲学》，王造时译，上海：上海世纪出版集团、上海书店出版社，2001。

72. ［德］黑格尔：《哲学史讲演录》，贺麟等译，北京：商务印书馆，1959。

73. ［德］叔本华：《伦理学的两个基本问题》，任立、孟庆时译，北京：商务印书馆，1996。

74. ［德］叔本华：《叔本华论说文集》，范进等译，北京：商务印书馆，1999。

75. ［德］尼采：《善恶的彼岸》，朱泱译，北京：团结出版社，2001。

76. ［德］斯宾格勒：《西方的没落——世界历史的透视》，齐世荣等译，北京：商务印书馆，1993。

77. ［德］石里克：《伦理学问题》，张国珍、赵又春译，北京：商务印书馆，1997。

78. ［德］马克斯·韦伯：《新教伦理与资本主义精神》，于晓、陈维刚译，北京：生活·读书·新知三联书店，1987。

79. ［德］包尔生：《伦理学体系》，何怀宏等译，北京：中国社会科学出版社，1988。

80. ［德］鲁道夫·奥伊肯：《生活的意义与价值》，上海：上海译文出版社，2005。

81. ［德］卡尔·雅斯贝尔斯：《生存哲学》，王玖兴译，上海：上海译文出版社，2005。

82. ［德］卡尔·雅斯贝尔斯：《现时代的人》，周晓亮、宋祖良译，北京：社会科学文献出版社，1992。

83. ［德］海德格尔：《存在与时间》，陈嘉映译，北京：生活·读书·新知三联书店，2006。

84. ［德］阿多诺：《道德哲学的问题》，谢地坤等译，北京：人民出版社，2007。

85. ［德］朋霍费尔：《伦理学》，胡其鼎译，上海：上海人民出版社，2007。

86. ［德］孔汉思、库舍尔：《全球伦理：世界宗教议会宣言》，何光沪译，成都：四川人民出版社，1997。

87. ［德］赫费：《作为现代化之代价的道德：应用伦理学前沿问题研究》，邓安庆等译，上海：上海世纪出版集团，2005。

88. ［美］弗兰克·梯利：《伦理学概论》，何意译，北京：中国人民大学出版社，1987。

89. ［美］雅克·蒂洛：《伦理学与生活》，程立显等译，北京：世界图书出版公司，2008。

90. ［美］拉福莱特主编：《伦理学理论》，龚群主译，北京：中国人民大学出版社，2008。

91. ［美］卢坡尔：《伦理学导论》，陈燕译，北京：中国人民大学出版社，2008。

92. ［美］约翰·罗尔斯：《正义论》，何包钢、何怀宏、廖申白译，北京：中国社会科学出版社，1988。

93. ［美］约翰·罗尔斯：《道德哲学史讲义》，张国清译，上海：上海三联书店，2003。

94. ［美］罗伯特·诺齐克：《无政府、国家与乌托邦》，何怀宏等译，北京：中国社会科学出版社，1991。

95. ［美］A. 麦金泰尔：《谁之正义？何种合理性?》，万俊人、吴海针、王今一译，北京：当代中国出版社，1996。

96. ［美］麦金泰尔：《追寻美德：道德理论研究》，宋继杰译，南京：译林出版社，2003。

97. ［美］麦金泰尔：《伦理学简史》，龚群译，北京：商务印书馆，2003。

98. ［美］L. J. 宾克莱：《二十世纪伦理学》，石家庄：河北人民出版社，1988。

99. ［美］L. J. 宾克莱：《理想的冲突——西方社会中变化着的价值观念》，马元德等译，北京：商务印书馆，1983。

100. ［美］莱肯：《造就道德：伦理学理论的实用主义重构》，陶秀璈等译，北京：北京大学出版社，2010。

101. ［美］斯巴特编：《实践中的道德》，李曦等译，北京：北京大学出版社，2006。

102. ［美］德马科、福克斯编：《现代世界伦理学新趋向》，石毓彬、廖申白、程立显译，北京：中国青年出版社，1990。

103. ［美］帕尔玛：《为什么做个好人很难？伦理学导论》，黄少婷译，上海：上海社会科学院出版社，2010。

104. ［美］弗姆主编：《道德百科全书》，戴杨毅等译，长沙：湖南人民出版社，1988。

105. ［美］弗兰克纳：《伦理学》，关键译，北京：生活·读书·新知三联书店，1987。

106. ［美］富勒：《法律的道德性》，郑戈译，北京：商务印书馆，2007。

107. ［美］桑德尔：《公正》，朱慧玲译，北京：中信出版社，2011。

108. ［美］辛格：《实践伦理学》，刘莘译，北京：人民出版社，2005。

109. ［美］德·乔治：《经济伦理学》，李布译，北京：北京大学出版社，2002。

110. ［美］恩格尔哈特：《生命伦理学基础》，范瑞平译，北京：北京大学出版社，2006。

111. ［美］S. N. 艾森斯塔特：《反思现代性》，旷新年、王爱松译，北京：生活·读书·新知三联书店，2006。

112. ［美］伯恩斯、拉尔夫：《世界文明史》，罗经国译，北京：商务印书馆，1990。

113. ［加拿大］查尔斯·泰勒：《自我的根源——现代认同的形成》，韩震译，南京：译林出版社，2001。

114. ［西］萨瓦尔特：《伦理学的邀请：做个好人》，于施洋译，北京：北京大学出版社，2008。

115. ［瑞士］汉斯·昆：《世界伦理构想》，周艺译，北京：生活·读书·新知三联书店，2002。

116. ［保］瓦西列夫：《情爱论》，赵永穆等译，北京：生活·读书·新知三联书店，1986。

117. ［俄］克鲁泡特金：《互助论》，李平沤译，北京：商务印书馆，1984。

118. ［苏联］季塔连科主编：《马克思主义伦理学》，愚生、重耳译，上海译文出版社，1981。

119. ［苏联］古谢伊诺夫等著：《西方伦理学简史》，刘献洲等译，北京：中国人民大学出版社，1992。

120. ［日］西田几多郎：《善的研究》，何倩译，北京：商务印书馆，1989。

121. G. J. Warnock，*Contemporary Moral Philosophy*，New York，1967.

122. T. E. Hill，*Contemporary Ethical Theories*，New York，1950.

123. Luther Binkley，*Contemporary Ethical Theories*，New York，1961.

124. Spencer，*The Principles of Ethics*，London，1907.

125. Sidgwick，*Outlines of the History of Ethics*，London，1892.

126. Sidgwick，*The Methods of Ethics*，London，1922.

127. T. H. Green，*Prolegomena to Ethics*，Oxford，1899.

128. George E. Moore，*Principia Ethica*，Cambridge University Press，1922.

129. Alasdair Macintyre，*A Short History of Ethics*，London，1967.

130. Roger N. Hancock，*Twentieth Century Ethics*，Columbia University，1974.

131. John Finnis，*Fundamentals of Ethics*，Oxford，1983.

132. Michael Sandel，*Liberalism and the Limits of Justice*，Cambridge University Press，1982.

后　记

　　"伦理之学使人庄重。"细细品味英哲弗兰西斯·培根在《论学问》一文中所讲的这一句话，在经历了 30 年伦理学的学习、教学和研究后，总有一份深深的不能自已的感怀感动或感思感想。伦理学是人类知识殿堂中以认识人自己包括寻找人安身立命的精神家园为职志或使命的人文学科，通过正视人自身面临的种种尴尬、困惑乃至弱点，它发展起了如何使人生活得更幸福、更有意义和更有尊严的一整套伦理价值体系，它所高标的这一套伦理价值体系尤其是对美德、至善与不朽的设定和对属人生活的内涵接榫，使人不断地从浅薄向着深厚跨越，从狂傲向着谦卑前进，从自我中心向着人我己群连接乃至天人合一攀越，从而使其自然本能有了人文的陶铸，人性的光辉由此而彰显，人格的价值于是得以挺立，真可谓"不学礼，无以立"。"伦理之学使人庄重"，"庄重"一般说来是指端庄、敬重而颇显严肃，含有不轻浮、不随便、不马虎等意思。理性一点说，是指意识到自己的内在本质和价值后而形成的人格尊严，含有自我敬重、自我肯定和自我完善等要义。"伦理之学使人庄重"，凸显了伦理学使人意识到自己的人格尊严，因而决意按照人的方式来生存的学术品格，也内在地要求伦理学有独特的人文担当和人格关怀，不能也不应该只是知识性的阐释和现象性的描述。比较而言，伦理学的知识旨趣只有服务于"使人庄重"的价值目的时才有意义，如果应有伦理学要执著地去揭示伦理学知识的严谨性和系统性，甚或要像实证科学那样求得普遍的公理或律则，那也许既是伦理学的悲哀同时又是实证科学的悲哀。维特根斯坦在《伦理学演讲》中指出："就伦理学渊源于谈论某种关于生活之终极意义、绝对善、绝对价值的欲望这一范围来看，它不能成为科学。它所谈论的在任何意义上都于我们的知识无所补益。但它是人类精神中一种倾向的纪实，对此，我个人不得不对它深表敬重，而且我也不会因为我的生活而对它妄加奚落。"① 我们可以不赞成维特根斯坦伦理学对知识毫无补益的说法，但对他揭示出的伦理学的性质、使命和功能，即伦理

---

　　① ［奥］维特根斯坦：《伦理学演讲》，见《伦理学——从古典到现代著作选集》英文版，385 页。

学是谈论生活之终极意义和绝对善的观点则不能不深表认同。尽管在理性的层面，人是永远不可能达到至善并体验到终极意义的，但是伦理学之为伦理学就在于它有自己独特的超越精神和目的性追求。德国著名伦理学家包尔生在自己的《伦理学体系》中写道，确立人生的目的与至善和指出达到至善的方法或手段是伦理学的两大职能，他比较伦理学与医学的关系，认为"医学立足于对肉体性质的知识，指导我们解决肉体生活的问题，达到使身体可以在它自然的存在中以一种健康的方式来执行其所有的功能的目的；而伦理学则立足于对一般人性（尤其是精神与社会方面）的知识，目的在于解决生活中的所有问题，使生活达到最充分、最美好和最完善的发展。因而我们可以称伦理学为'普遍的营养学'"①。伦理学作为普遍的营养学应当也必须给人类贡献美好的精神食粮，满足人类心灵健康和德性完善的需要，使人类精神日趋卓越而崇高，人格日益高尚而臻美，进而使社会生活秩序优良，风俗良善。克鲁泡特金亦曾有言："伦理学的功能不是坚执着人的缺点，而来责难他的'罪过'；伦理学应该做积极的工作，来诉于人的最优美的本能。"② 所以趋向"崇高"是伦理学责无旁贷的使命，也是伦理学学术生命的根蒂所在。舍弃了崇高和神圣的伦理学，也就等于抛却了自己的灵魂和命脉，其结局是可想而知的。

教我认识到伦理学之使命崇高、职责神圣的是伟大的时代和给予我许多教诲与关怀的师友们。我是踏着改革开放的步伐开展伦理学的学习、教学与研究的。改革开放 30 多年的历史进程，我国社会发生了天翻地覆的巨大变化，中华民族实现了从"站起来"到"富起来"再到"迎接伟大复兴"的历史性转换。"道德哲学在开放之时代尤要。"③ 改革开放的时代际遇使我国伦理学获得了新生。伦理学与时代发展同进步，与国家民族共呼吸，以自身的理论发展和学科建构彰显着时代精神和民族精神，不断推进着改革开放的历史进程并在建设中国特色社会主义的伟大征途中发挥着越来越重要的作用。改革开放 30 多年伦理学的发展证明这样一条真理，只有深契民族精神和时代发展大势的伦理学才能真正受到欢迎并获得长足的发展，国家和人民所需要的伦理学只能是那

① ［德］包尔生：《伦理学体系》，何怀宏、廖申白译，8 页，北京，中国社会科学出版社，1988。

② 周辅成编：《西方伦理学名著选辑》下卷，568 页，北京，商务印书馆，1987。

③ 毛泽东：《伦理学原理批注》，见《毛泽东早期文稿》，133 页，长沙，湖南出版社，1990。

种凝聚人心、鼓舞人心并使人朝向卓越和崇高的伦理学。改革开放30多年伦理学筚路蓝缕的发展历程是在一批有着高远追求和学术志向的伦理学人的共同努力下开启的，其中包括我的两位导师和诸多师长。我的硕士研究生导师魏英敏教授和博士研究生导师唐凯麟教授都是马克思主义哲学功底深厚并始终坚持以马克思主义指导伦理学研究的著名伦理学家，他们在伦理学领域几十年孜孜不倦的耕耘不断使他们本人成为资深的伦理学家并获得中国伦理学会颁发的"终生成就奖"，而且教给我许多研修伦理学的独特经验和心得体会，鼓励我在学习伦理学的道路上不断自我超越，提升自己的学术境界和思想境界。虽然我不是他们弟子中成长最好的，但我深觉是受他们恩泽和教诲最多的，他们的恩泽和教诲成为我研修伦理学永不枯竭的精神源泉，是他们使我懂得伦理学的性质和使命，和怎样把生命融入伦理学的研修中。他们的恩泽，我注定了是无法报答万千之一的，唯有好好学习才能不辱师门。万俊人教授是我在北京大学研修伦理学时的授课老师，加上湖湘文化的关系，他成为我求学伦理学道路上仅次于魏唐二位导师的良师益友，他的才华、睿思和聪慧，每每成为我模仿甚或崇拜的对象，我是他的萨特伦理思想研究和现代西方伦理学最早的读者和受益者，他对我的关心不因我毕业离开北京大学而有所减弱，相反是愈加深切，故令我十分感动，也催我不断在学术上奋力攀越。

　　在30多年伦理学的学习、教学与研修征途上，我还得到张岱年先生、周辅成先生、罗国杰先生、陈瑛研究员、朱贻庭教授、章海山教授、宋希仁教授、许启贤教授、王福霖教授、陈根法教授等许多前辈学者的关心与扶持，张岱年先生为我的《船山伦理与西方近代伦理比论》欣然作序，并赠我许多他的大著，罗国杰教授对我的社会主义义利观研究鼎力扶持，并为我争取到第一个国家社会科学基金研究项目，朱贻庭教授约我撰写《哲学大辞典》《伦理学大辞典》《科学发展观大辞典》并担任编委，章海山教授多年来对我的鼓励与鞭策有加，陈根法教授也予我诸多奖掖，等等，使我感觉到前辈学者崇高的精神风范，也感受到真正伦理学家的品格和力量。在改革开放时代快速成长的一代中青年伦理学人如焦国成、王小锡、余涌、李建华、甘绍平、廖申白、何怀宏、江畅、陆晓禾、周中之、夏伟东、肖群忠、龚群、王海明、樊和平、高兆明、卢风、邓安庆、郭广银、刘可风、乔法容、陈泽环、王淑芹、龙静云等，他们的著述和研究成果，还有他们对我的诸多帮助，也使我受益良多。

　　我还要真诚地感谢我所在的湖南师范大学道德文化研究中心的各位同道

们，张怀承、刘湘溶、李培超、彭定光、李伦、李桂梅、邓名瑛、向玉乔、聂文君诸教授对我的关照、理解与扶持，以及刘霞、邓志伟、谢超等的帮助。我们湖南师范大学道德文化研究中心之所以能在改革开放的时代里有所发展，成为国家重点学科和教育部百所人文社会科学重点研究基地，除了学科带头人唐凯麟教授的组织领导、学科规划和运筹帷幄外，还在于我们结成了一个好的团队，多年以来，我们每个人都肩负着繁重的教学任务和科研任务，再加上学科建设、创办《伦理学研究》杂志，还有研究生培养，可谓头绪繁多、紧张至极，但我们总是能够在忙碌的岁月里彼此理解、精诚团结，大家心往一处想，劲往一处使，形成了湖南师范大学道德文化研究中心的整体合力。我想，这种合力即是伦理学人超越自我、朝向卓越和崇高的精神之凝聚，常常使我感受到来自书本以外的价值砥砺和环境慰藉。

本书系我领衔的国家精品课程《伦理学》的研究成果。我曾经协助我的硕士研究生导师魏英敏教授编撰过《新伦理学教程》，得到过一些锻炼。后来又与我的博士研究生导师唐凯麟教授合著《20世纪中国伦理思潮》，该书入选全国研究生教学用书，还协助唐凯麟教授主编《思想道德修养》和《大学诚信读本》，再加上多年的伦理学教学实践，自认已经有了一些编写伦理学教材的心得体会。在国家精品课程申报的过程中，得到了中国伦理学会会长万俊人教授、副会长王小锡教授、周中之教授的鼎力扶持，他们的推荐书褒奖有加，激励我在伦理学研究的道路上不断前行。本书的撰写主要参考了罗国杰教授主编的《马克思主义伦理学》和《伦理学》，魏英敏教授主编的《伦理学简明教程》和《新伦理学教程》，唐凯麟教授的《伦理学教程》和《伦理学》，万俊人教授的《伦理学新论》，同时还参考借鉴了郭广银教授主编的《伦理学原理》，倪素襄教授著的《伦理学导论》，王海明教授的《新伦理学》，卢风教授的《应用伦理学导论》等教材，借鉴吸收了伦理学界近年来一些最新的研究成果，大多已在参考文献和引用中一一标出。时代发展到今天，伦理学教材的编写应该更好地体现承前启后、继往开来的特点，忽视以往研究成果的做法事实上既不可能，也不现实，也很难真正有所建树。所以，我力图按照系统总结再加上教学体会的思路来撰写伦理学教材，为的是告诉学生只有向历史扎根才能更好地拓展未来。

本教材的出版得到了北京师范大学出版社领导和责任编辑曾忆梦的大力支持，他们在教材编辑与出版工程中付出了大量的辛劳和汗水，在此一并表示由衷的谢意！

儒家《中庸》有"万物并育而不相害，道并行而不相悖。小德川流，大德敦化，此天地所以为大也"和"君子尊德性而道问学，致广大而尽精微，极高明而道中庸，温故而知新，敦厚以崇礼。是故居上不骄，为下不倍。国有道，其言足以兴；国无道，其默足以容"的经典论述，凸显了道德的功能效用以及君子应该有的价值追求和人格风范，每每读到这些精彩的论述，心灵总有被震撼和纯化的感觉，"虽不能至，然心向往之"……

王泽应
于长沙岳麓山下景德楼